Rudolf A. Schnappauf

Verkaufspraxis

Rudolf A. Schnappauf

Verkaufspraxis

Der Wegweiser für Verkauf, Beratung und Verhandlung

Mit einem Geleitwort von Vera F. Birkenbihl

 verlag
moderne industrie

Die Deutsche Bibliothek – CIP-Einheitsaufnahme

Schnappauf, Rudolf A.:
Verkaufspraxis: der Wegweiser für Verkauf, Beratung und Verhandlung / Rudolf A. Schnappauf. Mit einem Geleitw. Von Vera F. Birkenbihl, – 4. komplett überarbeitete Neuaufl. – Landsberg/Lech: mi, 2000
ISBN 3-478-24710-1

4. völlig überarbeitete und aktualisierte Auflage

© 2000 verlag moderne industrie, 86895 Landsberg/Lech
Internet: http://www.mi-verlag.de

Umschlaggestaltung: Fahrenholtz – Büro für Gestaltung, Landsberg/Lech
Satz: mi, Sabine Linder
Druck: Himmer, Augsburg
Bindearbeiten: Thomas, Augsburg
Printed in Germany 240 710/080003
ISBN 3-478-24710-1

ÜBERSICHT

TEIL 1   MENSCHLICHE VORAUSSETZUNGEN

Kapitel 1   Verkaufs-Kommunikation

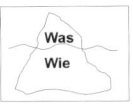

Kapitel 2   Innere Einstellung

TEIL 2   DEN VERKAUFSKONTAKT VORBEREITEN

Kapitel 3   Gespräch vorbereiten

Kapitel 4   Termin vereinbaren

TEIL 3   DAS GESPRÄCH MIT DEM KUNDEN

Kapitel 5   Gespräch eröffnen

Kapitel 6   Bedarf analysieren

5

ÜBERSICHT

TEIL 4   DEN VERKAUFSKONTAKT NACHBEREITEN

Inhaltsverzeichnis

Kapitel 10   Preis verhandeln

Kapitel 11   Entscheidung herbeiführen

Geleitwort von Vera F. Birkenbihl

Jedes Buch (wie auch jedes Seminar) bietet Ihnen vier Arten von Informationen: erstens NEUE, zweitens NEUE, drittens BE-KANNTE und viertens BEKANNTE. Nein, das ist kein Setzfehler, denn zwischen der ersten/zweiten und der dritten/vierten Kategorie liegen jeweils Welten:

Kategorie eins: NEU-NEU

Damit meinen wir Informationen, die Ihnen völlig neu sind. Oft spüren Sie sogar Ihr Erstaunen, wenn Ihnen plötzlich so manches, was Sie früher gesehen/gehört/erlebt haben, „ein-leuchtet", weil diese neue Information die Vergangenheit „be-leuchtet", z.B., wenn Sie erfahren, dass Engländer zu 60% häufiger „bitte" und „danke" sagen als wir Deutsche oder dass Engländer weit häufiger Fragen stellen, wo wir mit Aussagen vorgehen. Informationen der Kategorie NEU-NEU sind leicht in Ihr bisheriges Wissensnetz zu integrieren.

Das vorliegende Buch bietet eine Fülle von „Neuigkeiten der ersten Art", welche Ihnen helfen, Ihren bisherigen „Horizont" mühelos zu erweitern.

Kategorie zwei: NEU-ANDERS

Anders reagieren wir auf (für uns) NEUE Informationen, die jedoch im Widerstreit mit Informationen liegen, welche wir bereits „besitzen". Lassen Sie mich Ihnen auch hierfür ein Beispiel geben, allerdings mit der Warnung, dass Sie die folgende Information möglicherweise aufregen wird:

> Die Forschungen der letzten 30 Jahre haben gezeigt, dass Männer und Frauen sich weit grundlegender voneinander unterscheiden, als die meisten Menschen aufgrund früher gelernter Informationen wahrhaben wollen.

Frauen und Männer werden hormonell völlig anders „gepolt", und zwar erstens in der sechsten Woche im Mutterleib, zweitens in der Pubertät. Diese hormonellen „Schübe" im Mutterleib sorgen für eine andere „Architektur" des Gehirns; gewisse Teile werden aufgrund der hormonellen Befehle anders „verdrahtet", was die Entwicklung des Kindes maßgeblich prägt. Beim zweiten großen hormonellen Schub (in der Pubertät) werden wieder klare hormonelle „Befehle" gegeben, die dafür sorgen, dass der erwachsene Mensch sich nur so und nicht anders entwickeln kann (unabhängig von sogenannten Umweltfaktoren). Dies resultiert nicht nur in unterschiedlichen Äußerlichkeiten (Körperbau, Verhältnis von Muskel- oder Fettgewebe), sondern auch in einer völlig ungleichen Art, die Welt wahrzunehmen, was wiederum zu anderen Prioritäten im Leben führt, was wiederum die Art, Entscheidungen anzugehen und zu treffen, ändert, usw. Solange wir krampfhaft an der Idee, alle Menschen seien „gleich", festhalten, können weder Männer noch Frauen die ihnen spezifischen Gaben und Anlagen optimal entfalten und ausleben. Es ist also keine philosophische Frage mehr, es gibt harte wissenschaftliche Fakten, die jede/r Interessierte nachvollziehen kann.

Aber diese Art von Informationen ist NEU-ANDERS, wenn sie im Widerspruch zu unserem bisherigen Wissen steht und daher auslöst, was Leonhard Festinger „Kognitive Dissonanz"[1] genannt hat (vgl. auch S. 99). Je mehr die neue Information unser bisheriges Wissensgebäude bedroht, desto heftiger lehnen wir ab. Das bedeutet natürlich auch, dass wir solche Informationen nicht in unsere tägliche Praxis integrieren können. Im Falle unseres Beispieles würde das bedeuten, das wir unfähig sind, uns bewusst auf KundInnen einzustellen.

---

1 Leonhard Festinger: Conflict, Decision and Dissonance

Hinweis: Das vorliegende Buch bietet eine Reihe von Informationen, auf die manche Verkäufer/BeraterInnen zunächst mit starker Abwehr reagieren. Aber Rudolf A. Schnappauf weiß aus jahrelanger Erfahrung, welche Informationen vielen Seminarteilnehmern im ersten Ansatz besonders „dissonant" erscheinen und hat dies berücksichtigt: Deshalb beginnt er jedes Kapitel mit einer Reihe von Fragen (checklistenartig)! Das bewusste Durchgehen dieser Fragen bereitet Sie optimal auf den folgenden Abschnitt vor, sodass Sie leichter „über Ihren eigenen Schatten springen können", wenn Sie auf eine (für Sie persönlich) „dissonante" Information stoßen.

Kategorie drei: BEKANNT UND GELEBT

Sie wissen etwas und Sie „leben Ihr Wissen". Angenommen, Sie sind der Meinung, dass man Menschen, die man nicht respektiert, zwar über den Tisch ziehen, aber niemals überzeugen kann. Nehmen wir weiter an, Sie handeln gemäß dieser Maxime, dann werden Sie einem anderen, der Ähnliches sagt (oder schreibt), ernsthaft zustimmen und sagen „Wie wahr!". Ich erlebe es immer wieder, dass Leser meiner Bücher mir in einem Atemzug mitteilen, 1. dass Sie meine Bücher toll finden, 2. weil sie ebenso dächten ...

Natürlich freuen wir uns über Bestätigungen, und genauso natürlich lehnen wir relativ leichtfertig ab, was uns fremd (also NEU) ist, insbesondere, wenn dieses Neue im Konflikt steht mit dem, was wir schon zu wissen glauben. Allerdings spricht die Tatsache, dass Sie dieses Buch in Händen halten, für Sie. Denn Sie sind bereit, sich mit diesem wichtigen Thema (wieder einmal?) zu befassen. Sie wissen, dass lebenslanges Lernen derzeit vor allem ein Lippenbekenntnis ist, dass aber Lippenbekenntnisse die Vorboten einer Entwicklung darstellen und dass derzeit Verkäufer/BeraterInnen, die bereit sind, an sich zu arbeiten, eine Elite im besten Sinn des Wortes bilden.

Darin liegen die großen Chancen dieses Buches. Es birgt auch eine Gefahr, und zwar in Bezug auf Informationen, die Ihnen bekannt *erscheinen*. Das bringt uns zur

Kategorie vier: BEKANNT – ABER NICHT GELEBT

Angenommen, Sie hören oder lesen, dass man Menschen (Mitarbeiter wie Kunden) häufig mit Namen ansprechen sollte. Natürlich *wissen* Sie das. Seit Jahren. Seit Jahrzehnten! Trotzdem besteht die Möglichkeit, dass Sie zu den Menschen gehören, die noch keine praktischen Konsequenzen für den Alltag abgeleitet haben. Sie schützen sich dann gern hinter der Behauptung vom schlechten Namengedächtnis ... Wie dem auch sei: Wie reagieren Sie, wenn wieder jemand von der Namensnennung beginnt? Lehnen Sie ab? Sehen Sie, genau das ist die Gefahr! Sie stufen solche Informationen vielleicht als „Gemeinplatz" ein oder als „Banalität". Der Autor, als erfahrener Trainer, weiß natürlich aufgrund jahrelanger Seminarerfahrungen:

a) welche Informationen seine Teilnehmer benötigen (weil sie fehlen), also was für viele NEU-NEU oder NEU-ANDERS sein wird, und er weiß,

b) welche als bekannt geltenden Informationen oft im ersten Ansatz abgewehrt werden, weil zu viele Verkäufer/ BeraterInnen hier den Schritt vom *Kennen* zum *Können* noch nicht vollzogen haben.

Merke: Diese Kluft zwischen Theorie und Praxis wird so lange zwischen Ihnen und Ihren Kunden stehen, wie Sie diejenigen „Knackpunkte" nicht identifizieren, die Sie bis jetzt bewusst oder unbewusst abgewehrt haben. Und gerade hier liegt die große Chance, die dieses Buch Ihnen bietet, *wenn* Sie sie aufgreifen. Natürlich präsentiert Schnappauf viele Informationen, die für Sie NEU-NEU oder NEU-ANDERS sein werden.

Wenn Sie nichts Gegenteiliges kennen (NEU-NEU), dann können Sie das Neue leicht integrieren – Sie lernen schnell und erleben die Freude geistig/seelischen Wachstums. Und wenn Sie bereit sind, auch den NEUEN Informationen zu folgen, die Ihnen im Lichte bisheriger Kenntnis ANDERS erscheinen, dann nehmen Sie die große Chance, aus diesem Buch zu profitieren, wahr!

Des Weiteren stellt Schnappauf Ihnen auch eine Reihe von Ideen vor, die Sie sowohl *kennen* als auch bereits *können*. Hier nicken Sie mit dem Kopf. Sie fühlen sich bestätigt. Das tut insbesondere dann gut, wenn Ihre eigenen Chefs/Kollegen (noch) nicht begriffen haben, dass erfolgreiche Verkäufer/BeraterInnen der Zukunft ausschließlich über bessere Kommunikation und mehr Einfühlungsvermögen bessere Geschäfte machen werden.

Der Autor wird Ihnen jedoch auch einige Gedanken präsentieren, bei denen Sie sich ertappen, wie Sie denken: „Kenne ich." „Weiß ich doch!" „Mein Gott, wie banal!" Deshalb möchte ich Ihnen den Birkenbihl-Banalitäts-Test vorschlagen, den ich meinen Teilnehmern immer dann anbiete, wenn ich weiß, dass die Gefahr der Ablehnung mancher enorm wichtiger Gedanken groß ist:

> Wenn Ihnen ein Gedanke „banal" erscheint, dann notieren Sie ihn (Stichworte genügen) auf einen Zettel und hängen Sie diesen gut sichtbar an einer Stelle auf, auf die Ihr Blick pro Tag mindestens zweimal fällt (z.B. in den Innendeckel Ihres Aktenkoffers; an die Sonnenblende, wenn Sie viel Auto fahren, oder an den Spiegel im Badezimmer zu Hause). Nun werden Sie diesem Gedanken in den nächsten Tagen mehrmals „begegnen", und zwar jeweils „umgeben" von anderen Gedanken, die Sie unmittelbar vorher gedacht hatten. So haben Sie eine faire Chance zu erkennen, wie wesentlich gerade diese „Banalität" sein könnte. Denn die meisten „Banalitäten" sind „tiefe Weisheiten",

die wir nur noch nicht ganz „gepackt" haben. Sollten Sie diesen Gedanken in einigen Tagen immer noch wertlos finden, dann dürfen Sie den Zettel und den Gedanken wegwerfen.

Das Buch ist so vollgepackt mit wesentlichen Ideen für Verkäufer/BeraterInnen, dass Sie *langsam* vorgehen sollten. Lesen Sie einige Seiten und handeln Sie: Gibt es eine Checkliste, so denken Sie sie in Zeitlupe durch. Begegnen Sie einem der zahlreichen Fallbeispiele aus der Praxis, so ziehen Sie sofort eine Parallele zu Ihrem *eigenen* Leben und hängen Sie die folgenden Gedanken an Ihrem eigenen Beispiel auf. Und wenn Sie auf eine „Banalität" zu stoßen scheinen, begegnen Sie ihr wie ein reifer Mensch. Ablehnen kann jeder, zustimmen (weil wir sowieso schon so dachten) ebenfalls. Die Kunst liegt eben darin, gerade die „Banalitäten" aufzugreifen. Was „banal" erscheint, ist von Leser zu Leser unterschiedlich; aber es sind garantiert Gedanken, die Sie schon lange in Ruhe durchdenken und in Ihr tägliches Leben integrieren wollten ...

Dieses Buch ist voll an guten Gedanken und Ratschlägen, durch zahlreiche an-SCHAU-liche Beispiele leicht nachvollziehbar und durch die Übungen wird Neues (oder „Bekanntes"!) in Ihre Praxis übertragbar – *wenn* Sie wollen. Dieses Buch wuchs aus der Trainertätigkeit des Autors und kommt einem Seminar sehr nahe (!), wenn Sie bereit sind, auch „Banalitäten" ernsthaft aufzugreifen! Übrigens: Falls Sie meine Einstellung zu so genannten Gemeinplätzen „banal" finden sollten, können Sie *sofort* aktiv werden. Nehmen Sie einen Zettel ...

Vorwort

Vielleicht fragen Sie sich: *„Es gibt doch schon so viele Bücher über Verhandeln, Beraten und Verkaufen. Welchen Nutzen bietet mir dieses Buch?"* Vielfältigen!

Sie halten ein *Lehrbuch der Verhandlungsführung und Kundenberatung* in Händen. Es entstand durch die Mithilfe vieler erfahrener Verkäufer sowie erfolgreicher Verkaufs- und Rhetorik-Trainer. Es beinhaltet die gesamte Thematik des *Verkaufsgesprächs von der Eröffnung bis zum Abschluss* in einzigartig systematischer Weise, inklusive der Gesprächsvor- und -nachbereitung. Darüber hinaus enthält es die wesentlichen Aspekte der *Verkaufs-Kommunikation* und der *Verhandlungs-Psychologie* sowie das wohl Wichtigste für Ihren Verkaufserfolg: Ein umfangreiches Kapitel über die *entscheidende Wirkung der inneren Einstellung* mit neuen Erkenntnissen über die Fähigkeit, gleiche Wellenlänge (Rapport) mit Ihren Gesprächspartnern herzustellen.

Dieses Buch ist ein hervorragendes Grundlagenwerk für jeden Verkäufer und Berater. Es zeigt Ihnen auf, was Sie wissen und können sollten, *wie Sie sich auf Ihren Kunden richtig einstellen, wie Sie erfahren, was dieser will und braucht, und wie Sie ihn überzeugen vom Nutzen der Zusammenarbeit mit Ihnen. Es hilft Ihnen, die richtigen Fragen zu stellen, Einwände Ihres Kunden verkaufsfördernd zu beantworten und in Preisverhandlungen sicher aufzutreten.* Dieses Buch ist ein unentbehrlicher Ratgeber für Sie, um auch neue und schwierige Situationen erfolgreich zu meistern.

Auch als erfahrener und gestandener Verkaufsprofi werden Sie Ihre Freude haben an diesem Buch. Sie wissen, im Umgang mit anderen Menschen lernt keiner jemals aus. Die Fähigkeit, auf Gesprächspartner einzugehen und sie von dem Nutzen Ihres Angebots zu überzeugen, kann immer noch verbessert werden.

Kunden sind Menschen und haben *wechselnde Stimmungen*, Gefühle, Bedürfnisse ... Das macht Verkaufen und Beraten so interessant, herausfordernd und manchmal auch schwierig. Es gibt wohl niemanden, der auf dem Gebiet der zwischenmenschlichen Kommunikation nicht noch *dazulernen* könnte.

Gerade Verkäufer und Kundenberater erfahren täglich, wie schnell Wissen veraltet und Erlerntes in Vergessenheit gerät. Fähigkeiten und Fertigkeiten werden vom Termindruck verdrängt und von der Alltagsroutine langsam, aber sicher ausgehöhlt. Doch der Kampf um Marktanteile nimmt ständig zu. Die *Anforderungen* an Verkäufer und Berater *steigen* ständig durch den zunehmenden Wettbewerb. Als Sieger werden die hervorgehen, die über die qualifizierteste Kundenansprache verfügen. Deshalb sollten alle Verkäufer, Kundenberater und Mitarbeiter mit häufigem Kundenkontakt *partnerorientiert verhandeln* und *nutzenorientiert argumentieren* können.

Reicht Ihr Fachwissen aus, um jede Situation zu einem Gewinn für alle Beteiligten zu machen? Besitzen Sie immer die dafür erforderlichen hilfreichen Überzeugungen? Dieses Buch gibt Ihnen Antwort darauf. Jedem Kapitel finden Sie eine Reihe von offenen Fragen vorangestellt, anhand derer Sie überprüfen können: „*Wo stehe ich als Verkäufer?*" Können Sie alle zu Ihrer vollen Zufriedenheit beantworten, dann herzlichen Glückwunsch! Falls doch nicht, liefert Ihnen das jeweils folgende Kapitel die Antworten auf alle diese Fragen. Sollten Sie die systematische Verkaufsmethodik erstmals erlernen, können Sie sich mit diesen Fragen einstimmen auf das, was auf den Seiten danach ausführlich behandelt wird. Nehmen Sie sich auch in diesem Fall genug Zeit, darüber nachzudenken, um Ihr Unterbewusstsein für den Lernprozess zu öffnen und einzustellen. Am Ende jedes Kapitels finden Sie jeweils das *Wichtigste* noch einmal kurz stichpunktartig *zusammengefasst*.

Ein Tipp: Wenn Sie möchten, kopieren Sie sich diese Seiten, dann haben Sie *eine praktische Checkliste für Ihre tägliche Verkaufsarbeit.* In Kapitel 2, „Innere Einstellung", ist diese Zusammenfassung durch eine einprägsame Metapher (symbolhafte Geschichte) ergänzt, da sie diesem wichtigen Kapitel noch treffender gerecht wird.

Zwischen den Fragen zu Ihrer Standortbestimmung am Anfang und den Zusammenfassungen am Ende der Kapitel finden Sie das *Nützlichste für Ihre Kundenberatungs-, Verhandlungs- und Verkaufs-Erfolge.* Es besteht nicht nur aus dem in vielen Jahren zusammengetragenen Know-how, sondern auch aus vielen *Praxisbeispielen* und *Übungen* für Sie zum Selbsttrainieren. Diese Übungen beginnen jeweils mit der Überschrift: *„Jetzt haben Sie Gelegenheit zu üben."* Einem zielstrebigen und ehrgeizigen Verkäufer braucht wohl niemand zu erklären, wie wichtig das gründliche Bearbeiten dieser Aufgaben ist.

Wenn Sie Ihren Kunden gegenüberstehen, sind Sie auf sich selbst gestellt. Dann hilft Ihnen keine Führungskraft, kein Verkaufstrainer, kein Marketingberater und kein Lehrbuch mehr. Diese mögen Ihnen alle wertvolle Hilfestellungen gegeben haben, doch wenn es darauf ankommt, müssen Sie allein entscheiden, was jetzt zu tun ist. Wie gut, wenn Sie es vorher *oft genug geübt* haben, damit Sie *genügend angemessene Verhaltensweisen zur Auswahl haben und instinktiv das Geeignete tun,* und nicht erst lange zweifelnd nachdenken müssen.

Selbstausbildung ist durch nichts zu ersetzen. Sie ist die ideale Ergänzung zu allen Trainingserfahrungen in internen und externen Seminaren. Dieses Buch liefert Ihnen das Know-how von drei dreieinhalbtägigen Verkaufstrainings. Nehmen Sie sich auch „zu Hause" genügend Zeit dafür. Wenn Sie es gründlich durcharbeiten, sparen Sie nicht diese zehn Tage, sicher jedoch die An- und Abreisezeiten und erhebliche Kosten (für Fahrt, Unterkunft, Verpflegung, Tagungs-Gebühren).

Wenn Sie dieses Buch *vor* einem Seminarbesuch durcharbeiten, haben Sie mehr von Ihren Verkaufstrainings. Wenn Sie es *danach* bearbeiten, vertiefen Sie auf optimale Weise Ihr Wissen und Ihre verkäuferische Kompetenz. Und zu guter Letzt, das in diesem Buch gesammelte und durch Ihre Notizen angereicherte Know-how stellt ein hervorragendes *Nachschlagewerk* dar, um Sie immer wieder erfolgreich auf Vordermann zu bringen.

Erlauben Sie sich daher, jedes Kapitel mit farbigen Leuchtstiften zu markieren und alle Übungsseiten mit Bleistift auszufüllen. Wenn Ihnen ein Gedanke besonders gut gefällt, empfiehlt es sich, diese Anregung und Ihre spontanen Ideen und Einfälle dazu auf einem *Merkzettel* zu notieren, den Sie in Ihr Zeitplanbuch oder Ihre Verkaufsmappe heften können, bis das neue Wissen in Ihr unbewusstes Verhalten übergegangen ist. Sie wissen ja, auch *Schlagfertigkeit ist nichts weiter als ständige Übung.* Trainieren Sie Ihre Talente. Machen Sie dieses Buch zu Ihrem Erfolgsbuch.

Wie viel Zeit verbringen Sie in Verkaufsgesprächen beim Kunden? 20, 30 oder 40% Ihrer Arbeitszeit? Je mehr Sie mit Verwaltungstätigkeiten und Fahrten beschäftigt sind, umso wichtiger ist es, dass Sie die entscheidenden Stunden bei Ihren Kunden optimal nutzen. Entwickeln Sie Ihre Persönlichkeit und Ihre verkäuferischen Fähigkeiten! Warum in Zukunft nicht in ein oder zwei Kundenbesuchen das erreichen, wofür Sie früher fünf Mal oder öfter hinfahren mussten?

Wenn Sie die Menschen wirklich respektieren und lieben, können Sie sie *nehmen, wie sie sind,* und mit jedem gut klarkommen. Das ist eine lebenslange Herausforderung für jeden Verkäufer.

Doch verkäuferisches Wissen und persönliche Kompetenz allein sind nur der eine Teil Ihres Verkaufserfolgs. Fundierte Marktbeobachtung, strategisches Marketing, gekonnte Kundenansprache in der Werbung, gezielte Gebietsentwicklung und Akquisition von Interessentenadressen einerseits, sinngebende Unternehmensmission, überzeugende Corporate Identity und Wertesysteme, begeisternde Unternehmensziele mit klaren Erfolgs-Messkriterien, motivierende Vertriebssteuerung und stärkenorientiertes Team-Management andererseits sind der andere Teil unternehmerischen Verkaufserfolgs. Dieser zweite Teil steht in diesem Buch nicht im Vordergrund. Diese Themen sind in Workshops mit kompetenten Unternehmensberatern und Moderatoren für jede Firma individuell zu erarbeiten. Es ist sinnvoll, sich auch in diesem Bereich auf erfahrene Profis mit umfassendem Branchen-Know-how, wie z.B. RAS Training und Beratung, zu verlassen.

Der Einheitlichkeit, allgemeinen Verständlichkeit und des größten Praxisbezugs wegen stammen fast alle *Beispiele aus den Bereichen Software und PC-Hardware.* Unterlagen mit Übungsbeispielen aus anderen Branchen (z.B. Lebensmittel, Energie, Telekom usw.) erhalten Sie gern vom Autor.

Abschließend hier noch einige Hinweise, die Ihnen das Lernen mit diesem Buch erleichtern sollen:

–   Alle wörtlichen Reden und unausgesprochenen Gedanken in wörtlicher Rede innerhalb einer Verhandlung oder eines Beratungs- und Verkaufsgesprächs sind in *Kursivschrift* gedruckt.

–   Ebenso sind alle besonders wichtigen Worte und Sätze kursiv oder fett gedruckt, zentriert oder eingerahmt.

–   *Alle Verkäufer sind* (nach meinem Verständnis) auch *Berater* ihrer Kunden, und *alle Berater tragen* auch *zum Verkauf bei.* Da die Inhalte des Buches beiden Berufsgruppen nützen, wird in den Beispielen der Einfachheit halber nicht immer extra auf beide Funktionen hin-

gewiesen. Wenn geschrieben steht, „Sie als Verkäufer",
dann gilt dies in gleicher Weise auch für „Sie als Berater".

- Ebenfalls um Ihnen das Lesen zu vereinfachen, wird auf
die Unterscheidung von „Frau" und „Mann" verzichtet.
Immer wenn „der Kunde/Interessent" oder „Ihr Gesprächspartner" genannt ist, ist natürlich auch „die *Kun-
din/Interessentin*" oder „Ihre *Gesprächspartnerin*" genauso gemeint. Immer wenn „der Verkäufer" oder „ein
Berater" genannt ist, ist natürlich auch „die *Verkäuferin*"
oder „eine *Beraterin*" ebenfalls gleichermaßen mit einbezogen. Die geschlechtsunspezifische Darstellung des
Textes dient nur dem leichteren und schnelleren Lesen und
Lernen.

- Alle Seiten der dreizehn Kapitel sind mit einer Kolumne
(*Kapitelüberschrift*, jeweils oben innen) und einem
optischen Kapitelsymbol (oben außen) versehen. Das
soll Ihnen die schnelle Orientierung erleichtern (s. auch
„Inhaltsübersicht"). Auf allen anderen Seiten sehen Sie
„Globalix", seit 1985 Markenzeichen und Sympathieträger
aus dem Firmenlogo von RAS Training und Beratung.

- Alle Arbeitsblätter und *Übungsseiten* sind im *ausführlichen Inhaltsverzeichnis* mit Seitenangabe aufgeführt,
damit Sie immer wissen, wo Ihre persönlichen Notizen
stehen.

Viel Freude und viel Erfolg mit diesem Buch! Nutzen Sie es als
Wegweiser durch alle Verkaufssituationen, um Ihren Weg zu
Ihrem Verkaufserfolg souverän zu gestalten.

Rudolf A. Schnappauf

Danksagung

Ein umfassendes Fachbuch zum großen Thema „systematische Verkaufsmethodik" mit so vielen Übungen und Praxisbeispielen aus dem Verkaufsalltag entsteht nicht im Kopf eines einzelnen Menschen. Sehr viele Menschen hatten Anteil daran, dass dieses Werk entstanden ist. Ihnen allen danke ich an dieser Stelle.

Weit über tausend Seminarteilnehmer haben seit 1975 Anregungen und Denkanstöße geliefert, die nicht nur in derzeit 20 verschiedene Verkaufstrainings von RAS Training und Beratung mündeten, sondern auch in die vielen praxisgerechten Ideen dieses Buches.

Besonders wertvolle Inputs habe ich den Jahren als externer Verkaufstrainer bei IBM Deutschland zu verdanken. Viele Gedanken in den Teilen 2 und 3 dieses Buches gehen auf Erfahrungen aus unterschiedlichsten Verkaufstrainings für Mitarbeiter, Händler, System- und Software-Partner und auf IBM-Trainingsunterlagen zurück. Da diese Gedanken inzwischen von mir Dutzende Male ergänzt, überarbeitet und umformuliert worden sind, ist es mir nicht mehr möglich festzustellen, welcher Satz in welchem Training seinen Ursprung hatte. Daher finden Sie nur dort einen Zitathinweis, wo ich sicher weiß, wer diesen Gedanken in dieser Form veröffentlicht hat. Umso mehr danke ich allen Partnern des IBM Bildungszentrums in Herrenberg und allen Kollegen, die mit mir dort und anderswo gemeinsam trainiert haben.

Besonderer Dank gilt auch den Verkaufsmitarbeitern von Bosch Telecom, Siemens, Junkers, Privatbrauerei G. Schneider & Sohn, CompuNet, CSB-System, IKO Software Service, Interprogram, Schwaben Bräu Rob. Leicht AG, Software AG, Steirische Brauindustrie, fortIS, Integrated Systems, PPP Flüssiggas, CCG, Primagas, X-Group ... stellvertretend für viele andere Unternehmen und Branchen, die an Seminaren von RAS Training und Beratung teilgenommen und Praxisbeispiele geliefert haben.

Intensiv unterstützt beim Erstellen dieses Buches haben mich Paul M. Ostberg, Horst Förster, Bernd Roloffs, Stefan Guertler und vor allen Dingen meine liebe Frau Iris. Sie hat alle Texte erfasst, das Layout gestaltet und mit vielen Illustrationen, Grafiken, Tabellen und optischen Symbolen dafür gesorgt, dass die Inhalte auch anschaulich visualisiert und gehirngerecht aufbereitet sind. Herzlichen Dank für ihre Ausdauer, Geduld und Liebe bei der zusätzlichen Arbeit.

Rudolf A. Schnappauf

Hünfelden bei Limburg an der Lahn, Juli 2000

TEIL 1   MENSCHLICHE VORAUSSETZUNGEN

Kapitel 1   Verkaufs-Kommunikation

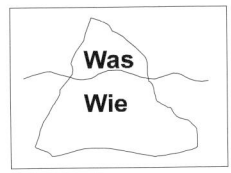

Kapitel 2   Innere Einstellung

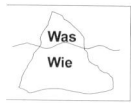

Wie gut ist Ihr verkäuferisches Wissen? Prüfen Sie sich selbst!

Fragen zu Kapitel 1:   Verkaufs-Kommunikation

– Was müssen Sie als Verkäufer bieten, um allen Kundenbedürfnissen gerecht zu werden?

– Welche unterschiedlichen Wünsche haben Kunden?

– Zu wie viel Prozent entscheiden Menschen bewusst, rational oder logisch?
Wie viel Entscheidungen fallen unterbewusst, instinktiv oder gefühlsmäßig?

– Wie stark entscheidet Ihr Wissen und wie stark Ihr Verhalten über Ihren Erfolg?

– Weshalb reden Kunden meist über ihren Bedarf (Qualität, Menge und Preis) statt über ihre Bedürfnisse?

– Wie kommt es zu zwischenmenschlichen Konflikten trotz Übereinstimmung in der Sache?

– Weshalb werden Sie mit manchen Menschen einfach nicht „warm"?

– Was brauchen Sie, um den rationalen Wünschen Ihrer Kunden gerecht zu werden?

– Was brauchen Sie, um ihre emotionalen Bedürfnisse zu befriedigen?

– Welche Rollen haben Kunde und Verkäufer?

– Wieso sind diejenigen, die mit den Kunden Kontakt haben, heute wettbewerbsentscheidend am Markt?

– Wie verändert sich das Verbraucherverhalten?

– Wovon hängt Ihr Erfolg in der Kundenberatung ab?

– Wie stellen Sie die gleiche Wellenlänge (Rapport) zu Ihren Kunden her?

– Wie erkennen Sie aus der Sprache, in welchem Sinneskanal Ihr Kunde gerade denkt?

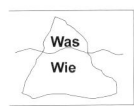

–   Welche Sinneskanäle benutzen Sie bevorzugt?

–   Welche körpersprachlichen Möglichkeiten nutzen Sie, um Rapport zu halten?

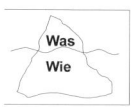

Ist Ihnen Ähnliches auch schon einmal passiert?

Beispiel 1:

Der junge Kundenberater Bernd kommt zu einer Einkäuferin und wird von ihr fachlich total auseinander genommen. Nachdem er einige sehr spezifische Produktfragen nicht befriedigend beantworten kann, entgegnet die Geschäftsfrau dem Verkäufer in höflicher Form, unmissverständlich klar und bestimmt: *„Wenn Sie sich besser auskennen damit, können Sie wiederkommen."* Beim nächsten Besuch ergeht es ihm genauso, und auch die folgenden Begegnungen verlaufen mit gleichem Ergebnis. Er besucht sie trotzdem immer wieder.

Beim fünften Mal überreicht er ihr einen Blumenstrauß und Pralinen. Auf ihr verdutztes Erstaunen antwortet er: *„Herzlichen Glückwunsch! Es ist heute das fünfte Mal, dass Sie mich zerlegt haben. Das hat noch niemand geschafft. Von Ihnen kann ich noch viel lernen."* Ab diesem Moment änderte sich die Stimmung der Einkäuferin schlagartig.

Auf einmal entstand eine offene Gesprächsatmosphäre. Die Frau erzählte, dass sie sich in der Männerwelt in ihrer Firma und ganz besonders in ihrer Branche fachlich immer besonders beweisen musste, sonst hätte sie als Frau niemand fachlich so richtig ernst genommen.

Der Verkäufer ging nach diesem Gespräch zum ersten Mal mit einem Auftrag zurück – und er bekommt noch heute seine Aufträge von dieser Einkäuferin.

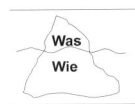

Beispiel 2:

Verkäufer Horst stößt bei seinem Verhandlungspartner, Herrn A., immer wieder auf unerklärlichen Widerstand. Herr A. lässt Horst jedesmal regelrecht auflaufen. Bei einem erneuten Besuch fasst Horst endlich den Mut und spricht die Situation offen und ehrlich an, so wie er sie erlebt: *„Ich kann mir nicht helfen, Herr A., ich habe den Eindruck, dass irgendetwas zwischen uns steht, und ich weiß nicht, was. Ich bemühe mich, Sie sehr fair zu beraten, und erlebe, dass ich nicht gerade freundlich behandelt werde von Ihnen."*

Der Einkäufer wird nachdenklich und antwortet dann in verändertem Ton: *„Ach, wissen Sie, eigentlich stinkt mir die ganze Situation selbst. Wir haben eine Vorstandsanweisung, dass wir nur bei Firma X kaufen dürfen – aus so genannten „geschäftspolitischen Interessen" – na, Sie wissen schon. Da frage ich mich, wofür sind wir hier im Einkauf eigentlich da, wenn wir schon keinen Entscheidungsspielraum haben? Verstehen Sie jetzt, weshalb ich auf Ihre Angebote nicht eingehen kann?"*

Sicher haben Sie viele ähnliche Situationen schon selbst erlebt und sich gefragt: *„Was läuft hier eigentlich? Wieso kann ich mit meinen guten Argumenten nicht überzeugen?"* Nun, Kunden kaufen nun mal keine Argumente, mögen diese noch so logisch oder „vernünftig" klingen. Verkaufen setzt in erster Linie eine *vertrauensvolle Beziehung* zwischen (mindestens) zwei Menschen voraus. Basis dafür sind *menschliche Kontakte* und *einfühlsame Kommunikation.*

Dieses Buch liefert Ihnen viele praktische und nützliche Hilfestellungen dafür, Ihre Kundenbeziehungen weiter zu verbessern.

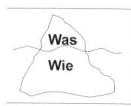

Wozu ist ein Unternehmen da?

Grundsätzlich hat jede Organisation in unserer Wirtschaftswelt die gleiche Absicht:

Eine bestimmte Leistung für eine bestimmte Zielgruppe am Markt zu vollbringen.

Je besser diese Leistung vollbracht wird, je größer damit der *Nutzen* für diese Gruppe von Menschen, desto *attraktiver* ist diese Organisation. Attraktivität am Markt ist die wichtigste Voraussetzung für den Erfolg und die langfristige Existenz des Unternehmens!

Damit diese Existenzfähigkeit erhalten bleibt, ist es erforderlich, dass ein Unternehmen beständig in die eigene Leistungsfähigkeit investiert. Stillstand ist in schnelllebigen Zeiten häufig gleichbedeutend mit Rückschritt. Nur wer seine Leistung ausbaut und seinen Nutzen für die Zielgruppe beständig hochhält, bleibt attraktiv. Dafür ist es erforderlich, positive Erträge zu erwirtschaften.

Die heute erzielten Überschüsse oder Gewinne stellen das notwendige Kapital dar, um heute die erforderlichen Investitionen in die eigene Leistungsfähigkeit vornehmen zu können, die auch morgen noch den Kunden-Nutzen für die Zielgruppe ermöglichen und, wenn möglich, erhöhen. *Gewinne sind* einerseits die *Mittel*, die gebraucht werden, *um die Unternehmensziele zu erreichen.* Andererseits sind Gewinne die Folge richtigen Verhaltens am Markt. Daher bilden sie niemals selbst das Ziel, auch wenn dies früher in der Betriebswirtschaftslehre oft übersehen worden ist.

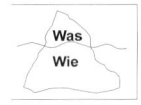

Wie lauten daher die Unternehmensziele?

1. Die *Attraktivität* der Leistungsgemeinschaft (Organisation/Firma) am Markt *erhöhen*.
2. Die eigene *Existenz* – und damit die Arbeitsplätze – *sichern*.

Wer für eine bestimmte Gruppe von Menschen wirklich *Nutzen* bietet, gewährleistet damit, dass diese Menschen an seiner weiteren Existenz und seinem Wohlergehen interessiert sind, denn sie wollen ja auch zukünftig von seinen Vorteilen profitieren.

Damit sind wir am Kern dieser Überlegungen angelangt: Ein Unternehmen ist nicht zum Selbstzweck da, eine Leistungsgemeinschaft aus zusammen arbeitenden Menschen *dient anderen* Menschen. Nur daraus lässt sich ihre Existenzberechtigung überhaupt ableiten.

„Diene, um zu verdienen", lautet schon eines der drei ältesten ethischen Gebote der Menschheit. Auch die Produktion noch so schöner Produkte nützt nichts, wenn sie niemand braucht. Auch das Anbieten noch so toller Ideen bringt nichts, wenn sie niemand will. *Nur was anderen Menschen am Markt dient und nützt, erhält eine Daseinsberechtigung.* Und nur wenn es *mehr nützt* als vergleichbare Angebote, hat der Hersteller oder Dienstleister seinen Daseinszweck erfüllt.

Jeder in einem Unternehmen oder einer Organisation unseres Wirtschaftslebens Tätige muss daher gemeinsam mit seinen Kolleginnen und Kollegen ein Ziel verfolgen:

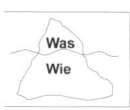

„Wir wollen die Wünsche unserer Kunden bestmöglich erfüllen, damit alle unsere Kunden gleichermaßen zufrieden sind", denn das *oberste Unternehmensziel* lautet:

Ohne zufriedene Kunden geht nichts. Für die Befriedigung ihrer Interessen ist das Unternehmen da! Die *Bedürfnisse der Menschen* am Markt *herauszufinden und* dann *zu erfüllen*, ist die eigentliche Leistung eines Unternehmens. Es ist vor allem eine verkäuferische Leistung.

Kaufen und Verkaufen haben jahrtausendelange Tradition in der Menschheitsgeschichte. Schon die alten Ägypter, Phönizier und Chinesen betrieben Handel. Bedürfnisse nach Bernstein, Weihrauch, Seide, Gold und Ähnlichem waren die Gründe für das Erforschen fremder Länder vom Altertum über Marco Polo und die Konquistadoren bis in die Neuzeit.

Aktiv beraten und die eigene Leistung überzeugend verkaufen durch *gewinnende Kundenansprache* sind die Hauptaufgaben modernen Wirtschaftens heute. Es gibt keinen Mitarbeiter im Unternehmen, der mit Verkaufen überhaupt nichts zu tun hat. Entweder indirekt (wie z.B. Entwicklung, Produktion, Finanzen usw.) oder unmittelbar (wie z.B. Vertrieb, Logistik, Wartung usw.) hat jeder mit dem Verkauf zu tun. Schließlich leben auch alle davon, dass die erstellten Leistungen und Produkte auch gekauft werden. Deshalb ist es so wichtig, die *Kunden und Interessenten* zu *verstehen*, zu *beraten*, zu betreuen sowie ihnen zu *helfen, ihre Ziele zu erreichen und ihre Bedürfnisse zu befriedigen.*

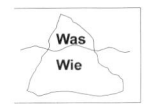
Gesprächspartner von den Dienstleistungen/Produkten zu über-zeugen und sie als Geschäftspartner zu gewinnen, heißt nichts anderes als: die Firmen-Leistungen zu *verkaufen.*

Überzeugend und gewinnend beraten sind die wichtigsten Aspekte des Verkaufens, und sie sind so wichtig für jeden Mit-arbeiter in jeder Funktion im Unternehmen, weil es die Kunden sind, die mit ihrem Geld die Löhne und Gehälter bezahlen. Be-lohnung ist der Dank für einen geleisteten Dienst.

„Dienst-Leistung" kommt von *Dienen und Leisten!* Deshalb sind alle gefordert, ihren Dienst an den Kunden so zu erbringen, dass diese nicht nur *zufrieden,* sondern möglichst *begeistert* sind; und das heißt auch, *alle* Mitarbeiter sind aufgefordert, die Dienst-leistungen ihres Unternehmens aktiv zu verkaufen.

Wollen Sie Ihre Kunden noch besser verstehen, verständnisvoll auf sie eingehen und mit ihnen umgehen? Dann nehmen Sie sich jetzt einen *Stift* und etwas Zeit für die folgende *Übung.*

Leistungen des Unternehmens und Interessen der Kunden

1. Welche Leistungen müssen Sie als Verkaufs-berater bieten, um den unterschiedlichsten Kun-den-Bedürfnissen gerecht zu werden?

Bitte schreiben Sie alle erforderlichen Leistungen auf, die Ihnen einfallen, je mehr, desto besser. Die Reihenfolge spielt dabei keine Rolle. Nehmen Sie sich dafür 30 Minu-ten Zeit.

2. Welche Wünsche, Bedürfnisse und Interessen haben unsere Kunden?

Versetzen Sie sich in die Rolle unterschiedlichster Kunden Ihres Unternehmens. Bitte notieren Sie alle Bedürfnisse, Wünsche und Interessen, die Sie als Kunde gegenüber dem Unternehmen haben, und was Sie von Ihren Gesprächspartnern persönlich, menschlich und fachlich erwarten. Schreiben Sie so viele Punkte wie möglich auf. Die Reihenfolge spielt auch hier keine Rolle. Nehmen Sie sich wieder 30 Minuten Zeit.

Haben Sie alle Ihre Antworten notiert, bevor Sie weiterlesen?

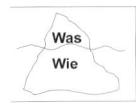

In meinen Trainings zu Kunden-Orientierung, Verkaufs-Kommunikation und Verhandlungs-Psychologie haben in den letzten 17 Jahren mehrere hundert Menschen in parallelen Gruppenarbeiten diese zwei Fragen beantwortet und wertvolle Erkenntnisse daraus gewonnen. Da Sie beim Beantworten der zweiten Frage allerdings bereits Antworten auf Frage eins kennen, kann es sein, dass Ihre Einzelergebnisse nicht ganz den gleichen Trend widerspiegeln, den die Gegenüberstellung aller Gruppenergebnisse in den Verkaufstrainings jeweils mit sich brachte (und zwar unabhängig von Beruf, Alter, Geschlecht, Funktion, Position der Antwortenden). Deshalb seien hier zunächst zwei typische Gruppenarbeitsergebnisse wiedergegeben:

1. Welche Leistungen müssen Sie als Verkaufsberater bieten, um den unterschiedlichsten Kunden-Bedürfnissen gerecht zu werden?

- ✶ gute Qualität
- ✶ Bedarf des Kunden erkennen
- ✶ Pünktlichkeit
- ● Offenheit
- ✶ günstige Preise
- ✶ umfassende Information
- ✶ Fachwissen
- ✶ Garantie
- ✶ schneller Service
- ✶ termintreue Lieferung
- ✶ ordentliche Erscheinung
- ✶ saubere Verpackung
- ✶ maßgeschneiderte Lösung
- ✶ freundliches Auftreten
- ● gute Beratung
- ✶ zielgerichtete Werbung
- ● Verhandlungsgeschick
- ✶ Kompetenz
- ✶ Einladungen zu Feiern, Messen usw.

- Selbstbewusstsein ohne Überheblichkeit
- ☆ abgerundetes Sortiment
- Flexibilität
- ☆ Werbegeschenke
- Teamgeist nach innen
- ☆ Parkplatz
- den Kundenerwartungen entsprechend auftreten/ verhalten
- ☆ Vorführungen bei Referenzkunden
- Überzeugungskraft
- ☆ Produkte auf dem neuesten technischen Stand
- ☆ Kenntnis der Wettbewerber
- unseren Ansprechpartner beim internen Weiter- verkauf der Lösung unterstützen
- Kontakte pflegen

usw.

2. Wünsche, Bedürfnisse und Interessen aus Kundensicht

- Begrüßung mit Namen
- lächelndes Gesicht
- positive Einstellung
- Interesse an meinen Problemen
- Einsatz für meine Ziele
- ☆ Zeit für mich nehmen
- mich ernst und wichtig nehmen
- Geduld
- Begeisterung
- Vertrauen
- Glaubwürdigkeit
- Ehrlichkeit
- Sympathie
- ☆ einen festen Ansprechpartner
- ☆ Kompetenz, Entscheidungsbefugnis
- ☆ Produkt- und Branchenkenntnis
- Fairness

VERKAUFS-KOMMUNIKATION

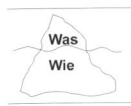

- Einhalten von Zusagen
- Einfühlungsvermögen
- Verschwiegenheit, Diskretion
* preiswerte Dienstleistung
* fachliche Beratung
- Loyalität
- Weiterverfolgen meiner Anliegen
- kreative Ideen
- sicheres Auftreten
- festen Händedruck
- aufmerksamen Blickkontakt
* gute Vorbereitung
* anschauliche Unterlagen
- motiviert sein
* erreichbar sein
- Fingerspitzengefühl
- Anerkennung, Bewunderung
* Arbeit abnehmen
- Sicherheit vermitteln
- Zusammenarbeit
- keine Ratschläge oder Lehrmeisterei
- Bestätigung als erfolgreicher Unternehmer
  (Manager, Einkäufer usw.)
* Referenzen
* „3% Skonto" für meinen Einkaufsleiter
- Zuverlässigkeit
- Kontinuität
* funktionsfähige Qualitätsprodukte
* zukunftsträchtige Perspektiven und Lösungen
* spezielle Anpassungen an meinen Bedarf
* Informationen über neue Trends
* sich kurz fassen, meine Zeit sparen, mich reden
  lassen
- Kompromissbereitschaft
- Integrität
- Integrationsfähigkeit
- aufmerksam, doch unaufdringlich sein

- Betreuung auch nach Auftragserteilung
* Anreise-Skizze und Hotelbuchung
* Vertragstreue
- Humor
- Menschlichkeit
- Natürlichkeit
- Glückwünsche
- Interesse an mir als Mensch

usw.

Diese zwei Listen sind absolut repräsentativ für ein immer wieder erlebtes Phänomen:

- Die erste Liste (Verkäufer) enthält weniger Punkte, die mit einem Kreis (●) gekennzeichnet sind, als solche mit einem Stern (*).
- Die zweite Liste (Kunden) ist umfassender und enthält deutlich *mehr* Punkte, die mit einem *Kreis* (●) versehen sind, als solche mit einem Stern (*) und *sehr viel mehr* Punkte, die mit einem *Kreis* (●) versehen sind, als die Liste der Verkäufer.

Was bedeuten diese Symbole? Sterne und Kreise wurden natürlich jeweils nachträglich in die Gruppenergebnisse eingefügt, um genau über diesen entscheidenden Unterschied nachzudenken. Welche Erkenntnisse lassen die vielfach wiederholten Ergebnisse zu?

Nun, die einen sind nicht unbedingt wichtiger als die anderen oder mehr firmen- bzw. geschäftsbezogen. Die Antwort fällt leicht, wenn Sie sich fragen, wie und womit Sie die einzelnen Aspekte erfassen. Alle mit einem * versehenen Begriffe lassen sich durch die *Sinnesorgane* (Auge, Ohr, Nase, Mund, Finger = Tastsinn) wahrnehmen und in Kilogramm, DM, Stunden oder anderen Maßeinheiten *messen*. Die mit einem ● versehenen Begriffe lassen sich weder messen, wiegen, berechnen noch mit

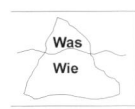

den fünf Sinnesorganen bewusst verstandesmäßig wahrnehmen. Sie lassen sich nur mit dem *Herzen* oder dem *Gefühl* erkennen, denn sie liegen alle im *zwischenmenschlichen* Bereich.

Weitere mit Abbildungen und Beispielen anschaulich untermalte *Zusammenhänge von Verstand und Gefühl* im Verkauf mit dem Fazit aus den bisherigen Erläuterungen und Erkenntnissen liefern die nächsten Abschnitte dieses Kapitels.

Inhalts- und Beziehungsebene in der Verkaufs-Kommunikation

**Verstand und Gefühl –
die Bestimmungsfaktoren menschlichen Verhaltens**

Viele Versuche, menschliches Verhalten in Worte zu fassen, sind gescheitert, da mit Worten (= rationalen Symbolen) nur schwer irrationale und emotionale Aspekte menschlichen Handelns verständlich beschrieben werden können. In einem solchen Fall empfiehlt es sich, leicht verständliche Bildsymbole als Erklärungsmodelle zu erstellen.

Versuchen Sie daher, sich das Bild eines Eisbergs vorzustellen. Zu dessen Eigenschaften gehört, dass nur ca. ein Zehntel seines Volumens sichtbar ist, d.h., über die Wasseroberfläche herausragt. Hingegen schwimmen fast 90% des Eisbergs unter Wasser und sind damit für das Auge unsichtbar. Diese Eigenschaft lässt ihn geradezu als Mustermodell für die Erklärung des menschlichen Verhaltens erscheinen. Machen Sie sich klar, wie unglaublich wenige unserer Handlungen vom Verstand bewusst gesteuert und kontrolliert werden. Wenn Sie sich am Kopf kratzen, den

41

Bart streichen, das Gewicht von einem Fuß auf den anderen verlagern, im Auto vom zweiten in den dritten Gang schalten usw., geschieht dies unbewusst, gewohnheitsmäßig oder triebgesteuert ohne Einschaltung des Verstands oder des Willens.

Es ist daher sicher nicht übertrieben, wenn Verhaltensforscher davon sprechen, dass die Menschen nur maximal 10% ihrer Handlungen verstandesmäßig bewusst ausführen. Mehr als 90% werden maßgeblich vom Unterbewusstsein (und vom Unbewussten) geleitet. Die Motive für diese vom Gefühl und nicht vom Verstand hervorgerufenen Antriebskräfte des Menschen sind intuitiver, instinktiver oder triebhafter Natur (vgl. Abb. 1.1, S. 43).

Welche Konsequenzen ergeben sich aus diesem Modell? Auch die Wahrnehmung und die Bewertung unserer Umwelt geschehen nach dem gleichen Muster. Nur einen Teil Ihrer Wahrnehmungen nehmen Sie mit den Sinnesorganen auf. Eine große Vielfalt von Eindrücken bekommen Sie durch Ihre „inneren Sinne" mitgeteilt. Außerdem werden die meisten von den Sinnesorganen aufgenommenen Impulse (Reize aus der Umwelt) gar nicht erst in Ihre Gedankenwelt aufgenommen, sondern verebben bereits im Ultrakurzzeitgedächtnis. Nur ein winziger Bruchteil relevanter Informationen erreicht Ihren Verstand. Dieser würde sonst unter der Informationsflut zusammenbrechen. [1]

---

[1] vgl. Frederic Vester: Denken, Lernen, Vergessen

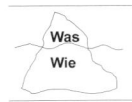

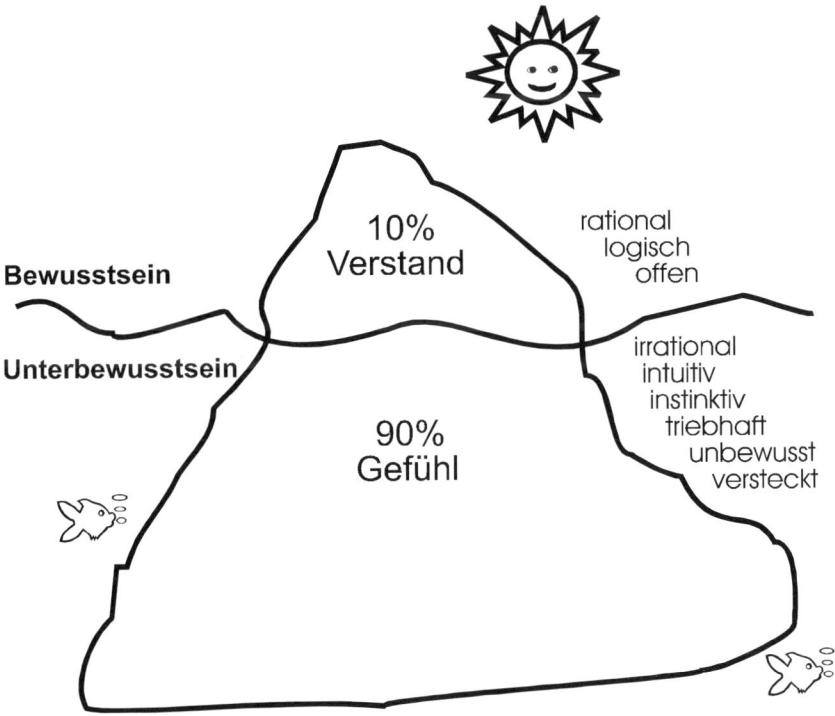

Abb. 1.1: **Bewusstsein und Unterbewusstsein im menschlichen Handeln**

Auf Ihr Unterbewusstsein und Ihre Gefühlswelt haben jedoch alle diese Umweltreize unmittelbare Auswirkungen. Sie legen Ihre *Stimmung* fest, sie sind entscheidend für *Sympathie* und *Antipathie*. Sie gestalten die Atmosphäre, die Ihr Verhalten maßgeblich beeinflusst.

Im bewussten, rationalen Teil Ihrer Persönlichkeit wägen Sie *Vor- und Nachteile* ab, vergleichen quantifizierbaren *Nutzen* mit messbaren *Kosten*.

Um die rationale Entscheidung treffen zu können, ob ein Sachverhalt Ihnen positiv oder negativ erscheint, benutzen Sie Ihr Wissen. Sie bewegen sich damit ausschließlich auf der *Sach-oder Inhaltsebene*.

Entscheidend für Ihr Handeln ist jedoch nicht das „WAS", das Wissen, sondern das viel größere „WIE", das *Verhalten*, denn 90% der menschlichen Beweggründe (Motive) zum Handeln liegen auf der Beziehungsebene (vgl. Abb. 1.2, S. 45). Dies wird sehr anschaulich, wenn Sie sich einmal vor Augen führen, wie physisch wenig Platz Ihr logischer Verstand in der relativ kleinen Großhirnrinde einnimmt, im Verhältnis zu Ihrem gesamten Körper, mit dem Sie fühlen und entscheiden.

Verdeutlichen Sie sich diese Überlegungen ausführlicher an einem Beispiel. Wenn Sie eine Dienstleistung in Anspruch nehmen (kaufen), dann entscheiden Sie verstandesmäßig über die von den Sinnesorganen kommenden Eindrücke, z.B. Preis, Qualität, Quantität usw.

Ob bewusst oder unbewusst, Sie haben jedoch auch eine *Vielzahl weiterer Bedürfnisse* beim Kauf, die darüber entscheiden, ob Sie *zufrieden* sind mit einer erworbenen Leistung oder nicht.

Beispielsweise möchten Sie anständig bedient werden, wollen Ihr Geltungsbedürfnis (Wertschätzung, Status, Image, Anerkennung usw.) oder Ihre Neugierde befriedigen, wollen sich abreagieren, suchen Kontakt und Ansprache oder Geborgenheit und Erholung, erwarten Einfühlungsvermögen, Geduld, Herzlichkeit, Diskretion usw. Alle diese Bedürfnisse sind *gefühlsorientiert* und liegen im *zwischenmenschlichen* Bereich, also auf der Beziehungsebene.

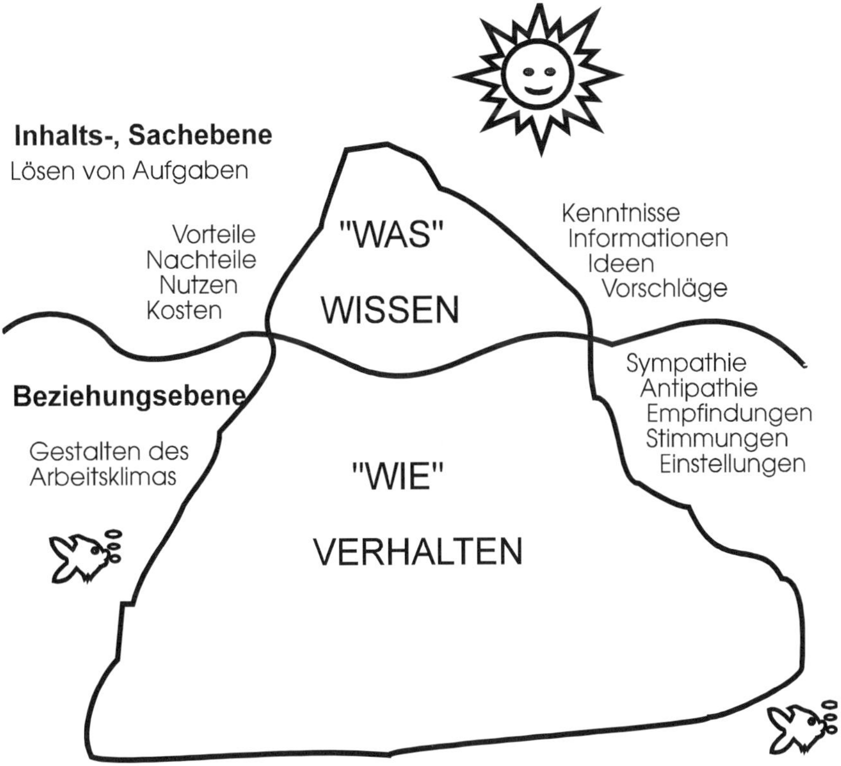

Inhalts-, Sachebene
Lösen von Aufgaben

Vorteile	
Nachteile	"WAS"
Nutzen	
Kosten	WISSEN

Kenntnisse
Informationen
Ideen
Vorschläge

Beziehungsebene

Gestalten des
Arbeitsklimas

"WIE"

VERHALTEN

Sympathie
Antipathie
Empfindungen
Stimmungen
Einstellungen

Abb. 1.2:   **Inhalts- und Beziehungsebene des menschlichen Handelns**

Alle diese vielen Motive sind kaum quantifizierbar, d.h., sie lassen sich nicht in Kilogramm, Meter, Stunden, Grad oder Geldeinheiten ausdrücken und sind deshalb auch meist nur sehr schwer in Worte (= rationale Symbole) zu fassen. Sie liegen unter der „Wasseroberfläche" – im großen Bereich des *Verhaltens,* der *Emotionen* und *Bedürfnisse* (vgl. Abb. 1.3, S. 46).

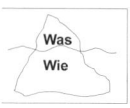

Vom Verstand geleitete Motive

* Preis
* Qualität
* Quantität
* Gewinnspanne

usw.

Vom Gefühl geleitete Motive

* Vertrauen
* Diskretion
* Verständnis
* Freundschaft
* Unterhaltung
* Ansprache
* Ehrlichkeit
* Bequemlichkeit
* Prestige
* Sicherheit
* Schutz
* Spieltrieb

* Herzlichkeit
* Höflichkeit
* Geduld
* Liebe
* Respekt
* Gemütlichkeit
* Entlastung
* Unterstützung
* Geltungsbedürfnis
* Ruhe
* Neugier
* usw.

Abb. 1.3:   **Verstandes- und gefühlsbetonte Motive menschlichen Handelns**

Was können Sie aus dem Eisberg-Modell lernen? Ganz gleich, ob Sie als Kundenberater oder Verkäufer im Konsumgüter- oder im Investitionsgüter-Bereich, im Software- oder Beratungsgeschäft tätig sind, sollten Sie um die diversen, individuellen Bedürfnisse Ihrer Kunden Bescheid wissen. (Gleiches gilt selbstverständlich auch für die Beziehung „Vorgesetzter – Mitarbeiter" und für jede andere.)

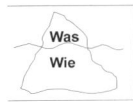
Für Sie gilt es, die Interessen Ihrer Partner zu erkennen und zu verstehen, ihre Wünsche zu erfragen und ihre Bedürfnisse zu befriedigen – auch und besonders die latenten und unbewussten.

Nur wer die dafür erforderlichen *Fähigkeiten*, wie z.B. Aufgeschlossenheit, Menschenkenntnis, Fingerspitzengefühl, Höflichkeit, Freundlichkeit, Geduld usw., besitzt, wird sein Produkt oder seine Dienstleistung auf Dauer erfolgreich verkaufen können.

Wenn die Empfindungen schon einen so enorm hohen Stellenwert haben, warum sprechen dann Ihre Kunden nicht darüber? Haben Sie schon einmal erlebt, dass Ihr Gesprächspartner Sie empfangen hat mit den Worten: *„Heute möchte ich, dass Sie vor allem mein Geltungsbedürfnis befriedigen"* oder *„Heute will ich mich mal richtig abreagieren und ausjammern bei Ihnen"*? Wohl kaum.

Warum sagen Ihre Kunden nicht, welche wahren Bedürfnisse sie wirklich haben und wonach sie entscheiden, ob sie zufrieden sind oder nicht? Sie kennen die Antwort bereits, und Abbildung 1.1 bestätigt es Ihnen: Weil die meisten Bedürfnisse im Unterbewusstsein wohnen und deshalb Ihren Kunden gar *nicht bewusst* sind. Daher reden sie meist über Preise, Mengen, Qualitäten, Termine (verstandesmäßig erfass- und messbare Punkte) und eben nicht über die viel tiefer sitzenden und viel maßgeblicheren *emotionalen Bedürfnisse*.

Oder sagen Sie in einem Bekleidungsgeschäft vor dem Kauf eines Anzugs oder Kleides: *„Ich möchte gern, dass Sie mir heute besonders meine sportliche Figur und mein jugendliches Aussehen bestätigen."* Selbst wenn es noch so wichtig für Sie und entscheidend für das Zustandekommen eines Kaufvertrags wäre, Sie werden sich Ihrer Bedürfnisse wohl selten so bewusst

sein, dass Sie diese präzise aussprechen könnten und würden. Ihre Bedürfnisse zu erkennen und entsprechend zu beachten bleibt der Wahrnehmungsfähigkeit und dem Geschick des Verkäufers überlassen. Und davon hängt letztlich sein Erfolg ab (vorausgesetzt, er hat ein passendes Kleidungsstück, was normalerweise der Fall sein dürfte – vermutlich sogar in vielen verschiedenen Geschäften).

Verdeutlichen Sie sich diese Erkenntnis an einem einfachen und anschaulichen *Beispiel*. Versetzen Sie sich dazu in einen Restaurantgast, der eine Flasche Wein bestellt hat. Begegnen Sie in Gedanken zwei Extremfällen von Bedienungen.

Kellner A besitzt ein umfangreiches Fachwissen, er hat seine Ausbildung mit Bestnote bestanden. Er präsentiert Ihnen die Flasche mit dem Etikett, lässt Sie die Temperatur fühlen, schneidet die Verschlusskapsel sauber ab, zieht den Korken, ohne ihn vollständig zu durchbohren, prüft dessen Geruch, um mögliche Beanstandungen von vornherein auszuschließen, kippt den ersten Schluck mit eventuellen Korkresten in ein leeres Glas auf dem Serviertisch, schenkt Ihnen – dem Gastgeber – einen Probeschluck ein, erkundigt sich, ob der Wein mundet, und schenkt in der richtigen Reihenfolge, entsprechend Alter und Geschlecht, die Gläser ein. Trotz all der fachlichen Perfektion kann es sein, dass Sie sein Verhalten als albern, steif, überheblich oder seltsam empfinden, weil er *keinerlei Kontakt auf der menschlichen Ebene* geknüpft hat und weder auf Sie als Mensch noch auf Ihre momentanen Gefühle eingegangen ist. Ist das der Fall, finden Sie ihn *unsympathisch*. Er erhält wahrscheinlich kein Trinkgeld.

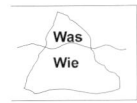

Kellner B   hingegen ist das genaue Gegenstück zu seinem fachlich perfekten, aber herzlos wirkenden Kollegen. B verfügt über keine Fachausbildung. Er arbeitet vielleicht als Aushilfe und hat Freude daran, Gäste zu bedienen und zu unterhalten. Er zeigt Ihnen kein Etikett, weiß nichts über die richtige Ausschanktemperatur, reißt die Kapsel auf, bricht eventuell sogar den Korken ab und schenkt die Gläser einfach reihum voll. Doch nehmen wir einmal an, B zeigt sich dabei überaus liebevoll, herzlich und freundlich. Er lacht mit Ihnen, scherzt auf eine Ihnen angenehme, dezente Art und *geht passend auf Sie* und die gute Stimmung an Ihrem Tisch *ein.* Trotz all seiner fachlichen Schwächen kann es sein, dass Sie ihn für humorvoll, lustig, herzlich und unterhaltsam halten. Ist das der Fall, finden Sie ihn *sympathisch* und geben ihm vielleicht auch ein Trinkgeld.

Entscheidend für den Erfolg der (Verkaufs-)Bemühungen dieser beiden Kellner war nicht ihr Wissen (Sachebene), sondern ihr *menschliches Verhalten (Beziehungsebene).* Und Sie haben nicht mit dem Verstand ihre Leistungen beurteilt (Vor- und Nachteile), sondern *mit dem Gefühl ihre Ausstrahlung (Sympathie, Antipathie).*

Auf Dauer hat weder Kellner A noch Kellner B Aussicht auf Erfolg. Allein für sich reicht weder die Sachebene noch die Beziehungsebene aus, um Kunden beständig zufrieden zu stellen. Doch *kurzfristig löst extrem sachlich-kaltes oder gefühlsmäßig-wohlig-warmes Verhalten völlig verschiedene Reaktionen* auf seiten der Kunden *aus.* Zwei eigene Erfahrungen mögen dies beispielhaft belegen:

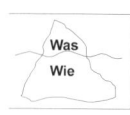

1. Ich erinnere mich noch gut an einen Oberkellner im Schwalbenschwanz-Frack, der – entsprechend dem Restaurantimage – uns (eine Seminargruppe) „perfekt" bediente, d.h. mit all seiner Aufmerksamkeit auf das Fachliche gerichtet, und doch fragten wir uns fröstelnd, ob er uns überhaupt als Menschen wahrgenommen oder gar akzeptiert habe. Folge davon war, dass ihm alle sehr kritisch auf die Finger schauten, während er seine Fachkompetenz demonstrierte. Als er einmal ein Bierglas mit der Aufschrift schräg zum Gast servierte, drehte dieser es – sichtbar für alle am Tisch – sofort mit dem Logo zu sich und bemerkte mit sachlich-kaltem Oberlehrerton: *„Jedes Glas hat sein Gesicht!"* Alle Gäste am Tisch lachten, denn sie hatten nur darauf gewartet, einen Fehler zu entdecken im verstandesorientierten Wissensbereich dieses Obers, der sich ausschließlich auf die Spitze des Eisbergs konzentrierte – und das ausgesprochen gut.

2. Das gegenteilige Erlebnis lieferte ein Aushilfskellner in einem Balkanlokal. Er war lustig, fröhlich und lachte. Er kümmerte sich rührend um die Kinder, brachte verständnisvolles Mitgefühl für die Eltern auf und sorgte mit witzigen Bemerkungen dafür, dass wir viel zu lachen hatten, vor allem, als es ihm misslang, eine Flache Rotwein sauber zu öffnen. Er lenkte von seinem Missgeschick so gut ab, dass wir kurz darauf beschlossen: *„Lasst uns noch eine Flasche Wein bestellen, mal sehen, ob das wieder so eine Schau gibt."* Ich habe das Lokal und den Kellner heute noch in angenehmer Erinnerung.

Wenn auch keiner dieser Kellner ein Vorbild für seinen Berufsstand ist, so wird doch aus diesen kurzen Beispielen deutlich, dass Kunden demjenigen *sehr kritisch* begegnen, der *nur den rationalen* Aspekt beachtet, jedoch leicht dazu tendieren,

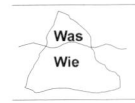

entschuldigend zu sagen: *„Das kann doch jedem mal passieren"*, wenn derjenige ein *sympathisches* Verhalten zeigt.

So wichtig das Wissen und die fachlichen Fähigkeiten sein mögen, ohne die dazugehörenden menschlichen Qualitäten einer harmonischen Gesamtpersönlichkeit bleiben sie nur Staffage. Deshalb müssen Aus- und Weiterbildung auf den wichtigen Bereich der inneren Einstellung und des kundenorientierten Verhaltens besonderen Wert legen.

Für die Kommunikation zweier Menschen liefert das Eisberg-Modell noch weitere wichtige Erkenntnisse. Während beispielsweise zwischen Berater und Kunden (Mitarbeiter und Führungskraft usw.) im verstandesmäßig erfassbaren Bereich eine höfliche Distanz herrschen kann, können *im Gefühlsbereich* (= auf der Beziehungsebene) bestimmte Verhaltensweisen bereits eine persönliche *Konfrontation* verursacht haben (vgl. Abb. 1.4, S. 52).

Wenn der Kunde auch nur eine der Eigenschaften des linken Eisbergs erkennt, reagiert er mit einer der zwei biologisch in uns Menschen angelegten Weisen: *Flucht* (Zweifel, Misstrauen, Rückzug usw.) oder *Kampf* (Widerstand, Wut, Besucher verabschieden usw.).

Mimik und Gestik, die vom Unterbewusstsein und vom Gefühl gesteuert werden, können eine ganz andere, ehrlichere Sprache sprechen als die gleichzeitig vom Verstand formulierten Worte (vgl. Abb. 1.5, S. 53).

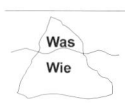

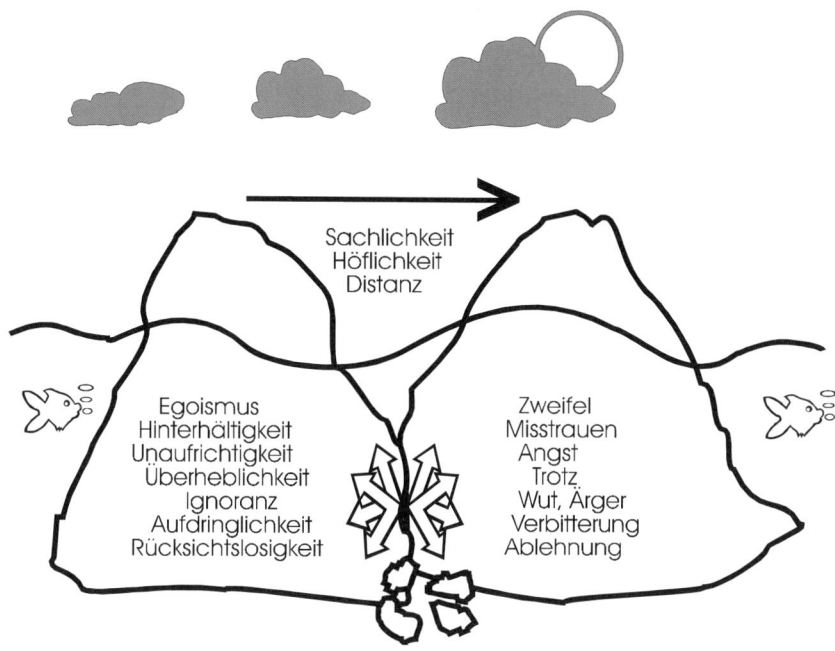

Abb. 1.4: **Zwischenmenschlicher Konflikt: emotionale Konfrontation bei sachlicher Distanz**

Wer nicht voll und ganz, d.h., auch in seinem inneren Kern, von
sich, seiner Arbeit, seinem Produkt oder seiner Leistung *überzeugt* ist, der kann wohl kaum einen anderen Menschen überzeugen.

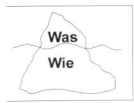
INHALTSEBENE = WAS

Die inhaltliche Ebene eines Gesprächs wird „über dem Tisch" verhandelt;

sachlich, fair, freundlich, bewusst formulierte Sprache.

Die emotionale Ebene eines Gesprächs wird „unter dem Tisch" verhandelt. Hier „treten" sich die Partner wechselseitig – oft unbeabsichtigt und meist unbewusst.

Zurückweisungen, Ablehnungen, Missverständnisse, Verletzungen durch Mimik, Gestik, Haltung, Blick, Tonfall, Lautstärke, unbedachte Worte, Versprecher usw.

BEZIEHUNGSEBENE = WIE

Abb. 1.5: **Sach- und Beziehungsebene in Verhandlungen**

Wer nicht selbst wie eine Fackel brennt, sondern nur schwach glimmt, der kann bei seinen Mitmenschen kein Feuer der Begeisterung entfachen. Wer Antipathie gegenüber seinem Partner empfindet, der wird wohl kaum positive Resonanz erzeugen können. *Nur wer* im Verstandes- und Gefühlsbereich eine in sich schlüssige, harmonische Gesamtausstrahlung besitzt und *sich kongruent* (stimmig, authentisch) *verhält, wirkt glaubwürdig, vertrauenerweckend und überzeugend.*

Als psychologisch gut geschulter Kundenberater wissen Sie natürlich, wie wichtig das Eingehen auf die nicht sichtbaren Bedürfnisse Ihrer Kunden ist. Trotzdem kommt es manchmal auch vor, dass Sie mit einem bestimmten Menschen nicht so recht „warm werden". Möglicherweise kann das daran liegen, dass sich zwar die beiden Persönlichkeiten sachlich nahe gekommen sind und auch emotional verstehen wollen, aber weit auseinander gehende Bedürfnisse zu befriedigen suchen.

Beispielsweise könnten Sie auf freundlichen Smalltalk und oberflächliche Kontakte bedacht sein (Unterhaltung, Freude, Feiern usw.), während der Kunde im Moment aufgrund ernster Probleme in Familie oder Betrieb tief greifende Bedürfnisse zu befriedigen sucht und Verständnis, Vertrauen, Trost braucht (vgl. Abb. 1.6, S. 55, Verkäufer links – Kunde rechts).

Auch das Gegenteil ist denkbar: Sie bieten Ihrem Partner Freundschaft und Mitgefühl, dieser Kunde erwartet jedoch nur höfliche Ansprache und ein bisschen Unterhaltung, alles andere hält er für seine Privatsphäre, die er vom Geschäftlichen total zu trennen versucht (vgl. Abb. 1.6, Verkäufer rechts – Kunde links).

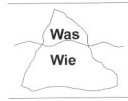
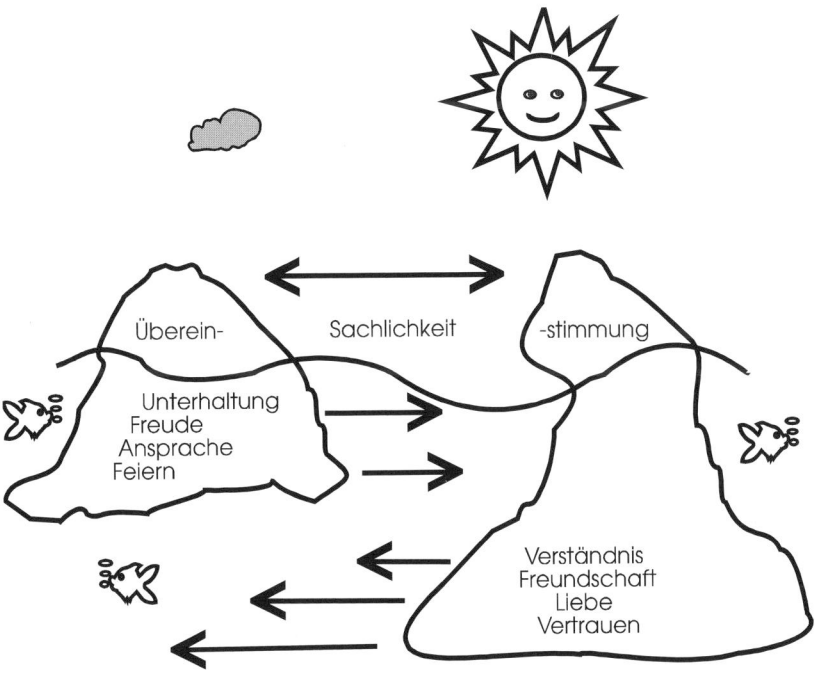

Abb. 1.6: **Zwischenmenschlicher Konflikt: unterschiedliche gefühlsbetonte Bedürfnisse**

In beiden Fällen kommt es nicht zu einem übereinstimmenden Verhalten. Sie hätten erneut die Tiefe der *emotionalen Bedürfnisse des Kunden nicht erkannt.* Wenn Sie sich als Kundenberater nicht auf die Bedürfnisebene Ihres Kunden einstellen, wenn Sie auf einer anderen Wellenlänge agieren als er, können Sie bei Ihrem Partner keine Resonanz erreichen und in ihm kein Gefühl der Zufriedenheit erzeugen. Auch ein noch so gutes Produkt kann den fehlenden menschlichen Aspekt nicht ersetzen.

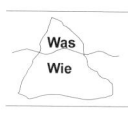

Die wichtigste Voraussetzung für eine Erfolg versprechende Kommunikation ist daher das *ständige Bewusstmachen der individuellen Bedürfnisstruktur* – und hier insbesondere der *nicht sichtbaren und nicht artikulierten Bedürfnisse* – des Gesprächspartners (Interessent, Kunde, Mitarbeiter, Lieferant usw.). Wer dafür die notwendige Sensibilität besitzt und seine sensitiven Fähigkeiten richtig anwendet, der wird in jeder Aufgabe erfolgreich sein, ganz gleich, ob er Mitarbeiter führt, Mitmenschen unterrichtet oder Problemlösungen und Produkte verkauft.

Was ist zu tun, um den rationalen Wünschen Ihrer Kunden gerecht zu werden?

Um den Anforderungen Ihrer Kunden im oberen Bereich des Eisberg-Modells nachkommen zu können, sollten Sie:

- ☞ genaue Produktkenntnisse besitzen
- ☞ Markt- und Branchenkenntnisse erwerben
- ☞ gezielt die richtigen Fragen stellen
- ☞ Probleme und Bedarf der Kunden genau kennen
- ☞ überzeugend argumentieren (Kundennutzen aufzeigen)
- ☞ Einwände gekonnt beantworten
- ☞ erstklassiger Fachberater der Kunden sein
- ☞ effektives Zeitmanagement beherrschen
- ☞ rationelle Arbeitsmethodik besitzen
- ☞ Prioritäten richtig setzen
- ☞ Effizient disponieren
- ☞ sich kaufmännisches Wissen (inkl. Vertragsrecht) aneignen

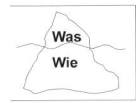

Was brauchen Sie, um den emotionalen Bedürfnissen Ihrer Kunden gerecht zu werden?

Mehr Geld ??? – Größere Investitionen ??? – Mehr Kraft ???
– Mehr Zeit ??? ...

Nein, natürlich nicht! Alles, was Sie brauchen, ist:

- ☞ Einfühlungsvermögen
- ☞ Interesse am Partner
- ☞ Verständnis
- ☞ Geduld
- ☞ Menschlichkeit, Herzlichkeit, Güte
- ☞ Fingerspitzengefühl
- ☞ Vertrauen

usw.

Zusammengefasst: **guten Willen!**

Das heißt: Alles, was Sie brauchen, ist schon in Ihnen vorhanden! Es geht für Sie nur noch darum, dies auch *bewusst anzuwenden*. Die einzige Voraussetzung, die Sie dazu brauchen:

Eine positive innere Einstellung zu den Menschen
mit *allen* ihren Eigenschaften – auch ihren Schwächen.

Sich diese Konsequenz der bisherigen Erkenntnisse bewusst zu machen, ist ganz besonders wichtig für Sie in wirtschaftlich flauen Zeiten, in denen Ihr Unternehmen nicht sehr viel Geld in „Betreuung und Bewirtung" der Kunden investieren kann.

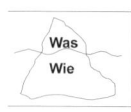

Auch wenn Ihre materiellen Mittel beschränkt sind, können Sie über 90% der Bedürfnisse Ihrer Kunden vollständig befriedigen – durch Ihre Konzentration auf Ihre guten persönlichen Beziehungen von Mensch zu Mensch, von Herz zu Herz.

Gute menschliche Beziehungen halten meist Bewährungs- (und sogar Belastungs-)proben stand, während Kunden, die nur wegen eines Produktmerkmals bei Ihnen gekauft haben, keinen Grund besitzen, Ihrer Firma die Treue zu halten, wenn es einmal Schwierigkeiten gibt. Vielleicht kennen Sie sogar Fälle, in denen Verkäufer oder Berater ihre Kundschaft „mitgenommen" haben beim Wechsel des Arbeitgebers. Hier zeigt sich, wie viel mehr die Befriedigung der Bedürfnisse der Kunden wiegt als die sachlichen Aspekte des Produkts.

Wie ist die Rollenverteilung zwischen Kunde und Verkäufer?

Kunden gut beraten und erfolgreich verkaufen können ist lernbar. Lernen macht Spaß, wenn es spielend geht. Bei jedem Spiel sind bestimmte Rollen von den Mitspielern zu beachten. In diesem Fall sind es die Rollen des Kunden (Käufers) und des Verkäufers.

Die Rolle legt fest, wie sich der Spieler verhält; sie bestimmt die Spielregeln. Sie üben tagtäglich viele Rollen aus, manche sogar gleichzeitig, z.B.:

☞   Kollege/Kollegin
☞   Mitarbeiter/Mitarbeiterin
☞   Verkäufer/Verkäuferin
☞   Ehemann/Ehefrau

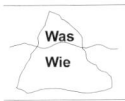
☞   Vater/Mutter
☞   Vereins- oder Gemeindemitglied
☞   Staatsbürger
usw.

All diese Rollen spielen Sie abwechselnd mit mehr oder weniger Erfolg. Dieser hängt davon ab, wie gut Sie Ihre *Spielregeln* kennen, wie gut und wie *schnell* Sie in die jeweilige Rolle schlüpfen. Es lohnt sich deshalb, einmal gründlich darüber nachzudenken, welche Rolle Ihr Kunde innehat und welche Rolle sich daraus für Sie ergibt.

Sie haben schon eingangs festgestellt, das oberste *Unternehmensziel* lautet: *zufriedene Kunden!* Deshalb gilt bei Ihnen, wie bei jedem erfolgreichen Unternehmen, der *Leitsatz:* ***Bei uns ist der Kunde König!***

Abb. 1.7:   **Motto erfolgreicher Unternehmen:
Der Kunde ist König**

Wenn Ihr Kunde König ist, sind Sie dann sein Diener? Ja, ein bisschen schon, denn Sie wollen ja seine Gunst, und die müssen Sie sich ver-*dienen*. Deshalb lautet einer der wichtigsten ethischen Leitsätze der Menschheit: *„Diene, um zu verdienen!"*

Doch fragen Sie sich einmal selbst: Wer nutzt dem König Kunden mehr, ein buckelnder Untertan oder ein guter Berater? Natürlich Letzterer. Ein guter Berater steht fast auf der gleichen Ebene wie der König und erreicht dessen Ohr. Doch beachten Sie stets den kleinen, aber entscheidenden Unterschied: Der *König sitzt* dabei bequem auf seinem Thron – und der *Berater steht* neben ihm und streckt sich, um seine Aufmerksamkeit zu gewinnen.

Nie „König" spielen und immer „Berater" sein ist auf Dauer anstrengend, doch wirkungsvoll und *lohnend*. Deshalb ist es wichtig, die eigene Rolle gut zu kennen und die Anforderungen an die Arbeitsaufgabe stets zu beachten. Sonst können Sie sich bald nur noch an den Erfolgen der Kollegen oder der Mitbewerber „erfreuen".

Deshalb noch einmal:

Nur wer auf seine Kunden eingeht, ihre Motive erkennt, ihre Wünsche beachtet und ihre Bedürfnisse erfüllt, ist auf Dauer bei seinen Kunden gern gesehen.

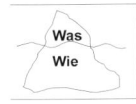

Warum haben Sie als Kundenberater oder Verkäufer eine sehr wichtige Aufgabe für den Erfolg des Unternehmens?

Das Umfeld, in dem Hersteller heute arbeiten, ist durch drei Hauptfaktoren gekennzeichnet:

1. Ähnlichkeit der Produkte und Dienstleistungen
2. Ähnlichkeit der Preise
3. Ähnlichkeit der Aufmachung

Der Hauptunterschied zwischen konkurrierenden Firmen liegt in der Art und Weise, *wie sie mit den Kunden* umgehen und *kommunizieren.*

Auf folgenden Gebieten können sich die Aktivitäten der Unternehmen wesentlich *unterscheiden*:

☞ *Qualifikation* der Mitarbeiter
(Kenntnisse, Fertigkeiten, Fähigkeiten, Kompetenzen ...)

☞ *Verhalten* aller Mitarbeiter mit Kundenkontakt
(Freundlichkeit, Höflichkeit, Zuverlässigkeit ...)

☞ *Einstellung* und *Ausstrahlung* der Mitarbeiter
(positives Denken, Partnerorientierung, Liebe zum Beruf ...)

☞ *Beratung* der Kunden
(Kundenorientierung, Zielorientierung, Bedürfnis-orientierung ...)

☞ *Information* der Kunden
(Öffentlichkeitsarbeit, Public Relations, Kunden-zeitschrift, E-Mail-Newsletter ...)

☞ *Service* für den Kunden (*Dienst*-Leistung)

☞ *Promotion* der Produkte und Leistungen
(Werbung, Verkaufsförderung, Ausstellungen,
Messen ...)

☞ *Marketing-* und Management-*Strategien*
(Corporate Identity, Total Quality Management ...)

Kundenberater und alle, die mit Kunden sprechen, sind heute der *wichtigste Faktor im Wettbewerb* am Markt geworden. Warum ist das heute so und warum war es früher anders?

Vom Verkäufer- zum Käufer-Markt

Die Situation am Markt hat sich grundlegend verändert und zwar: vom Verkäufer- zum Käufer-Markt. Damit hat sich auch die Aufgabe des „Vertriebs" grundlegend geändert:

Vom Verteilen zum Verkaufen!

Die hohe Anziehungskraft, die viele Unternehmen noch vor Jahren besaßen, hat nachgelassen. Bis in die 80er Jahre hinein herrschte (zumindest in der DV-Branche) ein

VERKÄUFER-MARKT = Markt von *gestern*
Der Absatz funktionierte praktisch automatisch. Es bestand große Nachfrage, und es gab wenige Angebote. Die Probleme der Unternehmen lagen im Rohstoffeinkauf, in der Entwicklung, Produktion, Organisation, im Vertrieb und im Einstellen geeigneter Mitarbeiter. Es war ein *begeisterter Markt*.

wenige Anbieter   viele Nachfrager

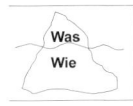

Was produziert war, wurde gekauft. Die Macht ging vom Anbieter/Verteiler aus (vom herstellenden Unternehmen).

Inzwischen leben wir in einem

KÄUFER-MARKT =

viele   wenige
Anbieter   Nachfrager

Markt von *heute*
Kennzeichen: Überschuss an vergleichbaren Angeboten, starke Konkurrenz, gleichbleibende oder teilweise rückläufige Nachfrage, steigende Ansprüche an die Qualität der Produkte und Dienstleistungen, stark steigende Anforderungen an die Qualifikation der Mitarbeiter, weltweiter Wettbewerb. Es ist ein *kritischer Markt*. Die Macht geht vom Kunden (Käufer) aus.

Im Mittelpunkt der veränderten Absatzpolitik der Unternehmen muss deshalb heute die *gute Beziehung zum Kunden* stehen, mit seinen veränderten Wünschen und Ansprüchen. Lieferfähigkeit von qualitativ hochwertigen und preisgünstigen Produkten allein reicht nicht mehr. *Fachlich und menschlich überzeugende Kundenansprache und -beratung, zuverlässiger und begeisternder Service, erstklassige Qualität und aktiver, partnerschaftlich orientierter Verkauf heißen heute die Eckpfeiler des Erfolgs.*

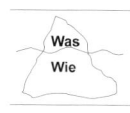

Verändertes Verbraucherverhalten

Viele Kunden sind *kritischer* als früher

- interessieren sich viel stärker für ihren Nutzen
- fragen vermehrt nach Sinn und Schaden angebotener Produkte und Dienstleistungen
- vergleichen Alternativen skeptisch
- stellen mehr Fragen
- suchen nach glaubwürdigen Kriterien
- berücksichtigen Gesundheits- und Umwelt-Aspekte stärker
- glauben Aussagen der Werbung weniger

Viele Kunden sind *sensibler*

- gegenüber Übertreibungen
- gegenüber austauschbaren alternativen Markenartikeln
- gegenüber dem Preis
- gegenüber Energie- und Ressourcen-Einsatz (z.B.: Strom sparende Rechner und Monitore, selbstständig auf „stand by" schaltende Geräte.)
- gegenüber Recyclingmöglichkeiten (z.B.: sortenreine Kunststoffe, Rückgaberecht alter Geräte, Wiederverwendbarkeit.)
- gegenüber Verpackungsmüll, Abfall- und Entsorgungsproblemen (z.B.: Schwermetalle in Platinen, die Ozonschicht schädigende Stoffe.)

Viele Kunden sind *anspruchsvoller*

- stellen Qualität über Quantität
- wünschen fachliche und partnerschaftliche Beratung
- kaufen verstärkt unterschiedliche Marken gleicher Produktgruppen

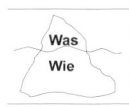

–   beachten Image, Philosophie, Werte, Zweck und Ziele des Unternehmens stärker
–   denken vermehrt über Mission und Vision eines Geschäftsbereichs nach

Das *Umfrage-Ergebnis* „Vertrieb 2000" unter Vertriebs-managern in Deutschland[2] bestätigt diese Daten:

–   Gekauft wird in erster Linie das Neuartige, das technisch Bessere, das modisch Aktuellere.
–   Marken werden zum Mittel persönlicher Profilierung.
–   Der Käufer achtet auf Qualität und hat hohe Beratungsansprüche.
–   Emotionen spielen eine immer größere Rolle – das „Wie" wird wichtiger als das „Wie viel".
–   Beim Verbraucher findet zunehmend eine Rückbe-*sinn*ung auf die Natur (Naturverträglichkeit) statt.
–   Die verschiedenen Verbrauchergruppen bilden neue Subkulturen.
–   Alles in allem wird der Verbraucher in seinem Kaufverhalten immer unberechenbarer und sprunghafter.

Zum Nachdenken: Das ethische Verhalten des Unternehmens und seiner Mitarbeiter, vor allem die langfristig zukunfts-orientierte Verantwortung für die Umwelt und alle Lebewesen wird in Zukunft ökonomisch und ökologisch lebens-entscheidend. Ohne echte Einstimmung auf zeitlose Natur-gesetze, ungeschriebene ethisch-moralische Normen und spiritu-elle Prinzipien werden auf Dauer weder Legitimation und Marktanteile noch Kasse stimmen.

---

2   Untersuchung der BBE-Unternehmensberatung, veröffentlicht in „SALES PROFI" 2/94

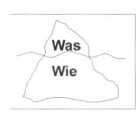

Wovon hängt Ihr Erfolg im Verkauf und in der Kundenberatung ab?

☞ Inwieweit habe ich eine *positive Einstellung* zu meinen Gesprächspartnern und eine *optimistische Einstellung* zum Erfolg dieser Verhandlung?

☞ Inwieweit macht es mir Freude, meinen Kunden zu *dienen*?

☞ Inwieweit erringe ich *Glaubwürdigkeit* und *Vertrauen* meiner Partner?

☞ Inwieweit gelingt es mir, eine *positive menschliche Beziehung* herzustellen?

☞ Inwieweit gelingt es mir, die *Aufmerksamkeit* meiner Partner auf das heutige Gesprächsthema zu lenken?

☞ Inwieweit kann ich mich auf meine Partner einstellen, an sie anpassen, *gleiche Wellenlänge, Gemeinsamkeit, Rapport herstellen*?

☞ Inwieweit *erfrage* ich den *Bedarf* (Sachebene) meines Kunden exakt?

☞ Inwieweit *analysiere* ich die *Bedürfnisse* (Gefühlsebene) des Kunden exakt?

☞ Inwieweit kann ich *genau beobachten, gezielt fragen, aufmerksam hinhören* und Wichtiges *schnell notieren*?

☞ Inwieweit verfüge ich über *genügend Strategien*, auf die *unterschiedlichsten Menschen richtig einzugehen*?

☞ Inwieweit finde ich *gemeinsam* mit meinen Kunden eine *für beide* Teile *sinnvolle* und *überzeugende Lösung*?

☞ Inwieweit überzeugt meine *fachliche Argumentation*?

☞ Inwieweit kann ich die *Fragen* meiner Kunden *beantworten* und ihr Informations-Interesse befriedigen?

☞ Inwieweit bin ich *ehrlich, zuverlässig* und *integer*?

☞ Inwieweit kann ich aus wohlüberlegtem, langfristigen Eigennutz *auf ein Geschäft verzichten*, bei dem nur ich gewinne und nicht auch mein Kunde?

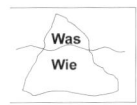

Diese vielen Punkte! Sieht es Ihnen zu anspruchsvoll aus? Glauben Sie *„Das kann ich alles nicht; dazu muss man geboren werden, das lerne ich nie!"*? Atmen Sie tief durch – und während Sie weiterlesen, verwandelt sich vielleicht auch Ihr Zweifel in *Zuversicht*. Nachdenkenswertes zu Ihrer Eigenmotivation: Vor einiger Zeit war ich bei der Beerdigung eines Geschäftsfreundes. Es waren sehr viele Trauergäste anwesend, und viele Menschen hielten eine Gedenkrede am Grab. Aus allen Reden der Repräsentanten aus der Berufswelt des Verstorbenen war ein Fazit herauszuhören: Hier wurde ein sehr *erfolgreicher Verkäufer* beerdigt.

Wie interessant und nachdenklich macht da ein vergleichender Blick in den Kreißsaal einer Entbindungsstation. Dort werden *Kinder* geboren, Mädchen und Buben. Noch nie habe ich davon gehört, dass ein Verkäufer geboren worden ist – oder gar ein erfolgreicher Verkäufer! Da jedoch viele der geborenen Kinder später sehr erfolgreiche Verkäufer werden, muss dies *erlernbar* sein.

Wenn Sie die weiteren Kapitel dieses Buches gründlich durcharbeiten, sollten Sie diesem Ziel ein Stück näher gekommen sein. Glauben Sie an Ihre Begabung zu lernen!

Wie stellen Sie Rapport her zu Ihrem Partner?

Wenn Sie mit einem Partner zusammenarbeiten wollen, brauchen Sie zunächst Übereinstimmung. Bevor Sie inhaltliche Übereinstimmung erzielen können, müssen Sie *zuerst* eine *menschliche Beziehung* aufbauen und vertrauensvoll festigen. Das bedeutet: Als Erstes gilt es, sich *auf Ihren Partner einzustellen*, sich an ihn anzupassen, bis Sie *genügend Gemeinsamkeit* (gleiche Wellenlänge, Rapport) erreicht haben, dann erst können

Sie seine Aufmerksamkeit auf Ihre Themen lenken und die Gesprächsführung übernehmen.

Kontakt kommt vor Konsens (Übereinstimmung).
Konsens kommt vor Kooperation (Zusammenarbeit).

Rapport auf allen Ebenen und Sinneskanälen ist umso wichtiger, je weniger Übereinstimmung auf der Sachebene vorhanden ist. Da am Anfang eines Gesprächs meist gar kein Rapport auf der inhaltlichen Ebene vorhanden sein kann, müssen Sie ihn zunächst auf den Bereichen herstellen, auf denen es leichter und schneller geht.

Gleichklang, Ähnlichkeit oder *Gemeinsamkeit herzustellen, ist die entscheidende Fähigkeit* des erfolgreichen Gesprächspartners. Die Gemeinsamkeit ist nicht nur zu Beginn des Gesprächs besonders wichtig, sondern auch während des gesamten Kontakts und vor allem in kritischen Phasen.

Rapport aufzunehmen ist die natürlichste Sache der Welt und keineswegs etwas völlig Neues. Jeder sensible Mensch passt sich z.B. beim Eintreten in die Räume seines Gastgebers dessen Spielregeln und *Gepflogenheiten* an. Dies gilt natürlich in verstärktem Maß für Berater und Verkäufer.

Sie werden wohl kaum auf einen Kunden zugehen mit einem Gesicht, als würden Sie Essig trinken, während Ihr Partner freundlich lächelt. Ebenso wenig werden Sie sich träge vorwärts schleppen, wenn Ihr Partner aktiv und dynamisch auf Sie zugeht. Doch auch umgekehrtes Verhalten wäre genauso wenig empfehlenswert. Angenommen, Ihr Kunde hat einen Todesfall in der Familie, dann werden Sie ihn wohl kaum mit Ihrem breitesten Lachen begrüßen. Angenommen, er humpelt Ihnen nach einem Sportunfall mit einem Gipsfuß entgegen, werden Sie sich nicht

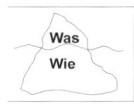
mit dem sportlichsten Schwung durch das Büro schwingen – wie damals, als Sie mit ihm zum Tennisplatz gestartet sind.

Sie passen sich an, an das, was Sie über Ihren Gesprächspartner wissen, und an das, was Sie im Gespräch mit ihm hören und sehen. Das Gleiche tut auch Ihr Gesprächspartner, genau wie Sie. *Gegenseitiges Einstimmen, Anpassen und Aufeinander-Abstimmen* geschieht *überwiegend unbewusst* auf vielen Ebenen gleichzeitig und erfordert ständige kleine Rückkopplungen und schnelle Korrekturprozesse. Verhalten Sie sich sehr *unterschiedlich* zu Ihrem Gegenüber, erhält dessen Unterbewusstsein ständig Signale, die besagen: *„Dieser Mensch ist anders/eigenartig/befremdend. Vorsicht, hier gibt es keine Gemeinsamkeit. Der passt nicht hierher, passt nicht zu mir!“*

Abb. 1.8:   **Rapportbruch; eine Person steht, während die andere sitzt**

Das könnte z.B. der Fall sein, wenn Sie sich ständig nervös und hektisch hin- und herbewegen, während Ihr Gesprächspartner ruhig und gelassen sitzt, oder wenn Sie mit hinter dem Kopf verschränkten Händen entspannt zurückgelehnt im Sessel sitzen, während Ihr Gesprächspartner mit nach vorn geneigtem Oberkörper und gespannter Aufmerksamkeit Ihnen eine Information auf einer schriftlichen Unterlage zeigt.

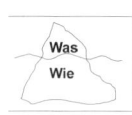

Verhalten Sie sich gleichzeitig auf verschiedenen Ebenen diametral entgegengesetzt zu Ihrem Gesprächspartner (Haltung, Stimme, Sprache, Überzeugungen ...), *stören Sie den Kontakt und die Kommunikation* unterschwellig ganz massiv. Ein solches Verhalten vermittelt Konflikte, Aggression (Kampf- oder Fluchtimpulse) und *Ablehnung*.

Verhalten Sie sich jedoch partner- und situationsspezifisch *angemessen*, d.h., zwar einerseits angepasst, jedoch zugleich kongruent (ehrlich, stimmig), dann senden Sie ständig Signale, die dem Unterbewusstsein Ihres Partners mitteilen: *„Der ist so ähnlich wie ich; der ist o.k.; er passt genau zu uns/mir, ihm kannst du vertrauen; er ist sympathisch. "*

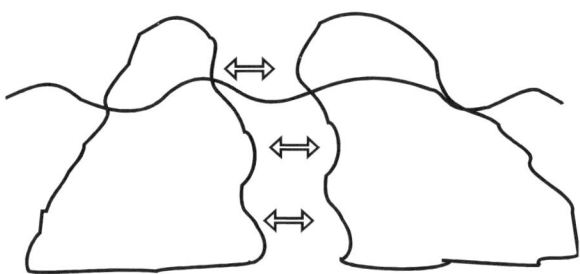

Abb. 1.9:　　**Rapport herstellen = anpassen auf der Sach- und Beziehungsebene**

Haben Sie sich auf Ihren Gesprächspartner eingestellt, genügend Gemeinsamkeit hergestellt und die richtige Wellenlänge erreicht, also *Rapport* aufgebaut, dann *ist die Basis für* eine *vertrauensvolle Zusammenarbeit* gelegt. Jetzt können Sie die Gesprächsführung übernehmen und Ihre Aussagen auf die Argumente richten, die für Sie wichtig sind. Beachten Sie dabei sofort und beständig, ob Ihr Rapport – z.B. die Überein-

VERKAUFS-KOMMUNIKATION

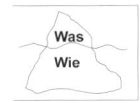

stimmung der Körpersprache – erhalten bleibt. Dazu ist für Sie *wichtig* zu wissen:

Wenn sich zwei Menschen sympathisch sind, sich *mögen* und vertrauen, *zeigen sie synchrone Bewegungsmuster.* Leicht zu erkennen ist dies, wenn Sie der Körpersprache von zwei Verliebten oder zwei Freunden zuschauen und diesen Eindruck dann vergleichen mit der Körpersprache von zwei Menschen, die gerade einen Streit oder eine Auseinandersetzung führen.

Eine *Übungsmöglichkeit* hierzu: Wenn Sie in ein gut besetztes Café gehen und am Eingang stehend einmal rundum schauen, erkennen Sie in wenigen Augenblicken, an welchem Tisch gerade „dicke Luft" herrscht oder „Spannung in der Luft liegt" und an welchen Tischen das Klima zwischen den Gästen harmonisch ist. Sie wissen es ziemlich schnell, auch wenn Sie meist nicht genau sagen können, woran es liegt, oder genauer, woran Sie es erkannt haben.

Der Grund dafür ist: Sie erkennen, ob zwischen den Personen Rapport besteht oder nicht, blitzschnell und unbewusst an den *übereinstimmenden* oder unterschiedlichen *Bewegungsmustern und Körperhaltungen. Synchrone* Bewegungen zeigen guten Rapport an, *asynchrone* Bewegungen weisen auf fehlenden Rapport hin.

Sind Sie der Auffassung, dass Sie Ihren Gesprächspartner voll akzeptieren, im Moment so weit wie möglich verstehen, die Dinge so sehen wie er und sich so verhalten wie er (dass Sie also im Rapport sind), können Sie etwas *ändern* an Ihrer Haltung oder Ihrer Stimme. Beachten Sie dabei genau die *Reaktion* Ihres Partners. Passt sich Ihr Partner dieser Veränderung an, folgt er Ihrem Verhalten, wissen Sie, dass er den Rapport als angenehm empfindet und aufrechterhalten möchte.

71

Jetzt führen Sie (das Gespräch), und er passt sich an. Übernehmen Sie jetzt die Initiative (zu fragen oder zu argumentieren). Achten Sie dabei auf die Signale Ihres Partners, vor allem seine unbewussten. Bleibt der Rapport erhalten? Sobald Ihr Partner den Rapport bricht, empfiehlt es sich für Sie, einzuhalten und *sich wieder auf Ihren Partner* und die veränderte Situation *neu einzustellen*. Anpassen, Rapport herstellen und führen wechseln in einem Gespräch ständig.

Noch etwas ist sehr wichtig für das Aufbauen und Erhalten von Rapport: Möchten Sie von Ihrem Partner möglichst schnell verstanden werden, dann *bedienen Sie sich zur Übermittlung Ihrer Botschaft jenes Sinneskanals, den der Empfänger gerade aktiviert hat* oder den er bevorzugt benutzt. Ersparen Sie Ihrem Gesprächspartner, dass er ständig Ihre Worte in seine sinnesspezifische Sprache und Gedankenwelt übersetzen muss. Ihr Partner will schließlich verständlich beraten werden und keinen Dolmetscherkurs absolvieren.

In welchem Sinneskanal Ihr Gesprächspartner im Moment denkt und empfindet erkennen Sie an seinen Formulierungen:

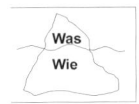

„Das schaut *ja ganz gut aus."*
„Ich blicke *da noch nicht durch."*

(V = visuell
– Augen)

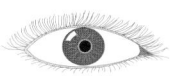

„Das hört *sich ja ganz gut an."*
„Das klingt *ziemlich unglaubwürdig."*

(A = auditiv
– Ohren)

„Das fühlt *sich angenehm an."*
„Das möchte ich erst selbst ausprobieren."

(K = kinästhetisch
– Motorik/Gefühl)

„Das riecht *sehr nach Bestechung."*

(O = olfaktorisch
– Nase)

„Das schmeckt *mir aber gar nicht."*

(G = gustatorisch
– Mund)

Glaubt Ihr Partner nur etwas, wenn er es *gesehen* hat, wenn er es *gehört* hat oder wenn er es an*gefühlt* hat? Seine *Sprache verrät* Ihnen, ob er vorwiegend seinen Augen, seinen Ohren oder seinen Gefühlen traut.

Ist er nur überzeugt, wenn es ästhetisch *aussieht*, glaubwürdig *klingt* oder wenn er es selbst getestet, erfahren und *gespürt* hat? „Folgt er seinem Riecher" oder muss es „nach seinem Gusto" sein? Die Worte Ihres Partners, und zwar vor allem die *Tätigkeitswörter* (Verben), verraten Ihnen genau, in welchem Sinneskanal Ihr Gegenüber *gerade denkt* und erlebt.

73

Benutzen Sie für Ihre nächste Aussage den *gleichen Sinneskanal*, können Sie sicher sein, dass Ihr Partner empfangsbereit ist.

Kunde: *„Wie* sehen *denn die Berechnungen aus?"*

Verkäufer: *„*Schauen *Sie, hier* sehen *Sie die Vergleichsdaten. "*

Kunde: *„Was werden wohl meine Mitarbeiter dazu* sagen?*"*

Verkäufer: *„*Fragen *Sie doch Ihre Assistentin.* Hören *Sie, was sie dazu* sagt.*"*

Kunde: *„*Geht *das denn auch* leicht *und schnell von der* Hand?*"*

Verkäufer: *„*Probieren *Sie die Tastatur selbst aus.* Tippen *Sie einen Satz ein und* spüren *Sie, wie* leicht *sich der Anschlag* anfühlt.*"*

Kunde: *„Ich kann dieses Zeug nicht mehr* riechen.*"*

Verkäufer: *„Ehrlich gesagt,* stinkt *es mir auch, darum lassen Sie uns jetzt erst einmal den* Duft *einer Tasse Kaffee genießen."*

Kunde: *„Das ist schon eher nach meinem* Geschmack.*"*

Verkäufer: *„Wenn Sie sich Ihre Erfolge damit* auf der Zunge zergehen *lassen, wird das ein Genuss sein.*

Schicken Sie Ihre Botschaft derart partner-, situations- und sinnesspezifisch, wird sie ihr Ziel erreichen und leicht verstanden werden, denn Sie halten *Rapport auf allen Sinneskanälen.* Formulieren Sie Ihre Sätze jedoch entsprechend Ihrem eigenen Lieblingskanal, kann es manchmal sogar für interessierte und intelligente Gesprächspartner sehr schwierig sein, Sie zu verstehen, da Ihre Botschaft nicht bis zur richtigen Stelle in deren Gehirn vordringt.

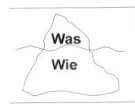
Als Verkäufer sollten Sie stets beachten, auf welchem Ihrer Kanäle Sie bei welchem Kunden jeweils Ihre größten Erfolgschancen haben, sonst kann es Ihnen wie in den folgenden *Negativ-Beispielen* ergehen:

Kunde:	*„Wie sehen denn die Chancen aus, diese neuen Drucker weiterzuverkaufen?"*
Verkäufer:	*„Hören Sie, unser Produktionsleiter sagt, die Chancen stehen sehr gut."*
Kunde:	*„Das erinnert mich dunkel und verschwommen an einen der ersten Farbdrucker, der ein großer Flop wurde."*

Kunde:	*„Was sagen denn die Anwender bei Ihren anderen Kunden zu diesem Produkt?"*
Verkäufer:	*„Dass sie ein gutes Gefühl haben beim Bedienen und dass es optisch gut aussieht in jeder Umgebung."*
Kunde:	*„Na, ich werde mir erst mal den Rat unserer Experten erfragen."*

Kunde:	*„Wie liegt denn der neue Scanner in der Hand?"*
Verkäufer:	*„Darauf wollte ich gerade zu sprechen kommen, durch die runde, abgeschrägte Form an der Schmalseite sieht er sehr ergonomisch aus."*
Kunde:	*„Ich habe ein komisches Gefühl dabei. Ich spüre, dass ich es besser lassen sollte."*

In allen drei Fällen sendet der Verkäufer auf dem *falschen* Sinneskanal. Er antwortet im ersten Fall *nicht* mit visuellen Worten, im zweiten *nicht* mit auditiven und im dritten *nicht* mit kinästhetischen.

Damit *bricht* der Berater/Verkäufer jedesmal den bis dahin aufgebauten *Rapport* (sofern er einen hatte), was zu einer beträchtlichen Störung der Kommunikation führt. Folgen davon sind oft nicht nur *Missverständnisse*, sondern das *Gefühl, nicht verstanden zu werden.* Welcher Kunde kauft schon bei einem Vertriebsmitarbeiter, der ihn nicht versteht und für ihn unverständlich spricht?

Genaues *Hinhören* will gelernt sein. (Da es kaum jemand lehrt, enthält dieses Buch ein eigenes Kapitel dazu, vgl. Kapitel 7 „Aktiv hinhören".) Üben Sie daher, aus den Worten eines Sprechers auf dessen aktiven Sinneskanal zu schließen. Sie können täglich fast überall trainieren, in der Kantine wie im Flugzeug, beim Einkaufen wie in der Konferenz. Selbst langweilige Nachrichten im Autoradio oder einfältige Sendungen im Fernsehen geben Ihnen genügend Übungsfelder.

Damit Sie sich leichter tun, folgt eine *Liste mit sinnesspezifisch zugeordneten Worten.* Am besten, Sie lesen diese Zuordnung so oft aufmerksam, bis Sie die Worte auch während eines Gesprächs (in Beratung, Verkauf, Führung oder Privatleben) blitzschnell einordnen können.

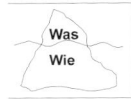

VERKAUFS-KOMMUNIKATION

Visuelle Wörter
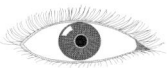

Hauptwörter (Substantive)
Bild, Vorstellung, Szene, Blick, Einblick, Durchblick, Sicht, Einsicht, Aussicht, Illusion, Perspektive, Vorschau, Vision, Bildschirm, Leinwand, Bühne, Linie, Fläche, Raum, Zimmer, Lichtblitz, ...

Tätigkeitswörter (Verben)
scheinen, durchscheinen, reflektieren, klarmachen, blicken, durchblicken, sehen, nachsehen, leuchten, einleuchten, beäugen, fokussieren, vorhersehen, illustrieren, beobachten, enthüllen, schauen, durch-, hin-, zuschauen, überwachen, zeigen, vorstellen, gucken, ausmalen, besehen, besichtigen, mustern, beäugen, checken, offenbaren, ...

Eigenschaftswörter (Adjektive)
hell, dunkel, finster, nah, fern, links, rechts, oben, unten, hinten, vorn, schwarzweiß, farbig, bunt, grell, gleißend, glänzend, matt, klar, verschwommen, groß, klein, kurz, lang, schmal, breit, hochformatig, quer, abgrundtief, trübe, zwielichtig, glasklar, ...

Auditive Wörter

Hauptwörter (Substantive)
Ton, Geräusch, Klang, Laut, Schall, Schrei, Stille, Melodie, Musik, Lied, Gesang, Resonanz, Dissonanz, Hall, Echo, Rhythmus, Akkord, Akzent, Betonung, Modulation, Knall, Krach, Gehör, Gebrüll, Geschrei, Akustik, ...

Tätigkeitswörter (Verben)

hören, zu-, hin-, überhören, tönen, ertönen, übertönen, sagen, sprechen, klingen, erklingen, stimmen, zustimmen, einstimmen, übereinstimmen, fragen, betonen, diskutieren, verkünden, anmerken, rufen, schreien, brüllen, pfeifen, mitteilen, singen, knallen, lärmen, krachen, knacksen, klirren, klicken, dröhnen, quietschen, knurren, bellen, wiehern, ...

Eigenschaftswörter (Adjektive)

laut, leise, dissonant, harmonisch, schrill, ruhig, dumpf, sonorig, taub, betont, monoton, hörbar, verständlich, sprachlos, mündlich, vielsagend, nichtssagend, hellhörig, schwerhörig, wohlklingend, hochtönend, tieftönend, ...

Kinästhetische Wörter

Hauptwörter (Substantive)

Gefühl, Rührung, Berührung, Empfindung, Kontakt, Druck, Zug, Spannung, Verspannung, Krampf, Verkrampfung, Zerren, Reißen, ...

Tätigkeitswörter (Verben)

anfassen, tasten, betasten, spüren, nachspüren, fühlen, empfinden, anfassen, streicheln, rubbeln, reiben, ziehen, drücken, unter-, niederdrücken, reißen, kribbeln, prickeln, vibrieren, schwingen, strömen, fließen, klopfen, pochen, hämmern, reiben, zerren, heben, fallen, greifen, begreifen, kratzen, nehmen, geben, schieben, anpacken, machen, gehen, laufen, sitzen, liegen, umgehen mit, flattern, sondieren, belasten, frieren, frösteln, schwitzen, zittern, abwimmeln, sich wehren, sich zuneigen, ...

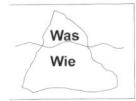

Eigenschaftswörter (Adjektive)
weich, hart, locker, fest, heiß, warm, kühl, kalt, eisig, rauh, spitz, kratzig, eben, glatt, eckig, kantig, einfühlsam, greifbar, sanft, flauschig, softig, solide, leicht, schwer, beklemmt, befreit, spannend, standhaft, ...

Olfaktorische Wörter

Hauptwörter (Substantive)
Geruch, Duft, Blütenduft, Parfüm, Gestank, Mief, Aroma ...

Tätigkeitswörter (Verben)
riechen, duften, stinken, ...

Eigenschaftswörter (Adjektive)
wohlriechend, frisch, erfrischend, natürlich, künstlich, schal, fischig, muffig, verraucht, stinkend, duftend, modrig, abgestanden, faulig, verwest, erdig, ...

Gustatorische Wörter

Hauptwörter (Substantive)
Würze, Geschmack, Beigeschmack, Speise, Leckerbissen, Gaumenschmaus, Appetit, ...

Tätigkeitswörter (Verben)
schmecken, munden, kosten, speisen, verköstigen, den Gaumen verwöhnen, ...

Eigenschaftswörter (Adjektive)
süß, sauer, scharf, mild, fruchtig, saftig, bitter, salzig, herb, würzig, geräuchert, schimmelig, schmackhaft, bekömmlich, fad, verfault, wässerig, geschmacklos, ...

Nicht zuzuordnende, sinnesunspezifische Tätigkeitswörter

wahrnehmen, verstehen, wissen, identifizieren, denken, merken, bemerken, sich bewusst werden, erkennen, gewahr werden, sein, ...

Welchen Sinneskanal benutzen Sie am häufigsten? Lassen Sie einmal Ihr *Diktiergerät* mitlaufen und hören Sie sich anschließend analysierend zu. Trainieren Sie dann, auch in den Kanälen sich sinnesspezifisch auszudrücken, die Sie bisher selten benutzt haben. Denken Sie jetzt einmal an Ihre Dienstleistung (oder Ihr Produkt):

— Was können Sie *zeigen*? Wie können Sie ein *Bild im Kopf* Ihrer Kunden entstehen lassen?

— Welche Stimmen, Töne oder Melodien können Sie in den *Ohren* Ihrer Kunden erklingen lassen?

— Was können Sie mit den *Händen* ausprobieren, tasten und erfühlen lassen?

— Welche *Gefühle* lassen Sie Ihre Kunden lebendig erleben?

Rapport ist von ausschlaggebender Bedeutung in Beratung und Verkauf, nicht nur auf der sprachlichen Ebene. Daher folgt eine *Übersicht der vielen Möglichkeiten, Rapport herzustellen:*

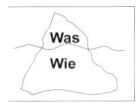

1. Rapport über ähnliches Verhalten

1.1 Visuelle Möglichkeiten, Rapport aufzunehmen:

- gleiche Haltung (vor-, zurückgebeugt, aufrecht ...)
- Blickkontakt
- Mimik (ernst – fröhlich – traurig)
- Gestik (Hand-, Arm-, Fuß-, Bein-, Rumpf-,Kopf-
  bewegung)
- Bewegungsgeschwindigkeit (ruhig – dynamisch)
- Bewegungshäufigkeit (wenig – viel)
- Positionswechsel (selten – oft)
- Position (stehen – sitzen)
- Kleidung (Jackett, Pullover, Arbeitsmantel usw.,
  vornehm, sportlich, leger usw.)

1.2 Auditive Möglichkeiten, Rapport aufzunehmen:

- gleiche Lautstärke (laut – leise)
- gleiche Sprechgeschwindigkeit (langsam – schnell)
- gleiche Tonhöhe (tief – hoch)
- gleiche Pausenhäufigkeit (oft – selten)
- gleiche Pausendauer (kurz – lang)
- gleiche Betonung (moduliert – monoton)
- gleiches Sprachniveau (intellektuell – einfach)
- gleicher Dialekt
- gleiche Wortwahl
- gleicher Sinneskanal (Auge – Ohr – Tastsinn/Gefühl
  – Geruch – Geschmack)

2. Rapport über ähnliche Ziele, Strategien, Fähigkeiten

81

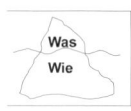

3. Rapport über ähnliche Einstellungen, Werte, Glaubenssysteme, Überzeugungsmuster

Wenn Sie es einmal geschafft haben, auf der Ebene der *Überzeugungen* (Glaubenssysteme) Rapport herzustellen, ist der Rapport auf der Verhaltensebene (Haltung, Bewegung, Stimme, Sprache usw.) nicht mehr so entscheidend. Die Gemeinsamkeit Ihrer langfristig gleich gelagerten *Weltanschauung* überwiegt bei weitem kurzfristige oder gar augenblickliche Abweichungen im Verhalten.

Deshalb werden Sie auch kaum dauerhaft erfolgreich als Verkäufer, wenn Sie nur Verkaufs- und Gesprächs-„techniken" (also Verhalten) trainieren. *Erst das Beachten und Akzeptieren der Werte, Normen und Glaubenssysteme Ihres Partners und ein angemessenes Anpassen an die Überzeugungen und Einstellungen Ihres Partners* (soweit Ihre Persönlichkeitsstruktur dies zulässt, ohne dass Sie sich selbst verleugnen) *machen Sie auf Dauer erfolgreich.* Das Wichtigste hierbei sind sicher *Respekt und Achtung vor der Andersartigkeit* Ihres Partners und *Bewunderung* von dessen *Einzigartigkeit* als Mensch.

Ein *Verstoß gegen die Glaubenssätze* Ihres Partners *hat* daher auch viel *schlimmere Folgen* als ein Rapportbruch auf der physischen Ebene. Sicher haben Sie das auch schon gelegentlich zu spüren bekommen, wenn Sie sich einmal vorzeitig geäußert haben zu Themen wie Politik, Religion, Sex, Weltanschauung, Erziehung und Ähnlichem, ohne dass Sie die genauen Ansichten Ihres Gegenübers kannten.

Eine „falsche", d.h., der Ansicht des anderen widersprechende Bemerkung kann nicht nur die momentane Gesprächsatmosphäre ruinieren, sie kann manchmal der

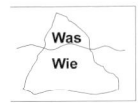

Grund für das Ende einer Beziehung sein. Da Gespräche über diese „heiklen" Themen so „heiß" sind, meiden viele Verkäufer deshalb meist jede Äußerung darüber. In Wirklichkeit sind nicht die Themen „heiß", sondern die Gefahr, gegen eine Überzeugung des Partners zu (ver)stoßen, ist sehr groß.

Haben Sie jedoch Ihre Chance genutzt und bei Äußerungen Ihres Partners, mit denen Sie voll einverstanden sind, Ihre *Zustimmung gezeigt*, dann haben Sie oft eine erstaunlich *solide Basis für Vertrauen* und Freundschaft gelegt. Besonders intensiv wird diese geistige Verbundenheit, wenn Sie eine mentale Gemeinsamkeit auf der Ebene Ihres Selbstbilds (Identität) erkennen.

Diese wird nur noch übertroffen von der innigen Zusammengehörigkeit, die entsteht, wenn Ihr Partner und Sie *miteinander für ein gemeinsames größeres Ganzes eintreten*, z.B. eine *gemeinsame Mission für eine gleichartige Vision* (z.B. Umweltschutz, Tierschutz, Frieden, Welthungerhilfe, Weltkinderhilfe, Altenpflege oder ähnliche gemeinnützige Interessen und Ideale).

Gute und erfahrene Gesprächsführer, Verkäufer und Berater besitzen oft eine wirklich brillante Fähigkeit, Rapport aufzunehmen. Sie haben bereits die höchste Stufe der Kompetenz – *unbewusste Kompetenz* (s.S. 532ff.) – erreicht und so in ihre Persönlichkeitsstruktur integriert, dass sie „automatisch"-gewohnheitsmäßig, instinktiv-intuitiv im richtigen Moment genau das Richtige mit Erfolg tun. Sie handeln ganzheitlich aus einer *verinnerlichten partnerzentrierten Orientierung* heraus.

Wer jedoch vorher lange darüber nachdenkt, vom Verstand her *etwas Bestimmtes* zu sagen oder zu tun, um damit eine bestimmte Wirkung zu erzielen, der setzt Rapport als eine plumpe

mechanische Technik ein, als ein Mittel zu einem bestimmten Zweck. In diesem Fall wird der Gesprächspartner dies bemerken und vermutlich besonders sensibel reagieren, denn muss er sich nicht fragen: *„Will mein Partner mich für seine Ziele manipulieren?"*

Wer sich auf seinen Partner einstellt, um ihn in einen bestimmten Zustand zu bringen, damit er selbst es als Verkäufer leichter hat, der strahlt diese Absicht auch aus und erzeugt Vorsichts- und Schutzmaßnahmen auf der anderen Seite.

> **Wer sich auf seinen Partner einstellen möchte,**
> **muss dies in der Absicht tun, diesen zu verstehen!**

Denn das oberste Ziel jeder seriösen und langfristig erfolgreichen Gesprächsführung lautet: zufriedene Partner (und dadurch zufriedene Kunden). Wenn Sie Ihrem Gesprächspartner helfen, *seine* Ziele zu erreichen, ist *Beeinflussung* (lat. „Manipulation") wichtig, erlaubt und *nützlich für Ihren Gesprächspartner.*

Auch und vor allem beim Thema Rapport aufnehmen gilt: Es kommt nicht so sehr darauf an, *WAS* Sie tun, als vielmehr *WOZU UND WIE* Sie es tun! Hierbei hilft Ihnen vor allem Kapitel 2 „Innere Einstellung".

Rapport ist die wichtigste Voraussetzung für jegliche Art von Zusammenarbeit. Ohne Gemeinsamkeit gibt es keine befriedigenden gemeinsamen Ergebnisse. Kurz gesagt:

> **Mit gutem Rapport geht fast alles,**
> **ohne Rapport geht fast nichts zwischen zwei Menschen.**

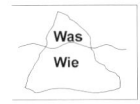
Zum jeweils nächsten Schritt eines Beratungs- oder Verkaufs-
gesprächs können Sie Ihren Gesprächspartner nur führen, wenn
Sie Rapport haben und halten! Reißt Ihr Rapport zu Ihrem Partner ab, müssen Sie diesen erst wieder aufnehmen, indem Sie
sich erneut auf den veränderten Zustand in Ihrem Partner einstellen und daran anpassen, sonst entstehen Spannungen, Konflikte, Auseinanderdriften – und Sie wollen doch sicher nicht,
dass bald gar nichts mehr zusammen geht, oder?

Rapport herstellen ist so wichtig, so vielfältig und so interessant,
dass sich allein darüber ein eigenes Buch lohnen würde. Dass
ich mich dennoch hier kurz fasse, hat vor allem zwei Gründe:

1. Zu dem Thema „Rapport herstellen" gibt es bereits eine
    Reihe ausgezeichneter Bücher und Aufsätze[3]. Da „Rap-
    port" einen der zentralen Begriffe des Neuro-
    Linguistischen Programmierens (NLP) darstellt und inzwi-
    schen kaum mehr ein effektives Verkaufs-, Führungs- oder
    gar Kommunikationstraining ohne diese hochwirksamen
    Methoden angeboten wird, sind vor allem auf diesem noch
    jungen kommunikationswissenschaftlichen Bereich viele
    Veröffentlichungen erschienen[4].

2. Sich auf einen anderen Menschen einstellen, an ihn anpas-
    sen (in der Fachliteratur „pacing" genannt) und gleiche
    Wellenlänge herstellen – Rapport aufnehmen, um dann das
    Gespräch, oder genauer gesagt den Partner, zu führen
    (Fachbegriff „leading"), sind so praktische Dinge, dass es
    besser erscheint, sie *mehrfach zu üben* statt nur anzulesen.

    Wer Fortschritte machen möchte auf diesem hocheffekti-
    ven Gebiet, der sollte seine entsprechenden Einstellungen,

---

3   Literaturtip: Alfred Bierach, NLP – die letzten Geheimnisse der Starverkäufer
4   s. Literaturverzeichnis

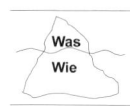

Fähigkeiten und Verhaltensweisen *in Seminaren live trainieren.* Kurse wie „Verständnisvoll umgehen mit Kunden und Gesprächspartnern", „Mich und meine Kunden noch besser verstehen", „Sicher und selbstbewusst in Gesprächen und Verhandlungen", „Ich möchte verstanden werden", „Professionell Verkaufsgespräche führen" und viele weitere Seminare von RAS Training und Beratung geben Ihnen gezielt und umfassend Gelegenheit dazu.

Nur das Üben mit real vorhandenen Partnern in einer schützenden Kleingruppe von vier bis fünf Personen sowie bestätigendes und konstruktives Feedback von Kollegen und speziell geschulten Trainern und die Möglichkeit, sich anschließend selbst zu beobachten bei der Videoselbstanalyse[5] bringen Ihnen schnelle Fortschritte in Ihrem Einfühlungsvermögen (Empathie) und beim Rapportaufbau.

---

5   vgl. Kapitel 13 „Verkaufserfolg langfristig sichern", Abschnitt
     „Wie trainieren Sie Ihre Verkaufskompetenz?") s.S. 534ff.

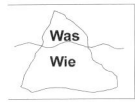

Das Wichtigste für Ihre Verkaufs-Kommunikation

☞ Das oberste Unternehmensziel lautet: zufriedene Kunden!

☞ Unternehmen sind dazu da, bestimmte Leistungen für bestimmte Zielgruppen am Markt zu erbringen.

☞ Wer die Bedürfnisse seiner Kunden besser befriedigt als seine Mitbewerber, der bewahrt seine Attraktivität am Markt und damit seinen Erfolg.

☞ Positive Erträge (Gewinne) sind notwendig, um die Dienstleistung für die Kunden weiter zu verbessern und die Arbeitsplätze zu erhalten.

☞ Kunden reden meist über ihren Bedarf (Qualität, Quantität, Preis, Termin), weil er leicht messbar, bewusst und sinnesspezifisch konkret ist; sie reden kaum über ihre Bedürfnisse, obwohl es hauptsächlich um deren Befriedigung geht, weil Bedürfnisse nicht messbar, nur gefühlsmäßig wahrnehmbar und oft unbewusst sind.

☞ Menschen entscheiden zu über 90% emotional!

☞ Ihre zwischenmenschlichen Beziehungen, Ihr Verhalten, das „Wie" sind viel entscheidender als die Sache, Ihr Wissen, das „Was".

☞ Um die meisten Bedürfnisse Ihrer Kunden zu befriedigen, brauchen Sie weder Zeit, noch Geld, noch Kraft, sondern nur guten Willen.

☞ In Zeiten des Überangebots entscheiden die Kontakte zu den Kunden über den Erfolg des Unternehmens.

☞ Interesse, Einfühlungs- und Anpassungsvermögen entscheiden über eine verkaufsfördernde Gesprächsatmosphäre.

☞ Mit Rapport geht fast alles, ohne Rapport fast nichts zwischen zwei Menschen.

☞ Es ist sehr wichtig, Ihrem Kunden auf dem Sinneskanal zu antworten, auf dem er gerade sendet (denkt und spricht).

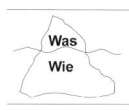
☞   Gemeinsame Mission und Vision, gemeinsame Zugehö-
rigkeit zu einem größeren Ganzen, Übereinstimmung im
Selbstbild sowie Rapport in den Grundüberzeugungen,
Glaubenssätzen und Zielen wirken noch viel stärker ver-
bindend als nur Rapport im Verhalten und in der Sprache.

Wie gut ist Ihr verkäuferisches Wissen? Prüfen Sie sich selbst!

Fragen zu Kapitel 2: Innere Einstellung

- Was passiert als Erstes in Ihrem Kopf, wenn Sie einen anderen Menschen sehen?
- Wieso können Sie meist blitzschnell sagen, ob Sie jemanden mögen oder nicht?
- Wovon müssen Sie sich lösen, wenn Sie jemanden wirklich verstehen wollen?
- Weshalb ist der erste Eindruck von einem anderen Menschen oft respektlos und falsch?
- Worauf achten Sie, wenn Sie jemanden nicht leiden können, und worauf könnten Sie stattdessen achten, damit Sie besser mit diesem Menschen auskommen?
- Wodurch unterscheiden sich Nörgler und Lebenskünstler?
- Wie produzieren Sie sich Stress?
- Wieso kann jemand mit hundert Problemen pro Tag ruhig schlafen und ein anderer findet mit drei Problemen keine Ruhe mehr?
- Gehören Sie zu den Problem-Denkern oder sind Sie ein Chancen-Denker?
- Wann entscheidet sich, ob Sie tagsüber Probleme empfinden oder Chancen nutzen?
- Wie können Sie sich positiv auf jeden neuen Tag einstimmen?
- Wie sehr prägt Ihre Erwartungshaltung den Erfolg Ihres Handelns?
- Wie kommt es, dass Sie das erleben, was Sie erwarten oder befürchten?

- Weshalb sind Ihre Grundüberzeugungen viel wichtiger als Ihr Wissen?
- Wie tragen Aufmerksamkeit und Streicheleinheiten zum Wohlbefinden bei?

INNERE EINSTELLUNG

Ist Ihnen Ähnliches auch schon einmal passiert?

Beispiel 1:
Kundenberater Heinz ist engagiert, ehrgeizig und aktiv. Er bereitet sich gründlich auf jeden Besuch bei Firma Glimmer vor, denn er möchte ein großes Entwicklungsprojekt verkaufen. Er stellt sich bewusst auf seine Gesprächspartner ein und argumentiert überzeugend. Doch letztendlich erhält sein Wettbewerber den Auftrag, vielleicht, weil dessen Vertriebsmitarbeiter einen Rabatt eingeräumt hat. Heinz ist enttäuscht und verärgert über die „mangelnde Unterstützung" seiner Vertriebsleitung.

Etliche Wochen später stellt sich heraus, dass Firma Glimmer große wirtschaftliche Probleme hat. Kurz darauf meldet das Unternehmen den Vergleich an. Auf der CeBIT erfährt Heinz vom Mitbewerber, dass die Investitionen in das begonnene Projekt verloren sind. *„Ihr habt Glück gehabt, dass wir Euch diesen Auftrag weggeschnappt haben"*, lautet das deprimierende Fazit seines Widersachers. Heinz denkt darüber nach, wie gut es doch manchmal sein kann, einen Auftrag auch einmal nicht zu bekommen. Besser rechtzeitig *ent*-täuscht als kostenträchtig *ge*-täuscht.

Beispiel 2:
Gebietsverkaufsleiter Alfred hat eine Umsatzvorgabe von 2 Mio. DM im Jahr. Bei einem Erstbesuch eines Unternehmens verschlägt es ihm fast die Sprache. Er erhält einen Auftrag über rund 12 Mio. DM zusammen mit einem detaillierten Leistungsverzeichnis (Aufstellung der Kundenanforderungen an Produkt und Leistung).

Alfred berichtet seinem Regionalleiter begeistert von seinem großen Coup. Doch dieser winkt nur pessimistisch ab nach einem Blick auf die Kundenwünsche: *„Vergessen Sie es! Ich weiß, dass der so etwas will, aber das können wir nicht, und dafür haben wir auch gar nicht die Leute. Das brauchen wir nicht zu probieren. Verkaufen Sie das, was wir haben."*

Alfred ist fertig. Doch er gibt so schnell nicht auf. Er durchdenkt das Konzept und vereinbart einen Termin mit dem Vertriebschef in der Unternehmenszentrale. Auch dort ist man anfangs skeptisch, doch Alfreds Begeisterung steckt an. Schließlich befasst sich ein Planungsstab mit dem Projekt und macht ein Angebot. Es wird der bis dahin größte Auftrag dieser Art und die Basis für einen neuen Geschäftsbereich. Alfreds Optimismus und Standhaftigkeit zahlen sich aus.

Möglicherweise haben Sie auch schon ähnliche Erfahrungen gemacht und gemerkt, wie wichtig die richtige innere *Einstellung* ist, mit der Sie an eine Aufgabe herangehen. Manchmal ist es gut, das „Schicksal" anzunehmen, auch wenn Sie die Gründe für ein „Scheitern" in diesem Moment noch nicht verstehen können. Manchmal ist es jedoch auch gut, „dranzubleiben" und alle Hebel in Bewegung zu setzen, damit ein Kundenwunsch erfüllt wird.

Nur wer an seinen Erfolg glaubt, kann ihn auch erringen![1] Und nur wer unerwünschte Ergebnisse wegstecken kann, bleibt dauerhaft mental und physisch gesund und leistungsfähig. Dieses Kapitel liefert Ihnen viele anschauliche und nützliche Hilfestellungen dafür.

---

[1] Hierbei hilft der Aufsteller: Saatgedanken des Erfolgs, von Rudolf A. Schnappauf, 167 Seiten mit Erfolgsgedanken zur täglichen Motivation, Eigenverlag, 2000, s. Internet: www.RAS-Training.de

Wie begegnen Sie Ihren Mitmenschen?[2]

Betrachten Sie bitte einen Moment das nachfolgende Bild und notieren Sie, was Ihnen dazu spontan durch den Kopf geht, als Antwort auf die Frage:

„Was ist das für ein Mensch?"

Abb. 2.1: **Gesicht 1**

Mir fällt dazu spontan ein:

2   vgl. Rudolf A. Schnappauf: Mein Leben bewußt gestalten –
     Praxisbuch zum Thema Leben oder gelebt werden, Kapitel 4:
     Mein Weltbild, S. 61-94

Was haben Sie notiert? Die meisten Menschen, denen ich dieses Bild in den vergangenen zwei Jahrzehnten gezeigt habe, antworteten:

- ein lustiger
- ein kindlicher
- ein Matrose
- ein etwas naiv-dümmlich dreinschauender

- ein fröhlicher
- ein freundlicher
- ein lächelnder
- usw. Mensch

Betrachten Sie jetzt bitte einen Moment das nachfolgende Bild und notieren Sie wieder, was Ihnen dazu spontan durch den Kopf geht auf die Frage:

„Was ist _das_ für ein Mensch?"

Abb. 2.2: **Gesicht 2**

Mir fällt dazu ein:

Was haben Sie notiert? Die meisten Menschen, die dieses Bild vorgelegt bekamen, antworteten spontan, ohne zu überlegen:

- ein grantiger Mensch
- ein Nörgler
- der schaut aus wie mein Chef, wenn ich ...
- usw.

- ein schlecht gelaunter Mensch
- ein Miesepeter
- der sieht aus wie einer meiner schlimmsten Kunden, der immer ...

Wenn Sie jetzt beide Bilder vergleichen, was hat sich geändert an „Ihm"?

- sein Gesichtsausdruck?
- seine Stimmung?
- seine Ausstrahlung?
- seine Einstellung?
- seine Blickrichtung?
- sein Charakter?
- ???

Diese Antworten werden am häufigsten genannt. Haben Sie Ähnliches gedacht? Ja? Schade, denn keine dieser Antworten stimmt auch nur ansatzweise. Die einzig richtige Antwort lautet:

„Nichts!"

An „Ihm" hat sich tatsächlich nichts geändert. Es ist kein Strich hinzugekommen und kein Strich weggefallen. Kein Strich ist dicker gemalt worden und ebenso wenig ist einer dünner geworden. An „Ihm" hat sich nichts verändert. Sie haben die Zeichnung nur von der anderen Seite betrachtet, um 180 Grad gedreht, wie Ihnen sicher sofort aufgefallen sein dürfte.

Die „Respektlosigkeit", zu der Sie sich haben hinreißen lassen, wenn Sie die erste Frage *„Was ist das für ein Mensch?"* in Gedanken beantwortet haben, verdanken Sie einer Provokation.

Diese Provokation bestand darin, Sie zu bitten, diese Frage spontan zu beantworten. Denn bei dem Bild handelt es sich gar nicht um einen Menschen, nicht einmal um ein Foto von einem Menschen, nur um eine Strichzeichnung. Natürlich hat eine Zeichnung keine Stimmungen, Launen, innere Einstellungen oder Charaktereigenschaften.

Trotzdem haben mir im letzten Jahrzehnt über tausend Teilnehmer an Führungs-, Kommunikations- und Verkaufstrainings Antworten gegeben wie die oben aufgeführten. (Sollte es Ihnen ähnlich ergangen sein beim Lesen, sind Sie in guter Gesellschaft.)

Was ist geschehen? Sie haben eine *Bewertung* abgegeben über einen anderen Menschen, zumindest über den Eindruck, den Sie aufgrund eines Bildes von ihm erhalten haben. Die Fähigkeit, blitzschnell zu urteilen, ist eine großartige Fähigkeit des menschlichen Gehirns. Doch wie konnte es geschehen, dass Sie so schnell über einen „Menschen" ein Urteil fällten und vermutlich auch in Zukunft fällen werden bei jeder Begegnung mit einem anderen Menschen? Oder bezweifeln Sie, dass Sie schon nach wenigen Sekunden mit einem bis dato unbekannten Menschen in der Lage sind zu sagen, ob Sie ihn/sie *sympathisch* oder *unsympathisch* finden? Probieren Sie es aus. Ihre Fähigkeit zu *beurteilen* wird Sie nicht im Stich lassen.

Machen Sie sich bitte einmal bewusst, was in Ihrem Gehirn geschieht in Milli- oder Mikrosekunden. Richtig, zunächst *sehen* und *hören* Sie etwas, ein *Reiz* stimuliert Ihr Gehirn, z.B. dass diese Person einen Bart oder blonde Haare trägt. Danach sucht Ihr Gehirn blitzartig nach *vergleichbaren* Reizen im Speicher Ihrer Erinnerungen. Blitzartig checkt Ihr Unterbewusstsein alle Erlebnisse mit Bartträgern oder mit Blondinen. Mit jedem erinnerten bildhaften Eindruck in Ihrem Gedächtnis (auch im unbewussten Bereich) ist ein bestimmter innerer Zustand, ein bestimmtes Gefühl verbunden.

Haben Sie angenehme *Erinnerungen* beim Überprüfen Ihrer Erfahrungen mit Bartträgern oder Blondinen, befinden Sie sich augenblicklich in einem völlig anderen inneren Zustand, wie wenn Sie sich an äußerst unangenehme Erfahrungen mit Bartträgern oder Blondinen erinnern.

Haben Sie eine erfüllte Liebesnacht mit einem Bartträger bzw. einer blonden Frau hinter sich, löst das sicher völlig andere *Empfindungen* in Ihnen aus, als wenn Sie sich gerade von einer „solchen Person" im Streit haben scheiden lassen.

Sie behandeln die Menschen so, wie Sie sie wahrnehmen und einschätzen. Einschätzen besteht aus:

Vergleichen + Benennen + Bedeutung zuordnen + Beurteilen

und verursacht bestimmte Empfindungen. Hierbei handelt es sich ausschließlich um innere Zustände, die Sie in sich selbst auslösen. Mit dem anderen Menschen hat das alles nichts, aber auch gar nichts zu tun. Ihre Gefühle, mit denen Sie sich jedoch dann diesen (Ihnen „eigentlich" noch unbekannten) Menschen nähern, sind völlig verschieden, je nachdem, welche *Erfahrungen* Sie erlebt haben.

Nur eines ist sicher: Ihr Urteil stammt aus Ihrem Gehirn, entspringt Ihrem Unterbewussten. Es resultiert aus der *Bewertung Ihrer Erfahrungen mit einer vergleichbaren Wahrnehmung von früher.* Das heißt: Ihr Urteil oder milder formuliert, *Ihr erster Eindruck von einem Menschen hat nur mit Ihnen zu tun,* nichts mit dem noch Unbekannten! Dieser wird nur Opfer Ihrer *Projektion*, noch dazu, ohne dass er sich wehren kann, denn er kennt die Gründe Ihrer Empfindungen und daraus abgeleiteten Reaktionen noch weniger als Sie.

Bitte verinnerlichen Sie diese Erkenntnis, bevor Sie weiterlesen, Ihren Beziehungen zu Ihren Mitmenschen zuliebe! Sie haben viel gewonnen, wenn Sie verstanden haben:

Auf Ihren Standpunkt kommt es an!

Abb. 2.3:   **Verschiedene Aspekte in einem Menschen**

Bitte schauen Sie sich die beiden Gesichter in Abbildung 2.3 noch einmal an, jetzt! Hat nicht *jeder* Mensch, dem Sie begegnen, solche *und* solche Seiten? Zeigt nicht jeder Mensch einmal gute und einmal schlechte Laune? Hat nicht jeder Mensch Aspekte, die Ihnen gefallen, die Sie verstehen oder mit denen

Sie gut zurechtkommen, und hat nicht jeder Mensch genauso viele Aspekte, die Ihnen nicht gefallen, die Sie nicht verstehen oder mit denen Sie nicht so gut zurechtkommen?

Ist er also ein „liebenswerter Mensch" oder ein „Griesgram"? Oder ist er ein Mensch, *den Sie im Moment* so oder so *erleben*, weil Sie in diesem Moment nur diesen einen Aspekt an ihm erkennen (können oder wollen)?

Wenn wir aufhören, einen Menschen zu beurteilen, können wir anfangen, ihn zu verstehen.

Jean Gabin

Worin liegt das Problem der Wahrnehmung, Bewertung und des Aufeinander-Zugehens zweier Menschen? Primär liegt es nicht in der Fähigkeit, beurteilen zu können, sondern in der traurigen Tatsache, dass sich kaum jemand der Vorgänge in seinem Gehirn dabei bewusst ist. Denn in dem Moment, in dem Sie sich über etwas oder jemanden ein Urteil gebildet haben, unterliegen Sie der riesengroßen, unbewussten Versuchung, nach *Bestätigung* Ihres Urteils Ausschau zu halten. Seien Sie gewiss, Sie werden finden, wonach Sie suchen. Kommunikationswissenschaftler nennen diesen Vorgang in unserem Gehirn „Kognitive Dissonanz"[3].

Das bedeutet, wir versuchen (Sie leider auch) unbewusst, *unsere Meinung bestätigt zu bekommen, und nehmen daher nur die Dinge wahr, die in unser Weltbild passen.* Alles andere ignorieren wir – zumeist unbewusst – oder wir *interpretieren* Eindrücke so lange, bis sie mit unseren Annahmen übereinstimmen, also wieder in unser Weltbild passen.

---

[3]   vgl. Leonhard Festinger: Conflict, Decision and Dissonance

Vermutlich gibt es niemanden, dem es nicht gelegentlich so geht. Welche Auswirkungen hat dies – zumindest solange Sie sich dessen nicht bewusst sind? Wenn Sie jemanden eingeschätzt (= beurteilt) haben, erhält diese Person (genau genommen der Eindruck dieser Person) einen unsichtbaren „Aufkleber" in Ihrem Kopf, der es Ihrem Gehirn ermöglicht, sie an der richtigen Stelle einzusortieren, sprich, diesen *„Typ"* in die *„richtige Schublade"* Ihres Gedächtnisses zu stecken. (Da jeder Mensch einmalig ist, gibt es zwar so viele „Typen", wie es Menschen gibt, aber mit wenigen Schubladen lebt es sich halt bequemer, auch wenn dies weder korrekt noch respektvoll ist.)

Umsortieren ist mit viel Aufwand verbunden (z.B.: den „Typ" aus dieser Schublade herausholen, überlegen, wohin er besser passen könnte, neuen Aufkleber erstellen, neu ablegen, neues Verzeichnis erstellen und das bisherige löschen usw.). Deshalb bleiben die meisten Menschen oft sehr lange bei ihrem ersten Eindruck und rechtfertigen ihre Wahrnehmungs- und Denkfaulheit mit dem schlichtweg arrogant-dummen Satz, der erste Eindruck sei der beste. Sollten Sie auch daran geglaubt haben, überlegen Sie bitte: Ist diese Haltung gegenüber Ihren Mitmenschen nicht ziemlich respektlos? Möchten Sie mit Achtung, Respekt und Verständnis gewinnend auf Ihre Mitmenschen zugehen? Dann machen Sie sich folgenden Gedanken zu eigen:

> **Solange wir genau beobachten,**
> **sind wir offen für neue Lernerfahrungen.**
> **Wenn wir uns ein Urteil gebildet haben,**
> **hören wir auf, neugierig zu sein und dazuzulernen.**
>
> Gundl Kutschera

Gibt es einen Mitmenschen, mit dem Sie bisher noch nicht gut zurechtgekommen sind? Dann empfiehlt es sich für Sie, ab sofort auch bei ihm nach der *anderen Perspektive* zu suchen. Sie wissen, es kommt nur auf Ihren Standpunkt, auf Ihre Perspektive an. Sie können Ihr bisheriges Bild dieser Person genauso umdrehen wie die Zeichnung vom Anfang dieses Kapitels und nach den positiven, lächelnden Seiten schauen, die auch dieser Mensch in sich trägt, die Sie nur bisher noch nicht gesehen haben, vielleicht weil Sie noch nicht intensiv genug danach gesucht haben (oder weil Sie bisher nicht daran gedacht oder geglaubt haben, dass auch dieser Mensch andere – angenehme – Seiten hat).

Wachsen oder sich beklagen?

Wenn Sie beruflich viel und oft mit anderen Menschen zu tun haben, wissen Sie, wie wichtig eine *optimistische Lebenseinstellung* für Sie und Ihren Erfolg im Umgang mit Ihren Mitmenschen und insbesondere Ihren Kunden ist. Sicher kennen auch Sie Menschen, die es sich schwer machen im Leben, und solche, die Sie eher den Lebenskünstlern zuordnen können. Was *unterscheidet* diese beiden Gruppen?

– *Nörgler* und *erfolglose* Menschen
  sehen und *emp-*finden in allen Situationen *Begrenzungen* (einengende Gesetze, einschränkende betriebliche Regelungen, behindernde Wettbewerbsbedingungen ...), denen sie die *Schuld* für ihr selbst verursachtes Unglück zuschieben können.
– *Lebenskünstler* und *erfolgreiche* Menschen
  sehen und *nutzen* die *Freiräume* zwischen den (scheinbar begrenzenden) äußeren Bedingungen.

Stellen Sie sich vor, Sie fahren durch eine voralpenländische Allgäuer Weidelandschaft. Was wäre Ihr erster Gedanke bei ihrem Anblick?

Optimistische Lebenskünstler
rufen begeistert:
*„Herrliche Wiesen und
Weiden!"*

Abb. 2.4: **Freiräume erkennen**

Pessimistische Jammerer
stöhnen beim gleichen Anblick:
„Lauter Zäune!"

Abb. 2.5: **Begrenzungen sehen**

Der **Erfolglose** beklagt Hindernisse und ärgert sich darüber. Er beschließt, sie als Problem anzusehen, und macht sie dadurch für sich dazu. Er raubt sich damit sehr viel Lebensenergie und Freude (Haben Sie Freunde gelesen? Stimmt auch!).

Der **Erfolgreiche** begrüßt Hindernisse als Gelegenheit zum Wachsen und Lernen. Er nimmt Schwierigkeiten als notwendige Chancen zum „Reiferwerden" und als herausfordernde Bereicherungen seines Lebens wahr. Er stellt sich den Situationen und lernt aus ihnen.

> **Der Pessimist macht aus seinen Chancen Schwierigkeiten.**
> **Der Optimist macht aus seinen Schwierigkeiten Chancen.**

Wozu gehören *Sie* – bisher: pessimistischer Nörgler oder optimistischer Lebenskünstler? Und wozu werden Sie gehören – *ab jetzt?*

Ein weiteres anschauliches Beispiel mag Ihnen verdeutlichen, dass der Gedanke, „die Ursachen eines Problems seien da draußen in Ihrer Umwelt zu finden", Ihr eigentliches Problem ist:

Stellen Sie sich vor, ein *pessimistischer Dauergrantler* schaut in der Früh zum Fenster hinaus und sieht, wie es draußen regnet und stürmt.

Es fällt Ihnen sicher nicht schwer, sich vorzustellen, was dieser Mensch sagen könnte, wenn er sich an seinem Arbeitsplatz niederlässt:

> *„Oh je, dieses Sauwetter schlägt mir vielleicht auf das Gemüt; bei diesem Wetter kann man ja nichts Vernünftiges schaffen!"*

Wenn Sie jetzt der Wettergott wären und diesem „armen" Menschen den strahlendsten Sonnenschein am herrlich blauen Himmel herbeizaubern könnten, was würde sich für diesen Menschen ändern? Vermutlich nichts Wesentliches. Können Sie sich schon denken, was er vielleicht jetzt sagen würde?

> *„Oh je, bei dem schönen Wetter muss ich hier herinnen sitzen in dem Kunstlicht, während ich so viel Arbeit im Garten zu tun hätte. Es ist nicht auszuhalten! Unter diesen Umständen kann doch kein Mensch etwas Vernünftiges schaffen!"*

Stellen Sie sich jetzt vor, ein *optimistischer Lebenskünstler* schaut zum gleichen Fenster hinaus und sieht den blauen Himmel und den strahlenden Sonnenschein. Was könnten wohl seine Gedanken sein:

> *„So ein toller Anblick baut auf. Bei dem herrlichen Wetter fühle ich mich wunderbar. Heute freue ich mich auf die Arbeit. Ich könnte Bäume ausreißen vor Energie!"*

Wenn Sie jetzt der Wetterteufel wären und diesem gut gelaunten Menschen mit einem Fingerschnippen den dichtesten Nebelsturm vor die Fensterscheibe zaubern könnten, was würde sich wohl für ihn ändern? Sie haben es erraten, vermutlich auch nichts Wesentliches. Können Sie sich denken, was er vielleicht jetzt sagen würde?

> *„Gut, dass ich hier drin bin und nicht draußen in dem Sturm rumlaufen muss! Heute habe ich wenigstens Zeit, mich auf meine Schreibtischarbeit zu konzentrieren, und bin nicht abgelenkt durch Gedanken an Garten oder Schwimmbad."*

Sie erkennen an diesem Beispiel sehr deutlich die tiefe Wahrheit des alten Sprichworts:

Es gibt kein schlechtes Wetter, nur ungeeignete Kleidung!

INNERE EINSTELLUNG

Abb. 2.6: **Wetter ist weder gut noch schlecht, es ist einfach Wetter**

Übertragen auf Ihr Leben bedeutet dies:

> **Es kommt nicht darauf an, wie die Welt ist,**
> **sondern was Sie daraus machen.**

Das heißt, es kommt nicht darauf an, welche Umstände Sie auf Ihrem Markt, bei Ihren Kunden oder in Ihrem Unternehmen vorfinden, sondern *wie Sie mit den Umständen umgehen.*

> **Es ist nicht wichtig, auf die Begrenzungen zu achten,**
> **sondern auf das Nutzen der Freiräume und Chancen.**

„Es geht nicht!" „Ich kann nicht!" Wer so denkt, setzt sich selbst Grenzen und sollte Wesentliches von der Hummel lernen. Die Hummel hat 0,7 Quadratzentimeter Flügelfläche und 1,2 Gramm Gewicht. Nach den bekannten Gesetzen der Aerodynamik ist es unmöglich, bei diesem Verhältnis zu fliegen. Zum Glück weiß die Hummel das nicht – sie fliegt einfach!

Abb. 2.7: **Die Hummel fliegt – sie setzt sich keine gedachten Grenzen**

Wer lebt leichter und vor allem gesünder? Der Jammerer oder der Lebenskünstler? Vermutlich ist Ihnen diese Frage zu einfach, um sie ernsthaft beantworten zu wollen. Natürlich tut sich der Optimist leichter und selbstverständlich lebt er gesünder, werden Sie denken. Das wird vermutlich von niemandem angezweifelt. Tatsächlich kann die Wirkung der inneren Einstellung auf das Gemüt und die Stimmung jeder leicht nachvollziehen.

Inzwischen können Ärzte und Biochemiker die Wirkung der inneren Einstellung auch auf den Körper und seinen Hormon-, Ferment- und Enzymhaushalt und damit auf die physische Gesundheit nachweisen.

> **Ihre Gedanken materialisieren sich in Ihrem Stoffwechsel!**

Negative Gedanken (Ängste, Zweifel, Sorgen, Pessimismus) erzeugen seelische Spannungen, belastende Gefühle und Stresshormone (Adrenalin ...), die zu Unwohlsein, körperlichen Spannungen und Krankheit führen.

Positive Gedanken können u.a. Endorphine im Gehirn erzeugen, die Hochgefühle in Körper, Geist und Seele hervorrufen. Das bedeutet:

> **Stress kommt nicht von außen.**
> **Stress ist ein Gefühl, eine innere Reaktion auf äußere Reize.**

Schauen Sie sich um in Ihrem Bekanntenkreis: Der eine Mensch verträgt hundertfünfzig „Störungen" am Tag und schläft nachts ruhig. Ein anderer hat nur drei von diesen hundertfünfzig „Problemen" und wälzt sich wochenlang nachts unruhig im Bett.

Wozu zählen Sie sich bisher?

Wo sehen Sie *Schwierigkeiten* in Ihrem Leben?

Was sehen Sie als *Chancen* an in Ihrem Leben?

Sind Sie Problem- oder Chancen-Denker?

Nehmen Sie einmal an, zwei Menschen, die beiden Verkäufer A und B, hätten nahezu den gleichen Arbeitsalltag. Wie kommt es, dass der eine am Abend heimkommt und die Zeit mit seiner Familie und seinen Hobbys genießen kann, während der andere völlig erschlagen aus dem Geschäft heimkehrt?

Eine kleine Zeichnung soll Ursachen und Zusammenhänge aufzeigen helfen (vgl. Abb. 2.8). Von links nach rechts verläuft die Tageszeit. Beginn (7.00 Uhr) und Ende (19.00 Uhr) des Arbeitstags sind als Beispiele eingetragen und könnten natürlich auch jede andere Größe annehmen. Alle angenehmen Situationen während des Tages sind durch ein Pluszeichen symbolisiert, alle unangenehmen Situationen während des Tages durch ein Minuszeichen.

7.00 + - + - - + - - + - - + + - +   19.00 Uhr

Abb. 2.8:   **Angenehme und unangenehme Ereignisse eines Tages**

Kennen Sie jemanden, der mit folgenden oder ähnlichen Gedanken morgens aufwacht:

> *„Was ist denn heute wieder für ein blöder Tag? Ach ja, Montag. Da ist wieder diese langweilige Abteilungs-besprechung, bei der mein Chef wieder nur seine Ideen gelten lässt und ich immer nur eine auf den Deckel bekomme. Dann muss ich zum Kunden S. Wenn ich schon an den denke, stellen sich mir schon die Haare auf. Und mittags gibt es in der Kantine diesen Mampf, bei dem sich mir der Magen umdreht, usw., usw."*

Dieser Mensch, nennen Sie ihn einfach *A*, steht mit elenden Gefühlen auf, geht ins Bad, sieht einen mürrischen und schlecht gelaunten Menschen aus dem Spiegel schauen und meint vielleicht: *„Ich kenne Dich zwar nicht, aber ich wasche Dich trotzdem"*, sofern er überhaupt noch Humor besitzt. Am Frühstückstisch ärgert er sich über seine Kinder, weil sie wegen einer Prüfung nicht zur Schule wollen. Er kommt zu spät ins Büro und wird prompt von seinem Vertriebsleiter deshalb angesprochen. A sieht, dass ein Lieferschein am Freitag nicht mit der Post weggeschickt worden ist. Er sieht, dass jemand wegen Krankheit fehlt, und regt sich über einen stornierten Auftrag auf. Sein Tag läuft fatal, Misserfolge summieren sich, und am Abend kommt er völlig erledigt nach Hause mit der treffenden Feststellung:

> *„Ich habe es ja befürchtet – wieder ein typischer Montag!"*

Wie hat A es geschafft, sich derart zu verschleißen? Er hat sich am Morgen mit seinen ersten Gedanken „negativ programmiert", das heißt, er hat in seinem Kopf den *Empfänger* seiner Wahrnehmungen *auf „Probleme" eingestimmt*. Folge davon:
Er hat nicht nur tatsächlich alle Probleme oder unangenehmen Situationen des Tages bewusst wahrgenommen, er hat auch zu-

gelassen, dass sie ihre Energie verzehrende und Moral zerstörende Wirkung auf ihn ausüben konnten. Letzteres ist ihm zwar nicht bewusst, er hat dies auch nicht beabsichtigt, trotzdem hat er allein die Ursachen dafür gesetzt mit seinen ersten Gedanken beim Aufwachen.

Wie anders verläuft der gleiche Tag bei Verkäufer *B*, der um die entscheidende Bedeutung der ersten gedanklichen Einstimmung auf den Tag am Morgen weiß und deshalb diese Phase bewusst nutzt, um sich in einen guten Zustand zu versetzen: Unmittelbar nach dem Aufwachen, als sein Körper noch ganz entspannt und sein Gemüt noch ganz erholt sind, rollt er sich bequem auf den Rücken und *stimmt sich bewusst positiv auf den Tag ein*, z.B. mit folgenden Gedanken:

> *„Heute beginnt ein wunderschöner neuer Tag mit vielen interessanten Lernerfahrungen für mich ..."*

Die weiteren Worte können wie eine Selbstprogrammierung, wie eine Einstimmung, wie ein Gebet weitergehen. Nur der Begriff dafür ist verschieden, die „Tätigkeit" und ihre Wirkung sind sehr ähnlich. Der Anfang der morgendlichen Einstimmung sollte jeden Tag gleich sein, damit er sich stark verankert. Danach folgen dann die täglich wechselnden Gedanken, z.B.:

> *„Heute werde ich meinen Kindern Mut machen für ihre Schularbeiten, in der Abteilungsbesprechung mit offenen Fragen vorsichtig zum Nachdenken über einen konstruktiven Verbesserungsvorschlag anregen, meine Kunden erfolgreich beraten und das Gespräch mit Herrn S. als Herausforderung annehmen, aus dem ich Wichtiges lernen kann. Wenn ich heute einen besseren Kontakt zu ihm finde als beim letzten Mal, kann ich heute Abend stolz auf mich sein. Dann habe ich etwas erreicht, das bisher noch keiner von uns zuvor geschafft hat ..."*

Wie eingangs angenommen, wird B mit dem gleichen Tages-verlauf konfrontiert wie A (s. oben). *Er erlebt den Tag jedoch völlig anders, weil die Ereignisse eine andere Wirkung auf ihn haben:*

B kommt auch später ins Büro, doch er weiß, dass das Mut machende Gespräch mit seinen Kindern heute wichtiger war. Er sieht ebenfalls, dass eine Arbeit liegen geblieben ist, erkennt jedoch auch den großen Stapel erledigter Arbeit und kann sich darüber freuen. B nimmt auch das Storno zur Kenntnis, genießt jedoch auch die vielen neuen Aufträge. Er weiß auch, dass jemand krank ist, sieht allerdings auch, dass sich alle Kolleginnen und Kollegen einsetzen, um den Kranken voll zu ersetzen ... B kommt am Abend heim mit dem Gefühl, viel und Wichtiges geleistet zu haben, und er weiß, dass alles, was heute noch nicht bearbeitet worden ist, morgen erledigt wird.

Fazit: *A ist völlig geschafft*   –   *B hat viel geschafft!*

        B hat viel erledigt   –   *A hat sich selbst erledigt!*

A sucht, findet und empfindet überall einschränkende Begrenzungen,
denen er die Schuld geben kann dafür,
dass es ihm so schlecht geht.

„Lauter Zäune!"

A:	PROBLEM-DENKER

Zeitpunkt positiver

⇓

ⓧ 7.00 + - + - - + + - - - + - - + + - + 19.00 Uhr

⇧

Selbstprogrammierung

B:	CHANCEN-DENKER

„Herrliche Wiesen und Weiden!"

B sucht, findet und nutzt Chancen,
sein Leben bewusst, gesund und
erfolgreich zu gestalten.

Abb. 2.9:   **Problem-Denker und Chancen-Denker**

Manchmal antworten Seminarteilnehmer an dieser Stelle, es könne doch nicht richtig sein, die Welt nur durch eine rosa Brille zu betrachten, alles nur positiv interpretieren zu wollen und die „Realität" (= „die böse Welt") gar nicht mehr so zu sehen, wie sie „wirklich" sei (= „negativ").

Vollkommen richtig! Es ist nicht sinnvoll, nur einen Teil der Realität wahrzunehmen, z.B. den, der für Sie angenehm ist, und alles andere auszublenden. Das macht blind für Gefahren und führt leicht zu traumtänzerhaftem Leben in einer Fantasiewelt.

Doch genau diesem Fehlverhalten unterliegt Verkäufer A in obigem Beispiel. Er nimmt nur noch einen Teil der Realität wahr, nämlich alles Unangenehme, alle Probleme und Ärgernisse. Er sieht die Welt durch eine knallrote Brille, die nur Negatives durchlässt. Das hat entscheidende Wirkung auf seinen Körper. Mit jedem unangenehmen Ereignis („Minus" in Abbildung 2.9), das A wahrnimmt, steigert er seinen Adrenalinausstoß. Spätestens nach dem dritten oder vierten Ärgernis sind sein Körper und sein Gehirn mit Stresshormonen derart besetzt, dass es ihm nicht mehr gelingt, auch die angenehmen Ereignisse des Tages noch wahrzunehmen oder gar sich darüber zu freuen. A versauert zunehmend. Das lässt sich medizinisch in seinem Stoffwechsel sehr leicht nachweisen.

Der Mensch ist eben ein „Hormo sapiens", wie Vera F. Birkenbihl dies so treffend formuliert hat. A lebt in einer Trance, in einer selbst geschaffenen Fantasiewelt durch sein Ausblenden aller erfreulichen Dinge und aller Chancen.

Der *Realist* in unserem Beispiel *ist* nur Verkäufer *B*. Er bleibt in einem guten Zustand und dadurch in der Lage, die unangenehmen Ereignisse und Gefahren wahrzunehmen, ohne dass sie ihn gefühlsmäßig belasten.

Nur dadurch bleibt er auch in der Lage, die angenehmen Ereignisse zu genießen und die Chancen zu erkennen und zu nutzen, die der Tag bringt.

Blitz-Bilanz:
Denken Sie an *einen bestimmten Tag* in dieser Woche. *Wie viele* „**+**" *und wie viele* „**–**" *haben Sie bewusst erlebt?*

Überwiegen in Ihrer Erinnerung die angenehmen oder die unangenehmen Erlebnisse?

Wozu gehören Sie? Sind Sie bislang *Chancen- oder Problem-Denker?* Was wollen Sie *ab heute* sein? Was unternehmen Sie dafür? Notieren Sie sich Ihre konkreten *Vorsätze*!

Meine ersten Schritte zum Chancen-Denker:

Wie Du in den Wald hineinrufst, so schallt es heraus.

Abb. 2.10: **Wir empfangen, was wir aussenden**

Sie können die Welt nicht ändern, jedoch *Ihre Einstellung* zu den Dingen! Sie können andere Menschen nicht ändern, nur *sich selbst.* Deshalb:

Ändere Deine Einstellung zu den Menschen,
und die Menschen ändern Ihre Einstellung zu Dir!

Konstruktiv den Tag beginnen

Der beste Zeitpunkt für die positive Selbstprogrammierung auf den neuen Tag ist der *erste Augenblick nach dem Aufwachen* am Morgen, wenn Ihr Körper noch völlig entspannt ist und sich Ihr Geist daher vollständig auf die *mentale Einstimmung konzentrieren* kann.

Gönnen Sie sich ab morgen die ersten drei bis fünf Minuten des Tages für Ihre geistige, seelische und körperliche Gesundheit.

Freuen Sie sich über den neuen Tag und die Lernchancen, die das Leben heute wieder für Sie bereithält. Legen Sie sich in Ihrem warmen Bett in eine angenehme Position, atmen Sie ein paar Mal tief ein und aus und genießen Sie die friedvolle Stille in Ihnen. Sprechen oder denken Sie dann diese oder ähnliche Worte langsam, *bewusst und liebevoll:*

„Heute beginnt ein wunderschöner neuer Tag
mit vielen neuen Lernerfahrungen.
Weisheit *begleitet mich auf all meinen Wegen.*
Segen *liegt über allem, was ich heute denke,*
fühle, sage und tue.
Göttliche Liebe *beschützt und behütet mich,*
und ich schreite ins Licht *der Erleuchtung."*

(nach einer Idee von Karl-Heinz Jäckel)

Hinweis: Dies ist kein Text zum Lesen, sondern zum täglichen mentalen Training! *Wiederholen Sie dieses Ritual regelmäßig jeden Morgen!* (Schreiben Sie sich evtl. den Spruch ab und hängen Sie ihn zu Hause gut sichtbar auf; z.B. über Ihrem Nachtkästchen, um jeden Tag an Ihre „Psychohygiene" zu denken.)

Es gibt nichts Gutes, außer man tut es.

Erich Kästner

Wenn Ihnen spontan eigene Formulierungen einfallen, vertrauen Sie auf die intuitiven Eingebungen Ihres Unterbewusstseins oder Ihres höheren Selbst, und schließen Sie diese Gedanken mit in Ihre positive Eigenprogrammierung oder Ihr Morgengebet ein.

Wenden Sie sich erst danach Ihrem Lebenspartner zu und wünschen Sie ihr/ihm auch *„Einen wunderschönen guten Morgen"*. Gehen Sie danach fröhlich und beschwingt an Ihre Arbeit. *Lächeln Sie* Ihre Mitmenschen an und stellen Sie erfreut fest, wie viel Ihnen auf einmal leicht und spielerisch gelingt[4].

Denken Sie daran, dass *Psychohygiene* auf genau die gleiche Art wirkt wie Körperhygiene: Wenn Sie einmal im Jahr Ihre Zähne putzen, hilft Ihnen dies nicht viel gegen Karies; wenn Sie es nach jedem Essen tun, ist es ein sicherer Schutz. Wenn Sie einmal am Morgen sich positiv auf den wunderschönen neuen Tag eingestellt haben, nützt das Tage oder gar Monate später nicht mehr viel gegen Frustration und Ärger; wenn Sie es *jeden Morgen regelmäßig* vor dem Aufstehen tun, wird es ein zuverlässiger Schutz für Ihre Motivation.

Sollte Ihnen Ihre positive Einstellung doch einmal während des Tages aufgrund von mehreren unangenehmen Erlebnissen hintereinander verloren gehen, was hält Sie davon ab, sich genau zu diesem Zeitpunkt eine kurze regenerative Auszeit zu nehmen, um sich wieder – wie gleich nach dem Aufwachen – in einen guten inneren Zustand zu versetzen?

Zeitpunkt erneuter positiver Selbstprogrammierung
⇩
7.00 + - + - - + + - - - ⊗ + - - + + - + 19.00 Uhr
⇧

Abb. 2.11:   **Auch tagsüber bei Bedarf wieder positiv einstellen**

---

4   Ein wunderbares Hilfsmittel zur positiven Einstimmung:
    Motivations-Karten, Rudolf A. Schnappauf, Eigenverlag, 2000

Wenn Sie „schlecht drauf" oder „total daneben" sind, hat es keinen Zweck, so weiterzumachen! Sie strahlen Ihre Stimmung aus – und in dem Zustand gewinnen Sie keinen neuen Auftrag, Sie verlieren höchstens einen Kunden. *„Ich habe wegen der vielen Arbeit keine Zeit zum positiven Selbstprogrammieren"*, ist die denkbar schlechteste Ausrede, die Sie bringen könnten. Denn sich selbst wieder in einen guten Zustand zu bringen ist für den, der darin geübt ist (durch allmorgendliche Praxis) nur ein Vorgang von wenigen Sekunden und lässt sich überall leicht durchführen. Dafür gibt es viele hilfreiche und schnell wirkende Methoden.

Vier einfache Beispiele, die Sie je nach individueller Vorliebe einzeln anwenden oder auch gleichzeitig genießen können:

1. Wenn Sie spüren, dass Sie sich schlecht fühlen, hören Sie auf, Ihre Aufmerksamkeit weiter darauf zu lenken. Konzentrieren Sie sich lieber auf das Betrachten eines Ihnen angenehmen Bildes. Dabei ist es gleichgültig, ob Sie auf ein Foto (z.B. mit Ihrer Lieblingslandschaft) *schauen*, ob Sie sich an ein angenehmes Bild aus Ihrem Leben erinnern (z.B. ein Erfolgserlebnis) oder ob Sie sich in Gedanken eine entsprechend schön anzusehende Szene konstruieren (z.B. einen zukünftigen Erfolg ausmalen). In Ihrem Kopf und in Ihrem Körper passiert in allen drei Fällen dasselbe.

2. Sie können sich auch auf das *Hören* einiger Takte Ihrer Lieblingsmusik konzentrieren. Sehr bald werden Sie feststellen, dass Sie Musikkassetten, Walkman und Kopfhörer nicht (mehr) brauchen, da Sie Ihren „Ohrwurm" auch aus Ihrer Erinnerung erklingen lassen können. Sollten Sie im Auto von einem Kunden zum nächsten fahren, dann ist es besonders leicht, sich *Ihre* entspannende oder aufbauende Musik anzuhören. Legen Sie einfach Ihren Sound auf und

drehen Sie den Regler Ihres Autokassettenrekorders auf die Ihnen angenehmste Lautstärke. Oder hören Sie sich einfach einen besonders angenehmen Satz aus Ihrer Erinnerung noch einmal an (z.B. ein Lob oder ein Kompliment).

3. Für alle, die gern ein bestimmtes Parfüm *riechen*, was hält Sie davon ab, sich für Zwecke der positiven Selbstbeeinflussung ein kleines Duftfläschchen einzustecken?

4. Wenn Sie lieber *schmecken*, gönnen Sie sich Ihr Lieblingsgericht/-getränk, Ihre Lieblingsnascherei (es gibt auch Sachen, die gesund und geeignet sind, z.B. Früchte).

Sie erkennen, es gibt genügend Möglichkeiten für Sie, *sich selbst* wieder im Handumdrehen *in einen angenehmen Zustand zu versetzen*, bevor Sie Ihre bewusste Aufmerksamkeit wieder auf Ihre (jetzt guten) Gefühle lenken – und bevor Sie mit frischer Kraft, guter Laune und Optimismus Ihren nächsten Verkaufserfolg anstreben.

Wenn Sie noch effektivere Methoden zur eigenen *erfolgreichen Selbstbestimmung* kennen lernen und trainieren möchten, dann besuchen Sie am besten ein Training zur *Persönlichkeitsentwicklung,* z.B. „Leben oder gelebt werden – mein Leben bewusst gestalten", „Lebensfreude", „Hoffen, wünschen, glauben oder wahrhaft überzeugt sein vom Erreichen meiner Ziele"[5], absolvieren Sie eine Ausbildung in Neuro-Linguistischem-Programmieren (NLP) oder gönnen Sie sich ein persönliches Einzel-Coaching, um Ihre Fähigkeiten zu erweitern, es sich schnell wieder gut gehen zu lassen.

---

[5] weitere Seminarthemen von RAS Training und Beratung erhalten Sie gern auf Anfrage, oder schauen Sie ins Internet unter www.RAS-Training.de

Hier folgen für Sie noch zwei weitere Anregungen zum leisen oder lauten Vorsagen am Morgen nach dem Aufwachen oder auf dem Weg zur Arbeit. Sie brauchen auch diesen Text nicht wörtlich zu übernehmen. Er soll Sie nur inspirieren, sich Ihren eigenen zu schreiben und so lange über das Bett oder den Spiegel im Bad zu hängen, bis Sie ihn fest verinnerlicht und im Unterbewusstsein gespeichert haben.

Wirkungsvolle Besinnung am Morgen zur positiven Einstimmung auf den neuen Tag:

- Ich bin von *Begeisterung* erfüllt.
- Ich weiß, dass meine Begeisterung ansteckt, und ich fühle die begeisterten Reaktionen, die mir liebevoll entgegenströmen.
- Ich begegne den Herausforderungen des heutigen Tages mit Begeisterung.
- Ich weiß, wenn ich sie gemeistert habe, bin ich stärker, reifer und beweglicher.
- Ich beginne diesen wunderschönen neuen Tag voller Begeisterung in dem Wissen, dass alle Dinge zusammenwirken, um Gutes hervorzubringen.
- Begeistert gehe ich an meine Arbeit.
- Alles, was ich zu tun habe, erledige ich freudig.
- Ich packe das Leben mit Begeisterung an. Wenn ich meine Begeisterung in jeden Lebensbereich trage, wird mein Leben reicher, lohnender und erfüllter.
- Ich fühle, wie die Begeisterung jetzt aufwallt in mir.
- Ich freue mich darüber und danke Gott dafür.
- Ich liebe meine Angehörigen, meine Freunde, meine KollegInnen, meine Kunden und alle meine Mitmenschen, denn ich sehe das Gute in ihnen.

(nach einer Idee von Rudolf Straube)

Meine Erfolgs-Strategie:

–   „Ein zufriedener Kunde" ist das Ziel meiner Tätigkeit und Bemühungen.

–   Meine Absicht ist zu verkaufen – nicht mehr, nicht weniger.

–   Dafür ist kein Tag geeigneter als der heutige.

–   Ich bin fit, voller Zuversicht, Selbstvertrauen und Überzeugungskraft.

–   Ich erreiche mein Ziel, denn ich kenne meine Produkte und meine Kunden.

–   Ich weiß, wie ich meine Aufgabe anfasse.

–   Ich bin gut vorbereitet, konzentriert, besitze einen genauen Plan und eine positive Erwartungshaltung.

–   Ich habe die höfliche Hartnäckigkeit, die beherrschte Geduld und das notwendige Einfühlungsvermögen, um Einwände und Kauf-Widerstände zu beseitigen.

–   Wie mein Kunde heute auch immer sein mag, ich werde Gefallen an ihm finden, und am Ende werde auch ich ihm gefallen.

–   Und zum Schluss wird mein Kunde „JA" sagen!

(nach einer Idee von Hans Peter Appel)

Wie stark prägen Ihre Erwartungen Ihr Leben?

Stellen Sie sich bitte einmal Folgendes vor: In einem Geschäft stehen viele Verkäufer. Für den oberflächlichen Betrachter ist zunächst kein Unterschied zwischen ihnen zu erkennen. Fast alle haben in dieser Firma gelernt und besitzen das gleiche Fachwissen und Können. Doch ein Verkäufer brachte deutlich schlechtere Voraussetzungen mit (z.B. weniger Schulbildung), und trotzdem verkauft gerade er weitaus am meisten, ohne dass er länger arbeitet als seine Kollegen. Woran liegt das? Es liegt nicht an seinem Wissen und auch nicht am angelernten Verhalten, sondern einzig an seiner positiveren inneren Einstellung und den sich daraus von selbst entwickelnden verkaufsorientierten Fähigkeiten und kundenorientierten Verhaltensweisen.

Gutes Fachwissen und technische Fertigkeiten allein machen Ihren Erfolg nicht aus. Ihr *Erfolg ist abhängig von Ihren Grundüberzeugungen, von Ihrer inneren Einstellung.* Wie sehr Ihre *Vorstellung vom Endergebnis* jeder beruflichen und privaten Aktivität dieses Endergebnis, also Ihren Erfolg, prägt, wird eindrucksvoll deutlich beim Betrachten eines Verkaufsbeispiels mit zwei extrem unterschiedlichen Varianten.

Lassen Sie sich mitnehmen in einen Bereich, den Sie sicher kennen. Versetzen Sie sich für einige Minuten in einen Verkäufer in einem Computerladen (es könnte auch eine Verkäuferin sein, das Geschlecht spielt in dem Fall keine Rolle). Gehen Sie davon aus, es ist Samstagmittag, kurz vor Ladenschluss. Der große Kundenandrang ist vorbei. Das Geschäft ist leer. Endlich ist Zeit, sich hinzusetzen, eine Tasse Kaffee zu trinken und ein interessantes PC-Magazin zu lesen. In diesem Augenblick betritt ein Kunde das Geschäft.

Im *ersten Fall* spielt sich Folgendes ab:

> *Verkäufer A* bekommt beiläufig mit, dass sich um diese Zeit ein einzelner Mensch ins Geschäft verirrt hat. Er schaut missmutig auf und seufzt stöhnend: *„Das darf doch nicht wahr sein! Was will denn der um diese Zeit, kurz vor Ladenschluss? Man braucht sich bloß einen Moment hinzusetzen, schon kommt irgendeiner dahergelaufen. Nicht mal seinen Kaffee kann man hier in Ruhe austrinken!"* Finster und vorwurfsvoll blickt Verkäufer A den Kunden an und denkt sich dabei: *„Bis der endlich weiß, was er will. Bei dieser Entschlusslosigkeit kann er sich ja nie für einen PC entscheiden. Wahrscheinlich will er nur irgendeine belanglose Auskunft und hetzt mich dafür durch den ganzen Laden!"*

Unwirsch und widerwillig schiebt Verkäufer A die Zeitschrift beiseite und schleppt sich gequält bis zum Kunden, im Bewusstsein, dass dieser sich um diese Zeit ja eh nur informieren will. Haltung, Mimik, Gestik, Schrittlänge, Auftreten des Verkäufers usw. senden dabei eindeutige Signale an den Kunden. Diese Botschaft wird verstärkt durch Stimme, Tonfall und Sprache, als der Verkäufer fragt: *„Womit kann ich helfen?"*

Der Kunde, der Dutzende körpersprachlicher und verbaler Botschaften erhalten hat, die ihm mitteilen, wie sehr er hier als Belästigung empfunden wird, hat inzwischen massive Störungen („Igel") im Bauch. Ihm ist die Lust vergangen, sich hier und heute mit der Computertechnik auseinander zu setzen. Wäre er ehrlich und couragiert, er müsste antworten *„Danke, Sie können mir wohl kaum helfen!"* und wieder gehen. Da er nun schon mal da ist und jemanden aufgescheucht hat, entscheidet er sich für das kleinste Übel und antwortet kurz angebunden: *„Ich hätte gern Ihre aktuelle Preisliste."*

Verkäufer A kann sich ein leicht gelangweiltes Zucken um Mundwinkel und Augenbrauen kaum verkneifen und dreht sich nickend um, die Infoständer ansteuernd. Dabei denkt er sich: *„Meine Güte, zweimal durch das ganze Geschäft wegen einer Informationsbroschüre, die er sich doch auch selber hätte nehmen können!"* Mit dem Gesuchten schleppt er sich erneut zum Kunden, *„Die Preisliste"* brummend. Dann trollt er zurück an seinen Platz und denkt sich dabei: *„Hast Du dem seine unfreundliche Visage gesehen? Kein nettes Wort, kein Lächeln! Mit dem ist bestimmt kein Geschäft zu machen!"* Verkäufer A setzt sich und nimmt seine Zeitschrift wieder auf. *„Wo war ich denn stehen geblieben, bevor dieser Typ da rein kam? Habe ich diesen Absatz schon gelesen oder nicht? Ach verdammt, jetzt kann ich von vorn anfangen, und mein Kaffee ist auch inzwischen kalt. Nicht einmal eine Minute lang hast du hier Zeit für dich selbst"*, stöhnt er und vertieft sich in die Zeitschrift.

Der Kunde, der so schlecht beraten und jetzt gar übersehen wird, blättert lustlos die Liste durch, um nicht ganz umsonst dagewesen zu sein. Da sich niemand um ihn kümmert, ruft er: *„Entschuldigung, ist der neue PC von XY auf Lager?"*

Verkäufer A schreckt hoch und schnauft hörbar aus. *„Hast du das gehört? Das passt zu dem Kerl, quer durchs ganze Geschäft brüllen! Keinen Anstand und keine Geduld haben die Leute heutzutage mehr, geschweige denn, dass sie auch nur einmal Rücksicht nähmen auf die arbeitende Bevölkerung"*, denkt er sich und macht sich endlich ärgerlich auf den Weg, um nachzuschauen. Nach einer kurzen Weile kommt er zurück und nähert sich lustlos und mürrisch dem Kunden. *„Derzeit nichts da"*, sagt er und zuckt mit den Achseln. Jetzt hat der Kunde genug eindeutig ablehnende Botschaften empfangen, um endlich konsequent zu handeln. Er verlässt ohne weitere Fragen den Laden. Verkäufer A geht zu seinem Stuhl zurück, ein kaum hörbares *„Wiedersehen"* brummend.

In diesem Moment passiert das Fatale an dieser so alltäglichen, leider mehrfach erlebten Geschichte: Ein abgeklärter Kennerblick huscht über das Gesicht von Verkäufer A, während er sich innerlich anerkennend auf die Schulter und etwas stolz an die eigene Brust klopft mit den gedachten Worten: *„Na, was habe ich gesagt? Der will nur eine Information, und von dem ist kein Geschäft zu erwarten. Und was ist passiert? Einen Prospekt hat er verlangt und nach einem PC gefragt, den wir natürlich nicht auf Lager haben. Das ist Menschenkenntnis, oder (gell, nicht wahr)?"* Und Verkäufer A setzt sich mit einem subjektiven Erfolgserlebnis, um sich eine Zigarette anzustecken.

Wie anders verläuft der angenommene *zweite Fall*, in dem Verkäufer B tätig ist, bei gleicher Ausgangssituation, aber mit völlig anderer Einstellung:

Auch *Verkäufer B* hat sich hingesetzt, um einen Kaffee zu trinken und etwas zu lesen. Er ist jedoch davon überzeugt, dass es seine Aufgabe ist, jeden Kunden bestmöglich zu bedienen. Er hat sich vorgenommen, *jeden Kunden zufrieden zu stellen*. Verkäufer B hat die Erwartungshaltung, jeder Mensch, der von ihm beraten oder bedient wird, ist hinterher zumindest ein bisschen glücklicher als vorher. Er hat außerdem ein genaue Vorstellung (Vision) davon, wie ein zufriedener Mensch aussieht, sich bewegt und spricht. Dieses Bild im Kopf dient Verkäufer B als Orientierungsmaßstab für sein Handeln. Er konzentriert sich nicht auf bestimmte Verhaltensweisen, sondern auf ein bestimmtes, erwünschtes Ergebnis.

Entsprechend anders agiert Verkäufer B in der ansonsten völlig gleichen Ausgangssituation. Bereits als der Kunde durch die Tür tritt, schaut Verkäufer B erwartungsvoll auf und sucht mit einem freundlichen Lächeln Blickkontakt. Er legt sofort und gern seine Nebenbeschäftigung zur Seite und geht auf den Kunden zu, um ihn herzlich zu begrüßen, denn dieser gibt ihm durch sein Eintreten die Chance zu beweisen, dass er der richtige Mann am richtigen Platz ist. Vielleicht fragt Verkäufer B höflich: *„Möchten Sie sich unsere neue Produktlinie anschauen oder erst mal umsehen?"* Hat der Kunde geantwortet, berät ihn Verkäufer B, indem er sich zunächst genau nach den Wünschen und den Anforderungen des Kunden erkundigt. Möglicherweise empfiehlt er ihm einen PC oder eine preisgünstige Komplettlösung, die noch nicht im Katalog steht. Er fragt nach den mit dem PC zu erledigenden Aufgaben und bietet an, falls erwünscht, die entsprechende Software auch am Gerät vorzuführen. Dabei schaut und hört er genau hin und achtet sehr fein auf die Bedürfnisse des Kunden. Will dieser neben der Fachinformation eine lockere Unterhaltung, will er lieber alles selber ausprobieren oder braucht er Distanz und Zeit zum Überlegen in Ruhe? Sollte Letzteres der Fall sein, hält sich Verkäufer B diskret zurück, hält aufmerksam (Blick-) Kontakt und fragt den Kunden von sich aus, bevor dieser hilflos herumsteht, welche Fragen er noch hat, welche Software und welchen Drucker etc. er

präsentiert haben möchte und ob er eine Preisliste mit Be-
stellbogen haben will.

Bei dieser aufmerksamen und herzlichen Betreuung kann
es sein, dass Verkäufer B nicht nur weiterempfohlen wird,
sondern dass er auch einen sehr viel höheren Umsatz
erzielt; jedoch nicht, weil er es darauf abgesehen hat, sondern weil sein ehrliches Interesse der Bedürfnisbefriedigung seines Kunden gilt.

Auch in diesem zweiten Fall hat der Verkäufer ein
Erfolgserlebnis. Auch er hat sein erwartetes Ziel erreicht,
einen Kunden bedient und zufrieden gestellt. Doch welcher Unterschied im Ergebnis für alle Beteiligten zum
ersten Fall! Auch im zweiten Fall hat die Vision vom Endergebnis, das Finalbild der Erwartungshaltung des Verkäufers zum dementsprechenden Endergebnis geführt.

Worin liegt der große Unterschied der erwarteten Finalzustände
beider Fälle?

Verkäufer A erwartet viel Lauferei, wenig Umsatz und kein Zu-
satzgeschäft von einem unfreundlichen Kunden – und er erhält
dies alles auch, denn er schafft alle Voraussetzungen für die
Manifestation seiner Erwartungshaltung. Er konzentriert sich auf
einen desinteressierten Kunden, der nur eine Information will,
und erhält als Ergebnis seiner dementsprechenden „Bemühungen" auch nur die Frage nach einer Preisliste.

Was Verkäufer A nicht bemerkt und wahrscheinlich auch bis
heute noch nicht verstanden hat, ist, wie stark seine innere *Einstellung und Erwartungshaltung* das Ergebnis seiner Arbeit beeinflusst haben. Würden Sie ihn darauf hinweisen wollen, würde
er Ihnen heftig widersprechen, dass der geringe Umsatz irgendetwas mit ihm selbst zu tun haben könnte, und darauf bestehen,

am schlechten Geschäft seien einzig und allein die unmöglichen Kunden dieser Branche und besonders in diesem Stadtteil schuld. Er sei völlig abhängig von den Umständen und könne ja schließlich weder mehr noch andere Kunden herbeizaubern. (Erinnern Sie sich an den Problem-Denker, der nur Begrenzungen in seiner äußeren Umgebung erkennt und für seinen selbst verursachten Misserfolg verantwortlich macht?, s.S. 101-115)

Verkäufer B hingegen erwartet einen am Schluss zufriedenen Kunden und unternimmt deshalb alles, damit sich seine Erwartungshaltung auch realisieren kann. Er konzentriert sich allerdings nicht auf eine bestimmte Leistung, bestimmte Geräte oder Informationen, sondern auf einen *idealen Endzustand*, nachdem alles getan ist, was auch immer dies gewesen sein möge. Er ist durch seine *Vision* – zufriedener Kunde – in seinem Verhalten nicht festgelegt. Er konzentriert sich nicht auf Mittel und Wege, sondern auf einen *guten inneren Zustand* beim Kunden und bei ihm. Dadurch bleibt er *flexibel* in der Suche nach geeigneten Handlungsalternativen, bis er erfolgreich ist. Dieses Vorgehen hat viele Vorteile.

Das erwartete Endergebnis, das Finalbild oder der Zielzustand, dient als innerer Vergleichsmaßstab. *Menschen sind so lange aktiv, wie das äußere Bild von ihrem inneren, erwarteten Bild abweicht.* Stimmen äußere und innere Realität überein, ist das Ziel erreicht. *Niemand tut mehr, als er sich vorstellen kann.* Deshalb unternimmt A in obigem Beispiel auch nichts mehr, nachdem der Kunde sich wie erwartet verhalten hat (nach einer Information gefragt hat).

B unternimmt auch nur so lange etwas, bis der Kunde den Zustand erreicht hat, den B sich für ihn vorgestellt hat: Zufriedenheit. Doch die Erwartungshaltung von B unterscheidet sich wesentlich von der Erwartungshaltung von A. Beide werden von ihrer Vision angetrieben.

Die Vision, die *Vorstellung, wie es am Ende sein wird, liefert* B *die Energie, so lange kreativ nach Lösungen zu suchen, bis der Zielzustand* „Kunde ist zufrieden" *erreicht ist.*

Sollten Sie sich also bisher gelegentlich wie Verkäufer A verhalten haben, freuen Sie sich, dass Sie die Methode, erfolgreich Ihr Ziel zu erreichen, bereits perfekt beherrschen. Alles, was Sie nur zu ändern brauchen, ist: das negative Zielbild gegen ein positives auszutauschen.

Achten Sie daher in Ihrem Leben vor Beginn jeder Tätigkeit auf folgende fünf Punkte:

1.   Habe ich eine *positive Erwartungshaltung*?
      Erwarte ich ein gutes Ergebnis *für alle Beteiligten*?
2.   Konzentriere ich mich auf einen *angenehmen Zielzustand* am Ende aller Aktivitäten?
3.   Bin ich völlig *offen, wie* dieser ideale Endzustand erreicht werden soll?
4.   Habe ich genügend *eindeutige Messkriterien*, an denen ich erkennen kann, ob ich mich auf mein Ziel zubewege oder davon weg und wie nahe ich meinem Ziel bereits bin?
5.   Habe ich *genügend Handlungsalternativen* und *Wahlmöglichkeiten* (mindestens drei!), wie ich meine Erfolgsvision realisieren kann?[6]

---

[6]   vgl. Rudolf A. Schnappauf: Die sieben goldenen Regeln des Erfolgs, Illustrierte Broschüre, Hünfelden, 2000

Erwartungshaltung und selbsterfüllende Prophezeiung

Wie (Vor-)Urteile über Menschen sich von selbst erfüllen

Ein Praxisbeispiel (die Namen sind geändert):

> Herr Waldner ist Vertriebsleiter eines mittelständischen Unternehmens. Seine Verkäufer hält er für fleißig und einsatzbereit, aber nicht übermäßig fähig. Er traut ihnen nicht zu, dass sie ein Problem allein lösen können. Kreativität nimmt er nur für sich selbst in Anspruch. Das Resultat: Die Verkäufer erweisen sich als unfähig, ihnen gestellte Aufgaben kreativ und zufriedenstellend zu bearbeiten. Hat der Vertriebsleiter in seinem Urteil recht?
>
> Bei anderen Gelegenheiten unter anderer Leitung, z.B. in Projektgruppen, stellt sich heraus, dass dieselben Verkäufer sehr wohl in der Lage sind, produktive und innovative Problemlösungsstrategien zu entwickeln. Wie ist das möglich?

Dieser augenscheinlich zwischen allen Menschen wirkende Mechanismus wurde in seiner ganzen Tragweite erst Mitte der Sechzigerjahre erforscht und erhielt in Harvard die Bezeichnung *„Pygmalion-Effekt"*.

Alle Schüler einer Klasse wurden Intelligenztests unterzogen. Anschließend wählten die Wissenschaftler 20% der Schüler unter dem Gesichtspunkt der reinen Zufälligkeit aus und teilten dem Lehrerkollegium mit, es handele sich bei diesen Schülern um besonders viel versprechende Talente, die im kommenden Jahr einen überproportionalen Entwicklungssprung und Intelligenzzuwachs verzeichnen würden.

Nach einem Jahr wurden alle Schüler noch einmal getestet, und siehe da: Jene 20% zufällig ausgewählten Schüler hatten den Erwartungen der Lehrer – die ja annahmen, in ihnen besonders intelligente Schüler vor sich sitzen zu haben – voll entsprochen.

Ihre Schulleistungen lagen deutlich über dem Durchschnitt, und ihr Intelligenzquotient hatte sich in stärkerem Maße verbessert als der ihrer Mitschüler. Der Pygmalion-Effekt war hier tatsächlich am Werk gewesen. Im angelsächsischen Raum wird dieser Effekt auch *„Self-fulfilling Prophecy"* genannt, *„Sich selbst erfüllende Vorhersage (Prophezeiung)"*.

Wie stark die positive Erwartungshaltung von Vorgesetzten, Lehrern oder Eltern die Entwicklung eines Lernprozesses bei den ihnen Anvertrauten beschleunigt, zeigt ein Beispiel aus dem Schwimmbad.

> Eine Gruppe von Kindern, die – wiederum zufällig – aus einer großen Zahl von Teilnehmern an einem Schwimmkurs ausgewählt worden waren, wurden zu Beginn des Schwimmunterrichts dem Bademeister als ausgesprochene Schwimmtalente angekündigt. Und tatsächlich lernten diese Kinder in wesentlich kürzerer Zeit schwimmen als Kinder aus Vergleichsgruppen. Der Schwimmlehrer „wusste", dass diese Kinder talentiert waren, und sie waren talentiert!

Nicht nur bei Menschen ist der Pygmalion-Effekt wirksam. Ein Beispiel aus der Zoologie:

> Einer Gruppe von Biologiestudenten wurde erzählt, es seien Versuche unternommen worden, eine intelligentere Art von Ratten zu züchten. Die Gruppe der Studenten wurde aufgeteilt: Einer Hälfte gab man eine Anzahl von

Ratten, die angeblich aus dem Stamm der intelligenteren kamen. Die Vergleichsgruppe erhielt „normale" Ratten. Die Studenten sollten feststellen, wie schnell Ratten lernten, ein Labyrinth zu durchlaufen. Das schier Unglaubliche trat ein. Die als intelligenter vorgestellten Ratten durchliefen das Labyrinth wesentlich schneller als die Ratten der Vergleichsgruppe.

Wo mögen die Ursachen für solch frappierende Tatsachen liegen? Robert Rosenthal, Professor für Sozialpsychologie in Harvard, sieht mehrere mögliche Faktoren, die entweder gemeinsam oder auch jeder für sich allein ausschlaggebend für den Pygmalion-Effekt sein können. Er erläutert hierzu:

Personen, die eine positive Erwartung von ihren Mitmenschen (Kunden, Mitarbeitern, Schülern, Kindern oder wem auch immer) *haben, scheinen*

–   in dieser Gruppe ein wärmeres sozio-emotionales Klima zu erzeugen,
–   diesen Menschen mehr positive *und* konstruktive Rückmeldung über ihren Leistungsstand zu geben,
–   diesen Menschen mehr Informationen zu geben und ihnen höhere Anforderungen zu stellen,
–   diesen Personen mehr Gelegenheit zu Frage und Antwort einzuräumen.

Im Falle des Beispiels aus dem Rattenlabor heißt das: Die als „intelligenter" vorgestellten Ratten wurden wahrscheinlich behutsamer angefasst und nach Erfolgen häufiger gestreichelt, während Misserfolge der „dummen" Ratten von Beschimpfungen, Enttäuschungen und rauer Behandlung begleitet gewesen sein mögen.

Wenn selbst Ratten im Vergleich zum hochsensiblen Menschen so stark auf Erwartungen reagieren, die an sie gestellt werden, wie sehr wird sich dieses Phänomen dann bei stressgeplagten Verkäufern bemerkbar machen? Unter dem Einfluss der allmächtigen Self-fulfilling Prophecy werden sie *nur so viel leisten, wie ihre Vorgesetzten* von ihnen *erwarten,* d. h. ihnen *zutrauen!* Und wie viel werden Kunden kaufen? Ja, auch hier gilt: Genau so viel oder so wenig, wie ihnen ihre Verkäufer zutrauen.

Fragen Sie sich einmal selbstkritisch:

– *„Mit welchen Kunden spreche ich* öfter und länger – *mit denen, die mir sympathisch sind, oder mit denen, die ich nicht mag?"*
– *„Mit welchen Kunden spreche ich* mehr über persönliche, familiäre und vertrauliche Angelegenheiten – *mit denen, die ich gut leiden kann, oder mit denen, bei deren Anblick mir nicht so recht wohl ist?"*

Dabei wissen Sie genau, nur wenn Sie sich für Ihren Kunden interessieren und hinhören, was er Ihnen an-*vertraut,* entsteht *Vertrauen.* Und ist nicht Vertrauen die Basis für jeden Verkauf? Es ist also sehr einsichtig, warum Sie bei den Kunden viel verkaufen, denen Sie das zutrauen – und warum Sie bei den Gesprächspartnern selten etwas verkaufen, bei denen Sie im Innersten bezweifeln, dass sie von Ihnen kaufen werden.

Die volle Entfaltung eines Menschen wird meist durch falsche Erwartungen unterdrückt. Denn Erwartungen an Mitmenschen sind selten positiver, sondern – bedingt durch das überall zu beobachtende Intrigenspiel „Jeder gegen Jeden" – leider meist negativer Natur.

Alle vier Faktoren, die Rosenthal für den Pygmalion-Effekt verantwortlich macht, können unter solchen Umständen voll durchschlagen:

Vertriebsleiter Waldner – aus dem eingangs erwähnten Beispiel – verbreitet durch seine mäßige Erwartungshaltung (negatives Vorurteil: *„Die sind ja eh nicht kreativ"*) seinen Verkäufern gegenüber ein kühles Arbeitsklima. Da er sowieso nicht an die Fähigkeit seiner Mitarbeiter glaubt, gibt er ihnen nicht genügend Informationen. Seine Anforderungen sind von vornherein zu niedrig angesetzt und wecken in den Verkäufern keinerlei Motivationsanreize. In Haltung, Mimik, Gestik, Tonfall, Sprache ... kommt die innere Einstellung Waldners unbewusst in unzähligen Botschaften bei seinen Verkäufern an, wird von deren Unterbewusstsein erkannt und erzeugt Resonanz in ihnen. *„Jeder streckt sich nach der Decke",* sagt das Sprichwort.

Die Verkäufer passen sich an die unausgesprochene Erwartungshaltung des Vorgesetzten an, sie wollen ihn ja nicht enttäuschen. Außerdem würde er darüber hinausgehende Leistungen vermutlich ohnehin nicht bemerken bzw. umdeuten (vgl. „Kognitive Dissonanz", S. 99). Wozu also mehr anstrengen als sinnvoll?

Rosenthal und andere formten in vielen Versuchen durch positive Suggestionen bei Verkäufern, Führungskräften, Lehrern und Eltern positive Erwartungshaltungen an ihre Kunden, Mitarbeiter, Schüler und Kinder, die dann auch jeweils zu genau diesen vorhergesagten (und -geglaubten) positiven Ergebnissen führten.

Was spricht dagegen, dass auch Sie sich die Erkenntnisse der Sozialpsychologie zu Eigen machen? Wie viel angenehmer kann Ihr Leben werden, wenn Sie immer mit positiven Erwartungen, optimistischen Visionen und idealen Finalbildern auf andere Menschen zugehen?

INNERE EINSTELLUNG

Wann arbeiten Sie bewusster an:

☞ Ihrer positiven inneren Einstellung?

☞ Ihrem Glauben und Vertrauen in Ihre Mitmenschen,
   vor allem Ihre bisher schwierigen Kunden?

> **Sich öffnen schafft Beziehungen.**
> **Offenheit bewirkt Offenheit.**
>
> Bernd Roloffs

Offenheit basiert auf Vertrauen und ist ansteckend. Wenn Sie
offen sind, tragen Sie entscheidend zu einem guten Geschäfts-
und auch Betriebsklima bei. Ein gutes Geschäftsklima wiederum
lockt Kunden an wie Honig die Bären, denn in einer Atmosphäre
des Vertrauens fühlen sich Kunden wohl. Wenn Sie offen sind,
fällt es auch Ihren Kunden leichter, offen zu sein.[7]

Eine weise Geschichte soll dieses wichtige Kapitel zusammenfassen und in Ihrem Unterbewusstsein und Ihrem Herzen veran-
kern:

---

[7] zu S. 123-136 vgl. Rudolf A. Schnappauf: Mein Leben bewusst gestalten – Praxisbuch zum Thema Leben oder gelebt werden, Kapitel 6: Konstruktives Denken,
S. 120ff.

Die kleinen Leute von Mimo
(nach einem alten irischen Märchen)

Vor langer, langer Zeit lebten kleine Leute auf der Erde. Die meisten lebten in dem kleinen Dorf Mimo und nannten sich Mimos. Sie waren sehr glücklich und liefen herum mit einem Lächeln bis hinter die Ohren und grüßten jedermann freundlich. Was die Mimos am meisten liebten, war, ei-nander warme, weiche Fläuschchen zu schen-ken. Jeder trug über der Schulter einen Beutel, der gefüllt war mit warmen, weichen Fläuschchen.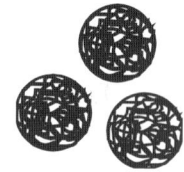

Nun ist es besonders schön, jemandem so ein warmes, weiches Fläuschchen zu geben. Es sagt dem anderen: *„Du bist etwas Besonderes!"* Es ist eine Art zu sagen: *„Ich mag Dich!"* Und selbstverständlich ist es sehr erfreulich, ein solches Fläuschchen zu bekommen. Wenn man Dir ein Fläuschchen anbietet, wenn Du es nimmst und fühlst, wie warm und flauschig es an Deiner Wange ist, wenn Du es sanft und leicht in Deinen Fläuschchen-Beutel zu den anderen legst, dann ist das wundervoll. Du fühlst Dich anerkannt und geschätzt, wenn jemand Dir ein Fläuschchen gibt, und Du möchtest ihm ebenfalls etwas Schönes tun.

Die kleinen Leute von Mimo gaben gern warme, weiche Fläuschchen und bekamen gern warme, weiche Fläuschchen, und ihr gemeinsames Leben war ohne Zweifel sehr glücklich und froh.

Außerhalb des Dorfes, in einer kalten, dunklen Höhle, wohnte damals ein großer, grüner Kobold. Eigentlich wollte er gar nicht allein wohnen, und manchmal fühlte er sich sehr einsam.

Aber er schien mit niemanden auszukommen, und irgendwie mochte er es nicht, warme, weiche Fläuschchen zu tauschen. Er hielt dies für einen großen Unsinn.

Eines Abends ging der Kobold in das Dorf und traf einen kleinen freundlichen Mimo. *„War es nicht ein schöner Mimo-Tag?"*, fragte die kleine Person lächelnd. *„Hier, nimm ein kleines warmes, weiches Fläuschchen. Dies ist ein besonderes. Ich habe es eigens für Dich aufbewahrt, weil ich Dich so selten sehe."* Der Kobold schaute sich um, ob niemand anderer ihn hören könnte, dann flüsterte er dem kleinen Mimo ins Ohr: *„Hör mal! Weißt Du denn nicht, dass Dir Deine Fläuschchen eines Tages ausgehen, wenn Du sie alle so einfach weggibst?"*

Er bemerkte plötzlich einen erstaunten Blick und Furcht im Gesicht des kleinen Mannes, und während der Kobold in den Fläuschchen-Beutel hineinschaute, fügte er hinzu: *„Jetzt würde ich sagen, hast Du kaum mehr als 217 Fläuschchen übrig. Sei lieber vorsichtig mit dem Verschenken!"* Damit tappte der Kobold auf seinen großen, grünen Füßen davon und ließ einen verwirrten und unglücklichen Mimo zurück.

Es dauerte nicht lange, da kam einer vorbei und grüßte den kleinen Mimo freundlich. Es war ein guter Freund von ihm, mit dem er schon viele warme, weiche Fläuschchen getauscht hatte. Mit Überraschung stellte er fest, dass er nur einen befremdeten Blick erhielt, als er seinem Freund ein warmes, weiches Fläuschchen gab. Dieser empfahl ihm nur, auf seine abnehmenden Fläuschchen zu achten, und verschwand schnell.

Noch am selben Abend soll jener Mimo anderen gegenüber bemerkt haben: *„Es tut mir Leid, aber ich habe kein warmes, weiches Fläuschchen für Dich. Ich muss aufpassen, dass sie mir nicht ausgehen."*

Am nächsten Tag hatte sich die Neuigkeit im ganzen Dorf verbreitet. Jedermann hatte begonnen, seine Fläuschchen aufzuheben. Man schenkte zwar immer noch welche, aber sehr, sehr vorsichtig. – *„Unterscheide!"*, sagten sie.

Die kleinen Mimos begannen, einander misstrauisch zu beobachten, und verbargen ihre Beutel mit den Fläuschchen während der Nacht vorsichtig unter ihrem Bett. Es brachen Streitigkeiten darüber aus, wer die meisten Fläuschchen hat, und schon begannen die Leute, Fläuschchen für Sachen einzutauschen, statt sie einfach zu verschenken.

Der Bürgermeister von Mimo stellte schließlich fest, die Zahl der Fläuschchen sei begrenzt, und erklärte die Fläuschchen damit offiziell zu Tauschmitteln. Schon bald zankten sich die Leute darüber, wie viel ein Abendessen oder eine Übernachtung kosten sollte. Es gab sogar Fälle von Raub wegen der Fläuschchen. An manchen dämmrigen Abenden war man draußen nicht mehr sicher, an Abenden, an denen die Mimos früher gern spazieren gingen und einander grüßten, um sich gegenseitig warme, weiche Fläuschchen zu schenken.

Das Schlimmste von allem: An der Gesundheit der kleinen Leute begann sich etwas zu ändern. Viele klagten über Schmerzen in Schulter und Rücken, und mit der Zeit befiel mehr und mehr Mimos eine Krankheit – bekannt als Rückgraterweichung. Sie liefen gebückt umher, in schlimmen Fällen bis zum Boden gebeugt. Ihre Fläuschchen-Beutel schleiften auf dem Boden.

Viele Leute im Dorf fingen an zu glauben, dass das Gewicht des Beutels die Ursache der Krankheit sei und dass es besser sei, sie zu Hause sicher einzuschließen. Binnen kurzem konnte man kaum noch einen Mimos mit einem Fläuschchen-Beutel antreffen.

Der Kobold war mit dem Ergebnis seiner Lüge zunächst ganz zufrieden. Er hatte herausfinden wollen, ob die kleinen Leute auch so fühlen und so handeln würden wie er in seinen selbstsüchtigen Gedanken. Er fühlte sich bestätigt, so wie die Dinge liefen. Wenn er nun ins Dorf kam, grüßte man ihn nicht mehr mit einem Lächeln und bot ihm auch keine warmen, weichen Fläuschchen mehr an. Stattdessen starrten ihn die kleinen Leute misstrauisch an, genauso wie sie einander anstarrten. Ihm war es lieber so. Für ihn bedeutete dies: *„Der Wirklichkeit ins Auge sehen! So ist die Welt!"*, pflegte er zu sagen.

Mit der Zeit ereigneten sich aber noch schlimmere Dinge. Vielleicht wegen der Rückgraterweichung, vielleicht auch deshalb, weil ihnen niemals jemand ein warmes, weiches Fläuschchen schenkte (wer weiß es), jedenfalls starben einige der kleinen Leute. Nun war alles Glück aus dem Dorf der kleinen Leute verschwunden und alle waren todtraurig.

Als der Kobold davon hörte, sagte er zu sich selbst: *„Ich wollte ihnen doch nur zeigen, wie die Welt wirklich ist. Den Tod habe ich ihnen nicht gewünscht."* Er überlegte, was er jetzt machen könnte, und er erdachte einen Plan.

Tief in seiner Höhle hatte der Kobold eine verborgene Mine von kaltem, stacheligen Gestein entdeckt. Viele Jahre hatte er damit verbracht, die stacheligen Steine aus dem Berg zu graben, denn er liebte deren kaltes, prickelndes Gefühl. Er entschloss sich, die Steine mit den Mimos zu teilen.

So füllte er Hunderte von Säcken mit den kalten, stacheligen Steinen und nahm sie mit ins Dorf. Als die Leute die Säcke mit den kalten, stacheligen Steinen sahen, waren sie froh und nahmen sie dankbar an.

Nun hatten sie endlich wieder etwas, was sie sich schenken konnten. Das Unangenehme war nur, dass es nicht soviel Spaß machte, kalte, stachelige Steine zu verschenken, wie warme, weiche Fläuschchen.

Einen kalten, stacheligen Stein geschenkt zu bekommen, das war mit einem eigenartigen Gefühl verbunden. Man war nie ganz sicher, was der Gebende meinte, denn schließlich waren die Steine kalt und stachelig. Es war zwar nett, überhaupt etwas von einem anderen zu bekommen, aber im Grunde blieb man verwirrt und oft mit zerstochenen Fingern zurück.

So ging es auch einem Mimo-Jungen und er wollte von seinem Mimo-Opa wissen, weshalb man sich solche Stachelsteine schenkte, die einem nur die Finger zerstechen. Der Mimo-Opa erzählte die ganze Geschichte.

In der kommenden Nacht erschien dem Mimo-Jungen im Traum eine Fee und sagte ihm: *„Beginne Du wieder, warme, weiche Fläuschchen zu verschenken, damit wieder Wärme und Freude unter die Mimos kommen kann. Habe Vertrauen und höre nicht auf die Befürchtungen!"*

So begannen einige Leute wieder, einander warme, weiche Fläuschchen zu schenken, und jedesmal, wenn ein Fläuschchen geschenkt wurde, machte es den Schenkenden und den Beschenkten sehr, sehr glücklich.
Aber das Schenken von warmen, weichen Fläuschchen wurde nie mehr allgemeiner Brauch, denn die Leute hatten kein Vertrauen mehr.

Nur wenige merkten, dass der Reichtum an Fläuschchen unerschöpflich ist und sie keineswegs ärmer wurden, wenn sie einander warme, weiche Fläuschchen schenkten. Eines bemerkten sie auch: Die Schenkenden und Beschenkten hatten weniger Schmerzen und konnten wieder gerade gehen!

Den meisten Leuten von Mimo steckte jedoch ein tiefes Misstrauen in den Knochen. Aus vielen Bemerkungen konnte man dieses heraushören:

> *„Warme, weiche Fläuschchen? Was steckt wohl dahinter?"*

> *„Ich weiß nie, ob meine Fläuschchen auch geschätzt werden."*

> *„Ich habe ein warmes, weiches Fläuschchen geschenkt und bekam dafür einen kalten, stacheligen Stein wieder. So dumm bin ich nie wieder."*

> *„Man weiß nie genau, woran man ist: Jetzt ein warmes, weiches Fläuschchen und im nächsten Augenblick einen kalten, stacheligen Stein."*

> *„Ich gebe Dir nur ein warmes, weiches Fläuschchen, wenn ich auch eines von Dir bekomme."*

> *„Ich möchte meinem Kind wohl warme, weiche Fläuschchen geben, aber es verdient sie nicht."*

> *„Manchmal frage ich mich, ob Großvater wohl noch Fläuschchen auf der Bank hat?"*

Wahrscheinlich wäre jeder Mimo gerne zurückgekehrt zu jenen Tagen, als das Schenken und Geschenkt-Bekommen von warmen, weichen Fläuschchen noch üblich war. Manch einer träumte davon, wie schön es wäre, wenn ...

Aber irgendetwas hielt ihn stets davon zurück. Vielleicht der Gedanke daran, „wie die Welt wirklich ist" – oder was die anderen wohl denken würden, wenn er begänne ...

Der Verfasser des ursprünglichen Originals ist unbekannt.[8]

---

[8] Die Geschichte der Mimos ist von mir überarbeitet und unter Angabe der Quelle vom Copyright ausgenommen. Kopieren und Weiterverbreiten sind ausdrücklich in meinem Sinne. Bitte schenken Sie vielen Menschen warme, weiche Fläuschchen, damit wieder Freude und Liebe unter die Menschen kommt.

Das Wichtigste für Ihre positive innere Einstellung

☞ Beobachten Sie Ihre Mitmenschen interessiert, sehr genau und längere Zeit, ohne zu bewerten. Versuchen Sie lieber zu verstehen!

☞ Machen Sie sich bewusst, dass jedes Urteil über einen Menschen nur Ihren bisherigen, unvollständigen Eindrücken von dieser Person entspricht.

☞ Seien Sie sich bewusst, dass spontane Empfindungen anderen gegenüber immer Ihre Projektionen sind, die Ihren Erinnerungen (Erfahrungen) an ähnliche Reize entstammen.

☞ Suchen Sie immer nach den Stärken und Fähigkeiten bei Ihren Mitmenschen.

☞ Achten Sie auf Freiräume und nutzen Sie diese, statt überall Begrenzungen zu sehen und zu empfinden.

☞ Sehen Sie Herausforderungen als Chance zum Wachsen und Kritik als Chance zum Lernen an. Machen Sie aus Ihren Schwierigkeiten Chancen!

☞ Stimmen Sie sich jeden Morgen beim Aufwachen positiv auf den wunderschönen neuen Tag ein. Wiederholen Sie dies tagsüber, sooft Sie es brauchen.

☞ In einem guten Zustand erledigen Sie in kurzer Zeit viel mehr Dinge als in einem schlechten Zustand in viel Zeit!

☞ Stress kommt nicht von „draußen", sondern ist eine gefühlsmäßige innere Reaktion auf äußere Reize.

☞ Wie Sie in den Wald hineinrufen, so schallt es heraus. Wie Sie auf Ihre Kunden zugehen, so begegnen diese auch Ihnen.

☞ Konzentrieren Sie sich nicht auf schlechte Gefühle, sondern schauen und hören Sie aufmerksam hin, durch welches Verhalten Ihres Gesprächspartners Sie sich so beeinflussen lassen. (Ent-hypnotisieren Sie sich und lenken Sie Ihr Bewusstsein nach außen. Wachen Sie auf aus Ihrer Trance und nehmen Sie die Realität um Sie herum und Ihre Mitmenschen unvoreingenommen wahr.)

☞ Machen Sie sich vor jedem Verkaufskontakt bewusst, was Sie erreichen wollen, in welchem Zustand Sie und Ihr Kunde am Ende sein sollen. Imaginieren Sie Ihr erwünschtes Finalbild und den idealen Zielzustand, auf den Sie zugehen.

☞ Wenn Sie in Ihrem idealen Zielzustand sind, strahlen Sie diesen und Ihre positive Absicht mit allen Körpersignalen, Ihrer Stimme und Sprache aus. Durch Ihr Vorleben bringen Sie Ihre Gesprächspartner in Resonanz zu Ihnen.

☞ Bleiben Sie flexibel in Ihren Handlungsalternativen, bis Sie Ihr Ziel erreichen.

☞ Ihr Denken bestimmt Ihr Fühlen, Ihre Gefühle bestimmen Ihr Handeln, Ihre Handlungen erzeugen die Reaktionen Ihrer Umwelt. Sie bestimmen also Ihren Erfolg und Ihr Schicksal selbst!

INNERE EINSTELLUNG

☞ Ihre innere Einstellung beeinflusst unterbewusst Ihr Gemüt und teilt sich in Tausenden von körpersprachlichen Signalen Ihrem Gesprächspartner unleugbar ehrlich mit.

☞ Lächeln stärkt Ihr Immunsystem, Ihre eigene Lebensenergie und die Ihrer Partner!

☞ Wenn Sie Ihren Mitmenschen Ihre liebevolle Zuwendung schenken, tun Sie das Beste für Ihre und deren Gesundheit sowie für Ihre Beliebtheit und damit auch für Ihren Erfolg.

TEIL 2   DEN VERKAUFSKONTAKT VORBEREITEN

Kapitel 3   Gespräch vorbereiten

Kapitel 4   Termin vereinbaren

Wie gut ist Ihr verkäuferisches Wissen? Prüfen Sie sich selbst!

Fragen zu Kapitel 3:   Gespräch vorbereiten

– Welche Phasen enthält ein Verkaufsgespräch?

– Was nützt es Ihnen, wenn Ihre Kunden positiv über Sie reden?

– Wozu bereiten Sie sich auf ein Verkaufsgespräch gut vor?

– Welche Informationen über Ihren Gesprächspartner sind nützlich für Sie?

– Welche Informationen über das Kunden-Unternehmen brauchen Sie?

– Worauf bereiten Sie sich vor wichtigen Verkaufs-gesprächen vor?

– Wie stellen Sie sich auf möglicherweise unterschiedliche Reaktionen ein?

Da dieses Kapitel überwiegend aus einer Checkliste mit vielen Fragen besteht, können Sie gleich auf den nächsten Seiten wei-terdenken.

Stufen der Beratungs- und Verkaufsmethodik

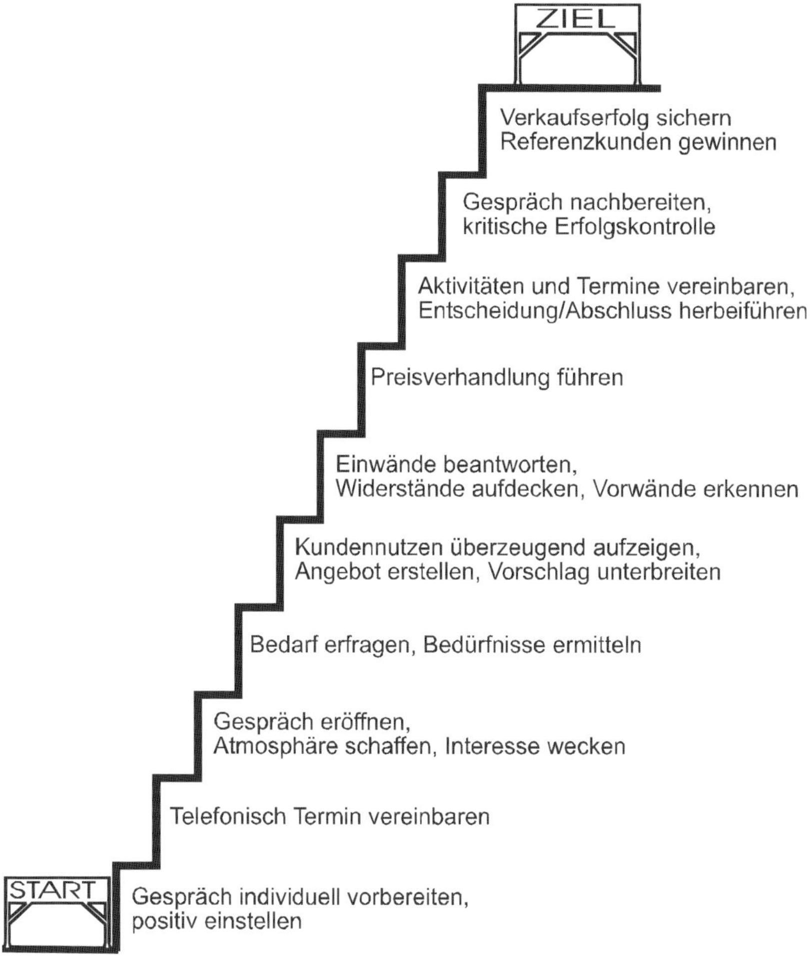

ZIEL

Verkaufserfolg sichern
Referenzkunden gewinnen

Gespräch nachbereiten,
kritische Erfolgskontrolle

Aktivitäten und Termine vereinbaren,
Entscheidung/Abschluss herbeiführen

Preisverhandlung führen

Einwände beantworten,
Widerstände aufdecken, Vorwände erkennen

Kundennutzen überzeugend aufzeigen,
Angebot erstellen, Vorschlag unterbreiten

Bedarf erfragen, Bedürfnisse ermitteln

Gespräch eröffnen,
Atmosphäre schaffen, Interesse wecken

Telefonisch Termin vereinbaren

START

Gespräch individuell vorbereiten,
positiv einstellen

Eine *Lebensweisheit* lautet:

**Erfolg hat nur, wer diesen systematisch plant
und konsequent ansteuert.**

Verkaufserfolge sind abhängig von

- systematischer Beratungs- und Verkaufsmethodik,
- selbstdisziplinierter Vorbereitung,
- positiver Einstellung,
- partnerorientierter Gesprächsführung und
- Orientierung am langfristigen Wohl des Kunden.

Wer sich individuell auf jedes Verkaufsgespräch und jeden Gesprächspartner positiv einstimmt, seine verkäuferischen Hausaufgaben gründlich macht und die einzelnen Schritte der Verhandlungsmethodik so gut beherrscht, dass er sich in jeder Gesprächsphase *situationsspezifisch flexibel* und *angemessen* verhalten kann, der wird die Stufenleiter des Verkaufserfolgs sicher erklimmen.

Die Unterschrift des Kunden auf einem Vertragsabschluss (gleich ob Kauf-, Miet-, Lizenz-, Wartungs- oder Kooperationsvertrag) ist nicht das Ende eines Verkaufsgesprächs, sondern der *Anfang* einer hoffentlich *langfristigen* und beiderseitig nützlichen *Zusammenarbeit* mit einem zufriedenen Kunden, der sich richtig entschieden hat.

Das Interesse an langfristig zufriedenen Kunden zeichnet jeden wahren Berater und Verkäufer aus. Wer diese Regel nicht verinnerlicht und beherzigt, kann nur als „Hausierer" gelten. Wie Sie aus der Abbildung auf Seite 148 erkennen, ist der Kauf-

vertrag nicht der letzte Schritt, den es anzustreben gilt, sondern nur *ein* wichtiger auf Ihrem Wege, einen Verhandlungspartner dazu zu veranlassen, für Ihre Leistung und Ihr Unternehmen zu werben.

Wenn es Ihnen gelungen ist, dass begeisterte Kunden und zufriedene Interessenten Sie *weiterempfehlen*, ist Ihr Erfolg nicht mehr aufzuhalten. Mündliche Empfehlung, basierend auf einer starken zwischenmenschlichen Beziehung, ist allemal erheblich *effektiver und überzeugender* als jede noch so farbenprächtige Werbung auf teurem Hochglanzpapier – und mündliche Weiterempfehlung ist *kostenlos*, arbeitet gezielt und völlig *ohne Streuverluste!*

Wie Sie vermutlich auch gleich bemerkt haben, sind die Stufen der Verkaufsmethodik nahezu identisch mit den weiteren Kapiteln dieses Buches. Lediglich das Thema „Bedarf erfragen, Bedürfnisse ermitteln" ist um das Kapitel „Aktiv hinhören" erweitert – aufgrund seiner großen Wichtigkeit für Ihren Verkaufserfolg. Was nützen die besten Fragen, wenn Sie die Antworten Ihrer Kunden nicht aufmerksam hören?

Um Ihre Verkaufs- und Beratungsgespräche zu einem erfolgreichen Abschluss zu führen, sind vor allem zwei Aspekte besonders wichtig:

1. Ihre *positive innere Einstellung* (vgl. Kapitel 2) *und*
2. Ihre *gründliche Vorbereitung* auf jedes wichtige Gespräch.

Wenn Sie alle Informationen über Ihre Gesprächspartner und das Kunden-Unternehmen haben und den für beide Seiten Nutzen bringenden Zielzustand gedanklich vorgestellt und im Mentaltraining mit allen Sinnen bewusst erlebt haben, was sollte Ihren

Erfolg noch stoppen?[1] Damit Sie prüfen können, ob Sie gut genug vorbereitet sind, folgt für Sie eine ausführliche Checkliste. Damit diese größtmöglichen Nutzen für Sie hat, ist sie in der Ichform geschrieben.

Die „*Checkliste: Gesprächs-Vorbereitung*" enthält in systematischer Form alles, was für Sie wichtig sein könnte. Unter den Oberbegriffen „Unternehmen" und „Gesprächspartner" sind vermutlich auch einige Stichpunkte aufgeführt, zu denen Sie manchmal keine oder nur wenig Information besitzen.

Überlegen Sie sich daher in einem solchen Fall jedes Mal:

– *Wofür* wären genauere Informationen darüber hilfreich?
– *Woher* bekomme ich diese Informationen?
– *Wie hoch* ist der Aufwand für die Informationsbeschaffung?

Wägen Sie *Gründlichkeit* und *Schnelligkeit* gegeneinander ab. Meist lohnt es sich, gut informiert zu sein. Manchmal brauchen Sie auch Mut zur Lücke. Doch ein Blick auf diese Checkliste *lohnt* sich für Sie vor jedem Kundengespräch, denn Sie können damit leicht und schnell feststellen, welche Informationen Ihnen noch fehlen. So können Sie sich gezielt Ihren *Fragenkatalog* erstellen und sich damit *für Ihre Bedarfsanalyse* bei Ihrem Gesprächspartner optimal schriftlich vorbereiten.

---

[1] vgl. Rudolf A. Schnappauf: Die sieben goldenen Regeln des Erfolgs, Illustrierte Anleitung auf drei mal sieben Seiten, Broschüre geheftet, DIN A 5, Hünfelden, 1998

Checkliste: Gesprächs-Vorbereitung

Vorteile   *Warum bereite ich mich vor?*

- Zeitersparnis für beide Gesprächspartner
- Zielklarheit bei hoher Flexibilität
- Höhere Erfolgschancen durch Planung
- Gute Vorbereitung macht mich sicherer und freier, erspart Überraschungen und Stress

Ziele   *Was will ich erreichen?*

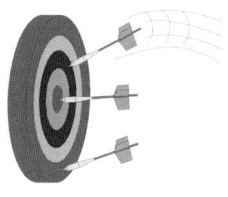

- Welche Hauptziele?
- Welche Teilziele?
- Welche Rückzugs-/Mindestziele?
- Ist meine Zielsetzung bezogen auf das vereinbarte Gespräch realistisch? Sind meine Ziele in einer Verhandlung erreichbar?
- Entspricht mein Gesprächsziel den qualitativen und quantitativen Zielen des eigenen Unternehmens?
- Entspricht mein Gesprächsziel den langfristigen Strategien und Planungen der eigenen Firma?

Sachkenntnis   *Worauf muss ich mich vorbereiten?*

- Betriebs- und Branchenwissen
- Marktsituation
- Produktkenntnisse
- Technisches Know-how

- Betriebswirtschaftliches Können (Amortisationsrechnung usw.)
- Wissen um Abläufe und Verwaltungsvorschriften
- Vertragsrecht
- Erfahrungen, Referenzen, Alternativlösungen

Unternehmen *Welche Informationen über die Firma/Organisation meines Gesprächspartners wären nützlich für mich?*

- Unternehmensgröße (Beschäftigte, Umsatz, Kundenstamm, Bekanntheitsgrad ...)
- Produkt-, Dienstleistungsangebot
- Firmenentwicklung, Marktanteile, Marktbeachtung
- Company Mission (Auftrag), Unternehmens-Vision
- Unternehmens-Philosophie, -Leitbild, -Werte, -Ziele
- Besondere Anforderungen der Kunden dieses Unternehmens
- Strategische Partnerschaften (auch geplante)
- Wettbewerbssituation (Stärken und Schwächen der Wettbewerber meiner Partner)
- Verbindungen zu meinen Mitbewerbern
- Technische Ausstattung, Installationen (derzeitige Software, Probleme damit ...)

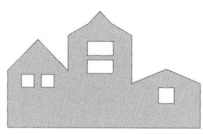

- Verträge (Lizenzen, Wartung, Service ...)
- Räumlichkeiten (Gebäude, Zugänge, Sicherheitsbereiche ...)
- Finanzkraft, Liquidität
- Organisation, Zuständigkeit, Entscheider, Entscheidungsprozesse
- Anzahl der (potenziellen) Nutzer unserer Leistungen/Produkte
- Qualifikation der Mitarbeiter, die unsere Dienstleistungen/Produkte einsetzen (sollen)
- Budgets

Gesprächs-partner

Was weiß ich über den (die) Menschen?

- Name, Vorname, Ausbildung (technisch/kaufmännisch? Handwerker/Beamter/Akademiker?), Titel, Werdegang ...
- Alter, Geschlecht, Familienstand ...
- Was verspricht er sich in seiner Situation von dieser Verhandlung? Persönliche Ziele?
- Wofür ist er in seinem Unternehmen verantwortlich? Woran wird sein Erfolg gemessen? Von wem?
- Welchen Einfluss hat er im Unternehmen? Wie viele Jahre Betriebszugehörigkeit? Wie lange in dieser Funktion? Wie lange unter derzeitiger Führungskraft? ...
- Woran könnte ihm in der derzeitigen Wirtschaftslage am ehesten gelegen sein? Welche Termine sind für ihn wichtig?

— Was gefällt ihm? Was gefällt ihm nicht? Einstellungen, Erfahrungen, Vorurteile, Hobbys, Befürchtungen, Ängste, Unsicherheiten ...?

— Worauf ist er stolz? Erfolge, Auszeichnungen, Veröffentlichungen, Jubiläen, Familie ...?

— Welche Kompetenzen/Befugnisse besitzt er? Kann er allein entscheiden oder wen muss er hinzuziehen? Von wem lässt er sich beraten?

**Daten-
quellen**

Woher erhalte ich zusätzliche Information?

— *Woher bekomme ich Daten über das Unternehmen?* Internet, Geschäftsbericht, Firmenzeitschrift, Fachpresse, Wirtschaftspresse, Börseninformationen, Hoppenstedt, Handelsregister (Amtsgericht), Kammer, Auskunftei (Schimmelpfeng, Treuhand), Direktmarketing-Verlage (z.B. Schober Direktmarketing, Drescher, pan Adress), Mitarbeiterzeitung, Lieferanten, Kunden ...

— *Welche Geschäftskontakte liegen bisher vor?* Wer mit wem, wann, Ergebnisse: Kundenkartei/-datei, Schriftverkehr, E-Mails, Besuchsbericht der letzten Verhandlung, Notizen über Telefonate ...

— *Wer liefert mir weitere Auskünfte über meine(n) Gesprächspartner?* Gemeinsame Bekannte, Kollegen ...?

Referenzen   *Wen kann ich empfehlen?*

- Wer lobt unsere Leistungen/Produkte? Welche positiven Aussagen kann ich wörtlich wiedergeben?
- Sind meine Referenzkunden auch eine Referenz für meinen Gesprächspartner?
- Was machen die Referenzkunden und warum? Wie nutzen sie unsere Leistungen und Produkte?
- Welche Vorteile nutzen sie? Wie nutzt ihnen die Zusammenarbeit mit meinem Unternehmen?

Strategie   *Wie will ich vorgehen?*

- Wie möchte ich mein Gespräch beginnen? Welchen Interesse weckenden Einstieg verwende ich?
- Mit welchen Fragen erfahre ich den Bedarf und die Kaufmotive meines Gesprächspartners?
- Mit welchen Fragen erfahre ich die Bedürfnisse und Kaufmotive meines Gesprächspartners?
- Welche Lösungen kann ich anbieten?
- Welche Informationen sind für den Partner interessant?
- Mit welchen Nutzenargumenten kann ich überzeugen?

- Mit welchen Fragen und Einwänden kann ich rechnen?
- Wie werde ich damit umgehen, was antworten?
- Welche Verkaufshilfen werde ich einsetzen?
  - Block und Schreibzeug
  - Präsentationsmappe
  - Poster, Charts, Folien
  - Grafische Darstellungen
  - Wirtschaftlichkeitsberechnungen
  - Referenzen und Presse-Informationen
  - Broschüren, Prospekte, Produktdatenblätter
  - Angebotsunterlagen, Preislisten
  - Laptop-Präsentation
  - Homepage-Seiten
  - Vorführ-Video
  - Werbegeschenke

**Unter-
stützung**

Wie kann ich noch Nutzen bieten?

- Welche Unterstützung kann meine Firma mit den verfügbaren Mitarbeitern geben?
- Welche Einweisungen und Schulungen kann ich anbieten?
- Welche Unterstützung aus der Zentrale und aus anderen Geschäftsbereichen kann ich mir zusichern lassen und anbieten?

Innere Ein-
stellung

Wie bin ich mental eingestimmt?[2]

— Welche innere Einstellung habe ich zu die-
sem Unternehmen?
— Welche Einstellung habe ich zu meinen
Gesprächspartnern?
— Wie stimme ich mich positiv auf jeden
Einzelnen ein?
— Wie beachte ich die „selbst erfüllende
Prophezeiung"?
— Welches erwünschte Ziel habe ich mir
gesetzt? Gehe ich auf etwas Positives zu
oder nur weg von etwas Unangenehmen?
— Nutzt mein Ziel allen Beteiligten? Bin ich
am langfristigen Wohl meiner Gesprächs-
partner interessiert? Handle ich aus einer
Gewinner-Gewinner-Einstellung heraus?
— Habe ich mein Finalbild visualisiert?
— Wie habe ich meinen idealen Zielzustand
mental erlebt? Wo und wie habe ich diesen
powervollen Zustand „geankert"?

Eine gründliche Vorbereitung ist die beste Basis für erfolgreiche
Verkaufsgespräche!

---

2   Viele wertvolle Anregungen hierzu erhalten Sie aus: Rudolf A. Schnappauf: Mein
Leben bewusst gestalten – Praxisbuch zum Thema Leben oder gelebt werden,
a. a. O.

Das Wichtigste für Ihre Gesprächs – Vorbereitung

☞ Die Vorbereitung entscheidet über den Verlauf und den Erfolg eines Gesprächs.

☞ Eine gründliche Vorbereitung erspart Ihnen und Ihren Partnern viel Zeit und verhindert unliebsame Überraschungen.

☞ Stellen Sie sich Ihre Ziele klar vor. Korrigieren Sie diese so lange, bis Sie eine positive Erwartungshaltung haben. Visualisieren Sie den für alle Beteiligten erstrebenswerten Zielzustand und erleben Sie diesen angenehmen Zustand dann in Ihrer Vorstellung intensiv mit allen Ihren Sinnen.

☞ Stellen Sie alle notwendigen Informationen über das Unternehmen des Kunden zusammen.

☞ Fehlende Informationen liefern Ihnen die Stoffsammlung für gezielte Fragen vor Ort. Erstellen Sie sich Ihre schriftliche Fragenliste für Ihr nächstes Verkaufsgespräch mit diesem Kunden.

☞ Wissen Sie genügend über die Personen, mit denen Sie verhandeln? Sammeln Sie persönliche Daten. Es lohnt sich.

☞ Bereiten Sie sich auf unterschiedliche Reaktionen Ihrer Gesprächspartner vor. Entwerfen Sie Alternativ-Szenarien für den Fall, dass sich Ihre Partner

    a)   aufgeschlossen   b)   neutral

    c)   skeptisch   d)   ablehnend ...

verhalten sollten.

☞ Nehmen Sie alles mit, was Ihnen helfen könnte, Ihre Argumentation überzeugend zu veranschaulichen.

Wie gut ist Ihr verkäuferisches Wissen? Prüfen Sie sich selbst!

Fragen zu Kapitel 4: Termin vereinbaren

- Weshalb ist es wichtig, einen Besuchstermin telefonisch zu vereinbaren?
- Welche Kosten entstehen durchschnittlich bei einem Anruf im Vergleich zu einem Besuch und einem Mailing?
- Welche Vorteile bietet Ihnen das Telefon im Verkauf?
- Was unterscheidet ein Telefonat von einem Direktgespräch?
- Wie hoch ist die Aufmerksamkeit Ihres Kunden am Telefon im Vergleich zum persönlichen Gespräch vis-à-vis?
- Wie sind die Verhandlungspositionen am Telefon verteilt?
- Wie melden Sie sich psychologisch richtig am Telefon?
- Weshalb sollten Sie Ihren Namen immer zweimal sagen?
- Wie können Sie Ihre Stimmen einsetzen, um überzeugend zu wirken?
- Wie bereiten Sie sich richtig auf ein Telefongespräch vor?
- Warum ist es so wichtig, dass Sie auch am Telefon lächeln?

Telefonisch Besuchstermin vereinbaren

Wenn Sie sich über das Unternehmen Ihres Kunden und über Ihren Gesprächspartner kundig gemacht und auf Ihr bevorstehendes Verkaufsgespräch vorbereitet haben, gilt es, einen Termin zu vereinbaren.

Selten werden Sie dies schriftlich tun, meist werden Sie dazu das Telefon benutzen. Es sei denn, Sie waren bereits bei diesem Kunden und haben am Ende Ihres Besuchs Ihren nächsten Termin fest vereinbart – was ja Ihr Minimalziel gewesen sein dürfte. Versuchen Sie jedoch einen potenziellen Neukunden zu akquirieren oder einen seit langem nicht mehr aktiven Altkundenkontakt wieder zu beleben, so eignet sich das Telefon hierzu wohl am besten.

Ein „Kaltbesuch" ohne vorherige Terminabsprache ist zu teuer (vgl. die nachfolgende Tabelle), zu riskant und lohnt sich nur, wenn der Partner direkt auf dem Weg einer geplanten Tagestour liegt. Die Chancen, ihn anzutreffen und ihn zu einem Verkaufsgespräch zu gewinnen, stehen dabei jedoch meist sehr schlecht und psychologisch sind Sie in einem solchen Fall sehr im Verhandlungsnachteil. Deshalb empfiehlt es sich, vorher telefonisch einen Termin zu vereinbaren.

Die durchschnittlichen *Kosten* betragen ca.:

Besuch: 150 €; Anruf: 12,50 €; Mailing: 2,50 €[1]
Besuch: 300 DM; Anruf: 25 DM; Mailing: 5 DM

---

[1] Dies gilt für Serienbriefe und Post mit reinen Standard-Textbausteinen. Die Kosten für einen Einzelbrief, der diktiert und (oft mehrfach) korrigiert wird, liegen natürlich um ein Vielfaches höher, auch deutlich höher als die eines Telefonats.

	Außendienst-orientierte Vertriebsstrategie		Integrierte Vertriebsstrategie		
	Maß-nahmen	Kosten in DM	Maß-nahmen	Kosten in DM	Kosten in €
A Kunde	6 Besuche	1.800	4 Besuche 8 Anrufe 8 Mailings	1.200 200 _40_ 1.400	600 100 _20_ 700
B Kunde	2 Besuche	600	1 Besuch 4 Anrufe 8 Mailings	300 100 _40_ 440	150 50 _20_ 220
C Kunde	1 Besuch	300	4 Anrufe 4 Mailings (Besuch bei Bedarf)	100 20 _?_ >120	50 10 _?_ >60

Quelle: Gruber, Titze & Partner

Selbst wenn Sie Ihre Kosten für Besuch, Anruf und Mailing aufgrund hoher Mitarbeitergehälter höher ansetzen als in diesem Beispiel, so bleiben doch die Relationen und die deutlichen Kostendifferenzen bestehen.

Ihr Anruf mit dem Ziel, einen Besuchstermin zu vereinbaren, stellt ein *vollständiges Verkaufsgespräch* dar: Sie brauchen eine *Gesprächseröffnung*, Sie müssen den *Bedarf* (für diese Kundenberatung) herausfinden, den *Nutzen* dieses Gesprächs aufzeigen, Sie haben Fragen und *Einwände* zu beantworten und eine *Entscheidung* für einen Besuchstermin herbeizuführen.

Dies erfordert natürlich eine gründliche *Vorbereitung* auf dieses wichtige Telefonat, und die anschließende *Nachbereitung* stellt bereits einen Teil der Vorbereitung auf das spätere Vis-à-vis-

Gespräch bei Ihrem Kunden dar. Insofern sind fast *alle Phasen des Verkaufsgesprächs* vor Ort *auch in einem Telefongespräch* mit einem Kunden oder Interessenten *enthalten*. Hieraus ergibt sich die Notwendigkeit, dass Sie Verkaufen bereits können sollten, um Ihren gewünschten Termin in einem Telefongespräch erfolgreich verkaufen zu können.

Da Verkaufen im persönlichen Gespräch bedeutend leichter ist als im Telefongespräch, soll Ihnen dieses Buch helfen, Ihre Konzentration auf das Erlernen einer systematischen Verkaufsmethodik von Angesicht zu Angesicht zu lenken. Dafür sind alle weiteren Kapitel geschrieben. Wenn Sie die persönliche Art zu verkaufen beherrschen, sind Sie bereits bestens vorbereitet auf das Verkaufen ohne Sichtkontakt am Telefon.

Die darüber hinaus noch besonders wichtigen Punkte für diese Phase sind in diesem Kapitel zusammengefasst und an dieser Stelle platziert, weil im Buch das Verkaufsgespräch in seiner idealtypischen zeitlichen Abfolge dargestellt ist, und chronologisch gesehen kommt die telefonische Terminvereinbarung nun einmal vor der Gesprächseröffnung vor Ort.

Vorteile des Telefons

☞ Kein Fahraufwand erforderlich, dadurch enorme Zeit- und Kostenersparnis.

☞ Telefonieren geht schneller als Briefe schreiben, kostet (zumindest im Festnetz) weniger als ein Einzelbrief und bringt sofortige Antwort.

☞ Sie wissen, dass und wann Ihr Gesprächspartner Ihre Informationen erhalten hat, und er weiß, dass Sie seine Reaktion empfangen haben.

☞ Im Unterschied zum Brief haben Sie die Möglichkeit zu sofortigen Rückfragen und können so mögliche Missverständnisse ausräumen (gilt für beide Seiten).

☞ Ihr Partner erlebt das Gespräch weniger verbindlich als ein Verkaufsgespräch vor Ort. Er fühlt sich daher weniger unter Druck gesetzt, denn er kann das Telefonat ja jederzeit beenden.

☞ Ihr Partner und Sie haben es bequemer (keine besondere Kleidung, Frisur etc. erforderlich).

☞ Ihr Computer kann Ihnen die Daten aus der Kundendatei und die damit verknüpften Dokumente (Briefe, Angebote, Rechnungen ...) am Bildschirm anzeigen.

☞ Sie können sich Gesprächsleitfäden, Argumentationshilfen, Unterlagen etc. zurechtlegen und Ihre schriftlichen Spickzettel ständig im Auge behalten und bei Bedarf ergänzen.

☞ Sie haben Notizen vom letzten Gespräch mit diesem Kunden und vorbereitete Informationen schnell bei der Hand und können Ihren Partner präzise über alles informieren, was ihn interessiert.

Wodurch unterscheidet sich ein Telefonge-spräch von einem Direktgespräch?

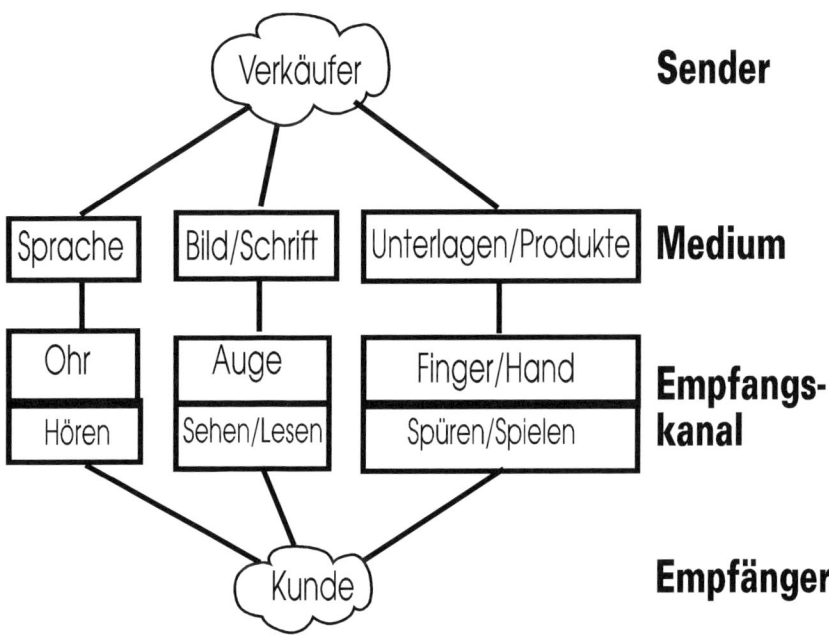

Abb. 4.1: Verkauf vor Ort

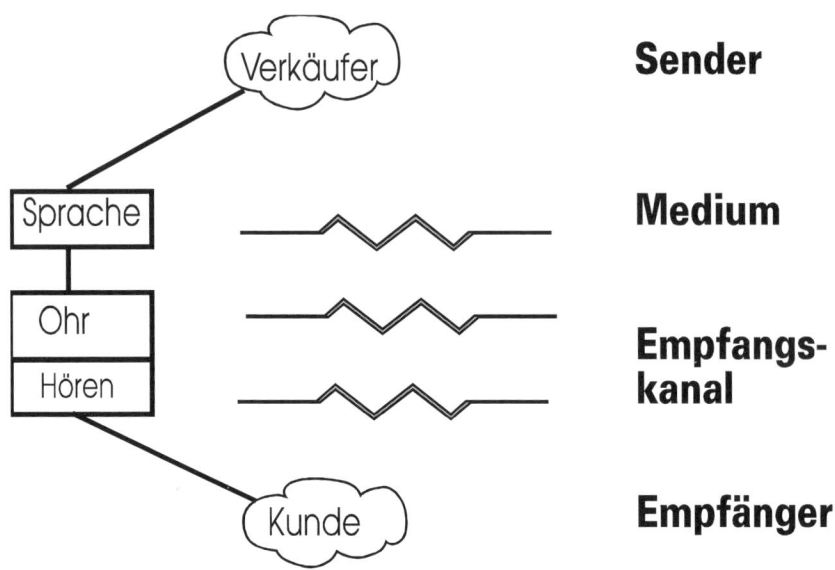

Abb. 4.2: **Verkauf am Telefon**

☞ Körpersprachliche Signale fehlen (Mimik, Gestik, Blick-kontakt). Das bedeutet:

- Sie können die wichtigen, ehrlichen (weil vom Unterbewusstsein gesteuerten) Botschaften Ihres Partners nicht beobachten und daher auch nicht so-fort darauf reagieren.

- Sie können Ihre Aussagen körpersprachlich weder verstärken noch abschwächen.

- Sie müssen sehr konzentriert hinhören.

☞ Ihre Stimme und Ihre Sprache sind Ihre einzigen Kontakt-mittel. Sofern nicht beide Seiten ein Bildtelefon benutzen, können Sie keine Gegenstände, Grafiken oder anschaulich bebilderte Prospekte zeigen. Komplexe Vorgänge sind jedoch nur bildhaft leicht verständlich.[2]

☞ Wenn Ihr Anruf zu diesem Zeitpunkt nicht angekündigt war, treffen Sie auf einen unvorbereiteten, eventuell *überraschten* Gesprächspartner. Ihr Anruf kann als störend empfunden werden.

☞ Ihr Gesprächspartner hat mehr Distanz – es fällt ihm leichter

- nein zu sagen,
- Sie abzuwimmeln,
- Vorwände zu erfinden,
- zu lügen.

☞ Für Ihren Gesprächspartner sind Sie als Anrufer zunächst in der schwächeren Position, weil Sie etwas von *ihm* wollen.

☞ Ihr Gesprächspartner fühlt sich in der stärkeren Position. Er kann das Gespräch jederzeit beenden und auflegen.

☞ Ihr Partner ist optisch abgelenkt durch nicht zum Telefongespräch passende visuelle Eindrücke, z.B. die Arbeit auf seinem Schreibtisch, Besucher, Bilder, Blick aus dem Fenster ...

☞ Die menschliche Sprache ist das am besten geeignete Mittel, Missverständnisse zu produzieren. Daher gibt es beim Fehlen der so immens wichtigen körpersprachlichen Signale noch viel häufiger Missverständnisse als beim Gespräch von Angesicht zu Angesicht.

---

2 Ausnahme: Wenn Sie es geschafft haben, Ihren Partner dazu zu bringen, sich während Ihres Telefonats in Ihre Homepage einzuwählen, können Sie ihn mit Hinweisen auf bestimmte Links auf spezielle elektronische Abbildungen in Ihren Produktkatalogen etc. aufmerksam machen.
Über eine gemeinsame Chat-Plattform können Sie ihm auch Bilder und Texte zeigen. Allerdings dürfte dies zumindest derzeit noch die Ausnahme sein.

Aufmerksamkeit Ihres Gesprächspartners bei unterschiedlichen Gesprächsarten

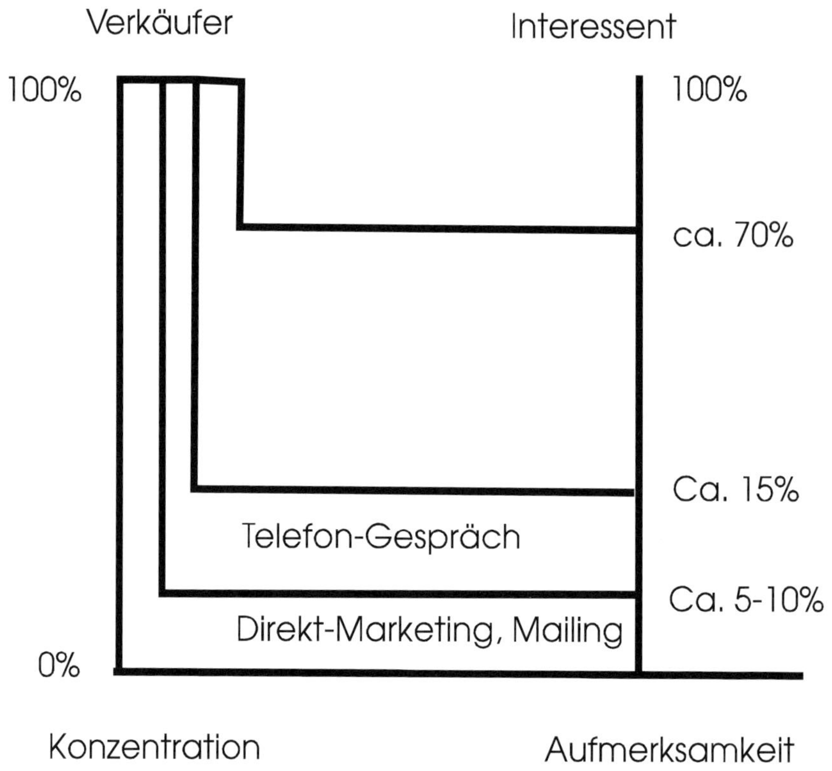

Verkäufer   Interessent

100%   100%

                                   ca. 70%

                                   Ca. 15%

Telefon-Gespräch

Direkt-Marketing, Mailing   Ca. 5-10%

0%

Konzentration   Aufmerksamkeit

(Daten von Siegfried Vögele)

Abb. 4.3:   Aufmerksamkeit des Angerufenen

Verhandlungspositionen am Telefon

Anrufer	*Angerufener*
— will etwas	— ist unvorbereitet
— ist in der „Bittstel-ler"-Position	— wird überrascht
	— fühlt sich gestört
— unterbricht in der Arbeit	— muss seine Tätigkeit unterbrechen
— kommt ungelegen	— ist gedanklich noch bei bisheriger Arbeit, daher unkonzentriert
— wird als Stören-fried empfunden	— arbeitet möglicherweise weiter
— hält auf	— hat evtl. jemanden (Mitarbeiter oder Besucher) im Zimmer
— lenkt ab	— ist nicht in Stimmung für ein Gespräch
— ...	— zeigt geringe Aufmerksamkeit, da Ablenkung groß
	— schaut andere Dinge an (Arbeit, Bilder, Betrieb, Büroeinrichtung, Kunden/Gäste, Blick aus dem Fenster ...)
	— ist in der überlegenen Position,
	— kann jederzeit auflegen oder Ausreden erfinden
	— ...

169

Was bedeutet das für Ihre Telefonarbeit?

☞ Es ist *schwieriger*, die Wellenlänge des Partners zu treffen, seine Aufmerksamkeit und sein Interesse zu wecken als im direkten Gespräch vis-à-vis.

☞ Aneinander vorbeireden und sich missverstehen sind leichter möglich.

☞ Überzeugen ist schwerer.

☞ Ein Ja zu erhalten erfordert mehr Geschick.

☞ Ihre Einleitung muss noch interessanter sein als im Gespräch von Angesicht zu Angesicht. Formulieren Sie daher die *Kundennutzen* früher und *noch überzeugender*.

☞ Versuchen Sie, Ihre körpersprachlichen Signale zu verbalisieren.

☞ Formulieren Sie bildhaft durch leicht zu visualisierende Worte, z.B. *feder*leicht statt leicht, *blei*schwer statt schwer usw. Verwenden Sie viele *anschauliche Beispiele* und *Vergleiche*: flach wie eine CD, klein wie eine Streichholzschachtel ... (Weitere Hinweise zum Einsatz Ihrer Sprache finden Sie im Kapitel „Aktiv Hinhören", Abschnitt „Was sollten Sie beim Sprechen beachten, damit Sie Ihr Partner richtig versteht", s.S. 272)

☞ Es ist erforderlich, dass Sie die Konzentration Ihres Partners ständig „warm halten".

☞ „Lautmalen" Sie hörbar mit Ihrer Stimme.

☞ Fragen Sie am Telefon noch genauer und präziser als von Angesicht zu Angesicht, damit Sie leicht verstanden werden.

☞ Achten Sie besonders darauf, WIE etwas gesagt wird, nicht nur WAS. Achten Sie auf Gedanken, Stimmungen, Gefühle, Bedürfnisse, Wünsche, nicht nur auf Worte.

☞ Achten Sie besonders auf Betonungen, Sprechpausen, Atemrhythmus-Änderungen, Versprecher Ihres Partnerns.

☞ Treten Sie als gleichwertiger Partner auf, der Wichtiges zu sagen und Interessantes zu bieten hat, nicht als Bittsteller.

Wenn Sie auftreten wie der Bundespräsident, der seinem Gesprächspartner persönlich zur Verleihung des Verdienstkreuzes gratulieren möchte, werden Sie wohl kaum abgewiesen. Wer fühlt sich nicht geschmeichelt, wenn ihn der Bundespräsident sprechen und ehren will?

☞ Schnelle wörtliche Notizen sind besonderes wichtig zur Konzentration auf das vom Partner Gesagte und zur Analyse seiner dahinter stehenden Bedürfnisse (vgl. auch Kapitel „Bedarf analysieren", Abschnitt „Wie ermitteln Sie Kauf-/Entscheidungsbedürfnisse Ihres Gesprächspartners")

Wie melden Sie sich richtig am Telefon?

1.   Sie werden angerufen

Bei jedem Kontakt mit einem Kunden oder Interessenten repräsentieren Sie Ihr Unternehmen. Mit jedem Telefongespräch knüpfen Sie Kontakte und pflegen Beziehungen. Sie wissen: *Der erste Eindruck ist oft der entscheidende*! Stellen Sie sich daher *freundlich und verständlich* vor.

Wenn Sie etwas von Ihrem Partner wollen, brauchen Sie dazu seine Sympathie und seine ungeteilte *Aufmerksamkeit*. Beachten Sie zunächst einmal ganz genau, was passiert, wenn Sie jemanden anrufen:

Zunächst möchten Sie wissen, ob die *Leitung frei* oder belegt ist. Sie achten also auf das Freizeichen. Wenn es aufhört zu „tuten",

möchten Sie wissen, ob sich ein *Anrufbeantworter* oder ein lebendiger Mensch meldet, dann ob Sie *richtig verbunden* sind (mit der richtigen Firma?) und schließlich noch, *mit wem* Sie sprechen (welche Person, in welchem Unternehmensbereich und wofür zuständig?).

Das erste „wie ein Wort klingende Geräusch", das Sie wahrnehmen nach mehrfachem „Tuten", sagt Ihnen, dass am anderen Ende der Leitung *jemand „dran"* ist. Erst nachdem Ihr Gehirn die ersten klingenden Silben registriert hat, schaltet es um auf bewusstes Hinhören. Es beginnt jetzt herauszufinden, ob sich eine Tonbandstimme oder eine *Live-Stimme* meldet. *Danach* versucht es, den gesprochenen *Inhalt* wahrzunehmen.

Leider ist das bis jetzt von Ihrem Gesprächpartner Gesagte und von Ihnen Vernommene (aber nicht verstandene) Wort bereits aus Ihrem Ultrakurzzeitgedächtnis wieder verschwunden. Hat sich Ihr Partner zuerst mit seinem Namen oder dem Namen seiner Firmen gemeldet, werden Sie ihn vermutlich oft nicht verstanden haben (es sei denn, Sie kennen den Angerufenen sehr gut, haben seine Durchwahlnummer gewählt und auch nur mit ihm gerechnet). Meldet sich jedoch unerwartet ein anderer oder eine Ihnen unbekannte Sekretärin, steht ihr Gehirn vor einem Rätsel und Sie sprichwörtlich „auf dem Schlauch".

Hätte Ihr Gesprächspartner Sie *zuerst* freundlich *begrüßt* und sich dann partnerorientiert mit seinem Namen gemeldet, wäre Ihnen viel geholfen. Hätte er sich vorbildlich gemeldet, könnten Sie ihn jetzt sogar gleich richtig mit seinem Namen ansprechen. Leider ist vorbildliches Melden am Telefon in der wenig kundenfreundlichen „Servicewüste Deutschland" noch wenig verbreitet. Doch das ist genau Ihre Chance. Mit minimalem Aufwand können Sie es viel besser machen und sich so deutlich positiv von vielen Mitbewerbern abheben, zumindest ab heute.

Lernen Sie aus den oben genannten Erkenntnissen und melden Sie sich daher bitte *immer zuerst* mit einem freundlichen „*Guten Tag*", „*Guten Morgen*" oder „*Grüß Gott*". Nennen Sie **erst danach den Namen Ihrer Firma**, damit Ihr Partner weiß, mit *welchem Unternehmen* er verbunden ist. **Sagen Sie nun (als Drittes) Ihren Namen**, damit Ihr Partner weiß, mit wem er spricht und wie er Sie ansprechen soll.

Da Sie am Telefon keine Visitenkarte überreichen können und Ihr Name beim ersten Mal häufig nur annähernd verstanden wird, nennen Sie ihn bitte unbedingt **zwei Mal!** Sagen Sie ihn beim zweiten Mal in Verbindung mit Ihrem *Vornamen*. Das klingt erstens viel *persönlicher* und schafft einen *menschlicheren Kontakt*, und es ist zweitens viel *verständlicher und einprägsamer* für Ihren Partner (z.B. „*Zahlmann, Iris Zahlmann*"). Beim ersten Hören des Wortes (z.B. „*Zahlmann*") hat Ihr Partner die Vermutung, dass es sich bei dem eben gehörten Wort um Ihren Namen gehandelt haben könnte, und er hat eine ungefähre Ahnung davon, wie dieser klingt. Verstanden hat er ihn selten, insbesondere dann nicht, wenn Ihr Name sehr kurz ist, wenig geläufig oder schwer zu verstehen.

Wiederholen Sie daher *Ihren Namen*. Wenn Sie beim zweiten Mal ihren *Vornamen zuerst* nennen, registriert das Gehirn Ihres Partners: „*Aha jetzt kommt gleich der Nachname, also genau hinhören!*" Erst jetzt wird in der Regel Ihr Name erstmals bewusst gehört. Wenn Sie angerufen und nach Ihrer Meldung gefragt werden: „*Kann ich bitte Herrn ...* [Ihr Name] *– oder Frau ...* [Ihr Name] *– sprechen?*", dann wissen Sie, dass Sie sich noch immer nicht freundlich und partnerorientiert genug melden und noch etwas verbessern können, z.B. *langsamer, lauter und deutlicher sprechen*. Sie wollen doch bei Ihren Kunden bekannt werden und erreichen, dass sich Ihr Name und Ihre Adresse

einprägen. Erleichtern Sie daher Ihrem Partner, Ihren Namen und Ihre Anschrift richtig zu verstehen und zu notieren.

Verwenden Sie *Merkhilfen* und *Eselsbrücken* (z.B. *„Schnapp-auf, mit zwei p, wie auf- und zuschnappen"* – *„Am Fußgraben, Fuß wie Hand – und Graben wie Schaufeln – Am Fußgraben 26"*...) sowie *Buchstabierhilfen* (z.B. *„RAS Training und Bera-tung, R wie Respekt, A wie Achtung, S wie Selbstvertrauen"*, oder *„RAS, die drei Buchstaben stehen für den Firmennamen und zugleich für die drei wichtigsten Werte des Unternehmens, Respekt, Achtung und Selbstvertrauen"*). Nennen Sie bitte auch Ihre *Funktion*, Ihren Zuständigkeitsbereich oder Ihren *Unterneh-mensbereich*, damit Ihr Partner Sie wichtig nimmt und weiß, dass er bei Ihnen an der richtigen Person ist.

Eine verkaufsfördernde Meldung am Telefon lautet etwa so (auch beim zweihundertsten Anruf am Tag und auch noch nach Feierabend!):

> *„Guten Tag, XY AG, Wiesbaden. Mein Name ist Mensch, Manfred Mensch, von der Großkundenbetreuung."*
>
> *„Guten Tag, XY GmbH, Berlin. Sie sprechen mit Höflich, Eva Höflich, zuständig für die betriebswirtschaftliche Bü-rosoftware."*

Wirklich *professionell* klingt es so:

> *„Guten Tag, Sie sprechen mit Digital Innovations in Mün-chen, der Partner für Ihren überzeugenden Internet-Auftritt. Mein Name ist Ohlert, Friedrich Ohlert, zuständig für Web-Design-Beratung. Was darf ich für Sie tun?"*

Ihre persönliche, freundliche Begrüßung ist die Basis für Ihren erwünschten guten Kontakt zu allen Interessenten und damit die Grundlage für viele treue und zufriedene Kunden.

2.   Sie rufen an

Auch hier steht die freundliche Begrüßung am Anfang, und alle oben unter 1. genannten Punkte gelten auch hier. Doch es fehlt noch das Wichtigste: Da sich Ihr Gesprächspartner in der Regel mit seinem Namen meldet oder Sie diesen kennen, sollten Sie Ihren Partner auch auf jeden Fall *mit seinem Namen ansprechen*. Es gibt kein Wort, das Ihr Partner lieber hört als seinen Namen! Nutzen Sie diese große Chance, eine gute Gesprächsatmosphäre herzustellen.

Ihre korrekte Meldung am Telefon enthält den Namen Ihres Gesprächspartners, Ihren eigenen, Ihr Unternehmen nebst Ort und, wenn Ihr Gesprächspartner Sie nicht kennt, Ihre Funktion oder Ihren Titel (sofern dieser Ihnen hilft, fachliche Kompetenz im Hinblick auf das heutige Gespräch zu gewinnen). Einige Beispiele:

> *„Wunderschönen guten Tag, Frau Groß, hier spricht Freund, Ida Freund von der XY KG. Ich bin Mitarbeiterin unseres Geschäftsbereichs Bankensoftware in Frankfurt."*

> *„Einen wunderschönen guten Morgen, Herr Direktor Maier, mein Name ist Freundlich, Ernst Freundlich von ABC Deutschland. Ich berate gewerbliche Kunden im Raum Südbayern, die sich mit Produktionsplanung und Fertigungssteuerung befassen. (Ich bin zuständig für ...)"*

> *„Wunderschönen guten Tag, Frau Müller. Mein Name ist Alting, Christian Alting, von Digital Innovations in Hamburg, Ihr Partner für Ihren überzeugenden Internet-Auftritt. Ich bin der für Ihre Branche zuständige Geschäftsführer für Web-Design-Beratung ..."*

Wie setzen Sie Ihre Stimme so bewusst ein, dass Sie überzeugend wirken?

☞ *Langsam, ruhig, laut* und *deutlich* sprechen. Je weniger Zeit Sie haben, umso weniger können Sie sich Missverständnisse leisten, denn Sie haben nicht die Zeit, diese wieder zu klären (sofern Sie sie überhaupt bemerken).

☞ Besonders *gut betonen*, abwechslungsreich modulieren.

☞ *Lautstärke* bewusst *variieren*, nicht monoton sprechen.

☞ *Kurze Sätze* mit nur einem Gedanken formulieren.

☞ Sprech- und Denk-*Pausen einlegen*, damit Ihr Partner Zeit hat, das Gesagte zu verarbeiten.

☞ Als Mann mit einer ruhigen, *tiefen „Mittvierziger-Stimme"* sprechen (dabei nicht verstellen, natürlich bleiben). Dadurch wirken Sie *seriöser* und damit *glaubwürdiger*, als wenn Ihr Partner Sie für einen „jungen, unerfahrenen Berufsanfänger" oder für einen „alten, nicht mehr dynamischen Rentenanwärter" hält.

☞ *Aufrechte, entspannte Körperhaltung* erleichtert tiefes Atmen, fördert Konzentration und Stimmvolumen, verhindert Hektik und Nervosität. Drehen des Kopfes und Biegen des Oberkörpers spannt Muskeln im Halsbereich und verändert das Resonanzvolumen der Lunge. Das ist deutlich an der veränderten Tonlage zu hören. Probieren Sie es aus. Sprechen Sie konstant laut in gleichmäßiger Tonlage und bücken Sie sich dabei oder drehen Sie Ihren Kopf extrem dabei. Hören Sie den Unterschied?

☞ Fremden *Dialekt* nicht imitieren, das wirkt albern.

☞ *Positive Einstellung* ist zu hören. *Lächeln* erzeugt eine wesentlich angenehmere Tonlage.

☞ Langsame, *tiefe Bauchatmung* macht ruhig und beruhigt (auch Ihren Partner).

Checkliste: Wie bereite ich Telefongespräche vor?

Ziele

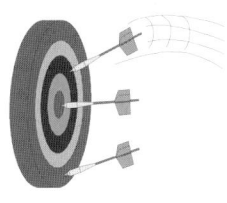

— Was will ich erreichen?
  (Gesprächsziel/Teilziel/Rückzugsziel)
— Wen will ich anrufen?
  (Name, Abteilung, Funktion, Durchwahl-
  nummer ...)
— Wann will ich anrufen?
  Wann erreiche ich den gewünschten
  Gesprächspartner am besten? (Hauptge-
  schäftszeit, Postzeit, Tischzeit, Dienst-
  schluss ...)

Unterlagen

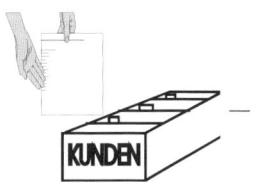

— Welche Unterlagen benötige ich?
  (Kundendatei, Korrespondenz, Berichte,
  Vorgänge, rutschfesten Block! Vorbereite-
  tes Telefonskript ...)
— Welche Unterlagen benötigt mein Partner?
  (Bestellformular, Korrespondenz, Pros-
  pekt, Akte ...)

Eröffnung

— Wer meldet sich? Was sage ich, damit ich
  gleich richtig weiterverbunden werde?
— Welchen interessanten Gesprächsaufhän-
  ger verwende ich, um eine positive
  Gesprächsatmosphäre zu schaffen und
  menschlichen Kontakt herzustellen?
— Wie formuliere ich den Nutzen des
  Gesprächs für meinen Partner?
— Welche offenen Fragen will ich stellen?

Argumente

— Welche Ziele hat mein Gesprächspartner?
— Wie kann ich ihm helfen, sie zu erreichen?
— Wie kann ich meinen Partner von seinem Nutzen einer Serviceleistung oder eines Produkts unseres Unternehmens überzeugen?
— Wie kann ich ihn zur Zusammenarbeit motivieren?
— Welche Beweismittel, Referenzen oder Beispiele kann ich verwenden?
— Welche Fragen wird mir mein Partner stellen? Wie kann ich sie überzeugend beantworten?
— Womit kann ich meine Argumente anschaulich machen? Mit welchen Worten, Beispielen, Vergleichen entwickle ich eine klare und angenehme, bildhafte Vorstellung in seinem Gehirn?

Einwände

— Welche Einwände könnte er bringen? Welche Widerstände stecken dahinter? Wie entkräfte ich diese Einwände?
— Was darf ich nicht sagen?
— Was wird mir mein Partner nicht von sich aus verraten? Wie komme ich an diese Information heran?

179

Abschluss — Welche Kompromisse oder Zugeständnisse kann ich machen?
Wie können bei einem Interessenkonflikt beide Seiten so auseinander gehen, dass jeder gewinnt?

— Welche Termin-Alternativen kann ich anbieten?
— Wie erinnere ich mich daran, zusammenzufassen, ein Fazit für meinen Partner zu ziehen, seine Zustimmung dazu einzuholen und eine Auftrags- und Terminbestätigung zu geben?

Ergebnisse — Selbstkontrolle: Wie weit habe ich meine Ziele und die meines Partners erreicht?

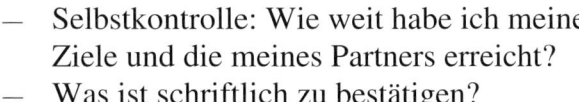

— Was ist schriftlich zu bestätigen?
— Wer ist worüber zu informieren?
Was ist noch zu veranlassen?
Bis wann?[3]

---

3 vgl. hierzu die ausführliche „Checkliste Gesprächsnachbereitung" in Kapitel 12

Das Wichtigste für Ihre telefonische Terminvereinbarung

☞ Versetzen Sie sich in die Lage Ihres Partners und bereiten Sie sich dann sorgfältig auf das Telefonat und Ihren Partner vor (Ziel, Motivation des Gesprächspartners, mögliche Fragen und Einwände, z.B.: *„Schicken Sie mir erst einmal Prospektmaterial."* *„Ich habe keine Zeit"* *„Wir haben schon etwas Ähnliches im Einsatz."*).

☞ Stimmen Sie sich positiv ein.

☞ Überlegen Sie sich vor Ihrem Telefonat, was Sie den möglichen Zwischenstationen (Telefonzentrale, Sekretariat) sagen wollen, damit Sie von diesen nicht abgeblockt werden.

☞ Sitzen Sie so, als säßen Sie Ihrem Partner gegenüber. Wie Sie sprechen, ist von ausschlaggebender Bedeutung, denn Sie können Ihre Körpersprache nicht zeigen, nur hören lassen. Sprechen Sie daher langsam, laut und betont – und vor allem: Passen Sie sich an die Sprechgewohnheiten Ihres Gesprächspartners an (Rapport aufnehmen und halten!).

☞ Atmen Sie tief und gleichmäßig.

☞ Lächeln Sie freundlich, Ihr Partner kann das hören. Ihre Stimme, das sind Sie. Stimmen können streicheln!

☞ Stellen Sie sich klar und deutlich vor. Nennen Sie Ihren Namen, Ihre Firma, Ihre Funktion und den Ort, von wo Sie sprechen. Wiederholen Sie Ihren Namen, diesmal mit Ihrem Vornamen.
Auch wenn Sie es hundertmal am Tag tun, für Ihren Partner ist es das erste Mal heute und Ihre Höflichkeit oder Unfreundlichkeit prägt seinen ersten Eindruck.

☞ Vergewissern Sie sich, dass Sie den richtigen Partner am Telefon haben, und sprechen Sie Ihren Partner mit seinem Namen an.

☞ Wecken Sie gleich zu Beginn durch einen passenden Aufhänger das Interesse Ihres Partners. Machen Sie ihm deutlich, dass es für ihn von Nutzen ist, mit Ihnen ein persönliches Gespräch zu vereinbaren.

☞ Drücken Sie sich bildhaft, anschaulich, kurz und verständlich aus.

☞ Stellen Sie kurze offene Fragen. Hören Sie konzentriert hin. Achten Sie auf das „WIE", nicht nur auf das „WAS". Der Ton macht die Musik. Hören Sie auf feinste Nuancen.

☞ Unterbrechen Sie nicht und widersprechen Sie nicht.

☞ Machen Sie sich Notizen und geben Sie bestätigende Zwischenbemerkungen.

☞ Zeigen Sie Interesse an den Aussagen Ihres Partners. Seien Sie höflich, doch konsequent.

☞ Geben Sie Ihrem Partner Terminalternativen zur Auswahl.

☞ Fassen Sie zusammen und ziehen Sie ein Fazit.

☞ Bestätigen Sie den vereinbarten Termin mit Ort, Zeitrahmen, Thema, Beteiligten.

TEIL 3   DAS GESPRÄCH MIT DEM KUNDEN

Kapitel 5   **Gespräch eröffnen**

Kapitel 6   **Bedarf analysieren**

Kapitel 7   **Aktiv hinhören**

Kapitel 8   **Nutzen aufzeigen**

Kapitel 9   **Einwände beantworten**

Kapitel 10   **Preis verhandeln**

Kapitel 11   **Entscheidungen herbeiführen**

Wie gut ist Ihr verkäuferisches Wissen?
Prüfen Sie sich selbst!

Fragen zu Kapitel 5: Gespräch eröffnen

-   Weshalb sind die ersten Sätze so wichtig?
-   Wie lauten die grundsätzlichen Ziele jeder guten Gesprächseröffnung?
-   Was können Sie tun, um eine angenehme Gesprächsatmosphäre herzustellen?
-   Wie stellen Sie sich auf Ihren Kunden ein? Worüber sollten Sie zu Beginn sprechen?
-   Was bewirkt und was verhindert die partnerorientierte Formulierung?
-   Weshalb sollten Sie sich Zustimmung einholen zu Ihrem geplanten Gesprächsablauf?
-   Welche Reizwörter sollten Sie vermeiden?
-   Was verstehen Sie unter negativen Denkvorgaben?
-   Was sind „Sackgassen-Eröffnungen"?
-   Welche Worte helfen Ihnen, das Interesse Ihres Gesprächspartners zu wecken?
-   Was sagen Sie, um einen Firmeninhaber zu bewegen, Ihnen interessiert zuzuhören?
-   Welchen Vorteil verschaffen Ihnen sehr spezifisch auf die Kundensituation zugeschnittene Gesprächseröffnungen?
-   Wie können Sie Ihren Gesprächspartner aufwerten?

Welche Bedeutung haben Ihre ersten Sätze?

Sie benötigen für eine erfolgreiche Verhandlung einen aufmerksamen und aufgeschlossenen Verhandlungspartner. Ihr Auftreten und Ihre ersten Sätze entscheiden darüber, wie interessiert Ihr Gesprächspartner Ihnen weiter zuhört und Sie über seine Wünsche und Interessen informiert.

Warum ist das so?

☞ Der Mensch ist ein „Erlebniswesen". Alles, was während Ihres Gesprächs geschieht, erlebt Ihr Partner (nicht nur, was Sie sagen). Dieses vorwiegend *gefühlsorientierte Erleben* vergleicht er – oft unbewusst – mit seinen Erfahrungen, Einstellungen und Erwartungen.

☞ Die *ersten Sätze* und Eindrücke nimmt jeder Mensch *besonders aufmerksam* wahr (Schutzverhalten, Neugier, Spannung, Unsicherheit) und bildet sich ein schnelles, gefühlsmäßiges Urteil über den Gesprächspartner (Zutrauen, Misstrauen, Sympathie, Antipathie). Erinnern Sie sich an Ihre spontanen Gedanken und Antworten zu Beginn des Kapitels 2 „Innere Einstellung" auf die Frage: *„Was ist das für ein Mensch?"*,(s.S. 93ff.)

☞ Unter Umständen kommt es im ersten Moment schon auf „belanglose Kleinigkeiten" an (Kleidung, Gesichtsausdruck, Gestik, Haltung, Stimmlage, Lautstärke, Pausen, Versprecher ...).

Dieses erste Urteil beeinflusst das Verhalten Ihres Partners im nun folgenden Gespräch. Es verbessert oder verschlechtert das Verhandlungsklima und damit Ihre Erfolgschancen ganz entscheidend.

Bitte denken Sie außerdem daran, dass „Schubladendenken" auch auf Ihren Partner zutrifft. Daher ist es für Sie meist sehr schwierig, einen schlechten ersten Eindruck später positiv zu revidieren.

Bequemlichkeit, „selbsterfüllende Vorhersage", „Kognitive Dissonanz" usw. führen erfahrungsgemäß dazu, dass Menschen nach *Bestätigung* ihres ersten Eindrucks suchen und diese dann natürlich auch finden (vgl. Kapitel 2 „Innere Einstellung", Abschnitte „Auf Ihren Standpunkt kommt es an!" (s.S. 98ff.) und „Erwartungshaltung und selbsterfüllende Prophezeiung", s.S. 130ff.). Schließlich lassen sich alle Wahrnehmungen so lange (um-)interpretieren, bis sie ins Weltbild der betreffenden Person passen.

Ziele der Gesprächseröffnung

Jeder zwischenmenschliche Kontakt (und damit auch jede Verhandlung) hat einen *sachlichen und* einen *gefühlsmäßigen* Aspekt. Auch in der Kundenberatung und beim Verkaufsgespräch ist es wichtig, dass Sie sowohl *inhaltlich* als auch *menschlich* überzeugen (vgl. Kapitel 1 „Verkaufs-Kommunikation", Abschnitt „Inhalts- und Beziehungsebene in der Verkaufs-Kommunikation", s.S. 41ff.). Deshalb muss es das Ziel jeder Gesprächseröffnung sein, möglichst schnell sowohl im *rationalen* als auch im so immens wichtigen *emotionalen* Bereich *Kontakt* zum Partner zu finden (vgl. Abb. 5.1 auf der folgenden Seite).

Ziele

○ Gesprächs-
   bereitschaft
   erzeugen

❏ Interesse
   wecken
   für das
   Gespräch

⇩

○ Emotionale
   Beziehung
   knüpfen

❏ Sachlichen
   Kontakt her-
   stellen

⇩

○ Positive Ge-
   sprächs-
   atmosphäre
   herbeiführen

❏ Idee des
   Besuchs
   verkaufen

⇩

○ Sympathie
   bieten

❏ Nutzen
   bieten

Abb. 5.1:   Ziele der Gesprächseröffnung

Wie stellen Sie einen guten Gesprächskontakt her?

Sorgen Sie dafür, dass Sie den Erwartungen Ihres Partners entsprechen und er zu einem für Sie günstigen „Partnervergleich" (d. h., Vergleich mit anderen, ihm bekannten Verkäufern) kommt.

Was bedeutet das für Sie im Einzelnen?

1. *Stellen Sie sich positiv* auf Ihren Partner *ein*. Gehen Sie ruhig, offen und gut gelaunt in das Gespräch.
    Glauben Sie an
    – sich selbst/Ihre Leistungsfähigkeit,
    – Ihr Unternehmen,
    – Ihre Produkte/Dienstleistungen,
    – Ihren Partner,
    – Ihren Erfolg.
    Stellen Sie sich vor, wie Sie Ihren Partner am Ende des Gesprächs von Ihren Ideen überzeugt haben. Wie sieht er dann aus? Wie bewegt er sich? Wie klingt seine Stimme, wenn er zufrieden ist mit dem Ergebnis des Gesprächs mit Ihnen? Imaginieren Sie Ihr ideales *Zielbild*, farbig und mit allen Details. Stimmen Sie Ihre gesamte bewusste und unterbewusste Aufmerksamkeit darauf ein. Dann zieht Sie dieses Bild an.

2. Begrüßen Sie Ihren Partner mit einem *freundlichen Gesicht*. Schauen Sie Ihrem Partner in die Augen und halten Sie *Blickkontakt. Lächeln* Sie, denn Ihr Lächeln beeinflusst Ihre Stimmung, Lebensenergie, Ausstrahlung und Stimme – und natürlich auch die Stimmung und Lebensenergie Ihres Partners und damit entscheidend Ihre Wirkung.[1]

---

[1] vgl. John Diamond: Der Körper lügt nicht

3. Sprechen Sie Ihren Partner mit seinem *Namen* an. Es gibt kein Wort, das er lieber hört. (Fragen Sie auf Messen bei erster passender Gelegenheit nach Name, Adresse und Telefonnummer. Bei widerwilliger Reaktion wissen Sie schon mehr über das „Interesse" Ihres Gegenübers.)

4. Stellen Sie sich und Ihr Unternehmen kurz vor. Betonen Sie dabei Ihre *Kompetenz* und die Ihres Unternehmens im Hinblick auf das heutige Gesprächsziel. Lassen Sie eigene Titel, Erfahrungen, Leistungen ... , die Ihren Gesprächspartner im Moment nicht interessieren, weg. Betonen Sie vor allem *Gemeinsamkeiten* mit Ihrem Partner; z.B.:

    > *„Guten Tag, Frau Dr. Kreis, ich bin Reinhard Kugel von der Wordprocessing GmbH, zuständig für die Beratung von Lektoren in Fachbuchverlagen, eine Arbeit, die mir viel Freude macht, da ich selbst gelegentlich als Autor publiziere."*

    > *„Guten Tag, Herr Würfel, mein Name ist Quader, Wilhelm Quader, von der Firma Geometrics, die Software-Spezialisten für Holz bearbeitende Maschinen. Ich bin Holzingenieur, also genau wie Sie ein Fachmann Ihrer Branche."*

    oder

    > *„... auch ich habe das Schreinerhandwerk gelernt, bevor ich mich entschloss, Schreinereien zu mehr Effektivität beim Einsatz ihrer Holz bearbeitenden Maschinen zu verhelfen."*

    oder

    > *„... ich habe selbst an der Entwicklung der Software für Fräsmaschinen mitgearbeitet, bevor ich den Vertrieb dieser Produkte übernommen habe."*

Überreichen Sie dabei Ihre Visitenkarte (bei Partnern aus den USA sollte diese Geste möglichst schon vor Ihrer Vorstellung kommen). Stecken Sie daher schon vor dem Eintreten einige *Visitenkarten in Ihre Jacketttasche,* damit Sie nicht erst Brieftasche oder Aktenkoffer zu öffnen brauchen.

5. Wählen Sie einen für Ihren Partner *interessanten Gesprächsaufhänger.* Vermeiden Sie einfallslose oder unterwürfige Gesprächseröffnungen, z.B.:

    „Kann ich Ihnen helfen?"
    „Welches Problem haben Sie?"

6. Achten Sie auf eine *positive Gesprächsatmosphäre.* Werten Sie Ihren Partner auf. Bringen Sie ihm *Wertschätzung, Bewunderung* und *Anerkennung* entgegen. Wenn Sie ihn kennen, sprechen Sie über *Themen,* an die er sich gern erinnert und *über die* er *gern redet* (Erfolge, Visionen, Ziele, Hobbys, Familienfeiern, Betriebsfeste, Ehrungen, angenehme Urlaubserfahrungen etc.). Zeigen Sie *Interesse* an ihm.

    Vermeiden Sie Floskeln wie z.B.:

    „Wie geht es denn so heute?"

    Sorgen Sie dafür, dass dieser Vorspann einen bruchlosen *Übergang* zum weiteren Verlauf Ihrer Eröffnung ermöglicht, z.B.:

    „Interessieren Sie sich dafür, wie Sie Zeit sparen und dadurch mehr verdienen können, damit Sie nächstes Jahr noch ein paar Tage länger beruhigt verreisen können?"

    Sprechen Sie dabei die (vielleicht nur vermuteten) *Wünsche* und Absichten Ihres Partners an.

Unzweckmäßig hingegen:

„Jetzt haben wir eine ganze Weile über Urlaub ge-sprochen, nun möchte ich zum eigentlichen Grund meines Besuchs kommen. Ich will ..."

7. Nennen Sie mehrfach den Namen Ihres Partners (drei bis fünf Mal im Gespräch reicht) und verwenden Sie *partner-orientierte Formulierungen wie „Sie – Ihr – Ihnen"*. Ver-meiden Sie egozentrische Ausdrucksweisen: „Ich – Wir – Unser"; wie z.B.:

„Sie *erkennen selbst, Frau ..., wie* Sie *mit Anwendung ‚A' ..."*	Statt	„Ich *möchte jetzt erläu-tern, wie* unsere *Soft-ware ..."*
„Sie *erhalten ..."*	Statt	„Wir *gewähren Ihnen ..."*
„Sie *können mit ..."*	statt	„Unser *System kann ..."*

(vgl. auch „Prinz Ich-Mir", S. 208).

8. Vermeiden Sie Behauptungen! Damit fordern Sie nur allzu leicht Widerspruch heraus. Formulieren Sie Ihre Aussagen lieber in Frageform. Verwenden Sie *offene Fragen* (Wie, Was, Welche ...?), damit sich Ihr Partner öffnen und sein Wissen einbringen kann.

9. Vereinbaren Sie mit Ihrem Partner einen *Gesprächsablauf.* Geben Sie eine Empfehlung und holen Sie sich die *Zu-stimmung* ihres Partners dazu ein, z. B.:

„Was halten Sie von folgendem Vorgehen? Zunächst betrachten wir gemeinsam die aktuelle Situation in

Ihrem Unternehmen. Danach können wir zusammen mögliche Lösungsansätze erarbeiten, und anschließend können Sie die für Sie beste Alternative auswählen. Sind Sie damit einverstanden? "

Ihr Vorteil: Sie bringen Führung und klare Linie in das Gespräch. Und Sie holen sich den *Auftrag* von Ihrem Partner für das, wovon Sie ihn überzeugen wollen. Das ist verhandlungs-psychologisch ein wichtiger Vorteil für Sie.

10. Halten Sie Blickkontakt zu Ihrem Gesprächspartner. Beachten Sie vor allem auch seine *körpersprachlichen Signale* (Gestik und Mimik). Sorgen Sie dafür, dass er sich wohl fühlt während des Gesprächs mit Ihnen.

(Grafik entnommen aus: Rudolf A. Schnappauf, Motivationskarten, Hünfelden 2000)

Vermeiden Sie Reizwörter

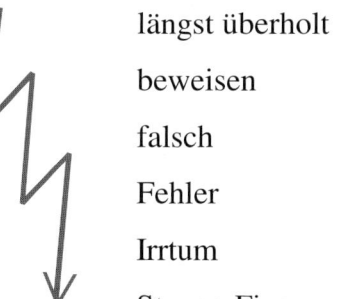

aber

trotzdem

müssen

nein

stören

aufhalten

Problem

widersprechen

im Gegenteil

Einwand, Vorwand

längst überholt

beweisen

falsch

Fehler

Irrtum

Steuer, Finanzamt

Gerichtsprozess

Anzeige

absolut

usw.

Reizwörter sind Wörter,
die im Kopf des Hörers
Bilder auslösen,
die mit *unangenehmen
Gefühlen* verbunden
sind.

Vermeiden Sie „Sackgassen-Eröffnungen"

Worte werden beim Eintreffen im Sprachspeicher des menschlichen Gehirns in *Bilder* umgesetzt. Diese wiederum lösen bestimmte Gefühle im Körper aus (vgl. Kapitel 2 „Innere Einstellung"). Mit einem Wort geben Sie daher dem Gehirn des Hörers den Befehl, ein dazu passendes Bild zu entwickeln.

Allerdings kann das menschliche Gehirn Wörter wie „nicht" oder „kein" *nicht* in Bilder umwandeln – nur die darauf folgenden Worte!

Beispiel: Denken Sie jetzt bitte einmal ganz konzentriert *nicht* an einen Eisbecher mit Erdbeeren und Sahne ...
Stellen Sie sich jetzt bitte *keinen* Eisbecher vor und auch *keine* Erdbeeren mit Sahne!

Das müsste Ihnen doch leicht gefallen sein, denn Sie haben wahrscheinlich heute ohnehin noch nicht an einen Eisbecher gedacht. Trotzdem kann es Ihnen nicht gelungen sein, denn Ihr *Gehirn muss die Worte* „Eisbecher" und „Erdbeeren" nach dem Hören erst *visualisieren*, um sie verstehen und einordnen zu können. Indem Sie sie hören oder lesen, entstehen sie als Vorstellung in Ihrem Kopf, die Stimmungen und Gefühle in Ihrem Körper auslösen.

Ist Ihnen jetzt „ein Kronleuchter aufgegangen"? Dann wissen Sie, weshalb es fast einem Gesprächs-Selbstmord gleichkommt, wenn Sie Ihrem Kunden mit einem Reizwort oder einer negativen Denkvorgabe sagen, was Sie nicht wollen, statt ihm klar zu sagen, was Sie stattdessen Gutes für ihn wollen.

Zeichenerklärung:

EA = **E**igene **A**bwertung
AP = **A**bwertung des **P**artners
ND = **N**egative **D**enkvorgabe, löst Bilder
mit unangenehmen Gefühlen aus

„Ich will Sie nicht lange *aufhalten*."   (EA, ND)
„Ich habe *gerade etwas* Zeit ..."   (AP)
„Ich bin *zufällig* in Ihrer Gegend, und da   (AP)
dachte ich ..."
„*Darf* ich eintreten?"   (EA)
„*Darf* ich Sie kurz *stören*?" oder   (EA, ND)
„Ich will Sie nicht *lange stören*."   (ND)
„Ich bin etwas *in Eile*, denn ich habe nach Ihnen
noch einen wichtigen Termin."   (AP)
„Haben Sie etwas Zeit für mich?"   (EA)
„Ich *soll* Ihnen heute ..." oder gar   (EA, AP)
„Ich *muss* Ihnen ..."   (AP)
„Ich wurde *beauftragt*, Ihnen ..."   (EA, AP)
„Sind Sie immer noch *krank*?"   (ND)
„Ich hoffe, Sie haben heute nicht *wieder so
wenig Zeit*."   (ND, AP)
„*Eigentlich* sollte unser Verkaufsleiter kommen,
doch er hat ..."   (EA, AP)
„Ich bin die *Vertretung* von Herrn X. Er hat Wichti-
ges zu tun und gemeint, Ihre Fragen könnte ich auch
beantworten."   (EA, AP)

Noch je ein *Beispiel für negative und positive Denkvorgaben* aus
der Praxis der Kundenberatung:

Verkäufer *A* zu einem Kunden, der ein Buchführungsprogramm
sucht:

„Das *Problem* besteht darin, dass es so viele verschiedene Programme gibt, dass es fast *unmöglich* ist festzustellen, welches nun genau für Sie infrage kommen könnte. Ich möchte *nicht*, dass Sie am Schluss mit dem *falschen* Programm dastehen. Lassen Sie uns doch mal sehen, was das Beste ist, das *ich* Ihnen anbieten *könnte*."

Verkäufer *B* zum gleichen Kunden:

„Es ist eine interessante Herausforderung, das Programm zu finden, das *Ihren Bedürfnissen am besten entspricht*. Dabei *helfe* ich Ihnen *gern*. Wir werden *gemeinsam sicherstellen*, dass Sie die Software auswählen, mit der Sie wirklich *vollständig zufrieden* sind. Deshalb ist es zunächst sehr wichtig zu erfahren, *was Sie* sich von diesem Programm erwarten. Dann empfehle ich Ihnen gern das *für Sie am besten Geeignete*, und Sie können es hier *gleich selbst testen*. Welche Anforderungen stellen Sie denn an Ihr neues Buchführungsprogramm?"

Wörter, die helfen, das Interesse Ihres Gesprächspartners zu wecken

Diese Wörter helfen Ihnen, Ihr geplantes Gespräch zu „verkaufen". Formulieren Sie den *Grund Ihres Besuchs* und den *Nutzen des Gesprächs* für Ihren Partner (nicht den Nutzen eines Produkts oder einer Dienstleistung! Nur die Tür öffnen, nicht mit der Tür ins Haus fallen!). Kombinieren Sie je ein aktives Verb mit einem attraktiven Substantiv und einem positiven Adjektiv.

GESPRÄCH ERÖFFNEN

Hauptwörter	Eigenschaftswörter	Tätigkeitswörter
Lösung	einfacher	überlegen
Einsparung	schneller	sichern
Zukunftssicherung	leichter	verbessern
Neuerung	besser	erarbeiten
Verbesserung	sicherer	verwirklichen
Möglichkeit	rationeller	gestalten
Entwicklung	sparsamer	entwickeln
Erkenntnis	günstiger	prüfen
Gewinn	preiswerter	berechnen
Sicherheit	vielseitiger	unterstützen
Umsatz	flexibler	suchen
Erleichterung	bequemer	analysieren
Information	wertvoller	testen
Vorsprung	interessanter	helfen
Kundenbindung	neuer	ersparen
Qualitätssteigerung	wichtiger	planen
Chancen	...	erhöhen
Know-how	...	stärken
...	...	...

nicht:

    unterhalten
    reden
    sprechen
    diskutieren
    ...

Diese Worte drängen Ihren Partner in die *Passivität* und *langweilen* ihn.
Verzichten Sie daher in dieser wichtigen Anfangsphase auch auf Formulierungen wie:
    Ihnen präsentieren
    Ihnen zeigen
    Ihnen vorführen

Wie wecken Sie das Interesse Ihres Partners für das Gespräch? Beispiele für Eröffnungen

Was sagen Sie, nachdem Sie Ihren Partner freundlich begrüßt (und – beim Erstgespräch – sich vorgestellt) haben? Nun geht es darum, den Grund Ihres heutigen Besuchs zu verkaufen, ohne mit „der Tür ins Haus zu fallen".

Wie wecken Sie die Bereitschaft Ihres Partners, gerade jetzt ein Beratungs- oder Verkaufsgespräch mit Ihnen zu führen? Wie lenken Sie seine Aufmerksamkeit auf Ihr heutiges Thema?

Ihre Aufgabe in diesem Moment lautet: Ihren Gesprächspartner den *Nutzen dieser Beratung* (positiver Zielzustand) erkennen zu lassen, ohne dabei bereits jetzt etwas über Mittel und Wege dorthin zu verraten.

Wenn Sie Ihren Gesprächspartner und seine aktuelle Unternehmenssituation kaum kennen, bleibt Ihnen nur die Möglichkeit, mit einer *allgemein gehaltenen* Gesprächseröffnung Interesse für das von Ihnen geplante Gespräch zu gewinnen. Das fällt vielen Verkaufsberatern anfangs schwer. Hier hilft nur eine gute Vorbereitung. Üben Sie anhand der Liste „Wörter, die helfen ...". Zum Beispiel:

> „Ich bin heute zu Ihnen gekommen, um *mit Ihnen gemeinsam* nach Möglichkeiten zu *suchen*, Ihre *Rentabilität* zu *steigern*."

> „Ich empfehle Ihnen, dass wir heute *gemeinsam überlegen*, wie Sie Ihren *Unternehmenserfolg* weiter *erhöhen* und *sichern* können."

„Ich möchte Ihnen *gern helfen*, Ihre ... (Produktbezeichnung, z.B. Klimaanlagen) und *Dienstleistungen* in Zukunft noch *sicherer* und *wettbewerbsfähiger erstellen* und *verkaufen* zu können."

„Erfolg und Sicherheit erhöhen", „Rentabilität steigern" und „Wettbewerbsfähigkeit erhalten" sind sicher keine Gesprächsthemen, die auf Desinteresse bei Ihrem Partner stoßen werden. Andererseits sind diese Formulierungen derart unspezifisch, dass Sie damit auch kaum große Aufmerksamkeit hervorrufen werden. Sie erreichen mit derart *allgemeinen Nutzenargumenten* zwar sehr *viele Partner*, bei ihnen aber nur ein *geringes Interesse* am Gespräch.

Allgemein bzw. breit angelegtes Argument

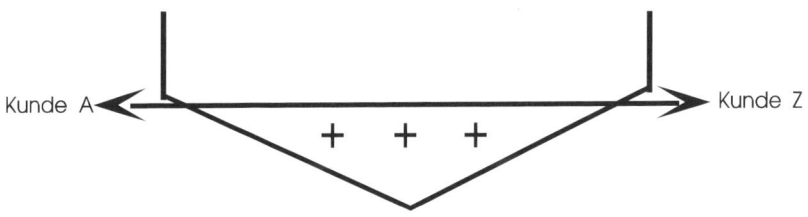

stößt bei vielen Partnern auf positive Resonanz,
doch leider nur auf sehr geringe (wenig Tiefe).

Abb. 5.2: **Wirkung einer allgemein gehaltenen Gesprächseröffnung**

Wenn Sie Ihren Gesprächspartner und seine *aktuelle Unternehmenssituation* hingegen sehr gut kennen, können Sie mit einer genau auf die *individuellen Bedürfnisse* Ihres Partners zugeschnittenen Gesprächseröffnung sehr viel mehr Interesse für das von Ihnen geplante Verkaufsgespräch gewinnen.

Individuell bzw. spitz zugeschnittenes Argument

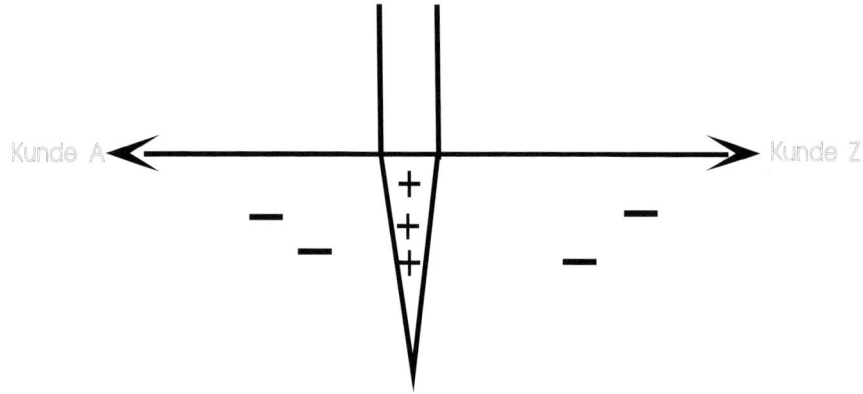

dringt tief in das Interesse des Partners,
wirkt nur gezielt bei ihm,
fällt aber bei allen anderen durch.

Abb. 5.3: **Wirkung einer kundenspezifischen Gesprächseröffnung**

Beispiele:

„Ich bin heute zu Ihnen gekommen, um *mit Ihnen gemeinsam* ein neues Konzept zu *entwickeln*, das Ihnen *hilft*, ... *Ihren Kundendienst* im Schalterbereich *durch Arbeitsplatzsysteme mit leistungsfähigen Online-Funktionen auszustatten.*“ oder
„ ... *Ihre gesamten Innen- und Außenüberwachungs-Anlagen bequem und zuverlässig von einem PC aus zu steuern.*“

„Wie interessant ist es für Sie, Frau/Herr ..., *Ihre Lagerbestände* (z.B. Werkzeuge) *um mehrere Prozentpunkte zu senken bei gleichzeitig erhöhter Verfügbarkeit?"* oder
„ *... mit einem einzigen kleinen Sensor optisch, thermisch und chemisch Brandgefahren frühzeitig zu sehen, zu riechen und zu spüren, bevor es brenzlig und teuer wird?"*

Denkt Ihr Partner schon länger über ein „neues Kundendienstkonzept im Schalterbereich", ein „zentrales Gefahrenüberwachungs- und Steuerkonzeptkonzept per PC", über „das Senken seiner Lagerhaltungskosten" bzw. „multipel-sensorische Brandmeldesysteme" nach, haben Sie mit dieser Eröffnung jeweils einen „Volltreffer" gelandet. Hohe Gesprächsbereitschaft ist Ihnen sicher.

Ist er daran nicht interessiert, haben Sie ein „Eigentor erzielt". In diesem Fall dürften Sie nur wenig Chancen haben, Ihren Partner heute zu einem interessierten Verkaufsgespräch mit Ihnen zu bewegen.

Spezifische Gesprächseröffnungen bedürfen also einer sehr guten Vorbereitung. Sie passen immer nur auf *einen bestimmten Einzelfall.* Dafür erzielen Sie damit *höchstes Interesse,* wenn der in Aussicht gestellte Nutzen des Gesprächsthemas genau die Bedürfnisse Ihres Partners trifft.

Weiteres Beispiel, das Interesse Ihres Gesprächspartners auf Anhieb zu wecken:

„Es geht um das Projekt Y in Ihrem Hause, über das mich Herr X informiert hat. Wie interessiert sind Sie zu erfahren, inwieweit die neueste Technik von ... (eigener Firmenname) *Ihnen aufzeigen hilft, wie Ihre Kunden mit kombinierten Systemen Kosten sparen können?"*

Jetzt haben Sie Gelegenheit zu üben

Auf den folgenden Seiten finden Sie beispielhafte Situationen zum Üben von Gesprächseröffnungen. Notieren Sie, was Ihnen spontan einfällt. Beim anschließenden Durchsehen können Sie dann Ihre Antworten verbessern. Fällt es Ihnen leicht, jeweils eine Interesse weckende Gesprächseröffnung zu formulieren, dann herzlichen Glückwunsch! Müssen Sie erst einige Zeit überlegen, dann ist dieser Trainingsabschnitt besonders wichtig für Sie, denn ein gelungener Einstieg ist der notwendige Auftakt für ein erfolgreiches Gespräch und einen späteren Auftrag.

Ein *Interessent plant neue Vorhaben.* Sie haben davon gehört. Jetzt sehen Sie Ihre Chance und besuchen ihn.	
Sie haben Ihr System verkauft. Der Wartungsvertrag war dem kaufmännischen Leiter zunächst zu teuer. Jetzt besuchen Sie den *DV-Leiter,* um ihn von einem *Full-Service-Vertrag* zu überzeugen.	
Sie haben beim letzten Besuch Interesse festgestellt und einen neuen *Termin* für heute vereinbart; Ihr *Gesprächspartner ist krank*; es empfängt Sie der (Ihnen noch unbekannte) DV-Leiter.	

Sie haben ein *neues Software-paket* entwickelt und wollen es einem *Altkunden* verkaufen.

Sie treten die Nachfolge eines ausgeschiedenen Kollegen an und machen Ihren *Antrittsbe-such bei* einem *Stammkunden*.

Sie kommen in ein *neues Ver-kaufsgebiet* und machen Ihren *ersten Besuch* bei einem Neu-kunden.

Sie treffen einen *Nachbarn bei einer Sportveranstaltung* und erfahren, dass er verantwortlich ist für den Einsatz von DV-Systemen in seiner Firma. Sie wollen den Kontakt nutzen.

Sie haben beim letzten Besuch großes Interesse festgestellt und für heute einen *neuen Termin vereinbart*; der Ge-schäftsführer erwartet Sie.

Sie können eine *Preissenkung* weitergeben. Deshalb besuchen Sie einen *Altkunden*, um *Zu-satzverkäufe* zu machen.

Sie haben Ihren Partner auf der
Messe kennen gelernt.
Er interessiert sich für Ihre
Anwendung „A". Sie kommen
heute zum *Erstgespräch* zu
ihm.

Sie haben einen *Termin* vereinbart, sind aber beim letzten
Kunden zu lange aufgehalten
worden. Sie kommen 30 Min.
zu spät; ein verärgerter Geschäftsführer erwartet Sie.

Sie kommen zu einem Kunden,
dem Sie bereits ein System
geliefert haben, und wollen ihn
für eine *funktionale Erweite-
rung* gewinnen.

Sie haben Ihre *Software verbessert* und besuchen einen
Interessenten, um ihn nun endlich zu gewinnen.

Sie haben Ihr System verkauft.
Beim *Testlauf* gab es *Proble-
me*. Der Kunde verlangt, den
Verkäufer zu sprechen,
da er mit den Betreuern und
Technikern nicht klarkommt.

Sie haben telefonisch einen *Termin* vereinbart zum *Erstbesuch*; die Sekretärin empfängt Sie. Welche Information geben Sie ihr, damit sie überzeugt ist, dass Sie ein sehr wichtiger Berater für ihr Unternehmen sind, und Sie auch bei künftigen Besuchen sofort vorlässt?

Sie treffen auf einer Veranstaltung (Verband, Kammer ...) einen Interessenten und sprechen ihn auf ein ihm bereits *vorliegendes Angebot* an.

Einer Ihrer *Kunden* will ein *neues Projekt* starten.
Er hat um Ihren Besuch gebeten, um über Ihre Lösungen zu verhandeln.

Ein Kunde plant eine *Betriebserweiterung*.
Sie haben darüber in einer Zeitschrift *gelesen* und sprechen den Verantwortlichen von sich aus an.

Sie besuchen einen bislang unentschlossenen Interessenten und erfahren, dass ein *Nachfolger* die Funktion Ihres Gesprächspartners übernommen hat. Er empfängt Sie.

Ein Mitbewerber von Ihnen gibt ein Geschäftsfeld auf. Sie wissen von einem unvollendeten Projekt in einem Großunternehmen und wollen *sich als neuen Partner anbieten.* Sie sprechen den Verantwortlichen an.

Sie haben Ihre *Hard- und Software verbessert* und wollen Ihren Kunden überzeugen, dass es sich für ihn lohnt, seine Anlage zu erneuern (wieder hohe Investitionskosten).

Eine Hardware Ihrer Firma wird aus dem Verkauf zurückgezogen. Sie besuchen einen Kunden, um Ihre *bestehenden Anwendungen* auf ein *neues System* zu übertragen.

Sie haben ein telefonisches *Vorgespräch* geführt (für Ihren Partner interessant, doch nicht dringlich). Sie kommen heute *ohne Termin* zum *Erstbesuch (nebenan zu tun)*. Der Assistent des Geschäftsführers empfängt Sie dennoch freundlich. Wie vermitteln Sie ihm den Eindruck, dass die Angelegenheit für seine Firma so wichtig ist, dass er unbedingt seinen Chef hinzuziehen und schnell einen dazwischen zu schiebenden Termin ermöglicht?

Wenn Sie Ihre schriftlichen Gesprächseröffnungen beim Durchlesen verbessert haben, betrachten Sie diese anschließend einmal aus der Sicht Ihres jeweils vorgestellten Gesprächspartners. Wenn Sie in seiner Situation steckten, wie sehr würden diese Sätze Ihre Aufmerksamkeit und Ihr Interesse für ein Beratungs- oder Verkaufsgespräch mit dem Sender dieser Botschaften wecken?

Seien Sie kritisch! Sie helfen damit dem Verkäufer in Ihnen mehr, als wenn Sie sich einzureden versuchen, es würde Ihnen schon etwas einfallen aufgrund Ihrer Erfahrungen. Denken Sie an Ihre zukünftigen Verkaufserfolge – oder weshalb lesen Sie dieses Buch überhaupt? Nehmen Sie sich also *Zeit zum Üben!*

Haben Sie immer partnerorientiert formuliert? Nur wenn Sie Ihre Gesprächseröffnung niedergeschrieben haben, können Sie diese jetzt daraufhin überprüfen und wirkungsvoll verbessern. Dazu soll Sie die kleine Metapher vom Prinzen Ich-Mir anregen.

Prinz Ich-Mir

Es waren einmal zwei Prinzen, welche die Gunst einer wunderschönen Prinzessin gewinnen wollten: Prinz Ich-Mir und Prinz Sie-Dir. Gemeinsam wurden sie in deren Palast vorstellig. Zunächst wurde Ich-Mir empfangen. Dieser erzählte der Prinzessin:

> „Mein *Scheichtum ist das größte. Ich besitze große Ländereien. Ich habe 500 Kamele* ... "

Kurze Zeit später wurde er entlassen und Prinz Sie-Dir zur Prinzessin gerufen. Er sagte zu ihr:

> „Ihr *künftiges Scheichtum ist das größte der Emirate. Ihnen werden große Ländereien gehören. Sie erhalten eine Herde von 500 Kamelen* ... "

Die Prinzessin hatte schnell ihre Wahl getroffen und nahm Sie-Dir zum Mann. Er hatte sie nicht in ihrem Selbstwertgefühl herabgesetzt, indem er sich selbst in den Mittelpunkt rückte.

Wollen Sie vom Kunden Sympathie, dann verinnerlichen Sie diese Regel:

> *Ersetzen Sie:* „Ich", „Mein", „Uns" und „Wir"
> *durch:* „Sie", „Dein", „Ihnen" und „Dir"!

Sie werten damit Ihren Kunden auf und finden schneller Sympathie.

Das Wichtigste für Ihre Gesprächseröffnung

☞ Ihr erster Eindruck auf den Gesprächspartner bestimmt das Verkaufsgespräch in hohem Maß. Einstellung, Auftreten, Haltung, Gang, Gestik, Mimik, Stimme und Ausdrucksweise bestimmen Ihre Ausstrahlung und Wirkung. Auch „Kleinigkeiten" (z.B. Kleidung, Frisur) zählen.

☞ Atmen Sie tief, bleiben Sie ruhig, entspannt und interessiert. Halten Sie Blickkontakt.

☞ Treten Sie selbstbewusst auf. Sie bieten Ihrem Partner etwas Wichtiges. Vermitteln Sie Kompetenz und Qualifikation.

☞ Machen Sie Augen und Ohren weit auf. Achten Sie auf Stimmungsnuancen Ihres Partners. Reagieren Sie äußerst flexibel.

☞ Stellen Sie Gemeinsamkeit her auf allen Ebenen. Passen Sie sich an die Bedingungen der Situation und Umgebung an. Passen Sie sich vor allem Ihrem Partner zunächst möglichst gut an (Verhalten, Fähigkeiten, Niveau, Überzeugungen, Ziele ...). Versuchen Sie, ihn zu verstehen, sich in ihn hineinzuversetzen. Stellen Sie Rapport (gleiche Wellenlänge) her.

☞ Schaffen Sie eine positive Gesprächsatmosphäre. Ein freundliches Lächeln hilft oft viel für eine gewinnende emotionale Beziehung. Führen Sie Ihren Partner in einen angenehmen Zustand. Erinnern Sie ihn an Erfolge oder knüpfen Sie an Gemeinsames an, z.B. frühere Käufe, mit denen dieser Kunde zufrieden war.

☞ Leiten Sie unmerklich vom rein persönlichen zum sachlichen Teil über. Sprechen Sie die Interessen Ihres Partners an und verbinden Sie diese mit Ihrem Besuchsgrund.

☞ Wecken Sie Aufmerksamkeit. Zeigen Sie ihm seinen Nutzen von dem beabsichtigten Gespräch auf. „Verkaufen" Sie Ihr Gespräch.

☞ Vermeiden Sie „Sackgassen-Eröffnungen", benutzen Sie Wörter, die Interesse wecken, betonen Sie gemeinsame Aktivitäten.

☞ Nennen Sie öfter den Namen Ihres Partners und formulieren Sie partnerorientiert „Sie-Ihr-Ihnen-Ihre".

☞ Fragen Sie lieber, statt zu vermuten oder zu behaupten.

☞ Äußern Sie sich anerkennend zu den Leistungen Ihres Partners. Bewundern Sie ihn aufrichtig und zeigen Sie ihm Ihre Wertschätzung.

☞ Bereiten Sie sich darauf vor, Ihrem Partner nach

1. der Kontakt-Phase (positive Atmosphäre/Rapport) und

2. dem Besuchsgrund (Interesse wecken) auch kurz und prägnant über

3. seinen zu erwartenden Gesprächsnutzen (Warum lohnt es sich für ihn?) bzw. das Ziel der heutigen Besprechung,

4. die voraussichtliche Gesprächs-Zeit und

5. den Gesprächs-Ablauf zu informieren. Holen Sie sich dann die Zustimmung Ihres Partners dazu ab.

6. Mit diesem Auftrag von ihm sichern Sie sich einen wichtigen psychologischen Vorteil für Ihre spätere Argumentation.

Wie gut ist Ihr verkäuferisches Wissen?
Prüfen Sie sich selbst!

Fragen zu Kapitel 6: Bedarf analysieren

- Was heißt verkaufen?
- Was sollten Sie bei der Bedarfsermittlung alles herausfinden?
- Wie lauten die wichtigsten Kauf- und Entscheidungsmotive?
- Mit welchen Fragen ermitteln Sie die Motive und die Nutzenerwartungen Ihrer Kunden?
- Aus welchen Aussagen können Sie Rückschlüsse auf die emotionalen Beweggründe ziehen?
- An welchen Gesprächsinhalten erkennen Sie, dass es Ihrem Partner hauptsächlich um die Befriedigung seiner Sicherheitsbedürfnisse geht?
- Woran erkennen Sie, dass für Ihren Partner vor allem Wertschätzung wichtig ist?
- Was passiert beim Rationalisieren von Bedürfnissen?
- Wie motivieren Sie Ihre Kunden zum Kauf?
- Wie begeistern Sie sich selbst für Ihr Ziel?
- Was bewirken Sie mit Fragen und was mit Behauptungen?
- Welche Vorteile bringen Ihnen viele Fragen im Gespräch?
- Warum sollten Sie offene Fragen besonders in der Phase der Bedarfsanalyse einsetzen?
- Welche weiteren Fragearten kennen Sie außer der offenen und geschlossenen Frage und wofür eignen sich diese?
- Wie begründen Sie Ihrem Kunden Ihre Fragen?
- Wieso sollten Sie Fragen Ihres Kunden erst quittieren?
- Woran erkennen Sie, ob Ihr Partner zustimmend oder ablehnend denkt, noch bevor er Ihnen antwortet?
- Wenn Sie jetzt an einen bestimmten Kunden denken, was würden Sie ihn fragen und was nicht? Weshalb?

- Wen fragen Sie nach den Informationen, die Sie von diesem Menschen nicht erhalten? Wovon hängt es ab, wen Sie wonach fragen?

- Welche Fragen sind für welchen Gesprächspartner die richtigen – abhängig von seiner Funktion im Unternehmen?

- Aus welchen Zielgruppen müssen Sie jeweils mindestens einen Adressaten befragen, um eine gründliche Bedarfsanalyse für das Kunden-Unternehmen erstellen zu können?

- Warum muss bei einem Verkaufsgespräch die Bedarfsanalyse immer *vor* Ihrer Argumentation kommen?

- Wie schaffen Sie es, ein „Mangelbewusstsein" zu erzeugen?

- Womit schaffen Sie es, dass Ihnen Ihr Kunde die Nutzenargumentation weitgehend abnimmt?

- Weshalb ist die Bedarfsanalyse die wichtigste Phase im Gespräch mit dem Kunden?

- Wieso erspart Ihnen eine gelungene Bedarfsanalyse im Idealfall neben der Nutzenargumentation auch die Einwandbeantwortung und fast jegliche Preisverhandlung sowie die Abschlusstechnik?

Was heißt Beraten und Verkaufen?

„Sie können im Leben alles erreichen, was Sie wollen, wenn Sie nur genügend anderen Menschen helfen zu erreichen, was diese haben wollen."

Zig Ziglar

„Ein guter Verkäufer ist als Unternehmensberater der wichtigste Mitarbeiter in den Unternehmen seiner Kunden."

Iris Schnappauf

Dank einer persönlich gewinnenden Beziehung hilft ein guter Verkaufsberater seinen Kunden, Herausforderungen zu lösen und *ihre Ziele zu erreichen*, indem er ihnen den *Nutzen* einer gemeinsam entwickelten Lösung überzeugend verdeutlicht.

Verkaufen heißt, einen Menschen vom *Vorteil* einer Leistung oder auch Meinung so zu *überzeugen*, dass er sich dafür entscheidet. Ihre Kunden kaufen, d.h. entscheiden sich für die Zusammenarbeit mit Ihnen, wenn sie das Gefühl haben, dass sie die von Ihnen angebotene Leistung *benötigen* und dass sie davon *profitieren*. Das bedeutet für Sie, dass Sie wissen müssen, was Ihr Kunde *wozu* braucht, bevor Sie ihn überzeugen können.

Verkaufen heißt, eine verantwortungsvolle und anspruchsvolle Aufgabe zu erfüllen, und einen interessanten und immer abwechslungsreichen Beruf auszuüben. Hat Ihnen gegenüber schon einmal jemand eine abfällige Bemerkung über den Verkäuferberuf gemacht? Was halten Sie davon, zukünftig in so einem Fall zunächst tief durchzuatmen, der betreffenden Person in die Augen zu schauen und ruhig und sachlich zu antworten: *„Sie haben nur deshalb einen so hohen Lebensstandard, weil ich und Tausende anderer Verkäufer genau diesen Beruf ausüben. Die*

Marktwirtschaft garantiert Ihnen, dass Sie so viel verdienen, und Verkäufer sind das Herz und der Motor des Systems."

Bevor Sie verkaufen können, benötigen Sie zweierlei Informationen:

1. Informationen über den *Bedarf* Ihres Partners,
   z.b. über seine derzeitige Firmen- und Kundenstruktur, eventuelle „Mangel"- oder „Problem"-Situationen, seine Unternehmens- und Abteilungsziele, seine Marketing-Strategie, seine derzeitige Arbeitsweise ...
2. Informationen über Ihren *Partner* selbst und seine persönlichen *Bedürfnisse,*
   z.b. über seine Beweggründe und Einstellungen, sein Entscheidungs- und Kaufverhalten, seine persönlichen Ziele, Visionen, Wünsche, Ängste und Möglichkeiten ... (vgl. auch Kapitel 3 „Gespräch vorbereiten", s.S. 147ff.).

Erst wenn Sie diese Informationen haben, besitzen Sie die Basis für Ihre gezielte Überzeugungsarbeit.

Warum brauchen Sie außer den Informationen über den Bedarf Ihres Gesprächspartners auch noch Informationen über *ihn* selbst? Weil jedes menschliche Verhalten, jede Entscheidung immer *rationale und emotionale* Anteile hat, die in der Realität laufend ineinander übergehen und sich wechselseitig beeinflussen (vgl. Eisberg-Modell in Kapitel 1 „Verkaufskommunikation", s.S. 35-38), und weil die Gefühle Ihrer Partner deren Entscheidungsfindungsprozess maßgeblich beeinflussen.

Was es in der Bedarfsanalyse herauszufinden gilt

1. Was *braucht* der Kunde/Interessent?
= s*ein objektiver Bedarf*

Dabei helfen Ihnen vor allem Ihre Fachkenntnisse, Ihre Erfahrung, Ihre Aufmerksamkeit beim Kundenbesuch. Oftmals werden Sie als erfahrener Verkäufer und Berater eher und genauer wissen, was Ihr Partner wirklich *braucht*, als dieser selbst, vor allem wenn er nicht über ausreichendes Fachwissen und aktuelle Marktkenntnis verfügt. Doch wenn Sie die weiteren Punkte nicht genauso trefflich herausfinden, nützt Ihnen das alles herzlich wenig, denn damit allein überzeugen Sie Menschen nicht.

2. Was *will* der Kunde/Interessent?
= *sein subjektiver Bedarf*

Das, was Ihr Partner sich *wünscht*, ist nur äußerst selten dasselbe, was er (aus der Sicht eines unbeteiligten Beobachters) braucht. Denken Sie stets daran:

**Kunden kaufen keine Produkte oder Dienstleistungen, sondern
VORSTELLUNGEN vom erwünschten Zielzustand, erhoffte Vorteile, erwarteten Nutzen!**

---

3. *Weshalb* **will der Kunde/Interessent dies?**
   Was verspricht er sich davon?
   = *seine Bedürfnisse (Kaufmotive, bewusste und*
   unbewusste Entscheidungskriterien)

Mehr zu diesem entscheidenden dritten Punkt erfahren Sie auf den folgenden Seiten in diesem Kapitel.

4. **Welche Vorstellungen hat der Kunde/Interessent**
   über geeignete Maßnamen, Methoden oder *Wege*
   zu seinem Ziel?
   = *seine Lösungsideen*

Wenn Sie wissen, für welche (Problem-)Lösungen Ihr Gesprächspartner offen ist und von welchen er – vermutlich aufgrund bestimmter Erfahrungen – nichts hält, dann tappen Sie mit Ihren späteren Angebotsvorschlägen nicht in „Fallgruben, Sackgassen, offene Messer, Fettnäpfchen ...". Solange Sie nicht wissen, was Ihr Partner für möglich hält, riskieren Sie mit jedem eigenen Vorschlag einen Fehlschlag (Widerstand, Ablehnung, Einwand, Vorwand, d.h. ein „Nein"). Hingegen ist es relativ einfach, ihm ein Vorgehen zu empfehlen, das er selbst vorgeschlagen hat und für erfolgversprechend hält. Davon lässt er sich sicher sehr viel leichter überzeugen.

Bedürfnisse und Motive

Jeder Mensch hat Bedürfnisse. Unbefriedigte Bedürfnisse bzw. Motive wollen befriedigt werden. Bedürfnisse, die das Verhalten Ihrer Partner bestimmen, sind abhängig von der jeweiligen Situation, d.h., ihr Einfluss und ihre Intensität sind nicht jederzeit und überall gleich stark.

Zunächst gibt es physiologische Grundbedürfnisse wie Hunger, Durst, Schlaf. Neben diesen Grundbedürfnissen gibt es weitere Bedürfnisse wie Sicherheit, Gruppenzugehörigkeit, Sozialkontakte, Selbst- und Fremdwertschätzung, Selbstverwirklichung, Freiheit, Neugierde, Spieltrieb, Sinn ... Die Reihe dieser Bedürfnisse können Sie beliebig verlängern.

Mit den folgenden Bedürfnissen haben Sie in Ihrer täglichen Arbeit am häufigsten zu tun. Konzentrieren Sie sich daher auf die *vier Hauptgruppen der Kauf- oder Entscheidungsmotive:*

S *Sicherheit*

> zeigt sich u.a. in Interesse an:
>> Geborgenheit, Erhalt des Status quo, sicherem Arbeitsplatz, Arbeitssicherheit, Langlebigkeit, Zuverlässigkeit, Kundendienst, Erfahrung, Garantien, Wartung, Referenzen, kompetenten und langfristig existierenden Partnern ...

G *Gewinnstreben*

> zeigt sich u.a. in Interesse an:
>> Einkommen, Profit, Rendite, Amortisation, Umsatz, Kostenersparnis ...

P Prestige

zeigt sich u.a. in Interesse an:
Einfluss, Anerkennung, Image, Status, Geltungs-
sucht, Hierarchiedenken, „Titulitis", Fremdwert-
schätzung, Luxus, Macht, Elite-Bewusstsein,
„Der Erste/Beste/Größte ... sein", Marktführerschaft,
Trendsetter, State-of-the-art-Denken ...

B Bequemlichkeit

zeigt sich u.a. in Interesse an:
Arbeitserleichterung, Arbeitsvereinfachung, kurzen
Wegen, Arbeitszeitersparnis, Tradition, einfachen,
leicht verständlichen Verfahren und Unterlagen, Ruhe, Konstanz ...

Wie können Sie diese vier Hauptmotive charakterisieren?

☞ Sie beeinflussen das Entscheidungsverhalten der Person
relativ gleichbleibend. Sie sind nur längerfristig änderbar.

☞ Sie sind dauernd latent vorhanden. Sie können nicht aus-
geschaltet werden.

Sie kennen nun die wichtigsten Motive. Das heißt nicht, dass
jeder Mensch beliebig viele Kaufmotive in beliebig vielen Situationen aktivieren könnte. Jeder Mensch hat ein dominantes
Bedürfnis, das seine anderen überlagert. Dieses charakteristische
Leitmotiv, das auch eine Kombination von zwei oder drei Motiven sein kann (Motivbündel), bestimmt weitgehend das Verhalten Ihres Partners.

Das heißt für Sie, Sie können *nur dann erfolgversprechend* auf
Ihren Partner eingehen und ihn überzeugend beraten, *wenn Sie
sein dominantes Motiv(-Bündel) „erkannt"* haben.

Leider können Sie die Kaufmotive Ihres Partners nicht einfach „erkennen", denn

- Sie sind selbst aktiv in der Situation engagiert, d.h., Sie setzen sich mit Ihrem Partner auf der Sachebene auseinander;
- Sie sind emotional in die Situation einbezogen, d.h., Sie reagieren gefühlsmäßig auf das Verhalten Ihres Partners;
- Sie erleben und gestalten die Situation intensiv mit, d.h., Sie sind selber Teil der Situation;
- Sie wollen Ihr Ziel erreichen und konzentrieren sich deshalb darauf, das Gespräch zu steuern.

Das bedeutet, dass Sie im Gespräch nur relativ begrenzte Distanz aufbringen können, weil Sie sich ja auf Ihren Partner konzentrieren. Die *notwendige Distanz zur Motivanalyse* ist oft erst zu einem *späteren* Zeitpunkt möglich. Deshalb helfen Ihnen Ihre schriftlichen *Notizen* der Partneraussagen. Allerdings nur, wenn Sie *wörtlich mitgeschrieben* haben, sonst analysieren Sie Ihre eigenen Worte, Gedanken oder Gefühle und nicht die Ihres Partners.

Wie ermitteln Sie die Kauf-/Entscheidungsmotive Ihres Gesprächspartners?

Die Kaufmotive Ihres Partners lassen sich nur aus seinen Antworten auf gezielte Fragen und aus seinem Verhalten erschließen. Überlegen Sie sich daher bei jeder Äußerung Ihres Partners, aus welchem Grund dies für ihn wichtig sein könnte. Fragen Sie ihn bei jeder Äußerung mit reinem Sachinhalt:

„Welche Bedeutung hat dies für Sie?"
„Wieso legen Sie darauf besonderen Wert?"
„Worauf kommt es Ihnen dabei besonders an?"
„Was ist dabei besonders wichtig für Sie?"
„Weshalb ist ... für Sie so bedeutsam?"
„Aus welchem Grund ist ... für Sie so wichtig?"

Diese sehr einfachen *Fragen gehören zu den wichtigsten* jedes Beraters und Verkäufers. Leider werden sie viel zu selten gestellt. Dabei *decken* sie *das Wichtigste auf:*

- Werte
- Bedürfnisse
- Grundüberzeugungen und
- Glaubenssätze

des Befragten.

Notieren Sie sich vor allem die *Tätigkeits- und Eigenschaftswörter* aus den erhaltenen Antworten. Achten Sie weniger auf den Sachaspekt (das „Was"), sondern mehr auf die emotionalen Überzeugungen (das „Warum"). Werten Sie das Gespräch nachträglich noch einmal aus, um die Kaufmotive Ihres Partners zu überprüfen. Hierbei helfen Ihnen Ihre Gesprächsnotizen.

Jetzt können Sie zählen: *Wie oft* ist welches Kaufmotiv von Ihrem Partner angesprochen worden? Dazu ist *wörtliches* Notieren vorher unerlässlich, sonst werten Sie hinterher *Ihre* eigenen (interpretierend notierten) Kaufmotive aus statt die von Ihrem Partner wirklich ausgesprochenen!

Welche *Folgerungen* können Sie jetzt daraus ziehen? Verstand und Gefühl, rationale Gründe und emotionale Motive laufen dauernd ineinander und beeinflussen sich wechselseitig. Emotionale Motive sind relativ stabil und stark. Stark heißt, dass die *emotionalen Kaufmotive* Ihres Partners seine *Entscheidung sehr nachhaltig beeinflussen* – meist *sehr viel intensiver* als rationale Erwägungen (vgl. Eisberg-Modell in Kapitel 1). Wenn Sie die emotionalen Motive Ihres Partners nicht genügend beachten oder gar ignorieren, können Sie ihn nur schwer überzeugen; besonders, wenn die emotionalen Motive Ihres Partners gegen den Einsatz Ihrer Produkte oder Dienstleistungen sprechen.

Rationalisieren von Bedürfnissen

Emotionale Motive sind meist unbewusst oder werden vor der Umwelt versteckt. Ihr Partner nennt Ihnen seine emotionalen Motive nicht. Er sagt Ihnen beispielsweise nicht:

> *„Meine Bequemlichkeit geht mir über alles!"*

sondern

> *„Wir sind mit dem bisherigen Verfahren zufrieden, und ich sehe keinen Grund, etwas daran zu ändern!"*

(Erinnern Sie sich, was Sie in Kapitel 1 „Verkaufs-Kommunikation" gelesen haben zur Frage: *„Warum sagen Ihnen Kunden ihre Bedürfnisse nicht?"*, s.S. 47) Er *ersetzt* also sein dominierendes Motiv „Bequemlichkeit" durch rationale, logisch erscheinende Aussagen. Das Eisbergbild in Abbildung 6.1 (s.S. 222) verdeutlicht Ihnen, dass viele emotionale Äußerungen Ihres Partners (und auch Ihre eigenen) erst über den rationalen Bereich gefiltert und dort umformuliert werden.[1]

---

[1]   vgl. Peter Jessen: Die neuen Verkaufstechniken

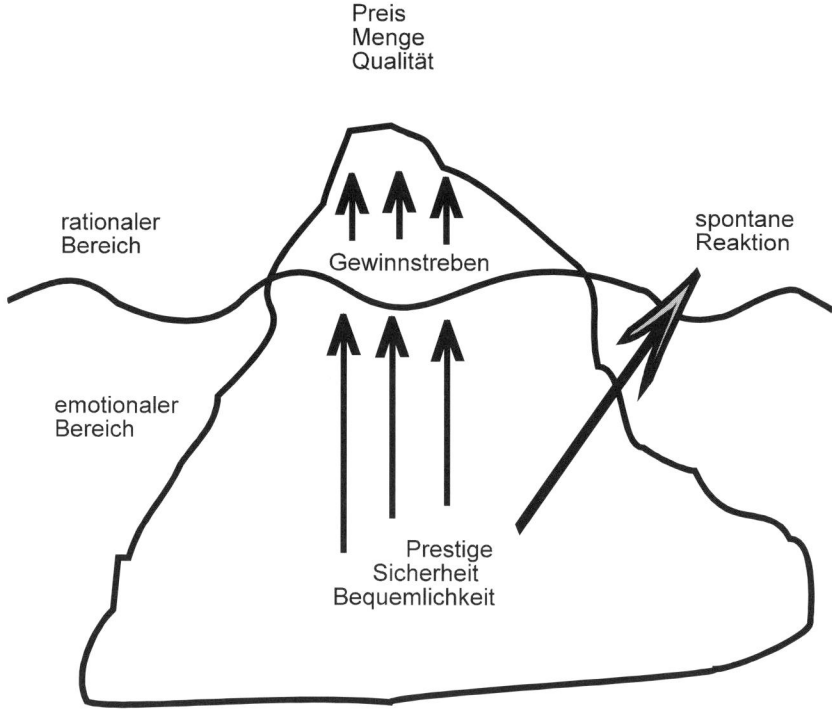

Abb. 6.1: Rationalisieren von Bedürfnissen

Erleichtert wird die Bedürfnis-Analyse nur bei spontanem Verhalten wie Ärger, Zorn, Wut etc. Körpersprache und *spontane, emotionale Reaktionen* Ihres Partners sind weniger kaschiert und *geben* Ihnen deshalb *eher Aufschluss über* seine wahren *Bedürfnisse.* Meist werden Sie jedoch in der nachträglichen Erinnerung eines Verkaufsgesprächs nur pragmatisch vorgehen können.

222

Das bedeutet für Sie während des Gesprächs:

☞ *Beobachten* Sie das Verhalten Ihres Partners!

☞ Stellen Sie *Fragen*!

☞ *Hören* Sie gut *hin*!

☞ Achten Sie auf *spontane* Reaktionen!

☞ Machen Sie sich exakte, *wörtliche Notizen*!

Kurz:

> **Beobachten Sie mehr – urteilen Sie weniger *vor*-schnell!!**

Nach einem Gespräch pragmatisch vorgehen heißt für Sie auch, sich unmittelbar danach im Auto oder später zu Hause anhand Ihrer Nachbereitungs-Checkliste (vgl. Kapitel 12 „Gespräch nachbereiten", s.S. 503ff.) Gedanken über Ihren Partner zu machen: über Verhalten, Reaktionen, Einstellungen, Motive ...

Wenn Sie meinen, das dominante Motiv Ihres Partners jedoch bereits im Gespräch gefunden zu haben, dürfen Sie es ihm nicht direkt zu erkennen geben in der Form:

> *„Die neue Software kommt Ihrer Faulheit entgegen."*

Auch hier gilt: *Rationalisieren*, z.B.:

> *„Die neue Software verringert Ihre Routinearbeiten deutlich ..."*

Vielleicht denken Sie jetzt: Lohnt sich für mich der ganze Aufwand? Hat nicht mein Partner schon längst ein anderes dominierendes Motiv, bevor ich das erste überhaupt gefunden habe? Genau diese Bedenken brauchen Sie nicht zu haben, da die Entscheidungsmotive Ihres Partners nur langfristig änderbar sind. Sie haben also auch keine Möglichkeit, die Kaufmotive Ihrer Kunden zu beeinflussen.

Es sollte daher für Sie stets gelten:

Passen Sie Ihre Argumente den Motiven Ihres Partners an!

Umgekehrt geht es nicht!

Wie motivieren Sie Ihre Kunden zum Kaufen?[2]

Motive   sind *Beweggründe*/Antriebskräfte, ein bestimmtes Verhalten zu zeigen (etwas zu tun oder zu lassen).

Motivation   kommt von innen. Sie ist die *Kraft*, mit der Bedürfnisse des Menschen danach streben, befriedigt zu werden. Je stärker ein Bedürfnis ausgeprägt ist, desto mehr drängt es den Menschen, dieses Bedürfnis zu befriedigen.

> *Beispiel:*   *Je mehr Durst jemand hat, desto stärker wird sein Verlangen nach etwas Trinkbarem.*

Die realistische Aussicht auf Bedürfnisbefriedigung liefert den Anreiz (= die Motivation) zu handeln.

> *Beispiel:*   *In den Keller gehen und Limo oder Bier holen.*

---

2   vgl. Rudolf A. Schnappauf: Was sagen Sie Führungskräften, die Mitarbeiter/innen motivieren wollen?, in: ManagerSeminare, Bonn, Heft 7, April 1992, S. 40

Ist ein Bedürfnis (vorübergehend oder auf Dauer) befriedigt, verliert es seinen Handlungsanreiz.

Beispiel: *Hat jemand seinen Durst gelöscht, geht er nicht immer wieder in den Keller, um Flasche für Flasche heraufzuholen.*

Motivieren heißt, einem Menschen eine für ihn realisierbare *Möglichkeit aufzeigen*, seine augenblicklichen *Bedürfnisse zu befriedigen*.

Beispiel: *„Es gibt eine Möglichkeit, Deinen Durst zu stillen. Wenn Du in den Keller gehst, findest Du einen Kasten kühles Bier."*

Einen Kunden zu einer Entscheidung, z.B. zu einem Kauf, motivieren kann daher nur, wer dessen bewusste oder unbewusste *Bedürfnisse kennt*, anspricht und für ihn einsichtig erklärt, inwieweit die angebotene Leistung *Befriedigung* seiner Bedürfnisse verspricht. Er muss ihm den persönlichen *Nutzen* des Kaufs *verdeutlichen*.
Der eigenen Glaubwürdigkeit wegen sollte der Berater seinem Kunden das eigene Interesse (rentablen Auftrag holen) nicht unbedingt verschweigen.

Beispiel: *„Wenn Du mir eine Flasche mitbringst, besorge ich uns inzwischen eine Brotzeit."*

Wer seinem Kunden nicht bewusst machen kann, was dieser von einer bestimmten Leistung hat, wird auch kaum Motivation in ihm wecken, die Zusammenarbeit zu beginnen (in unserem Beispiel: die Aufgabe zu erledigen, das Bier zu holen).

Wer seine Kunden nicht motivieren kann, hat meist *zu wenig Interesse an ihnen*! Er versetzt sich nicht genug in ihre Situation hinein, fragt sie nicht nach ihren Interessen und Zielen. Würde er dies tun, wüsste er, warum sie gerade diese Aktion machen sollen oder wollen und *was sie zum Kauf bewegt* oder zur Zusammenarbeit anreizt.

Motivieren heißt auch Begeistern

Wer es versteht, seine Kunden mitzureißen, regt sie zu Spitzenleistungen an. *Nur wer selbst vom Feuer der Begeisterung innerlich hell entflammt ist, kann in anderen dieses Feuer der Begeisterung entfachen.* Wer selbst nur schwach glimmt, wird bei seinen Kunden keine Kauflust entzünden.

Sollten Sie Ihre Kunden also einmal nicht genügend begeistert haben, prüfen Sie, ob Sie selbst wirklich innerlich begeistert waren. Wenn Sie Zweifel haben, lösen Sie damit natürlich Resonanz bei Ihren Kunden aus. Auch sie werden dann an der vorgeschlagenen Lösung und am Erfolg zweifeln.

Wenn Sie glauben, dass es schwierig sein wird, einen bestimmten Kunden für eine Entscheidung zu begeistern, strahlen Sie auch diese negative Einstellung und Vision deutlich wahrnehmbar aus. Kein Wunder, wenn Sie sich dann auch schwer damit tun (vgl. Kapitel 2 „Innere Einstellung", Abschnitt „Wie beeinflusst Ihre Erwartungshaltung Ihren Erfolg?", s.S. 122-136). Daher lautet der *Hauptaspekt der Kunden-Motivation*:

Begeistern Sie sich selbst!

Wie machen Sie das? *Erinnern Sie sich an eine begeisternde Situation* in Ihrem Leben und erleben Sie diese Szene Ihres Lebens, in der Sie voll und ganz begeistert waren (z.B. als Sie voller Begeisterung eine Entscheidung getroffen haben, die sich später als 100% richtig und gut für alle Betroffenen erwiesen hat), noch einmal. Aus diesem physisch und psychisch begeisterten Zustand heraus:

Begeistern Sie sich für das Ziel!

Überlegen Sie sich, wo Sie mit Ihrem Kunden *hin* wollen (nicht wovon Sie weg wollen!).

Nur *wünschenswerte Ziele lösen Motivation aus*, nicht gegenwärtige Problemzustände. Entwickeln Sie eine klare Vorstellung (= Imagination) davon, welche wunderbaren Vorteile Sie für alle Betroffenen erreichen wollen.

Machen Sie es wie die *erfolgreichsten Spitzensportler* vor dem Start. Sicher haben Sie schon einmal gesehen, wie Sportler (z.B. Hochspringer oder Turmspringer) ihren Bewegungsablauf vorher *mental trainieren*. Vielleicht erinnern Sie sich auch an Topstars (wie z.B. Skirennläufer Alberto Tomba), die sich vor dem Start als Sieger erleben, um sich positiv zu stimulieren, also sich selbst zu begeistern. Das ist vergleichbar mit einem Bühnenstar, der sich vor Beginn seines Auftritts vorstellt, wie *am Ende* alle Zuschauer *zufriedene Gesichter* zeigen und begeistert Beifall klatschen.

Lassen Sie dann ein *ideales Finalbild* vor Ihrem inneren Auge entstehen. Das geht am leichtesten in tiefer *Entspannung*. Malen Sie sich den *idealen Endzustand* in den schönsten Farben und Formen aus. Lenken Sie Ihre innere Achtsamkeit auf alle fünf Sinnesorgane.

Eine kleine Anleitung dazu:

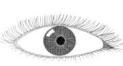 *Sehen* Sie die begeisterten, glücklichen oder zufriedenen Gesichter aller Beteiligten und Betroffenen (auch Ihr eigenes). Was strahlen die Augen aus, wenn das Ziel in idealer Weise erreicht ist? Genießen Sie die harmonischen Bewegungen aller in Ihrer Vorstellung.

 Lassen Sie die Personen auch sprechen. *Hören* Sie den Wohlklang in den Stimmen. Achten Sie auf Lautstärke, Betonung und Rhythmus des Dialogs. Hören Sie auch auf wohlklingende Hintergrundgeräusche und eine eventuell in Ihnen klingende angenehme Melodie.

 Nehmen Sie diesen idealen Zielzustand mit allen Sinnen bewusst wahr. Gehen Sie voll hinein in diese Situation. *Riechen* Sie den angenehmen Duft (wenn sich alle „gut riechen können").

 *Schmecken* Sie den angenehmen Geschmack (wenn allen die Situation „gut schmeckt"). Lassen Sie sich die Situation, die ganz nach Ihrem Gusto ist, genüsslich auf der Zunge zergehen.

 *Spüren* Sie diesen angenehmen Zustand in Ihrem Körper. Nehmen Sie sich einige Minuten Zeit, das angenehme *Wohlgefühl* ganz genau wahrzunehmen und ausgiebig zu genießen. Wo im Körper spüren

Sie es am meisten? Wie fühlt es sich an? Hart oder eher weich? Schwer oder eher leicht? Eckig oder mehr rund? Kalt oder eher warm? Wie breitet sich dieses wunderschöne Gefühl in Ihrem Körper aus? Langsam oder schnell? Von wo nach wo? Nach oben und unten, nach links und rechts, nach hinten und vorn? Wie bewegt es sich? Schwingt, vibriert, kribbelt oder prickelt es? Fließt und strömt es durch den ganzen Körper? Wie auch immer Sie es wahrnehmen, genießen Sie es ausgiebig und intensiv.

Sie sind Regisseur, Drehbuchautor, Kameramann und Hauptdarsteller in einem. Machen Sie Ihre *Zielvision* so schön, wie Sie können. Probieren Sie aus, wie wenig dazu erforderlich ist. Den meisten Menschen reicht es, das Bild etwas *größer* oder etwas *heller* zu machen. Vielleicht holen Sie es auch etwas *näher* heran, lassen es in Ihrer *Lieblingsfarbe* erstrahlen oder machen es etwas *bunter*.

Lassen Sie eine schöne, dazu passende *Melodie* erklingen und drehen Sie diese so laut, wie es für Sie am angenehmsten ist. Dies sind nur Anregungen. Spielen Sie mit Ihrer kreativen *Fantasie* und genießen Sie die Ergebnisse als wohltuende Gefühle in Ihrem Körper.

Je öfter und länger Sie dies tun, umso besser. Es ist ein herrliches Erlebnis und eine *ganzheitliche Erfahrung für Körper, Geist und Seele*. Sie speichern Ihren wünschenswerten Zielzustand ganz automatisch als Erfahrung in Ihrem Unterbewusstsein, denn dieses kann nicht zwischen mentalem und realem Erleben unterscheiden. Es erinnert sich gern daran und sehnt sich danach ebenso zurück wie Ihr Körper. Deshalb helfen Ihnen beide ab sofort, den erlebten angenehmen Zustand möglichst oft, möglichst schnell, möglichst sicher wiederzuerlangen. Alle Teile

in Ihnen helfen Ihnen daher, alle Ihre Entscheidungen in Ihrer täglichen Verkaufspraxis so zu treffen, dass dieser ideale Zielzustand wieder hergestellt wird.

Wenn Sie wissen, wo Sie hinwollen, und mental erlebt haben, wie angenehm dieser Zustand für alle ist, hilft Ihnen Ihr Unterbewusstes, in allen Situationen genau die Verhaltensweisen zu zeigen, die Sie leicht und spielerisch „zurück"bringen zu dem schönen, begeisternden Zustand, der verbunden ist mit dem Erreichen Ihres Zieles. Auf diese Art und Weise lösen Sie gleichzeitig immer wieder in sich selbst eine *große Begeisterung für Ihr Ziel* aus.

Schon das Üben erzeugt angenehme Gefühle und macht Sie erfolgreich. Wie wäre es, wenn Sie sich jetzt eine kurze Lesepause gönnen und gleich damit beginnen, sich für Ihr nächstes Ziel zu begeistern?[3]

Sie haben erlebt, wie gut es ist, und können diese *Erfahrung* nun *Ihren Kunden* mit all Ihrer physischen und psychischen, bewussten und vor allem unbewussten Begeisterung *weitergeben*. Das ist die sicherste und einfachste Art, bei anderen positive *Resonanz* auszulösen und sie ebenfalls zu begeistern.

Wenn Sie so weit sind, brauchen Sie über Motivation nicht mehr groß nachzudenken. Tun Sie einfach, was Ihnen Ihre innere Stimme eingibt. *Wer das Herz auf dem rechten Fleck trägt* und in seinen Kunden *Mitmenschen* statt nur Käufer oder gar Nummern in der Kundendatei sieht, *dem sagt sein gesunder Menschenverstand* am ehesten, *was in welchem Fall zu tun ist.* Viel Erfolg und viel Spaß sind Ihnen dabei sicher.

---

3   Aus dem Stress und der Hektik des Alltags können Sie sich zurückziehen und aus dem „Wildwest durcheinander schießender Gedanken" wieder in vollkommener innerer Ruhe zentrieren mit der CD „Platz der Ruhe" (auch als Audio-Kassette) von Iris und Rudolf A. Schnappauf, Hünfelden, 2000

Welche Vorteile bieten Fragen?

Wie ist das in Ihren Kundengesprächen? Sie wissen sehr viel über Ihr Unternehmen, dessen Produkte und was sich damit alles machen lässt. Doch was wissen Sie über die heutigen Anliegen Ihres Gesprächspartners, selbst wenn Sie ihn schon lange kennen? Denn gerade *heute* kann er ganz andere Stimmungen und Probleme haben als sonst. Sie können, wenn Sie es falsch machen, d.h. nicht auf ihn und *seine heutigen Bedürfnisse* eingehen, vollständig an ihm vorbeireden! In diesem Fall können Sie – auch wenn das, was Sie sagen, stimmt – Ihren Gesprächspartner damit sogar verärgern.

Überlegen Sie einmal: Wie macht es der Arzt? Er weiß sehr viel über seinen Fachbereich – die Medizin. Und er kennt auch die vielen Tropfen und Tabletten, welche die Schmerzen stillen. Aber er weiß nicht, was *heute* seinem Patienten fehlt oder wo es ihm weh tut. Was muss er daher tun? *Fragen!* Durch Fragen ergründet er die Beschwerden seines Patienten. Erst dann verschreibt er eine Medizin und gibt seine Anweisung. Durch Fragen ermittelt er auch, was der Patient wirklich verstanden hat. Durch Fragen (z.B. „*Wollen Sie an Lungenkrebs sterben oder lieber das Rauchen aufgeben?*") stellt er seinen Patienten vor Alternativen.

> **Diagnose kommt vor Therapie!**
> **Analyse kommt vor Beratung!**
> **Fragen kommt vor Argumentieren!**

Alle wichtigen Berufe sind Frageberufe, wenn es um Menschen geht. Denn, um die Probleme des Menschen kennen zu lernen, um mit Menschen ins Gespräch zu kommen, um ihr Vertrauen zu wecken, bedarf es der Fragen. Es führt überhaupt kein Weg an Fragen vorbei. Je mehr, je besser, je *gezielter* Sie fragen, umso mehr *verstehen* und beherrschen Sie die Situation. Dies gilt in ganz besonders hohem Maße für Gespräche mit Kunden.

Eine alte *Weisheit* – auch und besonders für Kundenberater und Verkäufer:

> **Wer selber redet, erfährt nichts!**
> **Wer nichts erfährt, versteht nichts!**

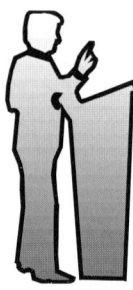

Berater und Verkäufer, die nicht fragen, sondern drauflos argumentieren, erfahren nicht, worauf ihr Kunde heute besonderen Wert legt, und reden daher meist an ihm vorbei! Sie bereiten sich und dem Kunden Schwierigkeiten anstatt solche zu beseitigen, nachdem sie zunächst möglichst viel erfahren und verstanden haben.

> **Wer nichts versteht, kann nichts Richtiges tun!**
> **Wer nicht versteht, wird auch nicht verstanden!**

Vorteile von Fragen im Kundengespräch

Ein Verkaufsberater, der seine Gesprächspartner fragt[4],

- zeigt Interesse an der Meinung des Kunden;
- trägt dem Geltungsbedürfnis seines Kunden Rechnung;
- beteiligt den Kunden am Gespräch, führt einen Dialog;
- erhält wertvolle Informationen für sein Verkaufs-/ Beratungsgespräch;
- gilt als höflicher Mensch;
- zeigt seinem Gesprächspartner, dass er dessen Sorgen ernst nimmt und ihm als Person Interesse entgegenbringt;
- erlangt das Vertrauen seines Kunden, denn dieser vertraut ihm seine Antworten und Ansichten an;
- erfährt die Bedürfnisse und Entscheidungsmotive seines Kunden;
- erkennt rechtzeitig mögliche Bedenken und Einwände;
- führt seinen Kunden schrittweise zum Ziel, indem er sich durch Fragen seine Argumente bestätigen lässt;
- beeinflusst durch die Art der Fragestellung die Antwort; er steuert so das Gespräch zielgerichtet;
- vermeidet Konfrontation und Widerstand;
- vermeidet, dass ein Kundengespräch zum Streitgespräch wird, bei dem der Berater auf Dauer immer Verlierer ist;
- beeinflusst vorsichtig korrigierend Einstellungen seines Kunden, indem er diesen selbst darüber nachdenken lässt;
- vermeidet unwichtige Information und Langeweile;
- vermeidet ungünstige, voreilige und zu viele Argumente (Überverkauf);
- weckt Neugier, Initiative, Motivation und Engagement seines Partners.

---

4 vgl. auch: Bio-logische, psycho-logische und logische Vorteile des Fragens, in: Vera F. Birkenbihl, Psycho-logisch richtig verhandeln, S. 151f.

> **Wer fragt, der führt!**
> **Wer behauptet, erzeugt Widerspruch!**

„Eine Behauptung führt zu einer Gegenbehauptung
und damit zu einem Streitgespräch.
Eine Frage führt zu einer Antwort (Information)
und damit zu einer Zusammenarbeit. "

Jan Wage

Fragetechnik – Fragearten

1. Geschlossene Frage

Eine Frage, auf die Ihr Partner in der Regel nur mit *„Ja"*
oder *„Nein"* antworten kann, wird als geschlossene Frage
bezeichnet, weil sie das Gespräch schließt, d.h., Ihnen keine inhaltlichen Anregungen für weitere Fragen liefert.

„Haben Sie davon schon gehört?"   „Ja."

„Sehen Sie eine Möglichkeit, es zu testen?"   „Nein."

Diese Frageform vereinfacht Ihnen zwar die Kommunikation, da Ihr Partner mit nur einem Wort antworten kann.
Sie *erfahren* aber nichts über die Gründe und damit *nichts*
über die Bedürfnisse Ihres Partners. Außerdem setzen Sie
sich der Gefahr aus, sich ein *„Nein"* von Ihrem Partner
einzuholen, was die Gesprächsatmosphäre negativ beeinflussen und Ihre weitere Argumentation behindern könnte.

Die geschlossene Frage ist *demotivierend*, da für Ihren Partner *keine Möglichkeit* besteht, *seine* eigenen *Kenntnisse* ins Gespräch *einzubringen*. Die geschlossene Frage ist geeignet:

☞ wenn Sie kurz und knapp eine Information einholen wollen

☞ wenn Sie es mit einem sehr wortkargen Gesprächspartner zu tun haben

☞ wenn Sie durch eine Serie von Fragen auf eine Information zu stoßen hoffen

☞ zur schnellen Kontrolle und Klärung von Sachverhalten

Doch Vorsicht, mehrere geschlossene Fragen hintereinander erzeugen leicht einen *Verhör*-Charakter.

2. Offene Frage

Die offene weiterführende Frage heißt so, weil sie Ihr Gespräch öffnet, denn Ihr Partner kann sie nie nur mit *„Ja"* oder *„Nein"* beantworten. Er muss Ihnen weitere Informationen und damit neuen *Gesprächsstoff liefern*.

Wann immer Sie Ihren Gesprächspartner zu einer echten Meinungsäußerung bringen möchten, helfen Ihnen offene Fragen, ganz besonders in der Phase der *Bedarfs- und Bedürfnisanalyse* im Verkaufsgespräch zum Ermitteln der Wünsche, Ziele, Einstellungen, Ängste, Sorgen, Neigungen, Interessen, Visionen, Werte, Entscheidungsmotive usw.

„Was *haben Sie schon davon gehört?"*

„Welche *Möglichkeit sehen Sie, es auszuprobieren?"*

Wenn Sie möglichst viel über Ihren Geschäftspartner und seinen *Bedarf*, seine *Bedürfnisse, Probleme, Wünsche* und *Meinungen* erfahren möchten, stellen Sie offene Fragen. Offene (weiterführende) Fragen beginnen meist mit einem „W":

> *Wie, Was, Welche, Wo, Wann, Wer, Wozu, Wem, Wodurch, Womit, Wie viel ...?*

Offene Fragen eignen sich besonders:

☞ für den *Beginn* eines Gesprächs

☞ für die *Einleitung* weiterer Gesprächsphasen

☞ wenn Sie Ihren Partner zum *Nachdenken* anregen wollen

☞ wenn Sie Ihren Partner *aktivieren* wollen

☞ wenn Sie *Ziele* und *Pläne* Ihres Partners erfahren wollen

☞ seine *Erfahrungen* und *Interessen* kennen zu lernen

☞ seine *Ängste, Sorgen, Zweifel* und *Widerstände* zu erkunden

Doch Vorsicht mit der Warum- und Weshalb-Frage!

> *„Warum haben Sie denn gleich ...?"*
>
> *„Warum haben Sie nicht schon längst ...?"*
>
> *„Weshalb haben Sie nicht sofort ...?"*

Warum-Fragen enthalten oft unterschwellig einen *Vorwurf* und führen daher leicht zu Schuldzuweisungen, die Ihren Partner zur *Rechtfertigung* veranlassen. Er fühlt sich von Ihnen nicht akzeptiert oder gar *angegriffen*. Fragen Sie dasselbe, benutzen Sie jedoch besser ein neutraleres Fragewort:

> *„Was hat Sie dazu bewogen ...?"*

„Welche Gründe hindern Sie ...?"

„Was hat Sie davon abgehalten ...?"

Diese offenen Fragen klingen weniger emotionsgeladen, mehr sachlich interessiert und helfen Ihnen weitaus besser. Sprechen Sie bitte *laut* die folgenden Fragen und achten Sie dabei auf den Unterschied:

„Warum haben Sie mich denn nicht gleich angerufen, als das passiert ist?"

„Was waren die Gründe für Ihre Entscheidung, mich nicht gleich anzurufen?"

Spüren Sie das Adrenalin steigen im ersten Fall, und bemerken Sie im zweiten Fall die respektvoll unterstellte *Annahme guter Gründe* und zumindest einer positiven Absicht?

Die Warum- und Weshalb-Frage hat jedoch ihre Berechtigung und ihren Nutzen beim Hinterfragen der Motive *„Warum ist das für Sie besonders wichtig?"* (vgl. Abschnitt „Wie ermitteln Sie die Kauf-/Entscheidungsmotive", s.S. 219f.)

3. Suggestivfrage

Mit dieser Frageart wollen Sie durch die Formulierung den Gesprächspartner veranlassen, Ihnen zuzustimmen. Eine Suggestivfrage beinhaltet bereits eine Meinung. Sie hoffen, dass der andere dieser Meinung *zustimmt*, d.h., Sie beeinflussen das Gespräch (Suggestion), ohne dass der andere sich dessen (momentan) bewusst werden soll.

„Sie sind doch sicher auch daran interessiert ...?"

„Sie wollen doch sicher auch nicht, dass ...?"

Gefahr: Ihr Gesprächsteilnehmer fühlt sich überfahren oder für dumm verkauft. Er baut dann leicht einen *emotionalen Widerstand* auf.

Vermeiden Sie Suggestivfragen unbedingt während der Bedarfsanalyse, da sie Ihnen keine neuen Informationen bringen! Die suggestive Frage ist gut einsetzbar:

☞ als *Abschlussfrage*, wenn das *„Ja"* Ihres Partners sicher ist;

☞ wenn Sie *„Vielredner"* zum Thema zurückführen möchten;

☞ bei besonders *unentschlossenen* Partnern.

Doch setzen Sie die Suggestivfrage insgesamt äußerst *sparsam* ein. Achten Sie immer darauf, dass Ihr Partner durch die Fragestellung eine positive Reaktion zeigen soll. Sprechen Sie Ihren Partner deshalb bei der Suggestivfrage immer mit seinem *Namen* an.

Verkäufer: *„Frau A, entspricht das nicht genau Ihren Interessen?"*

„Herr M, sind Sie nicht auch der Meinung, dass ..."

„Außerdem sind wir uns bestimmt darüber einig, Herr G, dass ..."

„Frau S, glauben Sie nicht auch, dass ..."

Die Suggestivfrage wird oft verstärkt durch eine leicht höhere, fragende Tonart und die Wörter: doch, sicher, auch, genau, nicht wahr usw.

4. Alternativfrage

Die Alternativfrage bietet dem Gesprächspartner die Möglichkeit, sich zwischen zwei (oder mehreren) Angeboten zu entscheiden. Sie ist eine *Entscheidungshilfe*.

> *„Möchten Sie sich* lieber *zuerst die Bedienoberfläche* oder *die Protokolle ansehen?"*

> *„Was ist Ihnen lieber, zuerst über die Funktionalität oder über die Rechner Ihrer Anlage zu sprechen?"*

> *„Möchten Sie die Ergebnisse der Unternehmens-Analyse in Ihrem eigenen Hause selbst vorstellen oder lieber durch unseren Geschäftsführer als neutralen Partner präsentieren lassen?"*

Geeignete *Einsatzbereiche* für Alternativfragen:

☞ Vereinbaren des Gesprächsablaufs oder des weiteren *Vorgehens.*

☞ Herbeiführen und Sichern von *Teilbeschlüssen* (Leistungsmerkmale, Termine, Dienstleistungen ...).

☞ Hinführen zur *Kaufentscheidung.*

☞ Um sicherheitsorientierten, risikoscheuen, entscheidungsunsicheren Partnern die *Entscheidungs-Angst* zu nehmen.

Achten Sie beim Festlegen von Vorschlägen darauf, dass der Partner sich immer für die aus seiner Sicht günstigere Alternative entscheidet. *Beraten*, nicht manipulieren, schafft langfristig zufriedene Stammkunden. Daher Vorsicht mit einseitiger Bewertung nur einer Alternative:

„Angenommen, Sie entschließen sich, das System zu realisieren, möchten Sie eine PC-Netzwerk-Lösung oder lieber die praktische zentrale Konzeption, die für Sie weniger Arbeit bedeutet?"

„Angenommen, Sie entschließen sich, ein Sicherheitssystem zu installieren, möchten Sie autarke Lösungen mit autonomen Terminals oder lieber eine praktische zentrale Konzeption mit einer integrierten Gefahrenmelde-Zentrale, von der aus Sie alles schnell und bequem steuern können?"

In beiden Beispielen merken Sie sofort, dass der Verkäufer eine Alternative bevorzugt.

5. Begründete Frage

Fragen sind in jeder Phase des Verkaufsgesprächs wichtig, am meisten natürlich in der Bedarfsanalyse. Fragen dürfen aber nie den Eindruck eines Verhörs entstehen lassen. Deshalb sollte Ihr Gesprächspartner immer wissen, weshalb Sie ihn fragen oder *wozu* Sie seine Antwort benötigen. Kennt er den *Grund* Ihrer Frage, fühlt er sich nicht ausgefragt. Er will Ihnen ja schließlich helfen, *das für ihn genau richtige Angebot* zu ermitteln.

Begründen Sie deshalb Ihre Fragen:

„Damit ich die für Ihre Zwecke geeignete Lösung herausfinden kann, brauche ich einige Informationen über Ihr Unternehmen (Ihre Organisation, Ihr Vorhaben ...) *und Ihre derzeitige Arbeitsweise. Wie ... ?"*

Fragen Sie jetzt so lange, wie Ihr Partner gern antwortet. Schaut er skeptisch und lässt seine Lust zu antworten nach, begründen Sie eventuell noch einmal, wie diese Informationen Ihnen und damit letztendlich *ihm helfen*. Verwenden Sie dafür die begründende Frage.

Mit der *Begründung* können Sie Ihrem Partner manchmal gleichzeitig *zusätzliche Informationen* geben.

> *„Wie vorteilhaft könnte es für Sie sein, eine spezielle Software für das Problem A aufzunehmen? Ich frage, weil ein anderes Unternehmen Ihrer Branche durch diese spezielle Anwendung verlässlichere, im Versuch verifizierte und besser reproduzierbare Ergebnisse bei der Berechnung von ... erzielt hat. "*

> *„Wie vorteilhaft könnte es für den Bauherrn sein, die Software für Energiemanagement von ...* (eigener Produktname) *einzusetzen? Ich frage Sie, weil in ähnlichen Fällen Gebäudebetreiber durch Optimierung ihrer Anlagenparameter mit Hilfe von ...* (eigener Produktname) *viel Geld sparen konnten. "*

6. Gegenfrage

Wer fragt, führt das Gespräch, er agiert. *Wer antwortet, reagiert* – und legt sich oft vorzeitig fest. Wenn Ihr Partner ständig Fragen stellt, bestimmt *er* die Gesprächsstrategie. Außerdem veranlasst er Sie zu Aussagen, die Ihrer Argumentation später vielleicht im Weg sein könnten. Antworten Sie nicht, bevor Sie wissen, was Ihren Partner wirklich interessiert! Erst wenn Sie wissen, *welches Bedürfnis* hinter seiner Frage steht, wissen Sie, *wie* Sie Ihre Aussage formulieren müssen, um Ihren Partner zu überzeugen.

Wenn Sie die *Initiative* im Gespräch wieder *zurückgewinnen* wollen, benutzen Sie eine Gegenfrage.

„Was interessiert Sie dabei besonders?"

„Worauf kommt es Ihnen dabei besonders an?"

„Das klingt hochinteressant! Wie kommen Sie darauf?"

Einsatzbereiche für die Gegenfrage:

☞ *Gesprächsführung* wieder übernehmen.
☞ Weitere *Informationen* bekommen.
☞ Partner zum *Präzisieren* auffordern.
☞ *Zeit* zum Nachdenken *gewinnen*.
☞ Eigene Vermutungen über die Absicht einer Frage des Partners *klären*.
☞ Mögliche Einwände und *Widerstände* aufdecken.
☞ Auf *neuen* Gesichtspunkt hinweisen.
☞ Partner zum *Nachdenken* veranlassen.
☞ Gespräch in eine gewünschte *Richtung* bringen.

Hier dürfen Sie auch „Warum" und „Weshalb" einsetzen:

„Warum fragen Sie danach?"

„Weshalb ist dieser Punkt besonders wichtig für Sie?"

Bevor Sie eine Gegenfrage stellen, empfiehlt es sich zumeist, erst die Frage Ihres Gesprächspartners zu *wiederholen*, zu quittieren. Warten nicht auch Sie – besonders bei Verhandlungen und selbst auch bei weniger wichtigen Gesprächen – auf eine Echo, eine *Bestätigung*, dass Ihre Frage bzw. Aussage vernommen worden ist?

Gibt es nicht auch Ihnen Sicherheit und Selbstvertrauen, wenn Ihr Gesprächspartner auf Ihre Fragen und Aussagen positiv reagiert und nicht alles reaktions- und kommentarlos an sich vorbeiziehen lässt? Welch gutes Gefühl, wenn der Sender weiß: *Ich werde verstanden*, ich komme an.

Bevor Sie eine Frage beantworten, sollten Sie genau wissen, was der Fragende damit bezweckt. Was verbirgt sich hinter seiner Frage? Häufig ein Informationsbedürfnis, mitunter eine Falle, manchmal auch ein taktischer Trick.

Beispiel 1:

Chef:	*„Herr Huber, wann haben Sie unseren Kunden X zuletzt besucht?"*
Verkäufer:	*„Vor etwa vier Wochen."*
Chef:	*„So, so, vor etwa vier Wochen. Wann gehen Sie nächstes Mal hin?"*
Verkäufer:	*„Nicht mehr vor dem Sommer."*
Chef:	*„Ah, ja; schade."*

Beispiel 2:

Kunde:	*„Seit wann haben Sie das Produkt im Verkauf?"*
Verkäufer:	*„Seit sechs Monaten ist das Produkt ab Lager lieferbar."*
Kunde:	*„Mmh"* – dann versinkt er zunächst in Schweigen – *„Kommen Sie in einem halben Jahr wieder!"*

In beiden Fällen lief der Verkäufer Gefahr, sich festzulegen, noch *bevor* er wusste, was sein Gesprächspartner aus seiner Antwort machen würde. Sie haben gelernt: Wer fragt, der führt. Und: *Wer antwortet, der legt sich fest!*

So gern Sie es haben, dass sich Ihre Gesprächspartner in der von Ihnen gewünschten Richtung festlegen, so unklug kann es umgekehrt für Sie sein, wenn Sie sich (vor-) schnell und zu wenig durchdacht festlegen.

Häufig zeigt der zurückfragende Gesprächspartner Interesse an der Sache. Dass er daneben auch skeptisch oder unsicher sein kann, ist sein gutes Recht. So oder so sollten Sie eine Frage oder einen Einwand aufnehmen und versuchen, Zeit zu gewinnen, um *herauszufinden, welche Absicht* der Fragesteller mit seiner Frage wirklich verfolgt.

Selbst wenn Sie darauf die sachlich richtige (= bedarfsgerechte) Antwort hätten, wissen Sie auch bereits, *wie* Sie diese formulieren müssen, damit sie das Bedürfnis (Kaufmotiv) Ihres Partners befriedigt? Fragen an sich haben etwas Zwingendes, denn der Befragte sucht, beinahe gewohnheitsmäßig, nach einer Antwort. Nicht selten fällt die Antwort darum nicht optimal aus, weil die *Zeit* zum Analysieren des dahinter stehenden Bedürfnisses und zum Überlegen der geeigneten Formulierung *fehlt*.

Wie finden Sie den Weg zur optimalen Antwort? Ein paar wenigen Genies wird es vorbehalten bleiben, sofort auf jede Frage die passende Antwort bereit zu haben. Eine Antwort, die nicht besserwisserisch, spitz oder gar verletzend wirkt, sondern eine Antwort, die vom Gefühl her und in der Sache überzeugt.

Die meisten Menschen jedoch brauchen Zeit, um die richtige Antwort abzurufen; Sie auch? Irgendwo in Ihrem Gedächtnis haben Sie sie gespeichert. Deshalb gehen Sie am besten wie folgt vor:

I. *Quittieren Sie erst – quittieren bringt Bedenkzeit*
    Geben Sie für jede Frage, die Ihnen gestellt wird, zunächst eine Quittung:

> *„Gut, dass Sie darauf zu sprechen kommen! Ich kann verstehen, dass Sie diese Frage beschäftigt ..."*

> *„Das ist eine wichtige Frage, die Sie stellen ..."*

> *„Leicht ist Ihre Frage nicht zu beantworten, das wissen Sie ..."*

> *„Mit dieser Frage treffen Sie den Nagel auf den Kopf ..."*

> *„Gratuliere! Sie können einen in Verlegenheit bringen mit einer solchen Frage, die hats in sich ..."*

> *„Ihre Frage überrascht mich in diesem Moment, darauf bin ich nicht vorbereitet ..."*

Haben Sie etwas bemerkt? Durch die Quittung haben Sie nicht nur *Zeit* gewonnen, sondern dem Gesprächspartner auch gleich noch eine recht wirksame *Aufwertung* zukommen lassen. Vom Unterbewussten Ihres Gesprächspartners ist das positiv vermerkt worden. Wenn Sie es richtig anpacken, steigert Quittieren sein Lebensgefühl.

Erinnern Sie sich an die beiden oben genannten Gesprächsabschnitte? Wie könnte Herr Huber profitieren, wüsste er mehr über die Gründe des Fragestellers? Zum Beispiel so:

Chef: *„Herr Huber, wann haben Sie unseren Kunden X zuletzt besucht?"*

Verkäufer: *„Es ist gut, dass Sie mich gerade auf die Firma X ansprechen. Was ist der Anlass, dass Sie danach fragen?"*

Chef: *„Ich wollte Sie längst einmal bei einem Besuch begleiten. Wann haben Sie vorgesehen, den Kunden X ein nächstes Mal zu besuchen?"*

Verkäufer: *„Das ist eine ausgezeichnete Idee von Ihnen! Ist es in Ordnung, wenn ich den gemeinsamen Besuch für Ende Juni anmelde?"*

oder

Kunde: *„Seit wann haben Sie das Produkt im Verkauf?"*

Verkäufer: *„Das ist eine gute Frage! Welchen Gedanken verbinden Sie mit dieser Frage?" oder „Aus welchem Grund ist das wichtig für Sie?"*

Kunde: *„Ja, wissen Sie, wenn ein Produkt nicht mindestens ein Jahr auf dem Markt ist, dann lassen wir die Finger davon! Wir brauchen erprobte Produkte!"*

Verkäufer: *„Mit dieser Auffassung bleibt Ihnen manch bittere Erfahrung erspart. Wann möchten Sie das Produkt testen?"*

Quittieren ist die ideale Basis zu einer Gegenfrage.

II. *Antworten Sie erst, wenn Sie sicher sind, dass Ihre Antwort gut ankommt,* d.h., das echte Bedürfnis Ihres Partners befriedigt und Ihrer späteren Argumentation nicht schadet. Eine voreilige Antwort kann Sie schnell ins Abseits bringen, wenn Sie nicht versucht haben zu ergründen, was Ihren Gesprächspartner bewegt, gerade diese Frage zu stellen. Es besteht kein Zweifel darüber:

Was Sie sagen, muss wahr sein! Doch sind Sie verpflichtet, *immer alles zu sagen, was wahr ist* oder was Sie wissen? Und wäre das vernünftig?

7. Umwegfrage

Wenden Sie diese Frageart immer an, wenn Sie Ihr Ziel nicht direkt erreichen können. Sie ist eine *diplomatische* Frageart und *erfordert Fingerspitzengefühl.*

Mit der Umwegfrage können Sie:

☞ *Widerstände* umgehen
☞ *Vertagungen* erreichen
☞ bedingte *Zustimmung* erlangen
☞ das Ziel *indirekt* ansteuern
☞ auf *Probleme* aufmerksam machen
☞ *Konfrontation* vermeiden

Kunde: *„Ich habe kein Budget."*

Verkäufer: *„Sind Sie interessiert, wie Sie mit einem kostengünstigeren Netzwerk Ihr Budget effizienter nutzen können?"*

Kunde: *„Ich habe keine Zeit."*

Verkäufer: *„Das verstehe ich gut. Sind Sie an Informationen interessiert, wie Sie Ihre Verkaufsdaten schneller aufbereiten können, Ihren Vorstand besser informieren und dabei Zeit sparen können?"*

Kunde: *„Ihre Firma ist mir zu teuer."*

Verkäufer: *„Verstehe ich Sie richtig, Ihnen geht es vor allem um die Wirtschaftlichkeit des Systems? Denken Sie dabei eher an die Kauf- (Entwicklungs-, Bau-) oder an die Betriebsphase?"*

8. Kontrollfrage

Die Kontrollfrage zeigt Ihnen, ob Ihr Partner Ihren Ausführungen gefolgt ist bzw. ob er Sie richtig *verstanden* hat.

„Interessieren Sie dazu nähere Details?"

„Das war nun eine Fülle an Informationen. Habe ich mich verständlich ausgedrückt oder soll ich das Wesentliche noch einmal zusammenfassen?"

Noch besser wäre es, Ihren Partner ständig aufmerksam auf zustimmende oder ablehnende Signale hin zu *beobachten* und sich sooft wie möglich *seine Zustimmung einzuholen.*

Kontrollfragen können Sie auch einsetzen, wenn Sie klären wollen, ob *Sie* Ihren Partner richtig verstanden haben:

„Habe ich Sie richtig verstanden? Sie sagen, ..."

Fassen Sie am Schluss längerer Argumentationen immer von sich aus zusammen und sichern Sie sich die Zustimmung Ihres Partners. Sie können dazu die geschlossene

oder – bei sichtbarer Zustimmung – auch die suggestive Frageform verwenden, denn bei dieser Gelegenheit wollen Sie ja keine langen Erläuterungen.

Partnergerecht fragen

Nachdem Sie gelernt haben, richtig zu fragen und zum richtigen Zeitpunkt sich mit einer Gegenfrage abzusichern, kommt es jetzt für Sie noch darauf an, Ihrem Gesprächspartner die *für ihn richtigen* Fragen zu stellen.

Welche Fragen stellen Sie wem?

Adressatengerecht zu *fragen* ist fast genauso wichtig, wie *bedürfnisgerecht* zu *antworten*! Überlegen Sie daher bereits während Ihrer Gesprächs-Vorbereitung:

– Welcher Hierarchie-Ebene gehört der Gesprächspartner an?
– Womit beschäftigt er sich?
– Was interessiert ihn? Was will er wissen?
– Was wird er entscheiden? Nach welchen Kriterien?
– Was weiß nur er? Worauf weiß er die Antworten am besten?
– Von wem können Sie die Antworten erhalten, die dieser Partner Ihnen nicht beantworten will, kann oder wird?
– Welche Fragen werten ihn auf?
– Welche Fragen beweisen ihm, dass Sie für ihn ein kompetenter Partner sind?
– Was sind die betrieblichen Ziele, die er aus seiner Position verfolgt?
– Was sind seine persönlichen Bedürfnisse, Hoffnungen und Erwartungen, die er nur für sich selbst verfolgt?
– Was sollten Sie gerade diesen Menschen noch fragen?

Wenn Sie alle diese Überlegungen durchdacht haben, dann erstellen Sie sich eine Stoffsammlung für Fragen an genau diesen Gesprächspartner, z.B.:

Fragen zur Bedarfs- und Bedürfnisanalyse speziell für:

1.   Geschäftsführer oder Vorstände

- Welches Selbstverständnis hat das Unternehmen?
- Wie lauten Unternehmens-Auftrag (Company Mission), -Philosophie, -Leitbild?
- Welche Visionen leiten Sie (streben Sie an)?[5]
- Welche Unternehmens-Ziele, vor allem mittel- und langfristige, verfolgen Sie?
- Was kennzeichnet die Unternehmens-Politik?
- Mit welchen Unternehmens-Strategien versuchen Sie, Ihre Ziele zu erreichen?
- Welche besonderen Stärken (USP) kennzeichnen Ihr Unternehmen?
- Wo liegen Ihre Schwachstellen?
- Welche wesentlichen Verbesserungen sollen erreicht werden?
- Wie lauten Ihre Organisations-/Führungsleitlinien?
- Welches Management-Informationssystem nutzen Sie?
- Wie aktuell und qualifiziert sind die Daten?
- Welche Investitionspläne/geplante Projekte haben Sie?
- Wie verläuft die Unternehmens-Entwicklung?
- Welche Kennzahlen geben den derzeitigen Stand am besten wieder?
- Welche Pläne verfolgen Sie?
- An welchen Kooperationen sind Sie beteiligt?

---

[5]   zu Unternehmens-Vision und -Leitbild s. www.RAS-Training.de

- Wie sieht Ihre Marktsituation/Positionierung aus?
- Wie verläuft die Branchenentwicklung (Trends)?
- Welche Stärken/Strategien/Schwächen kennzeichnen Ihre Wettbewerber?
- Welche Abhängigkeiten von Lieferanten, Kunden, Partnern existieren?
- Wie ist die Zusammenarbeit innerhalb der Geschäftsleitung?
- Wie klappt die Zusammenarbeit mit dem Betriebsrat?
- Welche vorhandenen Unternehmens-Analysen und externen Berater können wichtige Inputs liefern?
- Mit welchen Werbeaussagen treten Sie an die Öffentlichkeit?
- Welches Marketingkonzept besitzen Sie?
- usw.

2. Fachabteilungsleiter

- Was soll das Projekt/System leisten/können?
- Inwieweit tragen Sie das Projekt mit?
- Welche persönlichen Ziele verfolgen Sie damit?
- Worauf kommt es Ihnen dabei vor allem an?
- Wer entscheidet worüber? Wer nimmt ab?
- Die wievielte Zusammenarbeit mit Externen ist es für Sie und Ihre Mitarbeiter?
- Welche Erfahrungen haben die Anwender mit ähnlicher Hard- und Software?
- Welche Ausbildung/Qualifikation haben die Benutzer?
- Welche Anforderungen stellen Sie an die Bedieneroberfläche?
- Wie arbeitet die Abteilung bislang?

- Welche Organisationsstrukturen (Aufbau-/Ablauf-Organisation) haben Sie?
- Wie viele Anwender sind betroffen, ab wann?
- Welche Ängste/Befürchtungen haben die Anwender?
- Wie sind sie zu schulen?
- Was verändert sich für die Anwender durch den Einsatz dieses Systems?
- Inwieweit ist diese Investitionsentscheidung mitbestimmungspflichtig?
- Wie denkt Ihr Vorgesetzter darüber?
- Wie können wir[6] die Geschäftsleitung/Entscheider am besten für Ihre Ziele und Pläne gewinnen?
- usw.

Natürlich müssen hier je nach Fachbereich (Marketing, Vertrieb, Personal, Mitarbeiter-Entwicklung, Aus- und Weiterbildung, Forschung und Entwicklung, Produktion, Einkauf, Logistik, Finanzen, Controlling ...) eine Reihe von *fachspezifischen Fragen* in jedem Einzelfall individuell dazu kommen, die von Fachbereich zu Fachbereich oder von Abteilung zu Abteilung differieren. Hierbei können Sie als Verkäufer Ihre *Fach- und Branchenkompetenz* sowie Ihre gute Vorbereitung beweisen, die für Ihre Akzeptanz und Glaubwürdigkeit als Fachmann unerlässlich sind.

---

[6] „Wir" im Sinne von „Sie (Kunde) und ich (Verkäufer)". Hier ist das „Wir" richtig verwendet, weil es das Gemeinschaftsgefühl steigert.

3.   DV-Leiter

-    Wie ist die DV im Unternehmen positioniert?
-    Welche IT-Infrastruktur ist vorhanden?
-    Welches Client-Server-System betreiben Sie?
-    Mit welchem Betriebssystem?
-    Mit welcher Datenbank?
-    Mit welcher Netzwerksoftware?
-    Wie ist die Systemauslastung?
-    Was passiert, wenn die Geschäftsleitung XY will?
-    Wie lange dauert das für Sie?
-    Welche Strategie verfolgen Sie mittelfristig?
-    Wie zufrieden sind Sie mit dem heutigen System?
-    Mit Ihren Hardware-Lieferanten?
-    Mit Ihren Software-Partnern?
-    Wie führen Sie Software-Updates in Ihren dezentralen Systemen durch?
-    Welche Kosten entstehen Ihnen bei dem heutigen Verfahren?
-    Bevorzugen Sie für Ihre zukünftige Lösung ein zentrales oder dezentrales System?
-    Welche „Aktien" sind für Sie persönlich im Spiel?
-    Welchen Einfluss hat die Fachabteilung, um die es geht, im Unternehmen?
-    Wie gewinnen wir den Fachbereichsleiter für dieses Projekt?
-    Welche Stoßzeiten und Ausfallzeiten gilt es zu berücksichtigen?
-    usw.

4. Einkaufsleiter

- Welche Anforderungen stellen die Fachabteilungen/ Benutzer an Sie?
- Welche Anforderungen stellt die Geschäftsleitung an Sie?
- Wie hoch ist der Projekt-Budgetrahmen?
- In welchem Jahr/Geschäftsjahr soll die Rechnungsstellung erfolgen?
- Welche Vertragsbedingungen streben Sie an?
  Zahlungsbedingungen?
  Garantien, Gewährleistungsansprüche?
  Versicherungsbedingungen?
- Existiert ein Rahmenvertragswunsch?
- Inwieweit besteht der Wunsch, eine Konzernlizenz, Netzwerklizenz, Datenbanklizenz zu erwerben?
- Anhand welcher Erfolgskriterien wird Ihre Arbeit bewertet?
- Welche persönlichen Ziele verfolgen Sie?
- Welche Wartungswünsche haben Sie?
- Wie kann ich Sie am besten unterstützen, das erforderliche Budget genehmigt zu bekommen?
- usw.

Im richtigen Einstellen auf die richtige Zielgruppe besteht die eigentliche Kunst des *Branchenspezialisten* unter den Verkäufern. Hier zeigen sich die Unterschiede in Erfahrung und Knowhow sofort, und auch die der gewissenhaften Vorbereitung.

Erfolgreiche Verkäufer haben sich wohl alle einmal eine *ausführliche Liste möglicher Fragen zur Bedarfsanalyse* erstellt, aus der sie dann vor einem neuen Erstkontakt die jeweils wichtigen Fragen für dieses Akquisitionsgespräch mit gerade dem zu erwartenden Gesprächspartner nur noch herauszusuchen und im Einzelfall kurz zu ergänzen brauchen.

Natürlich variieren Ihre Zielgruppen, je nachdem, an welche Branche Sie verkaufen. Ein Verkäufer für *Gebäudeauto-mationssysteme* hätte z.B. Fragen an folgende unterschiedliche Zielgruppen vorzubereiten:

1. Beratende Ingenieure für Gebäudetechnik
2. Bauleiter vom Generalunternehmer (Architekt/ Bauingenieur)
3. Liegenschaftsverwalter beim Endkunden
4. Beamte vom Staatshochbauamt (Amtsrat/Baudirektor)
5. Betreiber beim Endkunden
    a) Gebäudetechniker?
    b) Abteilungsleiter für Mess-, Steuer- und Regel (MSR)-Technik?
    c) Abteilungsleiter Klimatechnik?
    d) Abteilungsleiter Elektrotechnik?
6. Verantwortliche in Heizungs-, Lüftungs- und Klima-Firmen (HLK)
    a) Projektleiter?
    b) Abteilungsleiter MSR-Technik?

Ein Verkäufer für *Gastronomie-Software* müsste sich dagegen Fragen vorbereiten für?

1. Eigentümer
    a) nur Verpächter?
    b) selbstständiger Unternehmer?
2. Pächter und selbstständiger Geschäftsführer?
3. Angestellter Geschäftsführer?
4. Restaurantleiter?

5.   Food & Beverage-Manager?

6.   Anwender, z.B. Kellner, Barkeeper ...

Für welche **Zielgruppen** brauchen **Sie** Fragen zur Bedarfsanalyse?

Die Phasen der Bedarfsanalyse

1. *IST-Zustand* erfragen:
    Was hat der Interessent? Wie arbeitet er derzeit?
    Wie läuft das?
2. *Veränderungsbereitschaft* erkunden:
    Womit ist er unzufrieden? Unzufriedenheit, Mangel-
    bewusstsein oder Veränderungswunsch vorsichtig verstär-
    ken!
3. *SOLL-Analyse:*
    Ziele? Wo will er hin? Wie soll es sein?
    Idealzustand verstärken!
4. *Objektiven Bedarf* feststellen:
    Was *braucht* der Interessent/Kunde?
5. *Subjektiven Bedarf* erfragen:
    Was *will* er?
6. *Bedürfnisse* ermitteln:
    Wozu? Was verspricht er sich davon? (Sicherheit, Pres-
    tige/Wertschätzung, Bequemlichkeit, Gewinnstreben?)
    Motive finden
7. *Chancen für Lösungsangebote* herausfiltern:
    Was unternimmt er schon? Welche Wege hält er für am
    geeignetsten? Was hält er derzeit für realisierbar, durch-
    setzbar, finanzierbar?
8. *Überzeugende Nutzenargumente* erfragen:
    Was brächte es ihm, wenn diese Aufgabe optimal
    gelöst wäre?
9. *Handlungsdruck* herausfinden:
    Wie eilig ist es ihm? Welche Termine stehen an?
10. *Zahlungsbereitschaft und -fähigkeit* ermitteln:
    Wie viel ist er bereit, dafür zu investieren?
    Welche Budgets hat er?

11. *Mitentscheider* erkennen:
    Wer nimmt Einfluss auf die Entscheidung?
    Wer ist noch zu überzeugen?
12. *Partner als Coach* gewinnen:
    Wer ist mit welchen Argumenten am ehesten zu überzeugen und für dieses Projekt zu gewinnen?

Ziel:

Gelebte Partnerschaft mit dem Kunden,
um ihn qualifiziert zu beraten und zu seinem Ziel zu führen, zum Wohle aller Beteiligten!

Das Wichtigste für Ihre Bedarfsanalyse

☞ Gefühle beeinflussen das Handeln und Verhalten und damit die Entscheidung Ihres Partners meist viel nachhaltiger als rationale Überlegungen.

☞ Ihr Partner braucht nicht nur gute Produkte und Dienstleistungen, er will vor allem seine Bedürfnisse befriedigt wissen.

☞ Fragen Sie Ihren Partner, womit er unzufrieden ist, was er stattdessen will und weshalb bestimmte Wünsche für ihn wichtig sind, damit Sie seine Entscheidungsmotive erkennen (Sicherheit, Prestige, Bequemlichkeit, Gewinnstreben ...). Fragen Sie ihn auch, welche Wege zum Ziel er für geeignet hält und aus welchen Gründen.

☞ Begründen Sie Ihre Fragen partnerorientiert und stellen Sie viele offene Fragen. Damit

  – zeigen Sie Ihr Interesse an Ihrem Partner und nehmen ihn wichtig,

  – aktivieren Sie Ihren Partner und bringen ihn zum Denken,

  – bringen Sie Ihren Partner zum Reden und erhalten wichtige Informationen,

  – sammeln Sie wertvolle Nutzenargumente und erleichtern sich Zustimmung,

  – steuern Sie das Gespräch.

☞ Beantworten Sie Fragen in dieser Phase, indem Sie:

– erst quittieren

- quittieren bringt Ihnen Bedenkzeit,
- steigert das Lebensgefühl Ihres Partners,
- ist die ideale Basis für eine Gegenfrage;

– dann eine Gegenfrage stellen, um die Initiative zurückzugewinnen

☞ Beobachten Sie Ihren Partner aufmerksam und hören Sie aktiv hin.

– Sie werten damit Ihren Partner und seine Ziele auf.

– Sie gewinnen damit sein Vertrauen.

– Sie erhalten dadurch frühzeitig nonverbale Signale der Zustimmung oder Ablehnung.

– Sie erhalten viele Hinweise und Anregungen für weitere Fragen und überzeugende Argumente.

☞ Machen Sie während der Bedarfsanalyse viele Notizen von den Aussagen Ihres Partners. Werten Sie die Gesprächsnotizen nachträglich aus, damit Sie die wahren, meist unterbewussten, Beweggründe Ihres Partners verstehen.

☞ Geben Sie dem Kunden nach Möglichkeit die Produkte in die Hand. Lassen Sie ihn sehen, fühlen, hören, riechen, schmecken, probieren.

BEDARF ANALYSIEREN

☞ Die ideale Verteilung der Gesprächsanteile in der Phase
der Bedarfsanalyse lautet: 10% Verkäufer – 90% Kunde!

Wie gut ist Ihr verkäuferisches Wissen? Prüfen Sie sich selbst!

Fragen zu Kapitel 7: Aktiv hinhören

– Wieso reicht einfaches Zuhören im Verkaufsgespräch nicht aus? Weshalb sollten Sie aktiv hinhören oder noch besser hineinhorchen in Ihren Partner?

– Welche Personen aus Ihrem persönlichen Umfeld eignen sich, um mit Ihnen hinhören zu üben?

– Wie umfangreiche Aussagen können Sie wirklich exakt (= wortwörtlich) hören und merken, um später wörtlich darauf einzugehen?

– Wie funktioniert Ihr „Arbeitsspeicher" (Ultrakurzzeitgedächtnis)? Welche Teile einer Aussage behalten Sie am besten?

– Was sollten Sie während des Hinhörens alles beachten, damit Sie wirklich hören, was Ihr Partner tatsächlich sagt?

– Warum dürfen Sie nicht schon Ihre Antwort formulieren, solange Ihr Partner noch spricht?

– Was sollten Sie beim Sprechen alles beachten, damit Ihr Partner Sie richtig versteht?

– Was können Sie alles erkennen, wenn Sie Ihren Partner die ganze Zeit genau beobachten?

– Wie können Sie anschaulicher und damit verständlicher formulieren und dadurch Ihrem Partner gleichzeitig auch das Merken Ihrer Argumente erleichtern?

– Was passiert zwischen der Informations-Aufnahme und der Informations-Wiedergabe in Ihrem Gehirn?

– Was stellen Sie sicher, wenn Sie in Gedanken wichtige Teile der Aussage Ihres Partners wörtlich wiederholen?

– Was nützt es Ihnen, wenn Sie eine Frage Ihres Partners laut wiederholen, bevor Sie diese beantworten?

- Wie viel Prozent Ihrer Botschaft übermitteln Sie über die Sprache und wie viel über Ihre Stimme und Ihre Körper-sprache (gesamtes Auftreten)?

Hören Sie aktiv hin – nicht nur zu!

Nicht nur das gezielte Fragen ist unerlässlich wichtig für die stimmige Bedarfsanalyse eines erfolgreichen Verkäufers, auch das richtige Benutzen der Ohren, das Hinhören oder noch besser das Hineinhören und Hineinversetzen in Ihren Partner will gelernt sein.

Auch die beste Frage nützt nichts, wenn Sie nicht sehr genau auf die Antwort achten. Leider bestätigt die alltägliche Beobachtung vieler Verkäufer meine Erfahrung mit Hunderten von Verkäufern und Kundenberatern in den RAS-Trainings in den letzten 20 Jahren: Selbst von den Spitzenverkäufern, die exzellent fragen konnten, konnten nur extrem wenige wirklich hinhören, leider!

Und hier ist wirklich *hin*-hören gemeint, nicht *zu*-hören! Eine alte asiatische Weisheit besagt sinngemäß: *„Jedes Volk gibt sich die Sprache, die es verdient."* Für manchen japanischen Gesprächspartner liegen die wahren Ursachen der teilweise schwachen deutschen Verhandlungserfolge im Zu-Hören ihrer deutschen Partner.

Abb. 7.1: Zu-Hören

Hin-Hören hingegen hat eher etwas mit hineinhören in den Partner zu tun, *hineinversetzen* in ihn, seine Gedanken und Gefühle in dieser Situation, in diesem Moment.

Abb. 7.2: Hin-Hören

Leider lässt sich wirkliches Hinhören kaum aus Büchern lernen. Vielleicht wird es auch deshalb nicht in deutschen Kindergärten, Schulen, Universitäten, Ausbildungsstätten etc. gelehrt (wahrscheinlich, weil auch die Lehrer und Ausbilder es nie gelernt haben). So kommt den Kommunikations- und Verkaufstrainern eine verantwortungsvolle und wichtige Aufgabe der Erwachsenenbildung in ihren Trainings zu. Denn *Hinhören lässt sich lernen,* wie jeder andere Teil einer guten Verkaufsmethodik auch.

Sie können einen Menschen nur verstehen, wenn Sie hinhören!

Die meisten Menschen hören ihren Mitmenschen meist nur so weit zu, wie deren Worte ihre vorgefertigten Meinungen bestätigen oder sie zum Widerspruch herausfordern. Alles, was darüber hinausgeht, wird einfach überhört.

Viele Menschen lassen den anderen zwar reden, doch hören sie nur auf das, was mit der eigenen Persönlichkeit oder Erfahrung zu tun hat. Dabei könnten aufmerksame Hinhörer stets neue Einsichten gewinnen und aus anderen Ansichten lernen.

Hinhören ist ein leiser, aber elementarer Ausdruck guten Benehmens.

Deshalb hat ja jeder Mensch auch *zwei Ohren*, aber nur einen Mund!

Fast jeder Mensch spricht am liebsten über sich und seine Interessen oder Probleme. Diese Tatsache macht es ihm schwer, richtig hinzuhören. Und wenn er schon hinhört, dann meistens nur, um möglichst bald wieder einen Aufhänger zu finden, um einzuhaken. Für Sie als Verkäufer/Kundenberater ist es jedoch wichtig, in Ihren Partner richtig hineinzuhören, da Sie die notwendigen Informationen nur so erhalten. Vermeiden Sie alle Nebengedanken, da Sie sonst wichtige Hinweise überhören könnten.

Konzentrieren Sie sich voll auf Ihren Partner und *seine Worte.* Versetzen Sie sich in seine Lage. Schlüpfen Sie einmal gedanklich in seine Haut und *nehmen Sie die Situation aus seiner Perspektive wahr.*

Durch aufmerksames Hinhören werten Sie Ihren Partner auf. Sie zeigen ihm Ihr Interesse an seinen Problemen. Ihr Partner wird Ihnen als gutem Hinhörer viel eher Auskünfte geben, als wenn er den Eindruck hat, dass Sie ihm nicht richtig zuhören.

Diese Feststellung bedeutet für Sie auch, dass ohne aktives Hinhören alle Fragen sinnlos sind. Deshalb *lohnt es sich, aktives Hinhören immer wieder bewusst zu trainieren.* Dazu ist allerdings zumindest *ein* anderer Mensch erforderlich, das Buch allein reicht dazu nicht. Dafür können Sie *mit jedem Menschen üben:* mit Ihrem Lebenspartner, Ihren Kindern, Eltern, Nachbarn, Freunden, Kollegen, Mitarbeitern, Führungskräften und natürlich mit Ihren Kunden. Zugute kommt es jeweils allen, Ihnen und denen, die sich von Ihnen akzeptiert, geschätzt und verstanden fühlen!

Und noch etwas: „Hören" Sie auch dann hin, wenn die anderen gerade einmal nicht sprechen. Oft sagen sie dabei mehr aus, als mit Worten auszudrücken ist.

Der „Kontrollierte Dialog"

Ein Sprecher wendet sich auch an Ihre Ohren, dieses Buch nur an Ihre Augen. In den Seminaren von RAS Training und Beratung können Sie Ihre Hinhör-Fähigkeit testen und trainieren, was hier nicht durchgeführt werden kann. Eine sehr wichtige Hinhör- und Bestätigungsübung sei Ihnen jedoch sehr empfohlen: Der „Kontrollierte Dialog".

Suchen Sie sich dazu einen oder zwei Partner als Mitspieler (ihr Alter spielt keine Rolle, Sie können auch mit Jugendlichen oder Schulkindern üben). Einigen Sie sich auf ein Thema, über das Sie miteinander sprechen wollen (es kommt dabei nicht so sehr auf die Inhalte des Gesprächs an als auf das exakte wortwörtliche Wiederholen). Alles, was Sie brauchen, ist eine Viertelstunde Zeit, die sich für Sie und Ihre/n Partner lohnt.

Spielanleitung für HINHÖREN und BESTÄTIGEN:

A und B führen fünf Minuten lang einen „Kontrollierten Dialog". Die dritte Person (C) ist aufmerksamer Beobachter. C achtet auf das Einhalten der Spielregeln und der Zeit. Es geht auch ohne Beobachter; in diesem Fall achten Sie selber darauf, dass Sie wirklich die volle Zeit zum Üben nutzen und erst anschließend Ihre Erfahrungen diskutieren.

Bei unvollständiger oder falscher Wiederholung darf der „Empfänger" einen zweiten Versuch machen. Falls er immer noch daneben liegt, wiederholt der „Sender" seine Aussage (ein Schritt zurück). Sie können auch zur Kontrolle die Übung mit Kassettenrekorder oder Video aufzeichnen.

Anschließend je fünf Minuten:

–   Rollentausch: B und C üben. A ist Beobachter
–   Rollentausch: C und A üben. B ist Beobachter

Sie tun sich leichter, wenn Sie die ersten drei Sätze jeweils kurz halten, bis beiden Übenden das *vollständige wörtliche Wiederholen* leicht fällt. Verlängern Sie dann Ihre Sätze kontinuierlich bis weit über die Schwelle dessen hinaus, was Ihr Partner noch richtig zu wiederholen imstande ist. Sie werden sich wundern, wie schnell das der Fall ist! Sie brauchen nicht einmal einen Bruchteil dessen zu sagen, was Sie normalerweise in Gesprächen Ihren Mitmenschen alles auf einmal erzählen!

Wenn Sie dies jedoch dennoch zum Zwecke der Übung für drei Minuten tun, haben Sie die Chance, noch zusätzlich etwas darüber zu erfahren, *wie Ihr Gedächtnis funktioniert.* Versuchen Sie daher *auch dann* zu *wiederholen,* wenn Sie sicher sind, nicht mehr alles parat zu haben.

Drei verschiedene Ergebnisse sind möglich:

1. Sie hören hin, bis Ihr „Arbeitsspeicher" (Ultrakurzzeit-gedächtnis) voll ist, und merken sich diesen Teil.
   Folge: Sie können den *Anfang* der Aussage Ihres Partners richtig wiedergeben, haben aber alles weitere vergessen.
2. Sie stellen Ihre Ohren auf „Durchlass" und merken sich das, was am Schluss noch im „Display nachleuchtet" (im Ultrakurzzeitgedächtnis kreist).
   Folge: Sie wissen den *Schluss* noch, haben aber das davor Gesagte weitgehend vergessen.
3. Sie hören hin, bis etwas Interessantes für Sie dabei ist, und merken sich dies.
   Folge: Nachdem Ihr Partner ausgeredet hat, wissen Sie noch diesen Teil aus der „*Mitte*", weil Sie selbst ähnliche oder gegensätzliche Erfahrungen gemacht haben. Der Rest ist Ihnen nicht mehr gegenwärtig.

Ein *Beispiel* für richtigen „Kontrollierten Dialog":

1. A sagt etwas zu B
   ──────────────→

   „Alkoholfreies Bier sollte billiger werden."

2. B wiederholt die Aussage von A möglichst wortge-treu
   ←──────────────

   „Du meinst, alkoholfreies Bier sollte billiger werden?"

3. *A* bestätigt B die richtige   *„Ja"* oder *„Stimmt."*
   Wiederholung

   $\longrightarrow$

4. *B* sagt etwas zu A   *„Ich wäre eher dafür, den Preis*

   $\longleftarrow$ *für alkoholhaltiges Bier zu erhö-*
   hen. Was hältst Du davon?"

5. *A* wiederholt B´s Aussa-   *„Du wärst eher dafür, den Preis*
   ge   *für alkoholhaltiges Bier zu erhö-*

   $\longrightarrow$ *hen. Du fragst mich, was ich da-*
   von halte?"

6. *B* bestätigt A die richtige   B nickt zustimmend *„Hm."*
   Wiederholung

   $\longleftarrow$

7. *A* führt das Gespräch fort   *„Nun, das wäre eine Möglichkeit.*

   $\longrightarrow$ *Ich glaube jedoch nicht, dass sie*
   sich verwirklichen lässt in der
   EU."

    usw.   usw.

Hinweis: *Wiederholen Sie auch Fragen wörtlich* und beantworten Sie diese erst nach der kurzen Bestätigung
durch Ihren Gesprächspartner! Halten Sie dabei
Rapport (vgl. Kapitel 1 „Verkaufs-Kommunikation", s.S. 67ff.)!

Auswertung des „Kontrollierten Dialogs"

1. Was sollten Sie beim HINHÖREN **beachten, damit Sie hören, was Ihr Partner sagt?**

- Es ist sehr viel *Konzentration* erforderlich auf die Worte des Partners.
- Je länger Sie sich konzentrieren, desto mehr *Energie* verbrauchen Sie.
- Den Partner *anschauen* hilft, doch dürfen Sie sich nicht ablenken lassen durch optische Eindrücke an ihm.
- Hinhören, nicht vermuten, interpretieren, bewerten, kombinieren, solange Ihr Partner noch spricht. Jeden Satz erst verarbeiten, wenn er *beendet* ist. Beim „darüber Nachdenken" werden oft kleine, aber wesentliche Informationen verändert.
- Eine Gefahr besteht darin, dass Sie sich nur auf das Wesentliche (für Sie) konzentrieren. Doch *ein* kleines Wort ändert den Sinn oft stark.
- Eigene Assoziationen, Erfahrungen, Erinnerungen unterdrücken, bis der Partner *zu Ende gesprochen* hat, sonst achten Sie nur noch auf Ihre eigenen Gedanken, Bilder und damit verbundene Gefühle.
- *Nicht* schon die *Antwort formulieren*, solange Ihr Partner noch redet (nach innen hören). Wenn Sie „Probehören", wie sich Ihre Antwort anhört, können Sie nicht gleichzeitig die von außen kommenden Worte verstehen.
- Beachten Sie auch die *Körpersprache*, vor allem Mimik und Gestik, um zu erkennen, was für Ihren Partner *wirklich* wichtig ist.
- Nicht hören, was Sie hören wollen, sondern was Ihr Partner sagt! Wenn Sie durch *Rückfragen* sicher-

stellen, dass Sie Ihren Partner verstanden haben, wird der Dialog effizienter.

– Aus der Erfahrung: Mehr als *drei kurze Gedanken* kann kaum jemand richtig speichern. Beim zweiten Nebensatz ist der Gedächtnisspeicher überfordert, entweder ist der Anfang nicht mehr vollständig da oder der Schluss fehlt teilweise.

– Wenn Sie sich *für* Ihren *Partner und* das *Thema interessieren,* merken Sie sich sehr viel mehr.

Trainieren Sie Ihr Gedächtnis und Ihre Merkfähigkeit, am besten durch regelmäßiges Wiederholen dessen, was Sie hören.

2. Was sollten Sie beim SPRECHEN beachten, damit Sie Ihr Partner richtig versteht?

– *Schauen* Sie Ihren Partner an. Prüfen Sie, ob er
a) aufnahmewillig und -fähig ist,
b) Ihren Ausführungen (noch) folgt,
c) Sie versteht.

– Stellen Sie sich auf das *Sprach- und Bildungs- niveau* Ihres Partners ein.

– Stellen Sie sich auf die *Interessen, Erwartungen* und Gewohnheiten Ihres Partners ein.

– Nehmen Sie *Rapport* auf und halten Sie ihn aufrecht.

– Machen Sie *kurze*, klare Aussagen – am besten im- mer *nur einen Gedanken* auf einmal, maximal drei Gedanken.

– *Erst denken*, dann reden! Überlegen Sie vorher, was Sie sagen wollen. Korrekturen im Satz (z.B. „anders ausgedrückt ... ") löschen vorher Gesagtes (zum Schutz des Ultrakurzzeit-Gedächtnisses vor Über- lastung).

- Legen Sie zwischen den Sätzen *Denkpausen* ein für Sie und *Wirkungspausen* für Ihren Partner.
- Halten Sie *Blickkontakt* und beachten Sie die Reaktionen Ihres Partners.
- Unterstreichen Sie Ihre Worte mit der Körpersprache. *Wichtiges* durch *Mimik* und *Gestik hervorheben.*
- Sprechen Sie *anschaulich*. Verwenden Sie
  a) konkrete, *bildhafte* Worte statt abstrakter,
  b) *Vergleiche* und *Beispiele,*
  c) *Sprichworte*, Zitate, einprägsame Metaphern,
  damit sind Sie leichter zu verstehen, und
  das Gesagte ist leichter zu merken.
- Formulieren Sie *lebendig*. Verwenden Sie dafür die *wörtliche Rede*. Zitieren Sie vor allem bei Aussagen von Referenzkunden immer in direkter Rede. Dann ist es nicht mehr Ihre Behauptung als Verkäufer, sondern die Aussage eines zufriedenen Kunden.
- *Variieren* Sie die *Lautstärke* und den *Tonfall.*
- Stellen Sie *Kontrollfragen.*
- Sprechen Sie *langsam, deutlich, betont* – und bei Partnern mit anderer Muttersprache etwas *lauter* und etwas langsamer.
- Bleiben Sie beim *Thema*, schweifen Sie nicht ab.
- Benutzen Sie *Fachausdrücke, Fremdwörter und Abkürzungen nur, wenn Ihr Partner sie sicher kennt* (in diesem Ausnahmefall dann allerdings sinnvoll, denn eine gemeinsame Fachsprache kann den Rapport stärken).
- Sprechen Sie *Dialekt* nur, wenn Ihr Partner den gleichen spricht (betont die Gemeinsamkeit).

3. **In welchen Situationen hilft Ihnen der „Kontrollierte Dialog"?**

Als *laut gesprochener Dialog*, d.h., Sie wiederholen möglichst wortwörtlich:

- wenn Sie *Zeit zum Nachdenken* brauchen, z.B. bei schwierigen Fragen und kritischen Einwänden
- zum Überbrücken von Pausen
- beim Wiederholen von rechtskräftigen Vereinbarungen, z.B. *Verträgen* und *Bestellungen* (Artikel, Menge, Preis, Liefer- und Zahlungsbedingungen, Liefer- und Rechnungsanschriften ...)
- beim Wiederholen von vereinbarten *Terminen* (Namen, Adresse, Uhrzeit, Gesprächsthemen, Fax-/ Telefonnummern ...)
- um Ihrem Partner zu *bestätigen*, dass Sie ihn richtig verstanden haben
- wenn Sie *nicht sicher* sind, ob Sie Ihren Partner verstanden haben
- um Ihren Partner zum *Präzisieren* ungenauer Aussagen aufzufordern. Wiederholen Sie wörtlich bis dahin, wo Sie es genau können, ziehen Sie dann Ihre Stimme fragend hoch und schauen Sie Ihren Partner fragend an
- um *Streit* durch Missverständnisse aufgrund emotionaler Affektreaktionen zu *vermeiden* (ist eine fantastische Methode z.B. für Ehepaare – jedoch nur für Anwender mit sehr viel Übung). Der „Kontrollierte Dialog" wurde ursprünglich als „Scholastischer Disput" von den Jesuiten zu diesem Zweck entwickelt und angewendet

Als *stiller Dialog*, d.h., Sie sprechen die gehörten Worte im Stillen, in Gedanken mit:

– immer, wenn es *wichtig* ist. Nicht beim Smalltalk, weil es zu viel Konzentration erfordert, jedoch immer, wenn Ihr Partner über seine Wünsche, Sorgen, *Bedürfnisse, Ziele, Ängste* ... spricht oder Ihnen *Fragen* stellt.

Dies ist die beste Möglichkeit, sich auf Ihren Partner zu konzentrieren und sich vor gleichzeitigen eigenen Gedanken und verfrühten Antwort-Formulierungen zu schützen. Ein Vergleich macht dies anschaulich. Betrachten Sie einmal *Informations-Aufnahme, Informations-Verarbeitung* und *Informations-Wiedergabe* im Bereich der Datenverarbeitung:

Der Prozessor im Computer funktioniert *elektronisch* und ist deshalb *erheblich schneller* bei der Informationsverarbeitung als die *mechanische Tastatur* bei der Informationseingabe und als der *mechanische Drucker* bei der Informationswiedergabe.

Das menschliche *Gehirn* entspricht in diesem Vergleichsbeispiel dem *Prozessor*. Es ist Ihr Instrument zur Informations-*Verarbeitung*. Es arbeitet unglaublich *schnell* durch elektrische Gedankenimpulse.

Ihr *Ohr* ist Ihr Instrument zur Informations-*Aufnahme*. Es entspricht der Tastatur und funktioniert *mechanisch* – daher entsprechend *langsamer*.

Ihr *Mund* ist Ihr Instrument zur Informations-*Weitergabe*. Er entspricht der Tastatur, funktioniert ebenfalls *mechanisch* und wesentlich *langsamer* als Ihr Gehirn.

Was ist die Folge der unterschiedlichen Geschwindigkeiten? Jedesmal wenn ein Wort Ihres Partners durch Ihr Ohr an Ihr Gehirn weitergeleitet worden ist, herrscht dort freie Kapazität, bis das nächste Wort ankommt, um verarbeitet zu werden. Da Ihr Gehirn sehr viel schneller denken kann, als Ihr Partner reden kann, beschäftigt sich Ihr Gehirn in den Pausen zwischen den Worten mit Vermuten, Bewerten, Erinnern, Vergleichen, Schlussfolgern, Zustimmen, Ablehnen, Antworten formulieren ...

Diese tollen Fähigkeiten Ihres Gehirns sind genauso nützlich wie die hohe Geschwindigkeit des Prozessors im Rechner. Doch leider gibt es in diesem Zusammenhang einen *gravierenden Unterschied* zwischen dem Computer und dem menschlichen Gehirn.

Den Rechner zwingt sein Betriebssystem, jeden neuen Input durch die Tastatur zu beachten. Er „überhört" und verliert nichts. Das Gehirn kennt kein solch zwingendes Programm. Wenn es die angekommenen Worte in anschauliche *Bilder* verwandelt und die dazu passenden *Empfindungen für alle Sinne* kreiert hat, hat es sich weitaus *attraktivere Kanäle* geöffnet als allein den auditiven Eingangskanal.

Ein Bild sagt mehr als tausend Worte, und ein *Gefühl* ist noch *viel intensiver* als tausend Bilder! Daher fällt es uns Menschen schwer, mit unserer Konzentration aufmerksam bei den Worten eines Mitmenschen zu bleiben und nicht in eigene innere Empfindungen abzuschweifen.

Die einzig *sichere Methode, wirklich zu hören, was Ihr Partner sagt*, kennen Sie bereits: Wenden Sie den „Kontrollierten Dialog" an. *Sprechen Sie in Gedanken still jedes Wort nach, das Sie hören.* Auf diese Art und Weise verhindern Sie erfolgreich, dass Ihr Gehirn zu früh – also bereits während Ihr Partner noch spricht – beginnt, von der Informations-Aufnahme zur Informations-Verarbeitung zu wechseln, mit der Folge, den Rest der Aussage nicht mehr zu hören.

Denn selbst wenn Sie mehrere Dinge gleichzeitig tun können, Sie können zu einer Zeit immer nur entweder nach außen *oder* nach innen hören, entweder Ihrem Kunden *oder* Ihren Gedanken zuhören.

Wenden Sie die „*Kaffeefilter*"-*Methode* an: *Warten Sie auf den letzten Tropfen,* denn:

Hinhören ist ein *Riesenkompliment* an Ihre Partner.

Informations-Verluste

> **Gesagt ist nicht gehört.**
> **Gehört ist nicht verstanden.**
> **Verstanden ist nicht einverstanden.**
> **Einverstanden ist nicht angewendet.**
> **Angewendet ist noch lange nicht beibehalten.**
>
> Konrad Lorenz

Lassen Sie jedes Mal nur 20 Prozent des ursprünglich Gesagten wegfallen (vgl. auch Abb. 7.3, auf der nächsten Seite), dann ergibt sich folgendes Ergebnis:

100 %	Gesagt ist nicht gehört	-20 %
80 %	Gehört ist nicht verstanden	-20 %
60 %	Verstanden ist nicht einverstanden	-20 %
40 %	Einverstanden ist nicht angewendet	-20 %
20 %	Angewendet ist nicht beibehalten	-20 %
0 %	Beibehalten	

Fazit: Information gerät im Laufe der Zeit allmählich in Vergessenheit, wird von der täglichen Flut neuer Informationen und der Arbeitsroutine in den Hintergrund gedrängt. Deshalb können Sie sich nicht darauf ausruhen oder damit herausreden, dass Sie es Ihrem Kunden doch einmal eindeutig erklärt hätten und er es auch verstanden habe. Auch hier gilt:
Was den Kunden interessiert und was wichtig ist – *immer wieder wiederholen!*

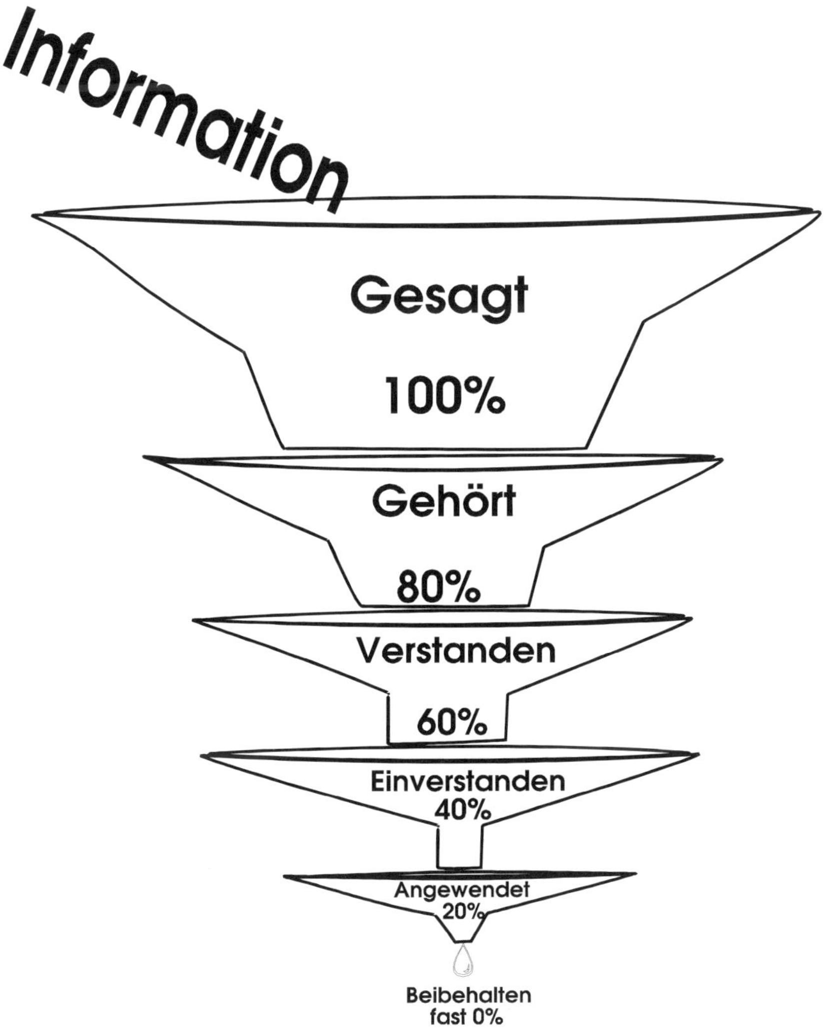

Information

Gesagt

100%

Gehört

80%

Verstanden

60%

Einverstanden
40%

Angewendet
20%

Beibehalten
fast 0%

Abb. 7.3:   Informations-Verluste

Hinhören erfolgt auf drei Wahrnehmungsschienen

1. Gesprochenes Wort (verbaler Inhalt)	2. Ton (Modulation, Pausen ...)	3. Körpersprache (Gestik, Mimik)

Was glauben Sie, welche Bedeutung diese drei Kriterien für den Zuhörer haben? Wie viel Prozent geben Sie den einzelnen Empfangsschienen, wenn die Summe der wahrgenommenen Botschaft gleich 100% ist?

%	%	%

Erinnern Sie sich an das Eisberg-Modell und die Zuordnung von Verstand und Gefühl, Sachebene und Beziehungsebene (vgl. Kapitel 1 „Verkaufs-Kommunikation", s.S. 41ff.)? Dann werden Sie die von Experten ermittelten Zahlen nicht mehr sehr überraschen (Auflösung folgt zwei Seiten weiter).

Denken Sie daran, dass sich Menschen und ihre Vorfahren in der Evolution schon *seit mehreren Hundert Millionen Jahren durch körpersprachliche Signale verständigen.* Diese werden durch das Auge wahrgenommen und im *Stammhirn* verarbeitet. Dieser älteste Hirnteil[1] hat Vorrang vor den jüngeren, neueren in der biologischen Evolution des menschlichen Gehirns.

---

[1]   Vera F. Birkenbihl nennt ihn unser „Reptiliengehirn"

Die menschliche Sprache in ihrer heutigen Form ist vermutlich erst vor wenigen Zehntausend Jahren entstanden. Die menschliche *Schrift* gar ist erst einige Tausend Jahre *jung*. Sie besteht aus Worten, diese aus Buchstaben, d.h. *rationalen Symbolen*, die nur derjenige verstehen kann, der gelernt hat, sie zu entziffern. Diese Wortsprache wird im neuesten, jüngsten Teil unseres Gehirns, einem kleinen Abschnitt in der *Großhirnrinde* verarbeitet. Dieser junge Teil hat zu schweigen, wenn der alte – für die *lebenswichtigen* Funktionen und Entscheidungen zuständige Teil – „sendet".

Jetzt wissen Sie, weshalb Sie immer *dem mehr glauben, was Sie sehen,* als dem, was Sie **nur hören**. Prüfen Sie selbst: Glauben Sie dem mehr, was in den Führungsleitlinien Ihres Unternehmens steht, oder dem, was Ihre Führungskräfte Ihnen täglich vorleben? Glauben Sie dem mehr, was Ihnen die Politiker im Wahlkampf versprechen, oder dem Verhalten, das Sie täglich an ihnen sehen?

Beachten Sie auch das alte Sprichwort: „*Der Ton macht die Musik.*" Die Art, wie etwas gesagt wird, ist viel ausschlaggebender für die Bedeutung, als die Worte, die benutzt werden. „*Auf Sie kann man sich verlassen*", bedeutet etwas vollkommen anderes, wenn es Ihr Partner ernst und mit anerkennender Miene sagt, als wenn er es vorwurfsvoll und mit gehässigem Gesichtsausdruck sagt, oder gar spöttisch und mit ironischem Tonfall.

Wie *wichtig* die *Betonung* ist, erkennen Sie am leichtesten an dem bekannten Satz: „*Der brave Mann denkt an sich selbst zuletzt.*" Lesen Sie diesen Satz einmal mit einer kleinen *Pause* zwischen zwei Wörtern und der *Sinn verkehrt sich in sein Gegenteil:* „*Der brave Mann denkt an sich – selbst zuletzt.*"

Verstehen Sie jetzt, weshalb der verbale Inhalt eines Textes im Verhältnis zu Ton und Körpersprache nur so wenig wichtig ist?

1. *Gesprochenes Wort* (verbaler Inhalt)	2. *Ton* (Modulation, Pausen ...)	3. *Körpersprache* (Gestik, Mimik)

1. 7 %   = WAS   Fachinformation

2. 38 %   Art und Weise,
                            wie Sie etwas sagen

            }   = WIE

3. 55 %   Körpersprache

      100 %   Überzeugungskraft

Für jeden Berater und Verkäufer gilt:

Nicht deine Argumente überzeugen;

DU überzeugst

Charles Tschopp

Erfolgreiche Verkäufer verstehen es, die Kommunikation ihrer Kunden bewusst wahrzunehmen und richtig zu analysieren sowie selbst überzeugend zu kommunizieren. Deshalb trainieren sie ihre Körpersprache und den Einsatz ihrer Stimme.

Zehn Gebote guten Hinhörens

1. *Schweigen Sie, sprechen Sie nicht selbst.*
   Sie können nicht hören, wenn Sie sprechen.
2. *Stellen Sie sich positiv auf Ihren Partner ein.*
   Versetzen Sie sich in seine Situation, damit Sie seinen Standpunkt verstehen. Verfolgen Sie eine Strategie, die beide Seiten zu Gewinnern macht.
3. *Lächeln Sie.*
   Ihr Lächeln hilft Ihnen und Ihrem Partner. Zeigen Sie ihm, dass er frei sprechen kann. Schaffen Sie eine angenehme, entspannte Gesprächsatmosphäre.
4. *Hören Sie hin.*
   Zeigen Sie Interesse. Lesen Sie während des Gesprächs nicht in Ihren Unterlagen. Hören Sie hin, um zu verstehen und nicht um zu bewerten oder zu widersprechen.
5. *Konzentrieren Sie sich auf Ihren Partner und sein heutiges Anliegen.*
   Zeichnen Sie keine Kritzeleien, blättern Sie keine Papiere. Formulieren Sie nicht schon Ihre Antwort, solange Ihr Partner spricht.
6. *Bewahren Sie Geduld.*
   Nehmen Sie sich Zeit. Unterbrechen Sie nicht. Seien Sie nicht auf dem Sprung. Wer wenig Zeit hat, sollte langsam sprechen, denn er hat zu wenig Zeit, um Missverständnisse aufzuklären.
7. *Beherrschen Sie sich.*
   Wenn Sie sich ärgern, interpretieren Sie die Worte Ihres Gegenübers falsch. Atmen Sie tief durch und bleiben Sie sachlich und freundlich. Unterstellen Sie Ihrem Partner immer eine positive Absicht auch bei unangenehmen Äußerungen.

8. *Bleiben Sie gelassen.*
   Lassen Sie sich durch Vorwürfe und Kritik nicht aus dem Gleichgewicht bringen. Gelassenheit bringt Ihren Partner in Zugzwang. Streiten Sie nicht: Wenn Sie den Streit gewinnen, haben Sie den Partner verloren.

9. *Fragen Sie, fragen Sie, fragen Sie.*
   Ermutigen Sie Ihren Partner zum Sprechen und demonstrieren Sie damit Ihr Interesse an ihm und seinen Zielen. Steuern Sie das Gespräch durch viele kurze, offene Fragen.

10. *Sprechen Sie nicht selbst.*
    Dies ist das erste und letzte Gebot, und alle anderen hängen davon ab. Denn: *Wer viel redet, erfährt wenig!*

Sie wissen: Die Natur gab dem Menschen *zwei* Ohren, aber nur *eine* Zunge. Dies ist ein sanfter Hinweis darauf, dass Sie im Gespräch mehr hinhören als sprechen sollten, sonst wissen Sie hinterher nur, was *Sie vorher schon dachten.* Die Fähigkeit hinhören zu können, ist ein elementares Merkmal der menschlichen Kontaktfähigkeit. Wer nicht hinhören kann, kann einem anderen auch kaum wirkliche Zuwendung geben.

Schlechtes Hinhören ist fast immer an eine egozentrierte Grundhaltung geknüpft. Solche Gesprächspartner beginnen bereits eigene Gedanken zu entwickeln, noch bevor der Sprechende seine Aussage beendet hat. Deshalb nehmen schlechte Zuhörer vorwiegend *selektiv* wahr. Häufig befürchten schlechte Zuhörer im Gespräch zu *unterliegen.* Aus diesem Grunde nehmen sie oft die Gelegenheit wahr, ihre Position zu behaupten und fallen dem Sprechenden ins Wort. Dabei jedoch bemerken sie kaum, dass sie durch ihr Verhalten eine negative Gesprächsatmosphäre schaffen.

Die Egozentrik des schlechten Hinhörens führt auch dazu, *unge-duldig* zu kommunizieren. Da das eigene Gesprächsanliegen höher bewertet wird als die Aussage des anderen, versucht ein solcher Gesprächspartner, stets die *Dominanz* zu behalten. Schlechte Zuhörer erleben sich selbst als den kommunikativen Mittelpunkt.

Aufmerksames Hinhören dagegen beruht auf einer „partner-zentrierten" Grundhaltung. Der Hinhörende nimmt seine eigenen Vorstellungen, Wünsche und Erwartungen zurück und konzen-triert sich ganz auf den Sprechenden und dessen Anliegen. Wo das Hinhören aufhört, versickert die Gesprächsfähigkeit. Wo das Gespräch stirbt, stirbt allmählich jede Partnerschaft.

Ermitteln Sie Ihren *durchschnittlichen Gesprächsanteil*:

Verkäufer	:	Kunde		
80 %	:	20 %	=	Anfänger
50 %	:	50 %	=	Fortgeschrittener
20 %	:	80 %	=	Könner, Verkaufsprofi, Meister

Wer viel über sich selbst erzählt – langweilt.
Wer dem Partner das Wort gönnt – begeistert.

Grundregeln für effektives Hinhören

Regel	Ein schlechter Hinhörer	Ein guter Hinhörer
01 Finden Sie das Interesse heraus	„schaltet ab" bei trockenen Themen	nutzt die Gelegenheit: *„Was steckt für mich Lohnendes darin?"*
02 Bewerten Sie den Inhalt, nicht die Vorgehensweise	„schaltet ab" bei langweiligen Rednern	konzentriert sich auf den Inhalt und ignoriert Vortragsmängel
03 Bleiben Sie zurückhaltend	tendiert zum Disput	wägt gelassen ab und urteilt erst dann, wenn er alles aufgenommen hat
04 Entdecken Sie neue Anregungen	achtet nur auf Sachdetails	achtet auf das zentrale Thema
05 Seien Sie flexibel	schreibt intensiv mit, nach „Schema F"	notiert nur Wichtiges und richtet sich dabei nach dem Redner
06 Geben Sie sich Mühe beim Hinhören	zeigt keinen Einsatz und markiert nur Aufmerksamkeit	arbeitet intensiv mit, zeigt eine aktive Körperhaltung

Regel	Ein schlechter Hinhörer	Ein guter Hinhörer
07 Widerstehen Sie Ablenkungen	lässt sich leicht ablenken	bekämpft oder vermeidet Ablenkungen, toleriert Rednermängel und weiß sich zu konzentrieren
08 Trainieren Sie Ihren Verstand	lehnt schwierige Darstellungen ab und bevorzugt anspruchslose Themen	nutzt schwierige Stoffe als geistiges Training
09 Seien Sie tolerant	reagiert gereizt auf emotional gefärbte Worte	ordnet Subjektives richtig ein und regt sich nicht darüber auf
10 Profitieren Sie davon, dass die Gedanken schneller sind als das gesprochene Wort	tendiert dazu, bei langsamen Sprechern in Gedanken abzuschweifen	fasst gedanklich zusammen, visualisiert sich Merkhilfen, hört auf Untertöne und beachtet die Gefühle des Sprechers

Hinhören will gelernt sein wie Lesen, Schreiben und Rechnen. Hinhören erfordert Energie, Selbstdisziplin und Konzentration.

Das Wichtigste für Ihr gutes Hinhören

☞ Lassen Sie Ihren Kunden reden, sprechen Sie nicht selbst.
Sie können nicht hören, wenn Sie sprechen, und erhalten somit keine wichtigen Informationen.

☞ Öffnen Sie sich für Ihren Partner.
Versetzen Sie sich in seine Situation. Versuchen Sie, seine Sichtweise zu verstehen. Suchen Sie nach Chancen, beide Seiten zu Gewinnern zu machen.

☞ Lächeln Sie.
Ein freundlicher Gesichtsausdruck hilft Ihnen und Ihrem Partner. Zeigen Sie durch Ihr Lächeln, dass Sie vertrauenswürdig sind und alle frei sprechen können.

☞ Atmen Sie tief und gleichmäßig.
Schaffen Sie eine angenehme, entspannte Gesprächsatmosphäre. Bleiben Sie ruhig und aufmerksam.

☞ Lauschen Sie in Ihren Partner hinein.
Zeigen Sie Interesse. Hören Sie genau hin. Lesen Sie nicht in Ihren Unterlagen. Versuchen Sie, zu verstehen und nicht zu bewerten oder zu widersprechen.

☞ Konzentrieren Sie sich auf das Anliegen Ihres Partners.
Seine Ziele und Erfahrungen stehen im Vordergrund. Ihre Absichten und Erkenntnisse sind im Moment zweitrangig.

☞ Notieren Sie, was Ihr Partner sagt.
Das ist 1000-mal besser, als in Ihren Papieren zu blättern. Denken Sie nicht schon an Ihre Antwort, solange Ihr Partner noch spricht.

☞ Bewahren Sie Geduld.
Lassen Sie Ihren Partner ausreden. Fallen Sie ihm nicht ins Wort. Nehmen Sie sich Zeit. Seien Sie nicht auf dem Sprung. Wenn Sie wenig Zeit haben, sollten Sie langsam tun, denn dann haben Sie viel zu wenig Zeit, um Missverständnisse aufzuklären, falls Sie diese überhaupt bemerken.

☞ Beherrschen Sie sich.

Wenn Sie sich ärgern, interpretieren Sie die Worte Ihres Gegenübers falsch. Bleiben Sie sachlich und freundlich. Unterstellen Sie Ihrem Partner immer eine positive Absicht auch bei unangenehmen Äußerungen oder Verhaltensweisen.

☞ Bleiben Sie souverän und integer.

Lassen Sie sich durch Vorwürfe und Kritik nicht aus dem Gleichgewicht bringen. Gelassenheit bringt Ihren Partner in Zugzwang. Streiten Sie nie mit einem Kunden: Sollten Sie den Streit gewinnen, verlieren Sie den Kunden, und oft noch viele weitere, denn verärgerte Kunden reden negativ über Sie und Ihr Unternehmen.

☞ Stellen Sie viele offene Fragen.

Ermutigen Sie Ihren Partner zum Sprechen und zeigen Sie damit Ihr Interesse an ihm und seinen Zielen. Steuern Sie das Gespräch durch gezielte, kurze W-Fragen.

☞ Wenden Sie den „Kontrollierten Dialog" an.

Wiederholen Sie wichtige Aussagen Ihres Partners wörtlich:

a) still für sich als Konzentrationshilfe für Ihr Gehirn,

b) laut, vor allem wenn Sie Zeit zum Denken brauchen.

☞ Sprechen Sie nicht selbst.

Dies ist das oberste Gebot guten Hinhörens. Alle anderen hängen davon ab. Wer nur selbst redet, erfährt nichts.

Wie gut ist Ihr verkäuferisches Wissen? Prüfen Sie sich selbst!

Fragen zu Kapitel 8: Nutzen aufzeigen

– Was ist wichtiger als die Eigenschaften Ihres Produkts und die Vorteile Ihrer Dienstleistung?

– Mit welchen Formulierungen können Sie geschickt überleiten von Ihren Vorteilen zu den bedürfnisorientierten Nutzenargumenten für Ihren Partner?

– Wie beeinflussen Sie die Meinung Ihres Kunden verbal und nonverbal?

– Wovon hängt Ihre Glaubwürdigkeit ab?

– Inwieweit müssen Sie von Ihrem Angebot überzeugt sein?

– Wie viele Argumente brauchen Sie, um zu überzeugen?

– Was ist wichtiger als die Zahl Ihrer Argumente?

– Welche Vor- und Nachteile bringen Fachausdrücke mit sich?

– Wie sorgen Sie für Verständlichkeit und Anschaulichkeit?

– Wie können Sie bildhaft und anschaulich formulieren?

– Warum sollten Sie immer erst über Bekanntes, dann über Neues sprechen?

– Wie verschaffen Sie Ihren Kunden ein Gewinn-Erlebnis?

– Mit welchen suggestiven Worten führen Sie Ihren Partner sicher in seine eigenen sinnespezifischen Vorstellungen?

– Welche visuellen Verkaufshilfen können Sie einsetzen?

– Weshalb sollten Sie immer vom IST zum SOLL gehen in Ihrer Argumentation?

– Welche Vorteile bringt Ihnen die beidseitige Argumentation?

– In welcher Reihenfolge bringen Sie Ihre stärksten Argumente?

– Warum sollten Sie nach einer Zusammenfassung ein Fazit ziehen?

- Wie können Sie Ihren Partner am stärksten in die Entwicklung der Lösung einbinden?
- Welche Vorteile hat es für Sie, wenn Ihr Partner selbst die Lösungsidee entwickelt?
- Wieso sollten Sie sich hüten, Entscheidungen für Ihren Partner zu treffen?
- Was zeichnet „psychologische Spiele" im „Drama-Dreieck" aus?
- Woran erkennen Sie, dass Ihr Kunde ein psychologisches Spiel mit Ihnen spielt?
- Wieso sind Ratschläge die schlimmsten Schläge?
- Wie aktivieren Sie passive und wenig redende Partner, ihre Vorstellungen von der Lösung zu entwickeln und mitzuteilen?
- Wie kommen Sie von der Kundenaussage zur personenorientierten Nutzenargumentation?
- Wie stellen Sie fest, dass Ihr Partner Ihre Argumente akzeptiert hat?

Verkaufen Sie Nutzen für Ihren Kunden!

Möglich, dass manche Kunden einige Argumente schon kennen, doch sagen Sie sich nicht: *„Die Argumente kennt der Kunde ja schon längst."* Die Erfahrung beweist, dass derjenige Verkäufer den größten Erfolg hat, der ein gutes Argument genau im richtigen Augenblick bringt: dann, wenn er die *Bedürfnisse* des Kunden erkannt hat.

Wollen Sie jemanden von einer Idee oder einem Produkt überzeugen, dann sollten Sie den *Nutzen*, den Ihr Partner davon hat, möglichst eindringlich, anschaulich und leicht verständlich schildern können. Das bedeutet für Sie:

– Übertragen Sie alles, was Sie über ein Produkt oder eine Dienstleistung wissen, in die Denkwelt Ihres Kunden.

– Konzentrieren Sie sich auf das, was den Kunden interessiert. Nicht hundert Argumente sind gefragt, sondern *nur die wenigen Nutzen, die Ihrem Kunden wichtig erscheinen*, um sein Bedürfnis zu befriedigen.

Der Kunde reagiert einzig und allein darauf, was *ihn* selbst *interessiert*, und nicht darauf, was für Sie oder Ihr Unternehmen ein Vorteil ist. Um überzeugend argumentieren zu können, sollten Sie:

1. alle Eigenschaften Ihres Produktes, alle Merkmale Ihres Unternehmens und alle Vorteile Ihrer Dienstleistungen kennen *und*
2. diese Merkmale in die Sprache des Kunden übersetzen. Das heißt, sagen Sie Ihrem Kunden, was *er* davon hat.

NUTZEN AUFZEIGEN

Einige Praxisbeispiele auf den folgenden Übungsseiten zeigen Ihnen, wie leicht dies geht. In der linken Spalte steht jeweils die vorteilhafte Eigenschaft Ihres Produkts oder Ihrer Dienstleistung. Mit dieser Eigenschaft können *Sie* etwas anfangen. Damit auch Ihr Gesprächspartner sicher weiß, was er damit anfangen kann, sollten Sie diese – individuell zugeschnitten auf sein jeweiliges Bedürfnis (Kauf-, Entscheidungsmotiv) – für ihn übersetzen.

In der mittleren Spalte steht daher ein Nutzen für den Kunden, der aus der links genannten Eigenschaft resultiert. Zu Ihrer leichteren Einarbeitung in diese für Ihren Verkaufserfolg elementar wichtige Argumentationsfähigkeit ist in der rechten Spalte jeweils das vorrangige Motiv eingefügt, auf das der jeweilige Kunden-Nutzen abzielt. Die Formulierungen in der mittleren Spalte nutzen Ihnen jeweils nur bei Kunden mit genau dem rechts daneben stehenden Bedürfnis. Obwohl alle anderen Argumente von Ihnen auch wahr und richtig sind, würden diese Ihnen oft sogar schaden, sollten Sie diese einem Partner mit einer anderen Motivstruktur mitteilen. Bitte trainieren Sie anhand der Übungsseiten.

Anmerkung zu den Praxisbeispielen:
In kaum einer Branche ist der technische Fortschritt so hoch und so schnelllebig, wie in der Datenverarbeitung[1]. Manche Aussagen unterliegen daher einer enorm kurzen inhaltlichen Gültigkeitszeit. Achten Sie daher bitte weniger darauf als auf die methodische Stimmigkeit. (Seien Sie versichert, im Zeitpunkt der Ausarbeitung der Tabellen durch Fachleute waren die Angaben nach bestem Wissen und Gewissen auch inhaltlich noch alle aktuell und zutreffend.) Was halten Sie davon, sich die Tabelle mit vier verschiedenen Farben zu markieren?

---

[1]   vgl. Rudolf A. Schnappauf: Auswirkungen des Informationszeitalters auf die Evolution, in: Bewußtseins-Entwicklung – Herausforderung für uns alle, S. 49-56

Motiv-Abkürzungen:

B = Bequemlichkeit   **G** = Gewinn-/Kostenorientierung
P = Prestigedenken   **S** = Sicherheitsstreben

Produkt-eigenschaft/ Dienstleis-tungsmerkmal	Nutzen für den Kunden	Motiv
Modular aufge-baut	Leicht erweiterbar	B
	Kostengünstig auszubauen	G
	Hohe Verfügbarkeit	S
	Sie bestimmen, was Sie brauchen	P
	Geringer Schulungsaufwand für Kundendienst-Mitarbeiter	B + G
Fehlertolerant	Höchste Verfügbarkeit	S
	Fehler erfordern keinen Eingriff des Benutzers	B
	Außergewöhnliche, technisch führende Rechnerarchitektur	P
	Keine Kosten durch Produktions-ausfälle	G
Schnittstellen-freundlich	Vereinfacht/erleichtert die Integration	B
	Geringe Integrationskosten	G
	Sichert den einfachen Anschluss an andere Systeme	S + B
	Ermöglicht den Einsatz mit den neues-ten technischen High-End-Geräten	P

Produkt-eigenschaft/ Dienstleis-tungsmerkmal	Nutzen für den Kunden	Motiv
Universelle Schnittstelle zu Terminals	Chance, den preiswertesten Terminal-Hersteller einzusetzen	G
	Kein Anpassungsaufwand, egal welches Terminal	B
	Keine Abhängigkeit zu *einem* Terminal-Hersteller	S
	Einsatz der modernsten Technologie sofort möglich	P
Grafische Bediener-Oberfläche	Geringe Schulungskosten	G
	Leicht zu erlernen und bequem zu bedienen	B
	Fehlbedienungsrate geht gegen Null	S
	Derzeit modernste Bediener-oberflächen-Technologie	P
Setzt neueste Software-technologie ein	Beste Basis für zukünftige Entwicklungen	S
	Effektivste und modernste Software-technologie	P
	Ohne großen Aufwand lassen sich mit Hilfe der Objektdatenbanken neue Anwendungen (Erweiterungen) erstellen	B
	Heutige Investitionen haben auch in der Zukunft Bestand	G

Produkt-eigenschaft/ Dienstleis-tungsmerkmal	Nutzen für den Kunden	Motiv
Basiert auf einer relationalen Standard-Datenbank	Kostengünstige Eigenerstellung von Abfragen	G
	Easy handling	B
	Unabhängigkeit von einem einzigen Softwarehaus	S
	Exzellente Technik „Man gönnt sich ja sonst nichts!"	P
Datenbank-verwaltung	Datenbank kann beibehalten werden, keine Umstellungsarbeiten	B + (G)
	Preisgünstige Datenbank nutzen	G
	Bewährte, funktionssichere Strukturen können beibehalten werden	
	Neueste Entwicklungstrends bei der Datenbank können berücksichtigt werden	S
		P
Hohe Datendurchsatzrate	Verringert die Wartezeiten der Benutzer, spart damit Arbeitskosten	G
	Verringert die Wartezeit der Benutzer und erhöht dadurch die Akzeptanz	S
	Komfortabel für Benutzer, bekommen die Ergebnisse einfacher	B
	Holt höchstmögliche Performance heraus	P

NUTZEN AUFZEIGEN

Produkt- eigenschaft/ Dienstleistungs- merkmal	Nutzen für den Kunden	Motiv
Wasser-, Feuchtigkeits-, Staubun- empfindlichkeit	Höchste Eignung für Ihre Fertigungs- umgebung, da ausfallsicher	S
	Mit BDE-Terminal haben Sie nie Är- ger	B
	Robust, große Haltbarkeit, dadurch minimale Wartungskosten	G
	Neueste Generation für höchste An- sprüche und Beanspruchung	P
Basiert auf al- len gängigen Standards	Die Anwendung ist damit unabhängig von der Hardware eines einzelnen Herstellers	S
	Hardware kann ohne Software- änderung gewechselt werden	B
	Leicht erlernbares Betriebssystem	B
	Bietet bequeme Portierbarkeit	B
	Es ist das Betriebssystem der Zukunft	P
	Investitionsschutz durch Hardware- unabhängigkeit, keine neuen Soft- warekosten bei Hardware-Upgrading	G
Objektorientiert	Geringe Wartungskosten	G
	Geringe Wartungsarbeiten	B
	Allerneueste Entwicklung	P
	Sichere Investition, da offen für alle zukünftigen Entwicklungen	S
(Was sagt das dem Kunden?)	*(Diese Vorteilsformulierungen sind für den Kunden verständliche Nutzen.)*	

297

Jetzt haben Sie Gelegenheit zu üben

Suchen Sie sich ein Produkt aus, das Sie gern noch verstärkt verkaufen möchten. Notieren Sie sich in der linken Spalte vier bis fünf Eigenschaften davon. Überlegen Sie dann, wie Sie jede dieser Eigenschaften potenziellen Interessenten mit unterschiedlichen Kaufmotiven (Bedürfnissen) nahe bringen können. Notieren Sie Ihre Kunden-Nutzen-Argumente vor dem jeweiligen Motiv-Buchstaben. Fertig! Und seien Sie versichert: Es ist möglich, *aus jeder Eigenschaft einen Kunden-Nutzen für jedes Motiv* zu formulieren! Nachdenken lohnt sich für Sie, denn:

> **Wenn Sie jetzt nachdenken,**
> **brauchen Sie es nicht beim Kunden zu tun!**
> **Sie überzeugen leichter und verkaufen mehr.**

Im Verkaufsgespräch ist es oft erforderlich, *schnell* und gezielt das genau passende Argument zu formulieren. Wie lange werden Sie wohl dazu brauchen – live vor Ort – mit Ihrer Aufmerksamkeit beim Partner, wenn Sie jetzt und hier in voller Konzentration für Ihre Formulierung eine halbe Minute benötigen? Sie erkennen: *Übung lohnt sich!*

Achten Sie darauf, dass alle Notizen in der mittleren Spalte wirklich Nutzen für den Kunden mit diesem Kaufmotiv sind und nicht nur weitere, andere Produkteigenschaften.

Beispiel: „hohe Datendurchsatzrate" → „verringert Wartezeiten der Benutzer". Das ist noch kein Kunden-Nutzen, nur eine *weitere Produkteigenschaft!*

Fragen Sie solange „*Was hat der Kunde davon?*",
bis Sie zu eindeutigen Kunden-Nutzen kommen →
z.B. „erspart Ihnen Kosten und Zeit".

Diese Praxisübung können Sie gar nicht oft genug machen.
Wiederholen Sie sie regelmäßig mit jeder neuen Eigenschaft
jedes neuen Produkts und jeder neuen Dienstleistung, die Sie
anbieten, damit Sie sattelfest und gezielt argumentieren können!
Kopieren Sie sich dazu die folgende leere Übungstabelle.

Produkt-eigenschaft/ Dienstleis-tungsmerkmal	Nutzen für den Kunden	Motiv
		B S G P
		B S G P

Überleitungsformulierungen

Nachdem Sie jetzt wissen, wie Sie Produkteigenschaften in Kunden-Nutzen umwandeln, möchten Sie dies vielleicht auch noch flüssig und geschmeidig in wortgewandte Sprache kleiden. Am leichtesten geht das mit der *„D.b.f.S.-Formel"* mit der Formulierung: *„Das bedeutet für Sie ..."*. Doch um nicht zu langweilen, sondern um zu überzeugen, ist auch hier *Abwechslung* sinnvoll und erforderlich. Sie können unter anderem folgende Überleitungsformulierungen verwenden:

„Das bedeutet für Sie ..." *„Das ermöglicht Ihnen ..."*

„Das erspart Ihnen ..." *„Damit können Sie ..."*

„Das bringt für Sie ..." *„Das steigert Ihren ..."*

„Das festigt/fördert Ihr ..." *„Dadurch erhalten Sie..."*

u. Ä.

In den folgenden Tabellen sind in der erste Spalte jeweils verschiedene Überleitungsformulierungen aufgeführt. In der Kopfzeile der zweiten und dritten Spalte stehen zwei Eigenschaften, die mit den links stehenden Überleitungsformulierungen in Kunden-Nutzen umzuwandeln sind.

Lassen Sie Ihren Gesprächspartner solche Schlussfolgerungen nicht selbst ziehen, denn welcher Kunde sieht ein Verkaufsgespräch schon gern als Denksportaufgabe an? Wenn Sie erfolgreich sein wollen, bereiten Sie Ihrem Partner Ihre Argumentation so auf, dass sie ihm „runtergeht wie Öl". Fangen Sie am besten gleich an zu trainieren (die vierte Tabelle ist für Ihre Übung).

Empfehlenswert ist es, jeweils zwei möglichst *gegensätzliche Eigenschaften* einander gegenüberzustellen. Das dient dem Training Ihrer *Argumentations-Flexibilität.* Wenn Sie für eine Eigenschaft Ihres Produkts oder Ihrer Dienstleistung Nutzenargumente finden, sollten Sie dies auch für eine davon deutlich abweichende Eigenschaft können. Die Argumente brauchen dabei manchmal durchaus nicht so gegensätzlich zu sein wie die Eigenschaften, die Sie in Nutzen umwandeln. Sie können vielleicht ab und zu sogar gleich sein.

Wenn Sie auch in Ihren eigenen Übungsbeispielen so vorgehen und jeweils zwei möglichst gegensätzliche Eigenschaften wählen, erkennen Sie leicht, *wie Ihre Mitbewerber argumentieren.* Außerdem merken Sie schnell, wodurch sich Ihre Argumentation wirklich von anderen unterscheidet, worin also der *einzigartige Verkaufsvorteil* Ihres Angebots liegt.

> **Gut an einem Angebot ist nur,**
> **was der Kunde gut daran findet!**

Viel Erfolg!

Dienstleistungs- und Produkteigenschaften in Nutzen für den Kunden umwandeln

Eigenschaft: Einsatz auf Windows-PC möglich

Überleitung zum Nutzen	Kunden-Nutzen
das bedeutet für Sie	geringe Hardware-Kosten
das erhöht Ihre	Flexibilität beim Hardware-Einkauf
das bringt Ihnen	eine große Auswahl an Anwendersoftware
das sorgt für	geringe Schulungskosten
das spart Ihnen	teuere Hardware
das erlaubt Ihnen	vielfältige Nutzungsmöglichkeiten
das minimiert Ihren	Systembetreuungs- und Wartungsaufwand
das steigert Ihre	Austauschbarkeit der Rechner
das senkt Ihre	Einarbeitungskosten
das optimiert Ihre	Bearbeitung Ihrer Geschäftsvorgänge
das festigt Ihre	einheitliche Hardware-Strategie
dadurch erhalten Sie	ein weltweit verbreitetes Betriebssystem

Eigenschaft: Einsatz unter UNIX möglich

Überleitung zum Nutzen	Kunden-Nutzen
das bedeutet für Sie	höchste Verfügbarkeit/Absturzsicherheit
das erhöht Ihre	Produktivität durch echtes Multitasking
das bringt Ihnen	einfache Portierungsmöglichkeit auf Großrechner
das sorgt für	Zeiteinsparungen und Investitionsschutz
das spart Ihnen	Portierungs- und Wartungskosten
das erlaubt Ihnen	eine zentrale Systemwartung
das minimiert Ihren	Platzbedarf
das steigert Ihre	Produktivität
das senkt Ihre	Umrüstkosten, da Sie bereits mit UNIX arbeiten
das optimiert Ihre	Ressourcen-Ausnutzung
das festigt Ihre	bisherigen Investitionen
dadurch erhalten Sie	ein vernetztes System, mit dem Sie in die Zukunft hineinwachsen

Eigenschaft: Stationärer Computer

Überleitung zum Nutzen	Kunden-Nutzen
das bedeutet für Sie	niedriger Preis
damit arbeiten Sie	schnell und bequem
das bringt Ihnen	einfache Erweiterungsmöglichkeiten
das sorgt für	vielfältige Anschlussmöglichkeiten
das spart Ihnen	Anschaffungskosten
das führt Sie	zu geringen Verbindungskosten
das minimiert Ihre	Einführungskosten
das steigert Ihre	Benutzerakzeptanz
das senkt Ihre	Wartungskosten
das optimiert Ihren	Ausbildungsablauf
das festigt Ihren	Kostenvorsprung
dadurch erhalten Sie	die neueste Technologie
dadurch werden Sie	flexibel für neue Techniken
das erleichtert Ihnen	die Einarbeitung

Eigenschaft: Mobiler Computer

Überleitung zum Nutzen	Kunden-Nutzen
das bedeutet für Sie	hohe Mobilität, arbeiten überall möglich
damit arbeiten Sie	unabhängig vom Arbeitsplatz
das bringt Ihnen	große Flexibilität
das sorgt für	gleiche Arbeitsumgebung bei Teleworkern
das spart Ihnen	Zusatzkosten für einen stationären Zweit-PC
das führt Sie	zu schnellerem Agieren bei Ihren Kunden
das minimiert Ihren	Aufwand, Unterlagen mitzuschleppen
das steigert Ihre	Reaktionsgeschwindigkeit
das senkt Ihr	Reisegepäckvolumen dank E-Adressen
das optimiert Ihre	Außendienst-Mitarbeiter-Koordination
das festigt Ihren	technischen Vorsprung
dadurch erhalten Sie	eine flexible und praktische Lösung
dadurch werden Sie	die Akzeptanz Ihrer Mitarbeiter erreichen
das erleichtert Ihnen	die Arbeit zu Hause und unterwegs

Eigenschaft: Orientierung an (Hardware-)Marktführer

Überleitung zum Nutzen	Kunden-Nutzen
das bedeutet für Sie	einen großen, kompetenten Partner zu haben
das erhöht Ihre	Kompatibilität und damit Ihre Produktivität
das bringt Ihnen	höhere Rabatte bei Rahmenverträgen
das sorgt für	einen sicheren Investitionsschutz
das spart Ihnen	Wartungsverträge mit mehreren Herstellern
das führt Sie	zu einem homogenen IT-Umfeld
das minimiert Ihren	Verhandlungs- und Verwaltungsaufwand
das steigert Ihren	Wert auf dem Stellenmarkt
das senkt Ihr	Risiko und Ihre Wartungskosten
das optimiert Ihre	einheitliche Systemkonfiguration
das festigt Ihre	Position im Unternehmen
dadurch erhalten Sie	mehr Zeit für Führungsaufgaben
dadurch werden Sie	immer unterstützt vom Marktführer
das erleichtert Ihre	Systemzusammenstellung

Eigenschaft: Herstellerunabhängig

Überleitung zum Nutzen	Kunden-Nutzen
das bedeutet für Sie	freie Auswahl der Hardware-Hersteller
das erhöht Ihren	Verhandlungsspielraum
das bringt Ihnen	höhere Flexibilität
das sorgt für	optimale IT-Strukturen
das spart Ihnen	bares Geld und Abhängigkeiten
das führt Sie	zum neuesten Stand der Technik
das minimiert Ihre	Investitionskosten
das steigert Ihre	Flexibilität durch zufriedene Mitarbeiter
das senkt Ihre	Anschaffungs- und Betriebskosten
das optimiert Ihre	individuelle DV-Infrastruktur
das festigt Ihre	Chance, in neue Technologien einzusteigen
dadurch erhalten Sie	vielseitiges Know-how und wertvolle Kontakte
dadurch werden Sie	ein gefragter Gesprächspartner als Technologie-Trendsetter
das erleichtert Ihren	DV-technischen Fortschritt

Jetzt haben Sie Gelegenheit zu üben

Eigenschaft: ...

Überleitung zum Nutzen	Kunden-Nutzen
das bedeutet für Sie	
das erhöht Ihr/e/n	
das bringt Ihnen	
das sorgt für	
das spart Ihnen	
das führt Sie	
das minimiert Ihr/e/n	
das steigert Ihr/e/n	
das senkt Ihr/e/n	
das optimiert Ihr/e/n	
damit arbeiten Sie	
dadurch erhalten Sie	
das erleichtert Ihren	
dadurch werden Sie	

NUTZEN AUFZEIGEN

Gegenteilige Eigenschaft: ...

Überleitung zum Nutzen	Kunden-Nutzen
das bedeutet für Sie	
das erhöht Ihr/e/n	
das bringt Ihnen	
das sorgt für	
das spart Ihnen	
das führt Sie	
das minimiert Ihr/e/n	
das steigert Ihr/e/n	
das senkt Ihr/e/n	
das optimiert Ihr/e/n	
damit arbeiten Sie	
dadurch erhalten Sie	
das erleichtert Ihren	
dadurch werden Sie	

Wie überzeugen Sie Ihren Gesprächspartner vom Vorteil Ihrer angebotenen Leistung?

Sie kennen das Hauptziel eines Politikers: Er will möglichst viele Menschen so beeinflussen, dass sie seine politische Meinung zu ihrer eigenen machen und ihm bei der nächsten Wahl ihre Stimme geben – davon lebt er. Ihre Aufgabe ist es, in einem Verkaufsgespräch Ihre Gesprächspartner dahingehend zu beeinflussen, dass sie die von Ihnen angebotene Leistung als vorteilhaft empfinden und sich dafür entscheiden – davon leben Sie.

Beeinflussen in Ihrem Verkaufsgespräch heißt demnach:

> Einstellungen, Ziele, Wünsche und Probleme Ihres Gesprächspartners erkennen und *verstehen* sowie ihn durch wirkungsvolle Argumentation von *seinem Vorteil* Ihrer Empfehlung überzeugen.

Drei mögliche Situationen können dabei für Sie auftreten:

Ihr Partner hat dazu

↙ ↘

keine Meinung   eine Meinung

↓   ↙ ↘

Meinungs-   Meinungs-   Meinungs-
bildung   festigung   änderung

Abb. 8.1:   **Situationen für Meinungsbeeinflussung**

Wie beeinflussen Sie die Meinung Ihres Partners?

Verstärkung (Konditionierung)

Im Gespräch mit Ihnen äußert sich Ihr Partner. Macht er Aussagen, die Ihnen interessant erscheinen und Sie Ihrem Ziel näher bringen, haben Sie durch „Verstärkung" die Möglichkeit, Ihren Partner zu weiteren Äußerungen zum gleichen Punkt zu bewegen.

Unterscheiden Sie dabei: – nonverbale Verstärker und
  – verbale Verstärker.

Nonverbale Verstärker (zum Kontakt-Herstellen und zum Aufrechterhalten der Aufmerksamkeit) sind z.B.:

- dem Partner *Aufmerksamkeit* zeigen, z.B. durch leichtes Hochziehen der Augenbrauen
- seinen Aussagen *Interesse* entgegenbringen, z.B. durch einen aufgerichteten Oberkörper (evtl. leicht vorgebeugt)
- *Beifall* durch zustimmende Gesten
- *freundliches* Gesicht
- aufmerksamer *Blickkontakt*
- verständnisvolles *Kopfnicken*
- *Rapport* (Übereinstimmung) halten zur Körpersprache des Partners (z.B. ähnliche Haltung, gleiche Bewegungsmuster ...)

Verbale Verstärker (zur Gesprächssteuerung) sind z.B.:

- sprachliche Äußerungen wie: *„gut",*
  „fein", „hm-hm", „ah-ja"
- *Zustimmung* zu Partneraussagen geben,
  Aussagen bestätigen: *„Da haben Sie völ-*
  lig Recht", „Genau richtig ...";
- Verbalisieren von Aussagen Ihres Partners, die Sie Ihrem
  Ziel näher bringen: *„Was Sie gerade gesagt haben, ist sehr*
  interessant ..." oder *„Das ist eine gute Idee, lassen Sie uns*
  bitte darauf näher eingehen ...";
- *Rapport* halten zur Sprache und Sprechweise Ihres Partners
  (Stimme, Lautstärke, Sprechgeschwindigkeit, Betonung,
  Pausen ... anpassen)

Häufig wird Ihr Partner nicht sofort das gewünschte Verhalten
zeigen. Sie verstärken deshalb nur Verhaltensweisen, die in Ihrer
Zielrichtung liegen. Dadurch heben Sie das Kriterium, das Sie
verstärken, schrittweise an.

Unterscheiden Sie zwischen aufbauenden (positiven) und
„bremsenden" („negativen") Verstärkern.

Positive aufbauende Verstärkung bedeutet: *„Belohnen"* von
Verhaltensweisen und/oder Äußerungen Ihres Gesprächspartners, die Sie dem Ziel näherzubringen versprechen. Wobei
die „Belohnung" aus der Sicht Ihres Partners erstrebenswert und
Sie glaubwürdig sein sollten.

Was ist dagegen unter *bremsender* **Verstärkung** oder *Abschwä-*
chung zu verstehen? Es ist das korrigierende *„Kritisieren"* von
unerwünschten Verhaltensweisen oder Äußerungen.

NUTZEN AUFZEIGEN

Nonverbale Abschwächungen sind z.B.:

– Kopf schütteln,
– Stirn runzeln,
– abwehrende Gestik,
– wegschauen und -hören,
– gegensätzliche Körperhaltung (bewusster *Rapportbruch*).

Verbale Abschwächungen sind z.B.:

– „Na ja",
– kritisches Räuspern „Hm-hm",
– „Oje!", oder gar „Nein",
– „Das sehe ich anders",
– „Ich möchte es jetzt nicht hören".

Die Furcht vor der Kritik („Strafe") oder besser gesagt, die *Unlust*, diese verbalen oder nonverbalen Ablehnungen zu erfahren, soll bewirken, dass der Betroffene sich „wohlverhält" – eine im Verkaufsgespräch *nicht praktikable* Methode der Meinungsbeeinflussung.

Dagegen haben Sie die Möglichkeit, Ihren Gesprächspartner durch Fragen bei unerwünschten Äußerungen nachdenklich zu machen und vorsichtig zu „*verunsichern*".

> „*Halten Sie diese Form der Projektabwicklung wirklich für die beste?*"

> „*Welche anderen Möglichkeiten gäbe es, Ihren Interessen noch besser zu dienen?*"

> „*Sind Sie ganz sicher, dass das keine ungewollten Nebenwirkungen hat?*"

Besser ist jedoch die Form der „*Nichtverstärkung*". Das heißt für Sie, dass Sie auf die Äußerung Ihres Partners einfach nicht reagieren. *Löschen durch Nichtbeachten* ist eine wichtige verkäuferische Fähigkeit. Sie sollten nicht nur sehr gut hinhören können, sondern auch genauso gut bestimmte Aussagen bewusst „*überhören*" können (*gelassen bleiben*, v.a. sich nie provozieren lassen).

Wie wenden Sie nun die bisherigen Erkenntnisse an, um das Ziel Ihres Gesprächs zu erreichen?

Durch gezielte Fragen bringen Sie Ihren Partner zum Sprechen, er gibt Ihnen Informationen (Antworten). Betrachten Sie die Frage als „Reiz", den Sie auf Ihren Gesprächspartner ausüben, die Antworten als „Reaktionen", auf die Sie die Technik der Verstärkung anwenden.

Bei einem Gespräch stellen Sie Ihrem Partner Fragen. Angenommen, die Antwort auf Frage 2 bringt Sie Ihrem Ziel näher. Sie verstärken diese Aussage spontan nonverbal und sprachlich. Stellen Sie jedoch zunächst Ihre weiteren grundlegenden sondierenden Fragen. Es könnte ja sein, dass Sie mit einer späteren Frage auf eine noch „heißere Spur" stoßen. Im weiteren Verlauf des Gesprächs gehen Sie dann wieder auf das Thema der Frage 2 ein. Sie bekommen weitergehende Informationen, die Sie wiederum ein Stückchen dem näher bringen, was Sie erfahren und verkaufen wollen (vgl. Abb. 8.2, auf der nächsten Seite).

Auf diese Weise fragen Sie sich sicher Ebene für Ebene bis zur Spitze der Pyramide hinauf.

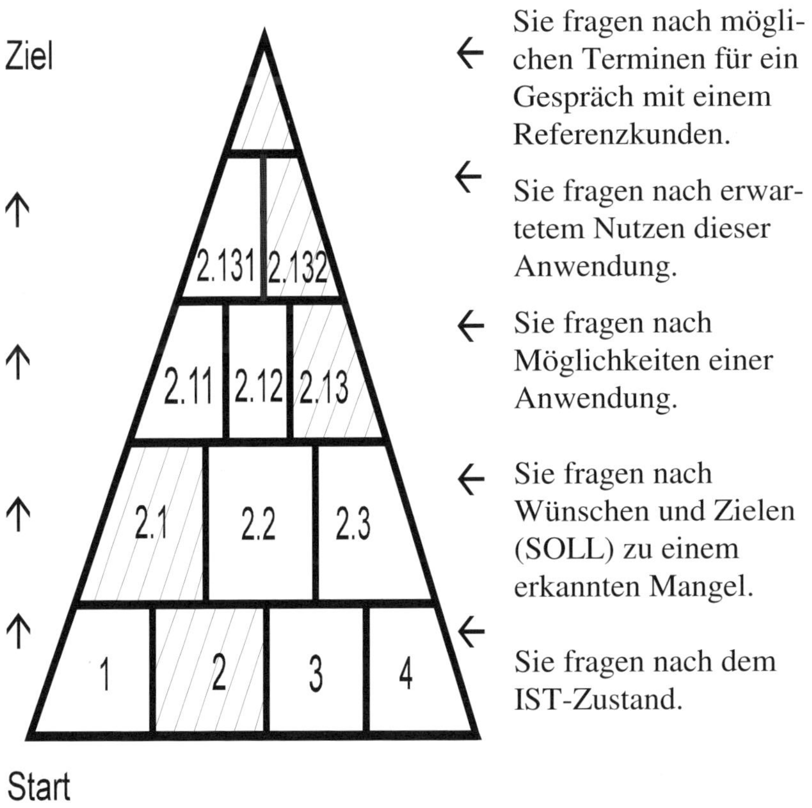

Ziel

← Sie fragen nach möglichen Terminen für ein Gespräch mit einem Referenzkunden.

↑

← Sie fragen nach erwartetem Nutzen dieser Anwendung.

2.131 2.132

↑

← Sie fragen nach Möglichkeiten einer Anwendung.

2.11 2.12 2.13

↑

← Sie fragen nach Wünschen und Zielen (SOLL) zu einem erkannten Mangel.

2.1 2.2 2.3

↑

← Sie fragen nach dem IST-Zustand.

1 2 3 4

Start

Abb. 8.2: **Frage-Pyramide**

Achten Sie hierbei darauf, dass der zeitliche Abstand zwischen einer günstigen Antwort Ihres Partners und Ihren spezifischen Fragen dazu relativ kurz bleibt. Mit Fingerspitzengefühl, Übung und Erfahrung wird Ihnen das sicher leicht gelingen.

Da Ihr Partner nicht immer *das* Verhalten zeigt, das aus Ihrer Sicht wünschenswert ist, *verstärken* Sie nur solche Aussagen und/oder Verhaltensweisen, die in die Richtung des von Ihnen

315

gewünschten Endverhaltens führen. Gespräche, in denen Sie Ihren Partner positiv verstärken, wirken auf ihn angenehm und entspannend. Das bedeutet für Sie, dass Sie durch Verstärkungen nicht nur das Gespräch lenken, sondern auch die Atmosphäre, das *Wohlbefinden* und den Kontakt *verbessern*. So erzielen Sie durch Beachten der „Beiträge" Ihres Partners, die in Ihre Zielrichtung führen, eine schrittweise Meinungsbeeinflussung und Verhaltensänderung.

Imitationslernen

Das Imitationslernen (Leithammel-Prinzip) kann Ihnen speziell im Gruppengespräch helfen. Zunächst gilt es für Sie herauszufinden, welches Gruppenmitglied als Vorbild – Opinion leader oder *Entscheider* – akzeptiert und deshalb imitiert wird. Verstärken Sie dann besonders die für Sie günstigen Signale des formalen und/oder informellen Gruppenleiters. Achten Sie dabei sorgfältig darauf, dass Sie den Ranghöchsten in der internen Hierarchie der Organisation statusmäßig nicht antasten, wenn Sie den fachlichen Führer der Gruppe verstärken.

Die Vorbildwirkung spricht sehr dafür, dass Sie Ihre Verkaufsbemühungen durch Besichtigungen und Vorführungen unterstützen. Führen Sie diese am besten bei Kunden durch, die als (erreichbares) Vorbild akzeptiert werden (nicht zu perfekt), da dann die Identifikation leichter ist. Auch Ihr Verhalten beeinflusst über die Vorbildwirkung das Verhalten Ihres Partners. Dies gilt sowohl im Positiven (z.B. Zuverlässigkeit, Ehrlichkeit, Kundenorientierung ...) als auch im Negativen (z.B. Unpünktlichkeit, Vergesslichkeit, bürokratische Engstirnigkeit ...).

Wie glaubwürdig sind Sie?

Wenn Sie die Meinung eines Menschen ändern wollen, ist Ihre *Vertrauenswürdigkeit*, die Sie bei Ihrem Partner haben, von großer Bedeutung. Ihr Partner ist dann eher geneigt, Ihre Meinung zu akzeptieren, wenn Sie ihm *glaubwürdig* erscheinen. Er soll ja seine Meinung oder sein Verhalten ändern. Damit gesteht er möglicherweise indirekt sich und Ihnen ein, dass er bisher eine „falsche" Meinung von einer Sache hatte bzw. sich nicht zweckmäßig verhielt. Wäre es daher nicht weise, *vorsichtig* mit Verstärkungen bei selbstkritischem Mangelbewusstsein zu sein, solange Sie nicht wissen, ob nicht gerade Ihr Gegenüber für genau jene unbefriedigenden Zustände verantwortlich ist?

Glaubwürdigkeit ist vor allem eine *Beurteilung*, (d.h., eine *subjektive* Meinung) Ihres jeweiligen Partners, keineswegs eine objektive Eigenschaft von Ihnen.

☞ Sie sind für ihn zunächst *Experte*,
   z.B. Fachmann für Fragen zur Datenverarbeitung.

☞ Darüber hinaus sind Sie *Interessenvertreter*,
   d.h. Repräsentant Ihres Unternehmens.

☞ Die dritte Komponente schließlich sind Sie als *Person*,
   d.h. jemand, der an seinem eigenen Vorteil interessiert ist.

Glaubwürdigkeit müssen Sie in *allen drei* Bereichen gewinnen. Das ist nicht immer ganz einfach, weil die drei Komponenten Ihrer Rolle untereinander nicht widerspruchsfrei sind.

317

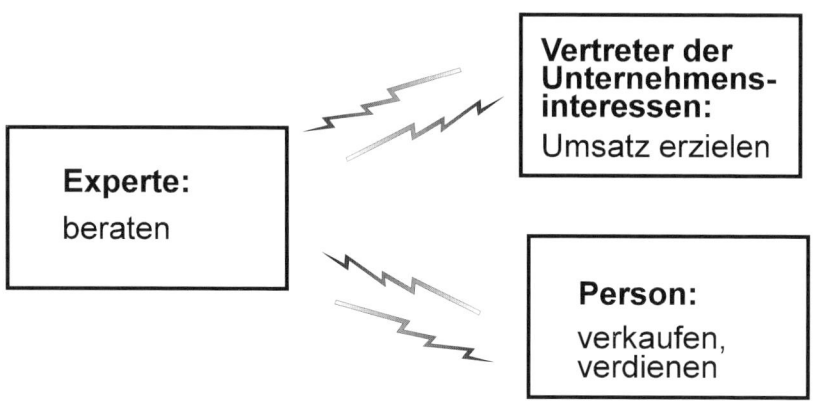

Abb. 8.3:   **Rollenkonflikt**

Dazu ein Beispiel:

> Als Experte müssten Sie Ihrem Kunden zu einer angemessenen Problemlösung raten, was Ihrem Interesse als Person und Verkäufer, möglichst viel zu verdienen, entgegenläuft – zumindest kurzfristig betrachtet.

Wonach beurteilt Ihr Partner Ihre Glaubwürdigkeit? Er urteilt nach seinen Erwartungen an Ihr Verhalten in Ihren drei Rollen. Ihr Partner *erwartet* von Ihnen:

1. Als *Experte*, dass Sie ihm die einzig objektiv *richtige* Lösung seines Problems zeigen können.
2. Als *Interessenvertreter*, dass Sie Ihrer Firma gegenüber *loyal* sind und dass Sie sich für deren Ziele einsetzen.
3. Als *Person*, dass er Ihnen *vertrauen* kann, dass Sie sich mit dem, was Sie als Experte bzw. Interessenvertreter sagen, *identifizieren*, und dass Sie *ehrlich, verlässlich* und *integer* sind.

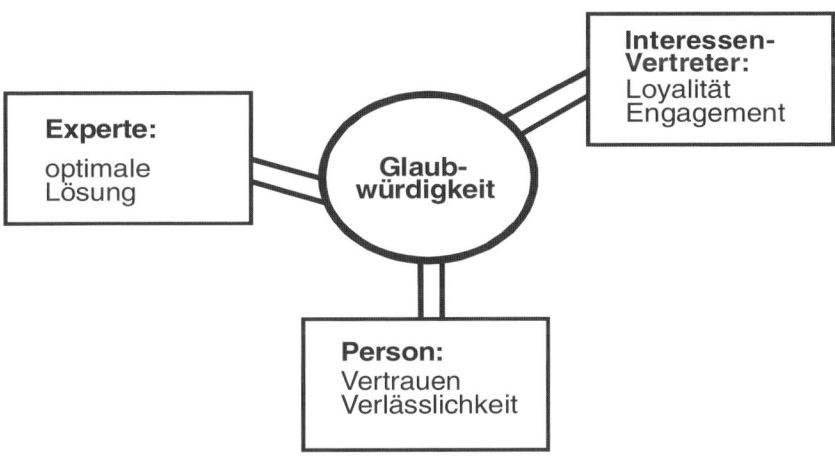

Abb. 8.4: **Glaubwürdig sein heißt, Rollenerwartungen harmonisch integrieren und erfüllen**

Glaubwürdig sind Sie also dann, wenn Sie

– die unterschiedlichen Anforderungen der drei Komponenten Ihrer Rolle *ausbalancieren* können und
– Ihrem Partner das Gefühl vermitteln, dass er sich auf Sie *verlassen* kann.

Das bedeutet für Sie:

– *Identifizieren* Sie sich mit Ihrer Argumentation. Wenn Ihre Argumentation Ihrer eigenen Überzeugung widerspricht, leidet Ihre Sicherheit. Ihr Partner bemerkt dies (v.a. an Ihren Körpersignalen), und Sie verlieren dadurch an Glaubwürdigkeit.

319

- Werten Sie sich nicht selbst ab und lassen Sie sich nicht von Dritten abwerten (Vertretung, Assistent o.Ä.).
- *Äußern Sie sich niemals negativ* über Ihr Unternehmen, Ihre Führungskräfte, Kollegen und Mitarbeiter, auch nicht im Falle einer Beschwerde! Sagen Sie Positives oder schweigen Sie.
- Äußern Sie sich niemals geringschätzend über bestimmte Wettbewerber, das *schadet Ihrer Integrität als Person immens.* Weisen Sie lieber auf die Stärken Ihrer Firma und die für den Kunden daraus resultierenden Vorteile hin. Äußern Sie sich am besten gar nicht zu Ihren Wettbewerbern und deren Leistungen. Sie wissen nie, ob Sie deren Produkte nicht demnächst selbst verkaufen dürfen/müssen. Denken Sie an Fusionen, Übernahmen, Vertriebs-Partnerschaften!

Was machen Sie aber, wenn Sie merken, dass Sie bei einem bestimmten Kunden keine oder nur geringe Glaubwürdigkeit besitzen?

Sie können auf jeden Fall Ihre sachlichen, fachlichen Argumente vortragen. Ihre Position verbessert sich dadurch nicht, und sie wird auch nicht schlechter. Auf jeden Fall bleiben Sie im Gespräch. Versuchen Sie herauszufinden, wo die Ursache für Ihre fehlende Glaubwürdigkeit liegt.

Der vielleicht beste Weg ist es, Ihre Betroffenheit in Form einer *Ich-Botschaft* direkt anzusprechen, etwa, indem Sie Ihrem Partner sagen:

> *„Ich habe den Eindruck, dass meine Argumente Sie nicht überzeugen. Ich weiß nicht, woran das liegen könnte."*

Damit geben Sie Ihrem Partner zu verstehen, dass Sie die kritische Situation erkannt haben. Sie fordern ihn zugleich auf, seinerseits Stellung zu nehmen (vgl. Kapitel 9 „Einwände beantworten", Abschnitt „Beantworten von Kauf-Widerständen, 5. Widerstand emotionaler Art", s.S. 389ff.). Damit haben Sie allerdings das Thema gewechselt. Es liegt nun an Ihnen, so lange „am Ball zu bleiben", bis Sie die Ursache herausgefunden haben und wissen, was jetzt zu tun ist. Dabei ist für Ihr Verhalten wichtig:

☞   Fragen Sie Ihren Partner möglichst viel.

☞   Hören Sie ihm genau zu.

☞   Ermuntern Sie Ihren Partner zum Weiterreden.

☞   Weichen Sie nicht in Rechtfertigungen aus, denn wenn Sie selbst reden, erfahren Sie nichts!

Müssen Sie vom eigenen Angebot überzeugt sein?

Bitte kreuzen Sie an, welche der drei Behauptungen Ihrer Meinung nach (in den meisten Fällen) richtig oder falsch ist:

		richtig	falsch
1.	Der Verkäufer muss die positiven und negativen Seiten seiner Produkte kennen. Er soll Begeisterung ausstrahlen. Seine Überzeugung allein ist aber nicht ausschlaggebend für den Verkaufserfolg.	O	O
2.	Der Verkäufer muss überzeugt sein von seinem Produkt. Nur dann kann es ihm gelingen, den Kunden rasch zu überzeugen.	O	O
3.	Es kann dem Verkäufer gleichgültig sein, ob sein Produkt objektiv gut oder schlecht ist – der Kunde hat die letzte Entscheidung so oder so.	O	O

Muss der Verkäufer unbedingt von seinem Produkt überzeugt sein? *NEIN!*

Muss der Kunde von seinem Kauf überzeugt sein? *JA!*

Ist die Überzeugung des Verkäufers schädlich? *JA und NEIN*

Hilft Überzeugung dem Verkäufer? *Meistens JA*

322

Überzeugung ist wertlos, solange sie einseitig beim Verkäufer, also bei Ihnen, liegt. Ein Kunde kauft nur dann, wenn *er* sich vom erworbenen Produkt einen Nutzen und Vorteil verspricht – wenn der Kunde also davon überzeugt ist.

Überzeugung ist schädlich, wenn Sie als Verkäufer dabei vergessen, dass es Ihre Aufgabe ist, andere in Bewegung zu setzen, in anderen das Feuer der Begeisterung und der Überzeugung zu entfachen, nicht nur in Ihnen selbst.

Überzeugung ist gefährlich, wenn Sie als allzu überzeugter, euphorischer Verkäufer leicht dazu neigen, auf den Kunden eine belehrende Wirkung auszuüben. Während Sie auf den Wogen der Begeisterung schwimmen, ist noch lange nicht gesagt, dass der Kunde mitzuhalten bereit ist. Das Zuhören des Kunden ist nicht unbedingt Ausdruck der Zustimmung. Oft widerspricht der Kunde nicht, z.B. aus Gründen der:

–	**Höflichkeit:**	*„Was soll ich da widersprechen, er ist so begeistert."*
–	**Bequemlichkeit:**	*„Ich habe Besseres zu tun, als hier Widerstand zu leisten."*
–	**Gleichgültigkeit:**	*„Mich darüber aufregen kostet mich nur unnötig Kraft."*
–	**Zeit:**	*„Noch zwei Minuten, dann ist seine Besuchszeit sowieso abgelaufen."*

Ohne Überzeugung und Begeisterung geht nicht viel im Verkauf. Aber mit zu viel davon, geht auch manches daneben.

Überzeugung ist verkaufshemmend, wenn Sie vergessen, dass der Kunde gern seine eigene Meinung zum Besten gibt und dass Sie *ihn* nach seiner Meinung fragen sollen, z.B.:

Verkäufer: *„Sehen Sie die prachtvollen Farben meines Angebots. Ich bin überzeugt, damit werden Sie Riesenumsätze erzielen!"*

Kunde: *„Die Farben? Kein Mensch wird die Dinger wegen der Farben kaufen, die sind ja abscheulich!"*

Warum entsteht hier zwangsläufig ein *Konflikt*?
Weil der Verkäufer *seine* Überzeugung in den Vordergrund stellt.

Kunde: *„Ich interessiere mich für einen Tintenstrahldrucker."*

Verkäufer: *„Sie meinen einen Laserdrucker – oder wirklich einen Tintenstrahldrucker?"*

Kunde: *„Ich meine einen Tintenstrahldrucker, weil die kleiner sind als Laserdrucker."*

Verkäufer: *„Das ist eine optische Täuschung. Wenn ich Ihnen heute einen kleinen Tintenstrahldrucker verkaufe, stehen Sie in einigen Monaten wieder da und reklamieren, da bin ich überzeugt."*

Kunde: *„Ich werde Ihnen daraus keinen Vorwurf machen. Es ist eine Platzfrage bei mir."*

Verkäufer: *„Ich verkaufe seit zehn Jahren Drucker. Schon aus meiner langjährigen Erfahrung heraus bin ich überzeugt, dass Sie da einen Fehler machen ..."*

Mangelt es hier an Überzeugung? Nein, auch hier ist das Gegenteil der Fall. Die *Überzeugung* des Verkäufers *geht zu weit.* Er macht es dem Kunden unmöglich, mit ihm ins Geschäft zu kommen. Mit der Überzeugung einher geht leider oft auch die Parteilichkeit. *„Den Schinken hier werde ich nie verkaufen",* sagt Verkäufer A. Während Verkäufer B mit eben gerade diesem „Schinken" seine großen, steigenden Umsätze erzielt. *Gut* an einem Produkt *ist nicht, was der Verkäufer gut daran findet.*

> **Der Köder muss dem Fisch schmecken, nicht dem Angler.**

Warum sich dann noch den Kopf zerbrechen über die positiven Merkmale des Angebots? Wofür sich eingehend mit den Produkten beschäftigen, wenn man sowieso jeden *Kunden* wieder von neuem *entdecken lassen* muss, was für ihn gut ist und *worin er seinen Nutzen sieht*?

Erhöht das Wissen um die positiven Eigenschaften des Produktes nicht Ihr Stehvermögen als Verkäufer? Schon allein deshalb ist es lohnend, wenn Sie sich die Zeit nehmen und sich mit dem Produkt beschäftigen. Denn was wartet auf Sie? Kunden, die immer gleich *„Ja"* sagen? Ganz im Gegenteil! Da eben brauchen Sie diese innere Überzeugung, damit Sie gelassen den „Unrat negativer Aussagen" des Kunden und die vielen ablehnenden *„Nein"* vorbeiziehen lassen können, um dann in Ruhe und mit Gelassenheit – sprichwörtlich „durch die Hintertür" – wieder anzusetzen.

Was bedeutet schon die Skepsis eines Interessenten? Wo Sie immer wieder erleben, dass aus einem ersten *„Nein"* in kurzer Zeit schon ein *„Ja"* werden kann. Erfolgreiche Verkäufer *lieben Herausforderungen.*

Sie suchen *flexibel* und kreativ nach immer neuen Möglichkeiten, ihre Partner Nutzen finden zu lassen oder ihnen diese aufzuzeigen.

Der Mensch ist ablenkbar. Er hat in einem bestimmten Augenblick immer nur einen Gedanken im Kopf. Wird er durch einen äußeren Reiz abgelenkt – wie wenig braucht es, und er wechselt die Gedankenrichtung.

Nur zu leicht lassen sich Kunden ablenken. Gedanken sind wie Vagabunden: einmal da, einmal dort, und Gedanken sind sehr schnell – gedankenschnell können Sie in null Komma nichts in Ihrer Vorstellung ins Zentrum der Galaxis oder an den Rand des Universums „reisen", x-fach schneller als mit Lichtgeschwindigkeit. Oft wissen Sie von einem Moment zum anderen nicht mehr, worüber Sie gerade nachgedacht haben, bevor der Reiz der Ablenkung auf Sie gewirkt hat. Anderen Menschen geht es auch so. Nutzen Sie das in Ihren Verhandlungen!

Es lohnt sich *nicht, gegen die Überzeugung* Ihres Gesprächspartners zu *argumentieren. Bringen Sie ihn lieber auf andere Gedanken.* Durch eine gezielte Frage, bei der Sie eine positive Denkrichtung vorgeben, lenken Sie Ihren Kunden ab. Ein Wunder, wenn er plötzlich ganz anders zu reden beginnt? Dafür brauchen Sie Ihre Überzeugung, um den Kunden durch gute Fragen an die positiven Merkmale heranzuführen.

> **Überzeugt müssen am Ende beide sein –
> Ihr Kunde und Sie als Verkäufer!**

Ihr Kunde muss überzeugt davon sein, dass er das richtige Produkt gekauft hat, Sie, dass es Ihnen gelungen ist, mit diesem Kunden einen aktiven und zufriedenen Geschäftsfreund mehr gewonnen zu haben.

Acht Grundlagen der Argumentation

1. Besser ein passendes Argument als zehn richtige Argumente!

> **Es kommt nicht darauf an, wie viel Sie sagen, sondern WIE Sie es sagen!**

Wählen Sie eine einfache, prägnante und glaubhafte Darstellung. Gehen Sie davon aus, dass der mögliche Widerstand Ihres Gesprächspartners nicht durch eine Flut von Argumenten hinweggespült werden kann. Überzeugen heißt nicht „totreden". Vermeiden Sie deshalb lange Monologe.

Nicht die Anzahl der Argumente entscheidet darüber, ob sich der Gesprächspartner für Ihre Empfehlung entscheidet, *ausschlaggebend ist allein, dass Ihr Partner diese Argumente akzeptiert.* Beschränken Sie sich deshalb auf die Hauptvorteile und holen Sie auf jeden Fall zu diesen die *Zustimmung* Ihres Partners ein. Vermeiden Sie inhaltslose Redensarten wie z.B.:

> *„Was ich sagen wollte", „nebenbei gesagt", „mehr oder weniger" u.Ä.*

Stimmen Sie Ihre Argumente auf die Motive und Interessen *Ihres Gesprächspartners ab!* Argumentieren, ohne die Probleme und Zielvorstellungen des Partners zu kennen, ist, *„wie mit einer Flinte in die finstere Nacht zu schießen, in der Hoffnung, einen Hasen zu treffen".*

327

Sie haben wenig Aussicht auf Erfolg, wenn Sie z.B. mit der Sicherheit des Verfahrens argumentieren, obwohl Ihren Partner hauptsächlich sein Geltungsbedürfnis interessiert. Das gleicht *„einem Jäger, der einen Pfeil in eine Bärenhöhle schießt, ohne zu wissen, wo sich der Bär aufhält"*. Dabei vergeuden Sie wertvolle „Munition" (Argumente) nicht nur nutzlos; es könnte auch sein, dass Sie den Bären treffen – irgendwo! Was glauben Sie, macht ein getroffener Bär mit dem stümperhaften Jäger, der ihm einen Pfeil in das Hinterteil geschossen hat?

Wollen Sie Ihren Partner *reizen*? Dann argumentieren Sie, bevor Sie seinen Bedarf erfragt und seine wahren emotionalen Bedürfnisse analysiert haben (vgl. Kapitel 6 „Bedarf analysieren", s.S. 211ff.).

Genauso gering sind Ihre Erfolgsaussichten, wenn Sie aus mangelnder Kenntnis der Bedürfnisse Ihres Partners (= Informationsmangel) alle möglichen Motive ansprechen (*„Schrotschuss-Methode"*). Sie geben hierbei Ihrem Gesprächspartner die Chance, sich speziell die Argumente herauszusuchen, die bei ihm nicht von Bedeutung sind. Eine wahrscheinliche *Folge* davon ist: Sie *liefern* ihm *Stoff für Einwände*, die Ihnen die Überzeugungsarbeit erschweren.

Dasselbe gilt, wenn Sie aus mangelnder Kenntnis seines Bedarfs (Mangel an Sach-Information) Ihrem Partner Lösung X anbieten wollen, obwohl ihn Anwendung Y interessiert.

2. Bieten Sie Nutzen für Ihren Partner!

Nennen Sie Ihrem Partner keine Merkmale Ihrer Dienstleistung oder Eigenschaften Ihrer Produkte, sondern formulieren Sie diese in spezielle Vorteile für ihn um (vgl. die Übungen zu Beginn dieses Kapitels). Prüfen Sie Ihre Argumente durch die Frage:

„Was bringt's ihm?"

Sagen Sie also z.B. nicht nur:

„Der Drucker druckt 140.000 Zeilen pro Stunde."

Mit *„Techno-Quatsch"* können Sie keinen Vorstand oder Geschäftsführer beeindrucken, keinen kaufmännischen Entscheider *überzeugen*, schon gar nicht mit Daten, aus denen niemand seinen unmittelbaren Nutzen erkennen kann. Formulieren Sie daher *nutzenorientiert*:

„Der angebotene Drucker hat eine Leistung von 140.000 Zeilen pro Stunde. In Ihrem Haus werden täglich ca. 9.000 Rechnungen mit durchschnittlich elf Zeilen geschrieben. Der Drucker schreibt diese also in weniger als einer Stunde! Das bedeutet für Sie, dass Sie die Ware noch am gleichen Tag versandfertig machen können und Ihr Geld schneller bekommen."

Achten Sie darauf, dass Ihre Argumente immer „Kaufargumente" sind, also wirklich nützliche Vorteile für diesen Partner. Sagen Sie nicht nur:

„Das System ist in Visual Basic geschrieben.",

sondern z.B.:

> *„Das System ist in Visual Basic geschrieben. Das hat den Vorteil für Sie, dass Sie auch mit Ihren eigenen Softwareentwicklern das System selbst pflegen können."*

Achten Sie dabei darauf, dass Ihre Argumente *Kaufargumente* – Vorteile für diesen Kunden – sind. Wenn Ihr Partner nur wenige *Visual-Basic*-Programmierer hat, nutzt ihm diese Produkteigenschaft nicht viel. Interessiert ihn höchstmögliche Leistungsfähigkeit, könnte Ihr Nutzenargument vielleicht so lauten:

> *„Die Schnittstelle zur Datenübertragung des Systems ist in Visual Basic geschrieben. Das garantiert Ihnen, dass sie auf maximale Performance ausgelegt ist und Sie die verfügbare Rechnerleistung optimal nutzen."*

Ein anderes Beispiel:

> *„Das System ist in portablem C geschrieben. Das bedeutet, dass Sie leichter von einem Rechner auf den anderen wechseln können, was Ihnen den Einsatz auch auf anderen UNIX-Rechnern in Ihren Tochterfirmen ermöglicht."*

3. Nur bekannte Fachausdrücke, Fremdwörter und Abkürzungen

Ihr intensives Beschäftigen mit Ihrem beruflichen Fachgebiet (z.B. Datenverarbeitung) bringt es mit sich, dass Sie viele *Fachausdrücke* beherrschen. Wie sieht es jedoch bei

Ihrem Gesprächspartner aus? Kennt er diese Ausdrücke ebenfalls?

Mit vielen *Fremdwörtern* können Sie ihn höchstens verärgern. Überzeugen können Sie ihn damit bestimmt nicht. Verwenden Sie deshalb Fachausdrücke, Fremdwörter und *Abkürzungen nur dann, wenn* Sie überzeugt sind, dass *Ihr Partner diese* auch *versteht*.

Wenn Sie nicht ganz sicher sind, sie aber trotzdem verwenden müssen, empfiehlt es sich, diese Worte *vorher* mit einer für ihn leicht verständlichen *Umschreibung zu* erklären. Sagen Sie danach: *„In der Fachsprache heißt das..."* Jetzt haben Sie Ihrem Partner die „Kleiderbügel" geliefert, auf die er Ihre folgenden Argumente richtig einsortiert „aufhängen" kann. Der oft zu hörende Rat „Fachausdrücke, Fremdwörter und Abkürzungen vermeiden" ist so nicht haltbar. Wenn Ihr Partner auf einem bestimmten Gebiet Fachmann ist und Sie beherrschen *seine* Fachsprache, dann beweisen Sie Ihre *Kompetenz*, wenn Sie mit ihm fachsimpeln können.

Die gleiche Sprache zu sprechen, ist immer eine gute Möglichkeit, *gleiche Wellenlänge* herzustellen. Sie betonen damit *Gemeinsamkeit* und fördern dadurch den so enorm wichtigen *Rapport* zu Ihrem Partner (vgl. Kapitel 1 „Verkaufs-Kommunikation", Abschnitt „Wie stellen Sie Rapport her zu Ihrem Partner?", s.S. 67ff.).

Es wäre auch unnötige Zeitvergeudung, z.B. die Begriffe „Personal Computer", „Datenverarbeitung" etc. jedes Mal vollständig auszusprechen, obwohl Ihr Partner genau weiß, was PC, DV etc. bedeuten.

Doch passen Sie genau auf, dass Ihnen nicht für Sie geläufige Begriffe und Abkürzungen (z.B. APPN) gewohnheitsmäßig herausrutschen, die Ihrem Gegenüber vielleicht nicht voll vertraut sind!

Nicht jeder Gesprächspartner *fragt nach, wenn er etwas nicht versteht.* Wer will sich schon *blamieren* (und zugeben, dass er Advanced Peer-to-Peer Networking nicht kennt)? Aber viele, die sich im Gespräch mit Ihnen *dumm vorkommen*, wollen sich *nie mehr* so *fühlen*. Welche Folgen das für Sie haben könnte, wissen Sie selbst.

4. Setzen Sie visuelle Argumentationshilfen ein!

Bei vielen Menschen reicht die Sprache oft nicht aus, um etwas anschaulich darzustellen. Sie wissen aus Ihrer Kindheit, dass Ihre Aufmerksamkeit und Ihr Interesse viel mehr durch *Bilderbücher* (und Spielzeug) gefesselt wurden als durch bloße Schilderungen.

Menschen denken in Bildern.

In der Erinnerung und im Traum erleben Sie *Filmszenen*, Sie lesen nicht geschriebene Texte von Buchseiten ab. Kombinieren Sie deshalb in Ihrem Überzeugungsgespräch, soweit möglich, die Sprache mit Bildern und visuellen Hilfsmitteln, denn:

Ein Bild sagt mehr als tausend Worte.

Wenn irgend möglich, zeigen Sie Bilder in Augenhöhe oder darüber, z.B. indem Sie sie an ein Flipchart oder an die Wand hängen oder gedanklich dorthin projizieren, während Sie mit der Hand – leicht nach oben weisend – darauf zeigen und sagen:

> *„Schauen Sie, sehen Sie hier, welch klares und über- zeugendes Bild Ihre Vorstellung von ... ergibt."*

Damit erleichtern Sie dem Gehirn Ihres Partners den visu- ellen Zugang, denn *Menschen schauen nach oben, wenn sie sich ihre inneren Bilder anschauen* – egal, ob erinnerte oder konstruierte. Wenn Sie später das Bild aus der visu- ellen Ebene herunterholen auf Augenhöhe, führen Sie Ih- ren Partner in die auditive Ebene, z.B. indem Sie fragen:

> *„Hören Sie, was Ihre Kunden/Vorgesetzten/Mit- arbeiter bewundernd von Ihnen sagen?"*

Während Sie das Bild nach einer angemessenen Pause langsam tiefer halten und es vor Ihrem Partner auf den Tisch legen, also unter Augenhöhe, in die Gefühls- oder kinästhetische Ebene, fragen Sie:

> *„Und was ist das für ein tolles Gefühl zu spüren, die genau richtige Entscheidung für alle Beteiligten ge- troffen zu haben?"*

Auf diese Art und Weise nutzen Sie visuelle Hilfsmittel und Gesten gehirngerecht und *erleichtern* Ihrem Partner damit, das *auf unterschiedlichen Sinneskanälen zu prüfen, was er kaufen möchte: seine Vorstellung!*

Zu den wichtigsten visuellen *Argumentationshilfen* gehören:

– Charts
– Graphiken – Poster – Displays
– Präsentationsmappen
– Laptop-Präsentationen
– Prospekte
– Handbücher
– Broschüren

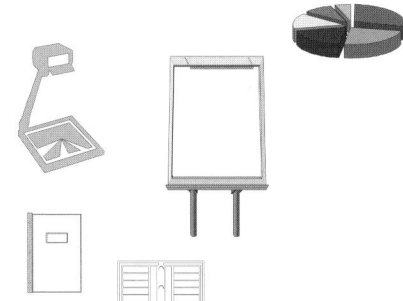

Doch Vorsicht! Umfangreiche Unterlagen können leicht als Vorwand für einen Gesprächsabbruch dienen.

> *„Vielen Dank, das lese ich mir erst einmal in Ruhe durch, und dann melde ich mich wieder."*

Übergeben Sie Kataloge und Broschüren nicht einfach, benutzen Sie diese vielmehr als visuelle Hilfe, um gezielt ein Bild oder Foto zu zeigen und damit die Anschaulichkeit und Verständlichkeit Ihrer Aussagen zu steigern.

5. Formulieren Sie anschaulich durch Vergleiche und Beispiele!

Auch durch den Einsatz von *Vergleichen* können Sie Ihr Gespräch anschaulich gestalten. Sie führen einen unbekannten Sachverhalt oder Begriff auf einen bekannten zurück.

„Die RS 6000 hat eine 50fach höhere Prozessor-leistung als eine 360/125" sagt Ihrem Partner sicher nicht viel.

„Die RS 6000 braucht eine Stellfläche von 30 x 100 cm. Die alte 360/125 von 1975 – Leistung ein Fünfzigstel – brauchte 3 x 6 Meter und zusätz-lich aufwendige Wasserkühlung" bestimmt etwas.

Außer mit Vergleichen können Sie die Anschaulichkeit Ihrer Darstellung durch *Beispiele* wesentlich steigern. Im Prinzip gelten hier die gleichen Regeln wie für den Vergleich. Beziehen Sie Ihr Beispiel auf die *Situation Ihres Gesprächspartners.* Erst dadurch erzielen Sie die notwendige persönliche Wirkung.

6. Verwenden Sie eine bildhafte Sprache!

Sie wissen: Der Mensch denkt in Bildern. Doch was tun Sie, wenn Sie kein Bild zeigen können? Wählen Sie konkrete, anschauliche, bildhafte Formulierungen, wenn Sie keine Zeichnungen, Fotos, Charts ... zur Hand haben.

Die Buchstaben *T* und *I* und *S* und *C* und *H* werden von Ihrem Gehirn sofort in das Bild eines Tisches umgewandelt, sobald der letzte Buchstabe Ihr Ohr und damit Ihr Sprachzentrum im Gehirn erreicht hat.

Jeder hat sofort eine bildhafte Vorstellung auf seinem inneren Bildschirm, wenn er *konkrete, gegenständliche* Worte hört wie *„Haus, Stuhl, Stift, Auto ..."*

Sagen Sie Ihrem Partner hingegen einen *abstrakten* Begriff, wie z.B. *„Viskosität"*, können Sie nicht sicher sein, ob er sofort ein eindeutig klares Bild vor Augen hat.

Erklären Sie ihm in diesem Fall *zunächst den Begriff* durch anschauliche Worte: Sagen Sie statt *„hochviskos"* und *„niedrigviskos"* besser *„dünnflüssig wie Öl"* und *„zähflüssig wie Kaugummi"*. Nach dieser allgemeinverständlichen Beschreibung können Sie, falls erforderlich, den abstrakten Fachbegriff ins Gespräch einführen: *„In den Prospekten ist hierfür der Begriff Viskosität verwendet."* Das Unterbewusstsein Ihres Partners wird Ihnen dafür dankbar sein. Sein Gemüt wahrscheinlich auch.

Beachten Sie bei Ihrer Argumentation die *Reihenfolge*, die es Ihrem Partner ermöglicht, Sie leicht zu verstehen. Gehen Sie bei Erklärungen immer:

– *vom Bekannten zum Neuen*
– *vom Allgemeinen zum Speziellen*
– *vom Sprichwort zum Prinzip/Lehrsatz*
– *von der Umschreibung zum Fachbegriff*

Denn wenn Sie mit unbekannten oder abstrakten Worten Ihren Gesprächspartner erst einmal verwirrt haben, kann es sein, dass er so viel *Stresshormone* ausgeschüttet hat, dass sein Gehirn blockiert[2] (keine neuronalen Transmitterstoffe zwischen den Nervenverbindungen [Synapsen] freisetzt und damit die Denkprozesse weitgehend lahmlegt), um sich auf die *biologisch lebensentscheidende*

---

2   vgl. Vera F. Birkenbihl: Stroh im Kopf?

Alternative Flucht oder Kampf einzustellen[3]. Eine jetzt nachträglich von Ihnen folgende Erklärung der verwirrenden oder unverständlichen Worte könnte das von Stresshormonen beherrschte Gehirn Ihres Partners gar nicht mehr verstehen. Außerdem sind Ihre Sätze, die einem verwirrenden oder unbekannten Wort folgen, meist der Aufmerksamkeit Ihres Partners verloren gegangen, da sich sein Sprachspeicher im Gehirn mit dem *Suchen* nach einer Worterklärung beschäftigt statt mit weiterem Hinhören. Schade also für Ihre guten Argumente (vgl. die folgende Abbildung).

Abb. 8.5:   **Unbekannte Worte verwirren; was danach kommt, wird nicht mehr gehört, weil der Sprachspeicher im Gehirn nach dem unbekannten Wort sucht.**

---

3   vgl. Frederic Vester: Denken, Lernen, Vergessen

Je abstrakter ein Sachverhalt ist, desto wichtiger ist es, dass Sie ihn anschaulich darstellen. Ihre Information, Ihr Argument hat nur dann Aussagekraft für Ihren Partner, wenn hierdurch *in seiner Vorstellung ein klares Bild* entsteht. Das Verwenden von Bildern hat für Sie den zusätzlichen Vorteil höherer *Haftwirkung* und leichterer Verständigung. Wollen Sie Ihren Partner überzeugen? Dann beachten Sie folgende Gesichtspunkte:

Das *Bild*

– muss aus dem Erfahrungsbereich Ihres Partners stammen.

– soll den Kontakt zu Ihrem Partner stärken.

– soll in der Vorstellung Ihres Partners *angenehme*, positive *Gefühle* im Zusammenhang mit Ihrer Leistung entstehen lassen.

– muss für Ihren Partner glaubhaft sein (Extreme vermeiden).

– darf nicht Selbstzweck werden.

7. Handzeichnungen

Vorgefertigte Unterlagen sind zweifellos zweckmäßig und arbeitssparend. Doch durch den Einsatz von *Stift und Papier* können Sie *während* des Gesprächs *Gedanken veranschaulichen* und dadurch Ihren Gesprächspartner noch stärker *aktivieren* und zum Mitdenken anregen. Er kann dadurch Ihre Ausführungen besser nachvollziehen. Sie können ihm so den *Entwicklungsprozess einer Idee erleben* lassen, was wesentlich zum leichteren Verständnis beiträgt.

Durch *Skizzen* und *schriftliche Berechnungen unterstützen* Sie außerdem *das Gedächtnisbild* Ihres Partners entscheidend.

Mangelnde Zeichenbegabung ist kein Nachteil für Sie, denn kein Kunde erwartet, dass Sie das Talent und die Fertigkeiten von Dürer oder Rembrandt haben. Punkte, Striche und einfache Symbole zeichnen kann jeder. Dazu ist nur erforderlich, dass Sie mit einem Kugelschreiber umgehen können. Wenn Sie schreiben können, d.h. Buchstaben malen, dann können Sie auch einfache Handskizzen zeichnen. Trauen Sie sich einfach!

Entwickeln Sie Ihrem Partner immer etwas zum Anschauen, denn Menschen lernen leichter, wenn sie außer akustischen Informationen für das Ohr auch *visuelle* Reize für das *Auge* bekommen. (Bildhafte Notizen, kleine Zeichnungen und Mind Maps erleichtern Ihnen außerdem später Ihre eigene Gesprächs-Nachbereitung oft erheblich.)

Am besten skizzieren Sie Ihrem Partner zwei sehr kontrastreiche Situationen, z.B. seine IST-Situation und seine SOLL-Situation, seinen derzeitigen Mangelzustand und seinen erwünschten, zukünftigen Zielzustand – nach Einsatz Ihrer Produkte und Dienstleistungen (vgl. die Abbildungen auf den folgenden Seiten).

„Ihr Informationsfluss in Ihrem Unternehmen jetzt ..., Sie sehen selbst, wie leicht hier Informationen lange liegen bleiben oder verloren gehen können ... "

IST
ALT

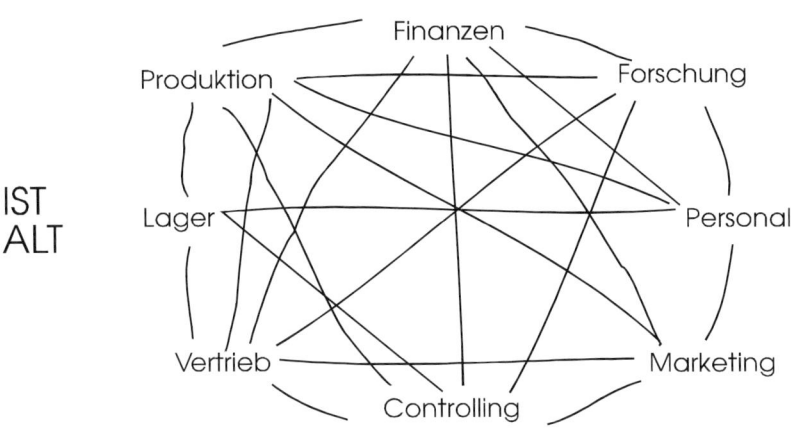

Abb. 8.6: **Eine flüchtig gezeichnete Skizze visualisiert den bisherigen, unbefriedigenden Zustand**

„Dagegen ist Ihr unternehmensinterner Informationsfluss nach dem Einsatz des neuen Management-Informations-Systems ... sicher, blitzschnell und geordnet – eben mit System. Für jeden stehen alle Informationen, die er braucht, sofort parat." (Vgl. Abb. 8.7)

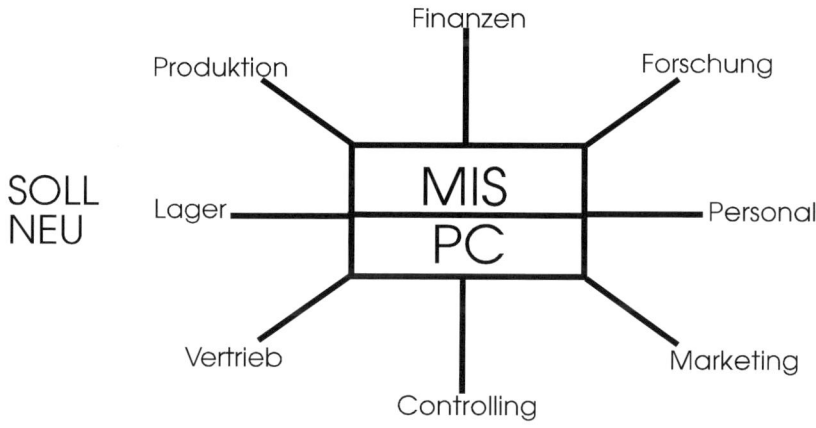

Abb. 8.7:   **Eine einfache, übersichtliche Skizze veranschaulicht den zukünftigen, erwünschten Zielzustand**

Wollen Sie gleich die Gelegenheit nutzen und selbst üben?

Skizzieren Sie eines Ihrer Verkaufsargumente.
Einfache Bilder statt viele Worte!

Was Sie *sagen*, wird vergessen, *was Sie zeigen, prägt sich ein.* Wenn Sie diese grundlegenden Überlegungen beachten, erleichtern Sie Ihren Gesprächspartnern, Ihre Argumente zu *verstehen* und zu *behalten* (vgl. Abbildung 8.8 unten und auf der nächsten Seite).

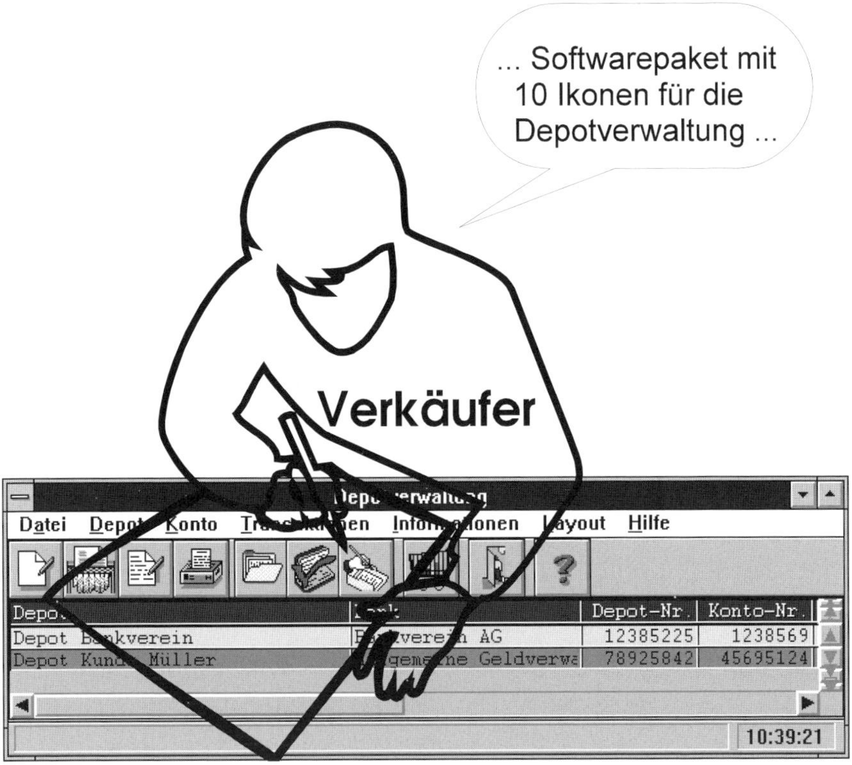

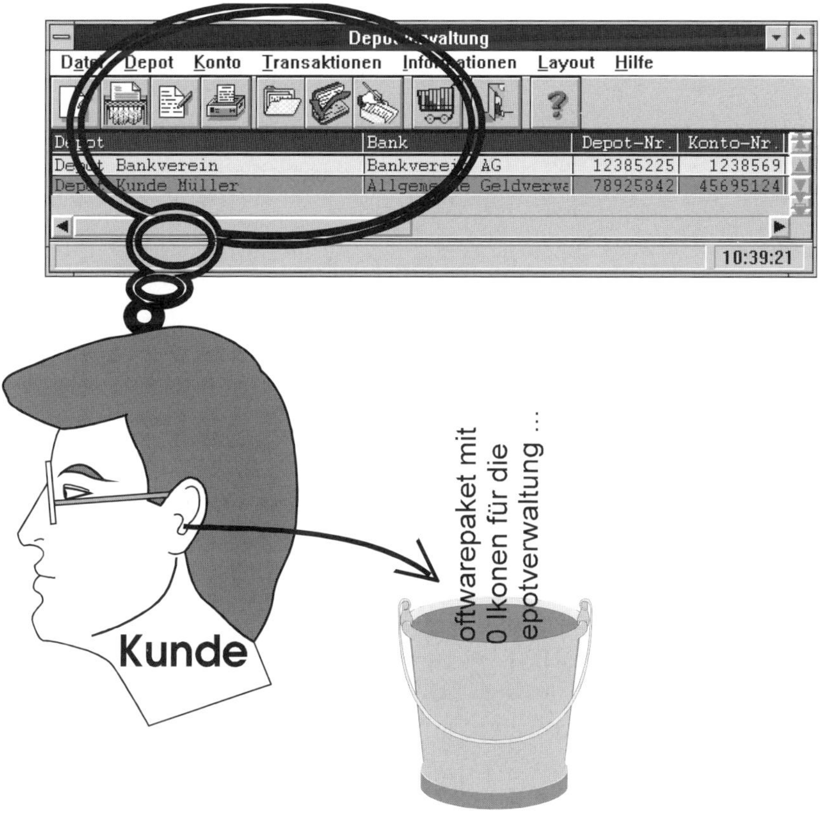

Abb. 8.8: Was der Verkäufer zeigt, bleibt im Gedächtnis des Kunden gespeichert. Was er hingegen sagt, landet im „Papierkorb" des Vergessens[4].

---

4 Abdruck der Menüleiste erfolgt mit freundlicher Genehmigung von Personal Interface GmbH

8. Suggestive Sprache

Sehr starke Wirkung können Sie erreichen, indem Sie Ihre Argumente, Beispiele oder Vergleiche mit folgenden Worten beginnen:

„Stellen Sie sich vor, Sie ..."

Mit dieser „hypnotischen" Einleitung führen Sie Ihr Gegenüber absolut sicher in *innere Sinneswahrnehmungen*, d.h., erinnerte oder konstruierte Bilder, Klänge, Stimmen, Gerüche, Geschmacksempfindungen und mit all dem verbundene Gefühle.

Erfolgreiche Kommunikation ist immer auch ein „leicht tranceähnliches" Anregen der Imaginationskraft, d.h.: *Ein gutes Verkaufsgespräch ist immer verbunden mit angenehmen Vorstellungen und inneren Erlebnissen!* Ein einfühlsamer Verkäufer oder Berater hilft seinem Partner, die Aufmerksamkeit auf diese inneren Empfindungen zu lenken und sich seiner Wahrnehmungen bewusst (= gewahr) zu werden. Wollen Sie ausprobieren, wie schnell Ihre Sinne auf dieses Sprachmuster reagieren? *„Stellen Sie sich vor, Sie sind jetzt in Ihrem Büro ...*

- Was sehen Sie?
- Welche Formen und Farben, wie hell und wie groß, wie nah oder wie weit weg?
- Was hören Sie? Wie klingen die Geräusche der Heizung/Lüftung ..., die Geräusche von draußen, das Klingeln Ihres Telefons, Ihre Stimme in diesem Raum, Ihrem Büro?
- Wie riecht es, wonach schmeckt es?
- Während Sie sich umsehen und umhören, was spüren Sie in Ihrem Körper? Wo genau im Körper?

344

– Wie fühlt es sich dort an?

Stellen Sie sich jetzt vor, Sie sind *zu Hause* in Ihrer Wohnung im gemütlichen Zimmer und haben es sich in Ihrer Kuschelecke bequem gemacht, versehen mit Ihrem Lieblingsgetränk:

– Was sehen Sie jetzt?
– Welche Farben und Formen? Wo im Raum? Wie groß und wie hell? Wo sitzen Sie am liebsten?
– Wie fühlen Sie sich hier, während Sie genießerisch Ihre Erfolge der vergangenen Tage nachempfinden? Spüren Sie vielleicht eine angenehm warme, weiche, weite Leichtigkeit?
– Wie klingen die Töne in diesem Zimmer, z.B. wenn Sie Ihre Lieblingsmelodie in angenehmer Lautstärke harmonisch erklingen lassen?
– Wonach schmeckt Ihr Getränk? ..."

Was auch immer Ihre Empfindungen und Sinneswahrnehmungen sein mögen, verbunden mit den Gedanken an Ihr Büro und an Ihr Zuhause, Sie haben sicher erkannt, dass auch Ihr Gehirn sich mit dieser (innere Vorstellungen auslösenden) Sprachformel *„Stellen Sie sich vor ..."* auf die Reise des inneren Erlebens macht, sofern Sie sich einige Sekunden Zeit dafür nehmen (und nicht ununterbrochen weiterlesen).

Schicken Sie daher Ihre Kunden und Interessenten sooft Sie können auf *Erlebnisreise!* Gönnen Sie ihnen ein schönes Mentaltraining, kurze, *wunderbare Tagträume!* Achten Sie dabei nur darauf, dass Sie *angenehme Zustände beschreiben*, wenn Sie in Ihrem Partner eine Vorstellung von seinem Zustand *nach* oder *während* des

Einsatzes Ihres Produkts oder Ihrer Dienstleistung beschreiben. Denn:

> **Menschen kaufen Vorstellungen –**
> **keine Dienstleistungen oder Produkte!**

Ideen anbieten heißt daher: *Vorstellungen Ihres Partners* bewusst machen und *positiv erleben lassen.*

Zusammenfassung

Nur selten werden Ihnen in einem Gespräch exzellente Beispiele und Vergleiche wie der „Blitz aus heiterem Himmel" genau dann einfallen, wenn Sie diese benötigen. Fragen Sie sich deshalb schon bei der Vorbereitung Ihrer Gespräche immer:

— Welche anschaulichen *Vergleiche* setze ich ein?
— Welche bildhafte *Beschreibung* ist möglich?
— Welche *Beispiele* erleichtern das Verständnis?
— Welche *Sprichwörter* verdeutlichen den Sachverhalt?
— Welche in wörtlicher Rede *zitierten Aussagen* zufriedener Kunden helfen zu überzeugen?
— Welche *Anekdoten* und *Metaphern* spiegeln das gleiche Muster wider und lassen einen lebendigen *Film* im Kopf meines Partners ablaufen?

Denken Sie daran: Packende und treffende Bilder behält Ihr Gesprächspartner besser in seinem *Gedächtnis* als abstrakte Ideen oder einfach nur Worte. Wenn seine Entscheidung erst zu einem späteren Zeitpunkt fällt, wird er sich sehr wahrscheinlich nur noch an das erinnern, was Sie ihm *gezeigt* oder zumindest lebendig und bildhaft beschrieben haben. Wenn er selbst später noch weitere Entscheider in seinem Unternehmen überzeugen muss, braucht er dazu klare und eindeutige bildhafte Vorstellungen in seinem Kopf.

Was bei ihm *in mehr als nur einem Sinneskanal* (z.B. Wörter nur auditiv im Ohr) *Eindrücke hinterlassen* hat, also *plastische Bilder* (visuell im Auge) und *angenehme Gefühle* (kinästhetisch im Körper), besitzt deutlich *höhere Erinnerungs-Chancen.*

Wenn Sie alle acht Grundlagen der Argumentation beachten, erleichtern Sie Ihren Gesprächspartnern, Ihre Argumente zu verstehen, zu behalten und weiterzutragen.

Diese grundlegenden Überlegungen für Ihre Argumentation genügen allein noch nicht ganz, um überzeugend zu sein. Dafür können Sie noch mehr tun. Der *richtige Aufbau* und die *wirkungsvolle Formulierung* Ihrer Argumente sind weitere wichtige Gesichtspunkte, die Sie beachten sollten, wenn Sie Ihren Gesprächspartner positiv beeinflussen wollen. (Mehr dazu finden Sie gleich im folgenden Abschnitt „Fünf Regeln der Argumentation".)

Fünf Regeln zur Argumentation

1. Wählen Sie eine IST-SOLL-Folge

Am liebsten spricht jeder über sich selbst, seine Ansichten, Probleme und Ziele. Dieses Wissen machen Sie sich zunutze, indem Sie bei Ihren Argumentationen, Präsentationen und Lösungsvorschlägen *immer* den *IST-Zustand in den Vordergrund* stellen und von diesem den *SOLL-Zustand ableiten*. Ihr Angebot ist dann die *logische Konsequenz,* das geeignete Mittel, um vom IST zum SOLL zu kommen.

Erst wenn Sie den „**G**egenwärtig **u**nbefriedigenden **Z**ustand" (GuZ) und den „**W**ünschenswerten **i**dealen **Z**ielzustand" (WiZ) kennen und über die Motive (ersehnte Bedürfnisbefriedigung) Bescheid wissen, sollten Sie es wagen, erste Aussagen über den *Weg* vom GuZ zum WiZ (vom Jetzt- zum Zielzustand, vom Mangel zur Befriedigung) zu machen. Jetzt zeigen Sie auf, dass der Bedarf Ihres Partners zu Ihrem Angebot so exakt passt wie ein Stecker in eine Steckdose.

Abb. 8.9:   **Erst wenn der Bedarf bewusst IST, SOLL das Angebot folgen**

Sprechen Sie hingegen zu früh über Ihr Angebot, wirkt leicht die spätere Darstellung der Kundenprobleme wie eine Rechtfertigung für Ihre Verkaufsabsicht.

Der Kunde denkt sich dann:

> *„Der will mich doch nur überreden!"*

> *„Die suchen doch nur noch Gründe,*
> *um mir das aufzudrücken!"*

2. Argumentieren Sie realistisch

Vermeiden Sie Schwarz-Weiß-Malerei, wenn Sie den Zustand der Kundenfirma beschreiben. Beachten Sie: *Oft entscheidet derjenige über Ihre Empfehlung, der auch den jetzigen Zustand verursacht hat.*

Prüfen Sie auch, ob Sie dazu neigen, allzu *einseitig* positiv zu argumentieren. Je kritischer und intelligenter Ihr Partner nämlich ist, umso weniger wird er durch einseitige Argumentation überzeugt. Bringen Sie deshalb auch (offensichtliche) Nachteile zur Sprache.

Die *Vorteile* der beidseitigen Argumentation:

☞ Sie gewinnen Vertrauen und *Glaubwürdigkeit.*
☞ Sie bestimmen, *wann* Sie über Nachteile sprechen.
☞ Sie nehmen dem Nachteil die Bedeutung.
☞ Sie können ihn durch Gegenargumente abschwächen.
☞ Sie immunisieren Ihr Angebot gegen Wettbewerbsargumente.

Bereiten Sie sich jedoch mit Ihrer beidseitigen Argumentation nicht unnötig Schwierigkeiten. Nennen Sie nur wesentliche Nachteile, die für Ihren Partner ohnehin leicht erkennbar sind oder die erfahrungsgemäß sowieso immer wieder vorgebracht werden. Wenn Sie die beidseitige Argumentation wählen, ist es wichtig, in welcher *Reihenfolge*

Sie die starken und die schwachen Punkte aufführen. Nennen Sie erst die Vorteile oder erst die Nachteile?

Da sowohl ein *positiver Beginn* für die *Einstellung* des Partners als auch ein *positiver Schluss* für die *Gedächtniswirkung* wichtig sind, wählen Sie am besten die Reihenfolge der *„Sandwich"-Methode:*
Vorteil – Nachteil – Vorteil/Nutzen.

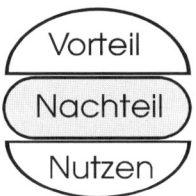

Abb. 8.10:   **Packen Sie offensichtliche Angebote
immer zwischen Vorteil und Nutzen**

Sie nehmen damit dem Nachteil die Bedeutung. Die *zuletzt* genannten Punkte bleiben am besten im Gedächtnis haften und liefern meist den Ansatz für den nächsten Diskussionspunkt. Lassen Sie daher einen Nachteil (z.B. den Preis) niemals allein als letzte Aussage stehen! Hängen Sie immer einen damit verbundenen Nutzen direkt dran! (vgl. Kapitel: „Preis verhandeln", s.S. 427ff.) Wenn Sie vier Punkte ansprechen wollen, wählen Sie für Ihre *Dramaturgie* folgenden Ablauf:

zweitstärkstes Argument (Interesse- und Aufmerksamkeitswecker)
viertstärkstes Argument   ② ⇒ ④ ⇒ ③ ⇒ ①
drittstärkstes Argument
stärkstes Argument (Handlungsmotivator)

3. Fassen Sie häufig zusammen und ziehen Sie das Fazit für Ihren Partner

Sie werden feststellen, dass Ihre Argumentation wesentlich überzeugender wirkt, wenn Sie häufiger zusammenfassen. Jede Zusammenfassung ist die Basis für Ihre nächste Argumentationsstufe. Deshalb sollte jede Stufe Ihrer Argumentation mit einer *Zusammenfassung* (}) enden. Zählen Sie darin nur die zwei bis drei stärksten Argumente Ihrer Nutzenargumentation auf, d.h., nur die Punkte, bei denen *Ihr Partner* bereits deutliches Interesse oder *eindeutige Zustimmung gezeigt hat.*

Ziehen Sie dann jeweils mit einer Überleitungsformulierung (*„das bedeutet für Sie ..."* o.Ä.) noch einmal den wichtigsten Nutzen für Ihren Partner als *Fazit* (⇒) daraus.

Für diese *Schlussfolgerung* holen Sie sich von Ihrem Partner jeweils seine *Zustimmung* (?) ein.

Danach *fordern* Sie ihn *zum Handeln* (!) oder zur Entscheidung *auf.*

Aus der folgenden Tabelle ersehen Sie, wie Sie Ihre Überzeugungswirkung durch eine Zusammenfassung mit Schlussfolgerung („Z+S") erhöhen (vgl. Abb. 8.11, auf der nächsten Seite).

Argumentation

	ohne „Z+S"	Mit „Z+S"
erzielte Übereinstimmung	30,7 %	51,2 %
Opposition	11,4 %	3,3 %

Quelle: Rohracher, Grundlagen der Psychologie

Abb. 8.11: **Argumentation mit Zusammenfassung und Schlussfolgerung (Z+S)
erleichtert den Abschluss**

Sichern Sie sich so Ihre Argumentation stufenweise und
insgesamt ab. Auch hierzu zwei Beispiele für Ihre Ge-
sprächssituation.

Beispiel A:

*„Drei wesentliche Vorteile hat dieser
Lösungsansatz für Sie:*   }
1.   Geringer Einführungsaufwand.
2.   Leicht anzupassen.   Zusammen-
3.   Das System kann flexibel mit Ih-   fassung
ren Bedürfnissen wachsen."

„Das bedeutet für Sie: $\Rightarrow$
Ihre Anwender können schnell produk-   Schlussfolgerung
tiv mit dem System arbeiten."   Fazit

„Ist das nicht genau Ihre Zielsetzung?"

?
Frage nach Zu-
stimmung

*„Daher sollten Sie uns sagen, in wel-
chem Unternehmensbereich Sie
das System zuerst einsetzen wollen."*

!
Handlungs-
aufforderung

Beispiel B:

*„Drei wesentliche Vorteile hat dieser
Lösungsansatz für Sie:*
1. Hohe Verarbeitungsgeschwindigkeit.
2. Große Speicherkapazität.
*3. Anschluss weiterer Eingabe-Aus-
gabe-Einheiten ist möglich."*

}
Zusammen-
fassung

„Das bedeutet für Sie:
*Auch die Arbeitsspitzen können in der
normalen Arbeitszeit erledigt werden,
und bei steigendem Beleganfall ist ein
Ausbau Ihres Systems möglich."*

⇒
Schlussfolge-
rung
Fazit

*„Entspricht das nicht genau Ihren Vor-
stellungen?"*

?
Frage nach Zu-
stimmung

*„Daher sollten Sie diese Chance so
bald wie möglich nutzen und noch in
diesem Halbjahr mit dem Einsatz dieser
Anwendung in Abteilung XY beginnen."*

!
Handlungs-
aufforderung

4. Beteiligen Sie Ihren Partner an der Lösung so intensiv wie möglich

Bringen Sie Ihren Partner durch gezielte Fragen dazu, selbst eigene Vorschläge zu entwickeln. Je mehr Ihr Partner die Problemlösung (das Angebot, die entwickelte Vorgehensweise) als seine eigene ansieht, umso stärker identifiziert er sich mit ihr.

> **Niemand lehnt ab, was er selbst vorgeschlagen hat.**

Je stärker die Identifikation Ihres Partners mit der Lösungsidee, umso weniger haben Sie daher mit *Einwänden, Entscheidungsproblemen und Kaufwiderständen* zu rechnen. Hingegen tut es ihm nicht weh, gegen *Ihre* Lösung zu „schießen" („*Das geht nicht, weil ...*", „*Ja, aber ...*" u.Ä.), weil er sich ja damit kaum identifiziert, da es *nicht seine* eigene ist.

Nehmen Sie ihm nicht das Denken und Entscheiden für den geeigneten Lösungsweg ab. Hüten Sie sich davor, den „*Retter*" für Ihren Kunden zu spielen! Allzu leicht wechselt Ihr Partner aus der „*Opfer*"-Rolle in die „*Verfolger*"-Rolle und macht Sie später für sein eigenes Versagen verantwortlich.

> *„Sie haben gesagt, ... und jetzt ... Sehen Sie zu, wie Sie das wieder in Ordnung bringen!"*

Alle Ihre Angebote und Problemlösungen, die nicht auf ein in der Bedarfsanalyse aufgespürtes und ausdrücklich ausgesprochenes Bedürfnis Ihres Partners treffen, ermöglichen ihm, *Verantwortung auf Sie abzuwälzen.*

Hüten Sie sich vor *„psychologischen Spielen"*, bei denen es *keinen Gewinner* gibt.[5]

Retter
(Problemlöser, Ratschläger ...)

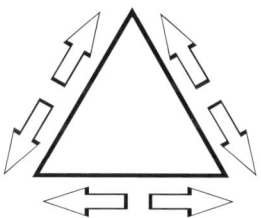

Opfer
(Jammerer,
Hilfloser ...)

Verfolger
(Verantwortungs-
abwälzer, Beschimpfer ...)

Abb. 8.12: **Bei psychologischen Spielen im „Drama-Dreieck" gibt es nur Verlierer**

Wenn Ihr Partner nicht voll von einer neuen Idee über-zeugt ist, realisiert er sie – meist unbewusst – so, dass sie zum Misserfolg werden muss!

Weshalb? Eine einleuchtende Erklärung liefert das Modell der *Transaktions-Analyse*: Auch Ihre beste Idee birgt eine große Gefahr in sich. Selbst wenn sie 100%ig den Bedarf Ihres Partners decken würde und von Ihnen 100%ig auf seine Bedürfnisse hin formuliert wäre, könnte sie sich zum Eigentor entwickeln. Sagen Sie Ihrem Partner, wie in sei-ner Situation am besten zu verfahren sei, kann sich dies

---

5 vgl. Eric Berne: Spiele der Erwachsenen

zwar positiv auf Ihre fachliche Kompetenz auswirken, aber gleichzeitig sehr negativ auf Ihre emotionale, psychologische Wirkung! Gesteht sich Ihr Partner nämlich ein, dass *Ihre Lösung besser ist als seine*, kann es passieren, dass er *sich als „nicht o.k."* und Sie als „o.k." empfindet. Dadurch würde er in seiner Selbstachtung beträchtlichen Schaden erleiden.

Um sich vor dem äußerst unangenehmen Ergebnis zu schützen, dass *er* (in seiner eigenen gedanklichen Bewertung) *als Verlierer* und Sie als Sieger dastehen, spielt sein Unterbewusstsein seinem Verstand einen kleinen, aber wirksamen Streich. Er verfolgt Ihren Rat *so*, dass es nicht zu dem angekündigten Ergebnis kommt. Das fällt ihm leicht, denn da die Idee ja eh nicht „auf seinem Mist gewachsen" ist, identifiziert er sich ohnehin nicht damit. Nachdem es nicht geklappt hat, kann er beruhigt *aufatmen*: *„Der Vorschlag vom Berater ist auch nicht besser als meiner. Er ist auch nicht klüger als ich!"*

Ihr Partner fühlt sich jetzt zwar auch nicht als Sieger, aber zumindest im Vergleich zu Ihnen auch nicht mehr als unterlegener Verlierer. Da er nicht wusste, wie er zu einer „Ich bin o.k. – Du bist o.k."-Haltung kommen konnte, ist er zu einer *„Ich bin nicht o.k. – Du bist (auch) nicht o.k."-Haltung* übergegangen.

Das ist für ihn zumindest *relativ besser* als seine Ausgangshaltung „Ich bin nicht o.k. - Du bist o.k." nach Ihrem tollen Rat.[6] Indirekt und meist unbewusst beweist sich Ihr Partner damit, dass sein bisheriges Verhalten doch besser war als Ihre Empfehlung. So kann er zumindest *vor sich selbst sein Gesicht wahren*. Beachten Sie immer:

---

6   vgl. Thomas Harris: Ich bin o.k. – Du bist o.k.

Auch Ratschläge sind Schläge!

Und *ungebetene* Ratschläge sind die *schlimmsten* Schläge!

Wollen Sie Ihren Partner aktivieren? Dann bringen Sie ihn durch einfache, *offene Fragen* zum *Denken*. Greifen Sie die *von ihm* genannten, verwertbaren Ideen auf und bauen Sie diese als Ideenspender in Ihre Argumentation ein. Nehmen Sie auch Anregungen auf, die nicht ganz exakt passen. Sie können die für Ihre Argumentation verwertbaren Kerngedanken heraussuchen und sie mit Ihren eigenen Worten so formulieren, dass sie gut dazu passen. Bedenken Sie, Ihre Aufgabe ist es, *die Vorstellung des Partners realisieren zu helfen*, nicht ihm *Ihre* Vorstellung einzureden!

Falls eine Idee Ihres Kunden nicht in sein Gesamtkonzept passt oder so nicht machbar ist, fragen Sie ihn:

> *„Worauf kommt es Ihnen dabei besonders an? Weshalb ist das so wichtig für Sie?"*

Sehen und hören Sie genau hin. Welches tief im Unterbewussten verborgene Bedürfnis möchte Ihr Gegenüber befriedigen? Was ist die positive Absicht, die er mit seiner (leider so nicht geeigneten) Idee erreichen möchte? Haben Sie diese erkannt, fragen Sie ihn direkt danach:

> *„Habe ich Sie richtig verstanden? Es geht Ihnen darum, ...* (z.B. die Zugriffsmöglichkeit auf vertrauliche Daten auf wenige, bestimmte Personen zu begrenzen)*?"*

Fragen Sie so lange, bis Sie wirklich die *zugrunde liegende positive Absicht* seines Verhaltens oder seiner Interessen herausgefunden haben. Jetzt befinden Sie sich auf einer höheren logischen Ebene des Denkens (Ebene der Überzeugungen/Glaubenssätze/Wertesysteme – nicht mehr auf der Ebene der Maßnahmen und Verhaltensweisen).[7] Damit haben Sie wirkungsvollen Rapport und können vermutlich leicht gemeinsam mit Ihrem Gesprächspartner nach geeigneten Alternativen zu seinem (nicht realisierbaren) Vorschlag suchen, die seine wahre Absicht wirklich voll unterstützen.

Schützen Sie immer die positive Absicht der Interessen Ihres Partners! Zeigen Sie auf,

– *wie seine Absicht mit Ihrem Dienstleistungsangebot gefördert wird* und

– *wie Ihr Angebot seine Absicht erreichen hilft.*

Kämpfen Sie nicht gegen seine Interessen an, nutzen Sie sie! Verstärken Sie Ihren Partner (durch Kopfnicken, „hm", „ja", „gut", „richtig" ...). Sie erreichen dadurch, dass Ihr Partner häufiger eigene Ideen entwickelt (vgl. Abschnitt: „Wie beeinflussen Sie die Meinung Ihres Partners?", s.S. 311).

Doch was können Sie tun, wenn Sie an einen besonders introvertierten Gesprächspartner geraten und Ihr schweigsames Gegenüber von sich aus keine eigenen Ideen äußert?

---

7 vgl. Rudolf A. Schnappauf: Mit Kanonen auf Spatzen ...? Konflikte bewältigen II, Richtig kritisieren in Führungsgesprächen dank NLP, – Kritik auf den verschiedenen neuro-logischen Ebenen –, in: ManagerSeminare

5. Fordern Sie die Vorstellungen Ihres Partners von der Lösung heraus

Wichtig ist, dass Sie Ihren Gesprächspartner von Anfang an durch *viele offene Fragen* in die Entwicklung der für ihn passenden Lösung einbeziehen, da nur dann seine volle Identifikation gewährleistet ist. Am besten, Sie *fragen ihn als Fachmann* auf seinem Gebiet danach, *wie er sich den möglichen Weg zum Ziel vorstellt* und welche Lösungen sich seiner Meinung nach am ehesten anbieten. Verstärken Sie dabei jede gute Idee.

Beteiligen Sie Ihren Gesprächspartner bei der Entwicklung der Lösung aktiv. Lassen Sie ihn z.B.:

☞ das *Finalbild*, die Vision, den idealen Zielzustand *beschreiben*

☞ die zu *erwartenden Erfolge* selbst *ausrechnen*

☞ *Abläufe grafisch darstellen*

☞ ein motivierendes *Motto formulieren*

☞ den *Zielzustand* gedanklich *genießen*

☞ die *Anerkennung* wichtiger Personen *innerlich hören*

Mit diesen Fragen *aktivieren Sie passive Gesprächspartner:*

> *„Wie denken Sie darüber?"*
> *„Was halten Sie davon?"*
> *„Was sollte Ihrer Meinung nach getan werden?"*
> *„Was meinen Sie dazu?"*
> *„Was schlagen Sie vor?"*
> *„Wie sieht Ihre Vorstellung davon aus?"*

359

Geben Sie nicht auf, bleiben Sie geduldig und freundlich. Auch typische Schwarzseher und Problem-Denker sind durch richtige Fragen aus ihrer Jammerposition zu holen:

> *„Wenn Sie könnten, wie Sie wollten, was würden Sie tun?"*
>
> *„Wie könnte die Situation Ihrer Meinung nach am ehesten verbessert werden?"*
>
> *„Wenn ... (Geld, Zeit ...) keine Rolle spielen würde, was würden Sie dann tun?"*

Selbstverständlich gilt die Regel *„Partner beteiligen"* nicht nur für den Aufbau Ihrer Argumentation, sondern für Ihr gesamtes Gespräch. In Ihrem Berufsalltag geht es nicht nur darum, die Vorteile der eigenen Leistung zu kennen und in Nutzenargumente umwandeln zu können.

Im täglichen Verkaufsgespräch erfahren Sie durch Ihre gezielten Fragen, *was* Ihr Gesprächspartner möchte und *wozu*. Vielleicht nutzen Sie Ihre nächsten Gespräche dazu, möglichst viel *wörtlich mitzuschreiben*. Keine Sorge! Durch Ihr exaktes Notieren zeigen Sie Ihrem Partner, dass Sie ihn wirklich wichtig und sein Anliegen ernst nehmen.

Außerdem konzentrieren Sie sich dadurch noch besser auf das so wichtige Hinhören, anstatt viel zu früh darüber nachzudenken, was Sie antworten wollen (vgl. Kapitel „Aktiv hinhören", s.S. 262ff.)

Ihre Notizen erleichtern Ihnen bei der Gesprächsnachbereitung die genaue *Analyse der Bedürfnisse* und Entscheidungsmotive Ihres Partners. Diese wichtigen Erkenntnisse helfen Ihnen in Ihrer nächsten Gesprächsvorbereitung, die genau auf diesen Menschen und sein spezifisches Umfeld passenden Argumente

zu finden. So überzeugen und gewinnen Sie letztlich jeden Gesprächspartner.

Nachdem Sie jetzt alle theoretischen Grundlagen und methodischen Feinheiten der Verkaufsargumentation kennen und mithilfe der Übungen in diesem Kapitel Ihre Argumentationsfähigkeiten trainiert haben, folgt jetzt die „Meisterprüfung" für Sie. Dabei handelt es sich um einen Praxistest mit einem Ihrer Kunden (oder wenn Sie sich dies noch nicht trauen, mit einem Kollegen, der für Sie in einer praxisgerechten Simulation den Rollenspiel-Kunden darstellt).

1. Übertragen Sie nach dem Kunden oder nach dem Rollenspiel-Interview die dabei erfahrenen *Kundenaussagen in die linke Spalte* des folgenden Arbeitsbogens „Nutzenorientierte Argumentation" (s.S. 363).

2. Überlegen Sie, welches Kauf- und *Entscheidungsmotiv* dahinter steckt, und notieren Sie den ersten Buchstaben davon in die *zweite Spalte* von links. Haben Sie mehr als zwölf Aussagen zugeordnet, zeichnet sich meist ein Trend heraus, wie wichtig bestimmte Aussagen Ihrem Partner sind.

3. Hierbei hilft Ihnen vor allem Ihre Erinnerung an seine Mimik, Gestik, Haltung, Lautstärke, Betonung usw. Tragen Sie in der *dritten Spalte* entsprechend eine neutrale (O), positive (+) oder sehr bedeutsame (!) Bewertung ein.

Prüfen Sie jetzt bitte, welche Motivsymbole den besonders wichtigen Kundenaussagen (mit „!" gekennzeichnet) zugeordnet sind. Sollten fast alle wichtigen Aussagen dem gleichen Motiv zugehörig sein, haben Sie das *vorherrschende Motivbündel* vermutlich eindeutig identifiziert und sich damit den wichtigsten Hinweis für Ihre Nutzenargumentation erarbeitet.

4. Überlegen Sie jetzt, welches *Produkt- oder Dienstleistungs-merkmal* Ihres möglichen Angebots zu der jeweiligen Kundenaussage passt, und notieren Sie dies in *Spalte 4*.

Damit haben Sie die Stoffsammlung für Ihre Antworten, um den objektiven Bedarf Ihres Partners zu befriedigen. Sie kennen jetzt die *bedarfs*gerechten Inhalte auf der Sachebene (vgl. Spitze des Eisbergs).

5. Nun können Sie endlich kundengerecht argumentieren. Alles, was Sie dazu noch brauchen, ist Ihre *bedürfnis*gerechte Formulierung (vgl. emotionaler unterer Teil des Eisbergs). Fertigen Sie dazu für jede Kundenaussage (Spalte 1) aus Ihrem Produkt-/Dienstleistungsmerkmal (Spalte 4) ein *Nutzenargument* (Spalte 5), das genau zu dem jeweiligen Motiv (Spalte 2) passt (vgl. die fünf Beispiele in der folgenden Tabelle).

Jetzt passen Ihre Argumente sowohl

- zur Situation im Unternehmen Ihres Kunden (= objektiver *Bedarf*) als auch
- zu den Interessen Ihres Partners (= subjektive *Bedürfnisse*)

wie ein Stecker in die Steckdose. Damit stellen sie die optimal passende Verbindung zu Ihrem Angebot her.

Nutzenorientierte Argumentation

Von der Kundenaussage (Sachebene) über das Kaufmotiv (Gefühlsebene) zum Leistungsmerkmal (Sache) und zur personenorientierten Nutzenargumentation.

Motiv-Abkürzungen:

B = Bequemlichkeit   **G** = Gewinn-/Kostenorientierung
P = Prestigedenken   **S** = Sicherheitsstreben

Wörtliche Kundenaussage:	Motiv	Wichtig ! + ○	Passendes Leistungs-, Produktmerkmal:	Nutzenorientierte Argumentation:
Das Risiko ist mir zu groß.	S	+	Probe-Installation:	Damit gehen Sie sicher, jedes Risiko vermieden zu haben.
Die Umstellung erscheint sehr aufwendig.	B	○	Konvertierung durch unsere Spezialisten:	Das heißt, Sie bekommen die Arbeit weitgehend abgenommen; Sie haben nur einen minimalen Eigenaufwand.
Was in unserer DV passiert, will ich bestimmen.	P	!	Einheitliche Benutzeroberfläche und Systemstandards:	Damit setzen Sie die Maßstäbe und entscheiden, wo es langgeht.

Bei Ihnen muss ich ja bei jeder Kleinigkeit den Geschäftsführer fragen.	**P**	**+**	Alle fachlichen Anliegen können Sie mit mir klären: Zusätzlich nimmt sich bei uns auch der GF persönlich Zeit für Sie:	Das spart Ihre wertvolle Zeit. Das erlaubt Ihnen, von Unternehmer zu Unternehmer über Ihre Marktführerschaft zu fachsimpeln.
Wie erhalte ich die kostengünstigste Lösung?	**G**	O	Der modulare Aufbau ermöglicht Ihnen Erweiterungen bei Bedarf:	Damit sparen Sie erhebliche Liquidität, die Sie für andere wichtige Investitionen nutzen können.

Jetzt haben Sie Gelegenheit zu üben

Kopieren Sie sich die folgende Tabelle zum Üben und Trainieren. Hinweis: In Ihrer täglichen Arbeit bei Ihren Kunden reicht es für Sie, die Informationen in den ersten drei Spalten auszufüllen bzw. zu notieren, den Rest sollten Sie dann so sicher beherrschen, dass sie ihn sofort mündlich umsetzen können und nicht erst aufzuschreiben brauchen. Doch dafür ist *viel Übung notwendig*. Daher jetzt ran und viel Spaß und Erfolg dabei!

Wörtliche Kundenaussage:	Motiv	Wichtig ! + ○	Passendes Leistungs-, Produktmerkmal:	Nutzenorientierte Argumentation:

Das Wichtigste für Ihre Nutzenargumentation

☞ Argumentieren Sie immer vom IST zum SOLL, damit Ihr Angebot zum Bedarf und Bedürfnis Ihres Kunden passt. Stimmen Sie Ihre Argumente auf die Interessen, Probleme und Kaufmotive Ihres Gesprächspartners ab.

☞ Setzen Sie die Vorteile der Zusammenarbeit mit Ihrem Unternehmen und die Stärken Ihrer Produkte in Vorteile für Ihren Partner und in seinen persönlichen Nutzen um. (Aussicht auf Befriedigung seiner Bedürfnisse). Vermitteln Sie auch qualitative Nutzenargumente, die sich nicht exakt messen oder in Mark und Pfennig berechnen lassen.

☞ Lassen Sie Ihren Partner ein Gewinn-Erlebnis erfahren, indem Sie ihn gedanklich (mental) in seine idealen Zielvorstellungen hineinversetzen. Benutzen Sie dafür Formulierungen wie: *„Stellen Sie sich vor ..."*

☞ Argumentieren Sie realistisch und beeinflussen Sie Ihren Partner durch positive Verstärkung und eigenes vorbildliches Verhalten.

☞ Wählen Sie eine einfache, prägnante und glaubhafte Darstellung.

☞ Stellen Sie Ihre Argumente anschaulich durch Bilder, Skizzen, Beispiele, Vergleiche und visuelle Verkaufshilfen dar.

☞ Geben Sie Ihrem Kunden/Interessenten etwas in die Hand (wenn nicht das ihn interessierende Produkt, dann zumindest ein anschaulich bebildertes Datenblatt davon oder eine handschriftliche Berechnung). Lassen Sie ihn seine Vorteile selbst be-*greifen* und testen.

☞ Bauen Sie Ihr Angebot (Zielzustand) immer logisch auf der Ausgangssituation Ihres Partners auf.

☞ Argumentieren Sie realistisch (beidseitig), damit Sie glaubwürdig bleiben.

☞ Beteiligen Sie Ihren Partner von Anfang an bei der Entwicklung der Lösung. Je stärker Sie ihn einbeziehen, desto mehr identifiziert er sich damit. Je mehr er die Lösung als seine eigene ansieht, desto weniger Einwände hat er dagegen.

☞ Mit gezielten offenen Fragen bringen sie Ihren Partner dazu, die für ihn wichtigsten und akzeptabelsten Lösungsvorschläge und Nutzenargumente selbst zu entwickeln. Sie brauchen diese nur aufmerksam (wörtlich) zu notieren.

☞ Fassen Sie die für Ihren Partner wichtigsten Nutzenargumente noch einmal zusammen.
   – Ziehen Sie dann das Fazit für ihn daraus.
   – Holen Sie danach seine Zustimmung ein.
   – Fordern Sie ihn anschließend zum Handeln auf.

☞ Vermeiden Sie es, Rat-Schläge zu erteilen. Verhindern Sie „psychologische Spiele".

☞ Verwenden Sie nur Fachbegriffe, Abkürzungen und Fremdwörter, die Ihr Partner auch versteht.

☞ Es kommt nicht darauf an, wie viel Sie sagen, sondern wie Sie es sagen. Besser ein auf sein Bedürfnis passendes Argument als zehn richtige, die ihn nicht interessieren.

Wie gut ist Ihr verkäuferisches Wissen? Prüfen Sie sich selbst!

Fragen zu Kapitel 9:   Einwände beantworten

– Wieso können Einwände auch ein Grund zum Freuen sein? Was gibt Ihnen Ihr Kunde durch seine Einwände zu erkennen?

– Wieso sollten Sie das Wort „Einwand" im Verkaufsgespräch niemals benutzen?

– Was ist immer besser, als einem Kunden direkt zu widersprechen?

– Weshalb ist es für Sie wichtig, genau zu wissen, was hinter einem Einwand steckt?

– Warum ist es notwendig, sich auf mögliche Einwände gut vorzubereiten?

– Welchen Vorteil kann es für Sie haben, einen Einwand selbst einzubringen?

– Wie funktioniert die erfolgreichste Einwandbeantwortungs-Methode, die „Leberkäse"-Methode?

– Welche sechs Widerstände stecken hinter den Kundeneinwänden?

– Wie verhalten Sie sich bei „Angst vor Veränderung (Angst vor neuer Technik)"?

– Wie gehen Sie mit Ressentiments und emotionalen Vorurteilen um?

– Wieso muss Ihr Kunde erst allen Dampf abgelassen haben, bevor Sie mit ihm argumentieren können?

– Welche Vorteile hat es, wenn Kunden sich beschweren?

– Was brauchen Kunden, die reklamieren, als Allererstes?

– Wie bringen Sie Kunden, die sich beleidigend äußern, dazu, Ihnen sofort zuzustimmen?

– Weshalb gibt es keine ungerechtfertigte Reklamation?

- Warum können Sie in einem Streit mit einem Kunden langfristig nie gewinnen?
- Was verlieren Sie, wenn Sie einen Streit mit einem Kunden gewinnen?
- Weshalb sollten Sie nicht erklären, wem und warum ein Fehler passiert ist?
- Welche Chancen stecken in Reklamationen?
- Wie lauten die Phasen einer gekonnten Reklamationsbehandlung?
- Wieso dürfen Sie Vorwände nicht entkräften?
- Wie unterscheiden Sie Einwände von Vorwänden?
- Wie viele und welche Methoden zur Beantwortung von Einwänden beherrschen Sie?
- Wie setzen Sie die Plus-Minus-Tabelle ein?
- Was sollten Sie Ihren Kunden nach jeder Einwandbeantwortung fragen?
- Was tun Sie, wenn Sie eine Kundenfrage nicht beantworten können?

Bedeutung von Einwänden

Aus Ihrer täglichen Praxis wissen Sie, dass es kaum ein Gespräch und damit *kaum einen Abschluss ohne Einwände* des Gesprächspartners gibt. Diese Einwände sind die Verbalisierungen der eigentlichen Widerstände Ihres Partners. Sie werden sie vermutlich recht häufig als störend in Ihrer Argumentation empfunden haben. Wie reagieren Sie, wenn Sie mit diesen oder ähnlichen Einwänden konfrontiert werden?

> *„Wir arbeiten schon seit Jahren mit Firma X zusammen."*
>
> *„Das kann ich unserer Geschäftsleitung nicht verkaufen."*
>
> *„Wir beginnen kein neues Projekt, bevor das laufende nicht abgeschlossen ist."*
>
> *„Wir suchen ein fertiges Standardprodukt, nicht so teure, individuelle Lösungen wie Ihre."*
>
> *„Wir können uns keine Umstellung erlauben, wir bauen derzeit Mitarbeiter in unserer DV ab."*
>
> *„Wir haben keine Zeit dafür."*
>
> usw.

Wenn Sie Einwände analysieren, werden Sie feststellen, dass sie Ihnen oft als Verkaufshilfen dienen können. Durch Fragen, Meinungen, Beiträge, Einwände gibt Ihnen Ihr Partner sehr viel zu erkennen:

– sein *wahres Gesicht*
– seine *Einstellungen*
– seine *Interessen* und *Absichten*
– seine *Kauf-* und *Entscheidungsmotive*
– seine *Vorurteile*
– seine *Ängste* und *Widerstände*

Denken Sie daran, dass Ihr Partner Ihnen durch seine Einwände zeigt,

☞   wo Ihre Argumentation noch Lücken hat;

☞   in welchen Punkten Ihnen Ihre Überzeugungsarbeit noch nicht geglückt ist.

Einwände zeigen Ihnen auch, welche Einstellung Ihr Partner Ihnen gegenüber hat. Ihr Gesprächspartner macht durch seine Einwände klar, dass er grundsätzlich *interessiert* ist.
Er *denkt* ja *mit*, er folgt Ihrem Gespräch.
Sie erleichtern sich Ihre Einwandbeantwortung, wenn Sie Einwände nicht als
störend, sondern als *fördernd* auffassen, als
Wunsch Ihres Partners nach mehr Information über seine Vorteile. Betrachten Sie
Einwände als *Wegweiser* für Ihre Argumentation.

Wie verhalten Sie sich richtig bei Einwänden?

Sieben Grundregeln:

1.   Sprechen Sie das Wort „Einwand" im Verkaufs-gespräch niemals aus

Vermeiden Sie im Gespräch unbedingt dieses *Reizwort* (*„Ihrem Einwand entnehme ich ..."*). Ihr Partner „stellt Fragen", „formuliert Gedanken", „bringt Beiträge", „äu-ßert Meinungen", „macht Aussagen", „hat Bedenken", „zeigt Aspekte auf" etc., aber er hat niemals „*Einwände*" oder gar „*Vorwände*".

Diese beiden Begriffe sind sinnvolle Denkhilfen zum Erlernen verkaufsfördernder Argumentation. Sie gehören in Ihre Gedankenwelt, aber nicht in Ihre Sprache.

2. Lokalisieren Sie den Einwand

Wir sind alle geneigt, auf einen Einwand sofort zu reagieren. Darin liegen Gefahren: Entweder wir antworten so, dass unter Umständen unsere spätere Argumentation verbaut wird, oder wir begegnen dem Einwand in einer Form, die seiner Bedeutung überhaupt nicht entspricht.

Stellen Sie sich folgende Fragen:

–   Was steckt wirklich *hinter* dieser Aussage?
–   Welche *Bedeutung* hat diese Bemerkung?
–   Welcher *Widerstand* verbirgt sich hinter dieser Äußerung?

Denken Sie daran: Auch wenn Ihr Partner einen Einwand ernsthaft vorträgt, beruht das häufig nur auf *Taktik*. Hören Sie zunächst gut hin und versuchen Sie, durch Fragen alle Hintergründe dieses Einwands hervorzuholen. Wenn Sie das Gefühl haben, dass Ihr Partner noch nicht alles zu diesem Einwand gesagt hat, fragen Sie ihn nach zusätzlichen Informationen, z.B.:

„Ich verstehe Ihren Beitrag noch nicht ganz."

„Können Sie mir das näher erläutern ...?"

„Was verstehen Sie unter ...?"

„Was bedeutet für Sie ...?"

Sie gewinnen hierdurch *Zeit*, decken eventuell die *Hintergründe* für diesen Einwand auf (wichtig) und können eine überzeugende Antwort vorbereiten. *Diagnostizieren Sie, bevor Sie therapieren!* Der vermeintlich eindeutige Einwand kann ganz andere Ursachen haben, als Sie im ersten Moment glauben.

Wenn ein Partner Einwände äußert, fühlen sich viele Verkäufer oft angegriffen. Dies gilt ganz besonders dann, wenn diese Einwände gegen sie persönlich gerichtet sind. Menschen neigen dazu, selber emotional zu reagieren, beleidigt zu sein, sich zu rechtfertigen oder sich den angeschlagenen Ton zu verbitten. Wenn Sie so reagieren, merkt Ihr Partner, dass er Sie mit diesem Einwand *getroffen* hat. Sie verstärken ihn also in einem für Sie ungünstigen Sinn. *Akzeptieren* Sie deshalb zunächst jeden Einwand, d.h., *atmen Sie tief* durch und zeigen Sie, dass Sie *verstanden* haben, was Ihr Partner meint.

Wenn Sie die Aussage Ihres Partners wiederholen (z.B. mit dem „Kontrollierten Dialog"), zeigen Sie ihm, dass Sie ihn ernst nehmen und gewinnen gleichzeitig wertvolle Zeit zum Nachdenken. (Das ist leichter gesagt als getan und erfordert viel Übung, vgl. Kapitel 7 „Aktiv Hinhören", s.S. 262ff.)

Vermeiden Sie allerdings auch zu große *Perfektion* bei Ihrer Einwandbeantwortung. Wenn Sie – in der Tennissprache gesprochen – bei jedem „Aufschlag" Ihres Partners mit Ihrem „Return" ein „Break" schaffen, fühlt er sich dann nicht unterlegen und in die Verlierer-Rolle gedrängt? Und wer ist schon gern auf Dauer *Verlierer*?

3. Widersprechen Sie Ihrem Partner nicht offen und direkt

Auch Sie haben es nicht gern, wenn Ihnen z.B. in folgender Form widersprochen wird:

> *„Das ist doch völlig unbegründet!"*
>
> *„Da haben Sie mich aber völlig falsch verstanden."*
>
> *„Nein, genau das Gegenteil ist richtig!"*
>
> *„Wir sind da aber ganz anderer Meinung."*

Durch solch offenen Widerspruch überzeugen und gewinnen Sie Ihren Partner nicht. So verursachen Sie eine *Verhärtung* der Fronten. Infolgedessen wird Ihnen Ihr Partner noch mehr Einwände servieren. Es droht ein Streitgespräch. Nur:

Ein Streitgespräch ist kein Verkaufsgespräch!

Insbesondere, wenn Sie durch Ihre Antwort gleichzeitig Ihren Partner angreifen oder ihm nachweisen, dass er im *Unrecht* ist, wird er sich *rechtfertigen*. Dies ist eine ganz normale Reaktion.

4. Beantworten Sie den „einfachsten" Einwand zuerst

Beantworten Sie aus einer Gruppe von Einwänden *den* als ersten, für den Sie eine für den Partner positive Lösung haben. Bleiben Sie dabei ruhig und freundlich. Jetzt haben Sie zumindest ein Teilproblem gelöst oder ein Stück Unsicherheit Ihres Partners beseitigt. Beißen Sie sich jedoch

gleich am schwierigsten Punkt fest, bleiben im ungünstigsten Fall alle Einwände bestehen.

5. Kontrollieren Sie die Reaktion Ihres Partners

Gehen Sie erst dann weiter, wenn Sie einen Einwand zufriedenstellend beantwortet haben. Klären Sie jeweils durch Fragen ab, inwieweit Ihr Partner diese Antwort akzeptiert hat. Schauen Sie dabei genau hin und achten Sie auf die kleinsten körpersprachlichen Signale und hören Sie auch auf die feinsten Nuancen seiner Stimme. Körpersprache wird vom Unterbewusstsein gesteuert und ist daher immer ehrlich!

Es ist nicht immer erforderlich, dass Ihr Partner mit Ihren Antworten einverstanden ist. Er sollte sie jedoch zumindest *verstehen* und als faire Argumente *akzeptieren* (gelten lassen). Haben Sie aufgrund seiner Reaktion in Mimik oder Gestik den Eindruck, dass dies nicht der Fall ist, hinterfragen Sie die Bedeutung Ihrer Beobachtung.

> *„Was darf ich Ihrem tiefen Seufzer entnehmen?“*
>
> *„Was bedeutet Ihr Stirnrunzeln?“*
>
> *„Wie darf ich Ihre Handbewegung* (genau nachmachen) *verstehen?“*

Nur so können Sie feststellen, ob die Aussage Ihres Partners auch mit seiner inneren Einstellung übereinstimmt. Wenn Sie genau hinsehen und hinhören, werden Sie auch erkennen, ob Ihr Partner nur taktiert, um später den Preis drücken zu können, oder ob er wirklich ein echtes Entscheidungshindernis auszuräumen versucht.

Wenn Sie einen Einwand im Augenblick nicht ausräumen können, weil Ihnen z.B. Informationen fehlen, *verschieben* Sie die Beantwortung. Teilen Sie Ihrem Partner mit, dass Sie sich *später* (besonders) mit diesem Aspekt beschäftigen werden (siehe folgende Beispiele) – und tun Sie es dann auch.

> *„Das ist eine wichtige Frage. Ich werde gleich gesondert darauf eingehen."*

> *„Ihre Frage erscheint mir so wichtig, dass wir sie gleich anschließend ausführlich behandeln sollten, sobald wir diesen Punkt geklärt haben. Sind Sie damit einverstanden? ... Danke!"*

> *„Sie verstehen es, schwierige Fragen zu stellen! Das notiere ich mir sofort. Sie erhalten umgehend Bescheid, sobald ich diese Angelegenheit geklärt habe."*

> *„Ich werde die Experten in unserer Zentrale befragen, was die beste Antwort auf Ihre Frage ist. Wann sind Sie telefonisch am besten zu erreichen?"*

> *„Respekt, Sie fragen Sachen! Wenn Sie einverstanden sind, werde ich Ihnen an einem Beispiel detailliert vorrechnen, was für Sie am günstigsten kommt, sobald wir hiermit fertig sind."*

6. Bereiten Sie sich auf zu erwartende Einwände vor

Durch Vorbereitung vermeiden Sie, dass Ihr Partner einen Überraschungseffekt erzielt und Sie dadurch unter Umständen einen etwas hilflosen Eindruck machen. Sie kennen Ihren Partner, und Sie kennen in etwa seine Strategie. Bereiten Sie sich auf unterschiedliche Reaktionen vor. Machen Sie ein *Argumentations-Szenario* für einen

günstigen, einen *neutralen* und einen *ungünstigen* Gesprächsverlauf. Überlegen Sie, welche Einwände kommen können. Bereiten Sie *alternative Antworten* vor, damit Sie gut gewappnet sind. Sie ersparen sich dadurch Überraschungen, Unsicherheit und Stressreaktionen. Außerdem können vorbereitete Antworten oft überzeugender und wirksamer eingebracht werden.

Wenn Ihnen in Ihrer täglichen Verkaufspraxis Einwände begegnen, die Sie in Verlegenheit bringen, *schreiben* Sie sich diese gleich nach dem Gespräch *auf* (oder sprechen Sie sie auf der Weiterfahrt in Ihr Diktiergerät). Bereiten Sie dann zu Hause geeignete Antworten für die Zukunft vor. Fragen Sie auch Ihre Kollegen und Ihre Führungskraft nach deren Antwort-Ideen. Im Laufe der Zeit erstellen Sie sich auf diese einfache Art und Weise ein richtiges *Einwandbeantwortungs - Praxishandbuch*, das durchzulesen sich für Sie immer wieder lohnt.

7. Formulieren Sie offensichtliche Einwände selbst

Einwände, die Sie mit Sicherheit von Ihrem Partner erwarten, können Sie auch selber vortragen. Verwenden Sie dabei Argumente, die diese Einwände beantworten. Wenn Sie sich so verhalten, *bestimmen Sie, wann* über diese kritischen Punkte gesprochen wird. Ihr Partner kann Ihnen dann nicht Ihre geplante Dramaturgie Ihres Verkaufsgesprächs durch einen Einwand zu einem für Sie ungünstigen Moment stören. Weiterhin nehmen Sie dem Einwand auch grundsätzlich Gewicht. Mancher Ihrer Partner denkt nämlich:

> *„Wenn er schon selbst darüber spricht, kann es ja nicht so schlimm sein."*

Darüber hinaus gewinnen Sie *Vertrauen* bei Ihrem Partner, denn er glaubt ohnehin nicht, dass Ihr Angebot überhaupt keinen Nachteil hat. Außerdem nehmen Sie Ihren Wettbewerbern den *Wind aus den Segeln*, denn die werden bestimmt auf die offensichtlichsten Nachteile Ihres Angebots hinweisen oder Ihren Partner gar dazu auffordern, Sie danach zu fragen.

Fangen Sie solche zu erwartenden Einwände lieber gleich selber ab, indem *Sie* diese ins Gespräch bringen, kurz beantworten und dann gleich anschließend wieder auf die Nutzen Ihres Partners aus Ihrem Angebot zu sprechen kommen.

> *„Sie werden sich jetzt vielleicht fragen, was ist mit der Konvertierung der bisherigen Stammdaten?* (Pause) *Es ist richtig, dass Ihre heute noch gepackt verschlüsselten Adressen anfangs einmal umzusetzen und teilweise neu einzugeben sind. Dafür können Sie sie danach jedoch optimal in Ihrer neuen Datenbank verwalten und bei jedem Arbeiten damit Zeit sparen.“*

„Leberkäse"-Methode zum Einwände beantworten

Meist ist es sinnvoller, *eine* erfolgreiche Methode der Einwandbeantwortung wirklich sicher zu beherrschen als viele Methoden nur vage und unsicher. Die einfachste, vielseitigste und wirksamste Art, Einwände zu beantworten:

1. **Verständnis** zeigen und äußern für Bedenken des Partners.

2. **Neue Sichtweise**, neues Argument bringen und damit die Meinung des Partners sanft beeinflussen. Lassen Sie ihn sich selbst korrigieren! Vermeiden Sie direkten Widerspruch! Regen Sie statt dessen zu alternativen Gedanken an.

Diese sehr *verständnisvolle* und verkaufsfördernde Methode, Einwänden zu begegnen, wurde und wird oft irreführenderweise „Ja, aber ...“-Methode genannt. Das ist gefährlich, denn die einzige Regel, die Sie dabei beachten sollten, lautet: *Vermeiden Sie das Wort „JA“* und vor allem das *Reizwort „ABER“*, da sonst Ihr Kunde leicht das Gefühl erhält, Sie wollten ihm widersprechen. Vielleicht hilft es Ihnen, wenn Sie sich erinnern, weshalb ich die sog. „Ja, aber ...-Methode“ „Leberkäse-Methode“ nenne: weil Leberkäse auch *weder Leber noch Käse enthält*.

Beispiele:

Kunden-Einwand	Verkäufer-Antworten
„Die Handhabung ist zu kompliziert!“	*„Ich verstehe, dass Sie an einer unkomplizierten Handhabung interessiert sind. Deshalb empfiehlt sich gerade für Sie die grafische Benutzeroberfläche mit der, Ihren Mitarbeitern von Windows her bereits bekannten, einfachen Bedienerführung. Interessieren Sie sich für diese praktische und wertvolle Erweiterung, die ja letztendlich auch Ihren Kunden zugute kommt?“*

Kunden-Einwand	Verkäufer-Antworten
„Der Arbeits-aufwand ist für meine Mitarbei-ter zu hoch!"	*„Verstehe ich Sie richtig, Sie wollen Ihren Mitarbeitern hohen Arbeitsaufwand erspa-ren?"* (Pause für Kunden-Antwort)
„Ja, genau (endlich einer, der mich ver-steht)*!"*	*„Dann sind Sie bei ...* (eigener Firmenname) *genau an der richtigen Adresse. Sie können von uns erfahrene Spezialisten engagieren, die für Sie diese Arbeiten weitestgehend erle-digen."*

Lassen Sie unter allen Umständen das Wort „aber" aus Ihrer Argumentation! Ersetzen Sie „aber" durch „*und*". „Aber" raubt Ihnen die Glaubwürdigkeit des unmittelbar zuvor Gesagten und macht aggressiv, denn es lässt erkennen, dass Sie *widersprechen* wollen. Ähnliches gilt für „jedoch", „trotzdem" u.Ä.

> *„Ich verstehe Sie schon, aber ..."*
>
> *„Das kann man so sehen, allerdings ..."*
>
> *„Natürlich wollen Sie ..., trotzdem sollten Sie ..."*
>
> *„Sie sagen, wir seien ..., jedoch Sie müssen dabei berücksichtigen ..."*

Ersparen Sie Ihren Kunden diese *Adrenalinschocker* und sich die daraus resultierenden Ärgerreaktionen. Ihre Kunden müssen nichts, aber, wenn Sie es nicht lassen können ...

Was steckt hinter den Einwänden?

Prüfen Sie bei jedem Einwand zunächst, was sich dahinter verbirgt bzw. wofür die Aussage steht. Wenn Sie erkannt haben, in welche Gruppe von Widerständen der Einwand gehört, haben Sie die beste Chance, ihn verkaufsfördernd zu beantworten. Welchen *Kauf-Widerständen* begegnen Sie in Ihren Verkaufsgesprächen immer wieder? Es sind vor allem diese sechs Gruppen von Widerständen:

1. **Widerstand gegen Veränderung**
   (Angst vor dem Neuen, Trägheit ...)

2. **Widerstand gegen Preis und Kosten**
   (unwirtschaftlich, Finanzierungsprobleme ...)

3. **Widerstand gegen Angebot und Lösung**
   (Bedarf unzureichend befriedigt ...)

4. **Widerstand wegen Sättigung**
   (zurzeit noch kein Bedarf oder kein Bedarf mehr)

5. **Widerstand emotionaler Art**
   (Ressentiments und Vorurteile)

6. **Widerstand wegen schlechter Erfahrungen**
   (Reklamationen früherer Leistungen ...)

Auf diese Widerstände können Sie nahezu alle Einwände Ihres Partners zurückführen.

Überzeugen Sie sich selbst und ordnen Sie die folgenden Einwände aus der täglichen Praxis der jeweiligen Kategorie zu.

Beispiele:

Einwände	Widerstand gegen/wegen
Wir arbeiten schon seit Jahren mit Firma X zusammen.	Veränderung
Ihre Stundensätze sind die höchsten.	Preis
Sie haben zu wenig fertige Standardprodukte.	Angebot
Das brauchen wir nicht!	Sättigung
Ihr Unternehmen kennt bei uns keiner.	Vorurteil
Die letzte Softwareentwicklung ist nicht termingerecht fertig geworden.	Reklamation

Jetzt haben Sie Gelegenheit zu üben

Einwände	Widerstand gegen/wegen
Bei Euch muss ich jeden Handgriff extra zahlen.	
Unsere Mitarbeiter sind zu alt für eine Umstellung.	
Das ist zu kompliziert für die Anwender/unsere Mitarbeiter.	
Entscheidungen werden bei Ihnen hinausgezögert!	
Die Umstellung bringt nur Arbeit, sonst nichts.	

EINWÄNDE BEANTWORTEN

Einwände	Widerstand gegen/wegen
Die Leistung ist zu gering!	
Unser altes Projekt ist noch nicht abgeschlossen.	
Wir investieren dieses Jahr nicht mehr.	
In diesem Jahr sind bereits alle Ausgaben verteilt.	
Wir haben kein Budget dafür.	
Sie haben zu wenig Erfahrung in unserer Branche.	
Das Projekt dauert zu lange.	
Wir entwickeln/machen das lieber selber.	
Ihr Produkt ist veraltet.	
Wir haben einen Vertrag mit Ihrer Konkurrenz.	
Sie haben schlechte Referenzen.	
Euer Management zeigt sich immer erst, wenn es brennt.	
Wir haben bereits unsere Lieferanten.	
Über Sie hat man ja einiges gehört in der Vergangenheit.	
Wir haben ähnliche Systeme bereits von Ihrem Wettbewerber.	
Gibt es Sie noch? Wir hatten gehört, Sie seien pleite.	

Einwände	Widerstand gegen/wegen
Ihr habt nicht das Fachwissen dafür.	
Ihre Mitarbeiter sind nicht qualifiziert genug.	
Ihr seid nicht flexibel.	
Sie haben zu wenig Kompetenz.	
Die Funktionalität ist im Vergleich zur Konkurrenz zu gering.	
Ich kann den Nutzen in dieser Höhe nicht darstellen.	
Ich möchte meinen Job behalten.	
Wir sind noch in der Konzeptionsphase.	
Wir sind mit unseren momentanen Partnern sehr zufrieden!	
Sie sitzen nicht vor Ort. Ihre Firma ist zu weit weg von uns.	
Wir arbeiten nur mit dem Marktführer zusammen.	
Externe Mitarbeiter nehmen ihr Know-how wieder mit.	
Ihre Konkurrenz bietet bessere Software-Entwickler als Zeitarbeitskräfte.	
Eure Software-Preisbildung auf der Grundlage von CPU-Leistung ist völlig überholt.	

So manchem dieser Einwände dürften Sie in Ihrer Verkaufspraxis auch schon einmal begegnet sein oder ihn vielleicht in Zukunft noch öfter hören. Daher ist es gut, dass Sie jetzt gelernt haben, aus diesen Einwänden blitzschnell die dahinter steckenden Widerstände zu erkennen. (Sie haben doch die Übung gemacht oder? Wiederholen Sie sie von Zeit zu Zeit, damit Ihr analytischer Verstand in Topform bleibt.)

Ergänzen Sie diese Liste um all die Einwände, die Sie in Ihrer Verkaufspraxis bei Ihren Kunden beim ersten Mal in Verlegenheit brachten. Damit dies nie wieder zu geschehen braucht, folgen jetzt eine Vielzahl von *Verhaltenstipps*, wie Sie mit Einwänden aus jeder der sechs Kategorien von Widerständen umgehen können.

Beantworten von Kauf-Widerständen

1. Widerstand gegen Veränderung
(Angst vor dem Neuen/der Technik)

> *„Wir schaffen gerade unser Pensum; wie sollen wir da auch noch ein zusätzliches Projekt schaffen?"*

> *„Vielen Dank für Ihren Besuch, aber ich arbeite seit drei Jahren mit einem Ihrer Mitbewerber zusammen; ich bin sehr zufrieden und sehe gar nicht ein, warum ich den Partner wechseln soll."*

Wie reagieren Sie? Wenn Ihr Partner Widerstände gegen Veränderungen hat, dann steckt dahinter Unsicherheit und Angst vor unkalkulierbaren Ereignissen. Helfen Sie Ihrem Partner, seine *Angst und Unsicherheit zu vermindern*.

- Zeigen Sie Ihrem Gesprächspartner, wie Sie ihm bei seinen Anstrengungen helfen. Mindern Sie die Angst Ihres Partners vor dem Risiko durch *Referenzen*, leicht verständliche *Beispiele, Besichtigungen*, detaillierte *Umstellungspläne* ...
- Machen Sie ihn unzufriedener mit dem IST-Zustand und begierig auf den SOLL-Zustand. Zeigen Sie *mögliche negative Folgen* auf, die ein Beibehalten des gegenwärtigen Zustands nach sich ziehen könnte. Stellen Sie ihm danach die *Vorteile* stärker dar, die er von *der Zusammenarbeit* mit Ihnen hat. Formulieren Sie genau abgestimmt entsprechend seinen Kauf- und Entscheidungsmotiven (= unbewussten Bedürfnissen).
- Schalten Sie beim Kunden weitere Partner ein.
- Empfehlen Sie *Ausbildungsmaßnahmen* für Ihren Gesprächspartner und seine Mitarbeiter. Bieten Sie *Beratungsleistungen* an.

2. Widerstand gegen Preis und Kosten

„Wir sind noch zu klein, für uns lohnt sich ein Informationssystem noch nicht, der Aufwand und die Kosten wären viel zu hoch."

„Wissen Sie, den Preis für Ihr System akzeptiere ich ja noch, aber dass ich für jede Dienstleistung extra bezahlen soll, das ist mir doch zu teuer!"

Wie reagieren Sie?

- Stellen Sie die *Wirtschaftlichkeit* in den Vordergrund. Entwickeln Sie mit Ihrem Partner gemeinsam eine *Nutzenanalyse*. Stellen Sie die schwer messbaren *qualitativen* Erfolge ebenfalls heraus.

- Verbinden Sie den Preis mit den Vorteilen für Ihren Partner (Denken Sie an die *Sandwich-Argumentation:* Vorteil–Preis–Nutzen).
- Legen Sie die Beratungskosten auf die geschätzte *Installationsdauer* um (z.B. fünf Jahre; Preis pro Jahr zu Nutzen pro Jahr).

Wenn Ihnen diese Tipps noch nicht reichen, so sei hier zu Ihrer Beruhigung bemerkt, dass dieses Thema so wichtig erscheint, dass ich ihm ein eigenes Kapitel „Preis verhandeln" gewidmet habe (s.S. 427ff.).

3. Widerstand gegen Angebot und Lösung

> *„Ihre Programme mögen ja ganz gut sein, aber wissen Sie, bei uns liegt das doch ganz anders."*
>
> *„Die Lösung ist viel zu komplex. Sie bieten zu wenig Sicherheit. Ihre Lösung passt nicht zu uns."*

Wie reagieren Sie?

- Widerstände dieser Art sind dann viel seltener, wenn Sie Ihren Partner *von vornherein* an der Lösung *beteiligen.*
- Stellen Sie Produkteigenschaften immer als Kundenvorteile dar (*Nutzen* aufzeigen).
- Verkaufen Sie die *Funktion* und nicht die Konstruktion, d.h., die *Anwendungsmöglichkeiten* und nicht die technischen Daten.
- Stellen Sie den *entscheidenden Vorteil* Ihres Angebots gegenüber anderen Angeboten heraus.
- Arbeiten Sie den entscheidenden *Unterschied zum IST-Zustand* heraus (Chancen aufzeigen, Anreize schaffen, Wünsche wecken, latente Bedürfnisse be-

wusst machen). Formulieren Sie Vorteile als Nutzen für den Partner.

– Überzeugen Sie von der *Individualität* und Einzigartigkeit Ihrer Lösung.

4. Widerstand wegen Sättigung

> *„Im Augenblick haben wir keine Probleme. Kommen Sie in einem halben Jahr mal wieder vorbei."*

> *„Wir haben erst letztes Jahr ein System Ihres Mitbewerbers installiert, damit können wir alle Probleme in den nächsten drei Jahren abdecken."*

Wie reagieren Sie?

– Prüfen Sie, ob es sich um eine *echte* oder eine unechte Sättigung (Ausrede) handelt. Wenden Sie dazu die „Gesprächs-Methode zur Unterscheidung von Einwänden und Vorwänden" an (s. Abschnitt „Wie können Sie Einwände von Vorwänden unterscheiden?", s.S. 408ff.). „Vor-Wände" sind meist *Schutz-Behauptungen*, die Sie nicht wegargumentieren dürfen, wenn Sie psychologische Niederlagen vermeiden wollen.

– Sammeln Sie zusätzliche *Informationen* über Ihren Gesprächspartner (werden Sie zum Kundenberater. Prüfen Sie jedoch, ob sich dies in jedem Fall lohnt).

– Informieren Sie sich laufend über Probleme Ihres potenziellen Kunden und *informieren* Sie Ihren Partner über Ihre neuen Angebote.

– Machen Sie Ihrem Partner klar, dass *gerade dann*, wenn keine aktuellen Probleme vorliegen, in aller *Ruhe* über organisatorische Verbesserungen, betriebliche Veränderungen und zukünftige Investitions-

vorhaben nachgedacht werden kann und sollte. Dann, wenn Handlungsdruck offensichtlich geworden ist, fehlt meist die Zeit oder das Geld für eine sorgfältige Analyse, Konzeption und Planung notwendiger Veränderungen.

– Bieten Sie zusätzliche Informationen an (Erfahrungsaustausch, *Seminare*).

5. Widerstand emotionaler Art
(Ressentiment und Vorurteil)

> *„Ihre Produkte sind doch sowieso viel zu teuer. Und dazu ist Ihre Firma derartig unkulant, dass ich lieber mit einem anderen Lieferanten abschließe."*
>
> *„Sie sitzen auf einem zu hohen Ross, das merkt man schon an Ihren Vertragsbedingungen."*
>
> *„Sie sind ein multinationaler Konzern. Wir arbeiten lieber mit kleineren Partnern, die uns individuell beraten und auch einmal Sonderwünsche schnell und unbürokratisch realisieren."*
>
> *„Sie sind ein regionales Softwarehaus. Wir bevorzugen globale Partner, die in allen europäischen Ländern arbeiten."*
>
> *„Sie haben Ihr Stammhaus in ... Wir arbeiten aber lieber mit einem lokalen Softwarehaus zusammen."*

Wie reagieren Sie?

Vorurteile und Ressentiments sind die delikatesten Widerstände, mit denen Sie rechnen müssen. Normalerweise würden Sie wohl versuchen, den Widerstand zu umgehen und sachlich weiterzuargumentieren. Dann bleibt der Widerstand Ihres Partners bestehen und kann bei nächster

Gelegenheit wieder hochkommen. Gehen Sie deshalb einen anderen Weg.

–   *Ermutigen* Sie Ihren Partner zum Reden. *Fragen* Sie nach:
    „Können Sie mir das bitte näher erläutern ..."
    „Ich verstehe das nicht ganz. Sie sagen, wir sitzen auf einem hohen Ross ...?"

–   Zeigen Sie Ihrem Partner zunächst *Verständnis* für seine Ansichten, ohne ihm gleich recht zu geben:
    „Ich kann verstehen, dass Sie nicht mit unkulanten Firmen arbeiten wollen."
    (Erinnern Sie sich an die Leberkäse-Methode? Immer zuerst Verständnis äußern!) Versuchen Sie dann, ihn zu weiteren – sachlichen – Aussagen zu bringen:
    „Was empfinden Sie denn als unkulant?"

–   *Bestätigen* Sie Ihrem Partner zunächst:
    „Das habe ich schon einmal gehört ..."
    „Ein anderer Kunde sagte mir schon einmal Ähnliches ..."

Auf diese Weise geben Sie Ihrem Partner das Gefühl, dass er aus seiner Sicht zu Recht Antipathien und negative Einstellungen hat. Er kann sich *Luft machen* und wieder normal atmen. Dann, und *erst* dann, *wenn Sie Rapport* zu ihm *hergestellt haben,* können Sie die Widerstände, Vorurteile, Antipathien usw. auf den Realitätsgehalt überprüfen:
    „Sie haben, so verstehe ich Sie, schon entsprechende Erfahrungen gemacht ..."
    „Was bedeutet denn für Sie, auf einem hohen Ross sitzen?"

Auf diese Weise wird der Widerstand Ihres Partners für Sie beide handhabbar. Ihr Partner bekommt von Ihnen den Eindruck, dass er Ihnen auch unangenehme Dinge sagen kann, ohne dass Sie aus der Haut fahren. Und er *wird* zugleich seinen *Druck los*, der Ihr gemeinsames Arbeitsverhältnis bisher und ansonsten auch weiterhin belastet.

Es ist sinnbildlich wie bei einem *Dampfkochtopf*. Steht dieser unter Druck, können Sie nichts hineingeben (ohne sich zu verbrühen). Solange Ihr Partner unter dem Ein-  fluss von *Stresshormonen* steht, können Sie kein Argument in sein Großhirn bringen, denn sein logisches Denkvermögen ist abgeschaltet. Ein Koch *öffnet* in obigem Beispiel erst vorsichtig das *Ventil*, um Überdruck abzubauen, und dann den Deckel, damit der *Dampfdruck vollständig heraus* kann. Jetzt erst ist es ihm möglich, etwas hinzuzufügen. Ähnlich sieht es in Ihrem Fall aus, wenn der Kunde „unter Dampf steht". Erst nachdem Sie ihm ermöglicht haben, allen Druck rauszulassen *(Adrenalin abzubauen)*, ist es ihm wieder möglich, klar zu denken und rationale Argumente aufzunehmen.

– Sorgen Sie dafür, dass Ihr Partner *alle* seine Vorbehalte ausspricht. Erst wenn die unangenehmen Dinge gesagt sind, können Sie zur Sache zurückkehren und mit Ihrer Argumentation wieder beginnen. Ihr Partner ist jetzt viel aufnahmebereiter und *aufnahmefähiger* als vorher.

Es kann auch einmal sein, dass Ihr Partner seine negative Einstellung gefestigt hat. Dann wissen Sie genau, woran Sie sind. In diesem Fall wären Sie, auch wenn Sie sich anders verhalten hätten, im

Moment nicht zu einem positiven Abschluss gekommen. Und zu einem *anderen Zeitpunkt* können
Ihre Chancen wieder ganz anders aussehen, denn
Stimmungen ändern sich, vor allem, wenn Sie diesmal trotz heftiger Worte Ihres Partners höflich,
freundlich und *verständnisvoll* geblieben sind. Mit
Ihrem Partner *mitfühlen*, heißt weder mitleiden, noch
kaltherzig bleiben und schon gar nicht verstimmt
oder beleidigt zu reagieren, sondern eben *einfühlsam*.

– *Vermeiden Sie* in dieser Phase unbedingt *Richtig-
stellungen* und Rechtfertigungen. Erst wenn Ihr
Partner seine negativen Einstellungen ausgesprochen
hat, können Sie langsam versuchen, den realen
Sachverhalt zu klären. Vermeiden Sie auf jeden Fall
ein Streitgespräch. Wenn Ihr Partner Ihre Antworten
nicht akzeptiert, ist das für Sie ein deutliches Zeichen, dass er *noch nicht alles gesagt* hat. Argumentieren Sie in diesem Fall nicht weiter, weil Sie ihn
sonst wieder in seine Anti-Haltung treiben.

6. Widerstand wegen schlechter Erfahrungen

Reklamationen sind unangenehm.

> *„Die Abstimmung zwischen Ihnen/Ihrem
> Unternehmen und uns funktioniert nicht!"*

> *„Sie haben eine getroffene Vereinbarung nicht ein-
> gehalten."*

> *„Sie haben Teilleistungen nicht pünktlich
> fertig gestellt."*

> *„Die Abrechnung hat nicht gestimmt."*

> *„Sie haben zu spät/falsch geliefert."*

Wie reagieren Sie?

- Verteidigen Sie Ihr Unternehmen?
- Rechtfertigen Sie sich? Erklären Sie, woran es lag?
- Sagen Sie, dass Sie nichts dafür können?
- Zweifeln Sie die Aussage an?
- Weisen Sie auf die Schwächen im Unternehmen des Kunden hin?
- Sprechen Sie über Fehlverhalten Ihres Partners oder anderer Mitarbeiter im Unternehmen des Kunden?
- Fragen Sie, wie er zu dieser Ansicht kommt?
- Fragen Sie zuerst, wann, wo, was genau passiert ist?
- Lassen Sie sich noch einmal erklären, was Ihr Partner wirklich will?

Bei einigen der aufgeführten Reaktionsweisen erkennen Sie sofort, dass sie *nicht geeignet* sind, um verkaufsfördernd zu wirken. Trotzdem ertappen sich sehr viele Verkäufer immer wieder bei einer der aufgeführten *ungeeigneten* Reaktionen, anstatt ihrem Partner erst einmal das zu geben, was dieser genau in diesem Moment *als Wichtigstes braucht*:

Verständnis und noch einmal Verständnis!

Die Verärgerung des Kunden ist nun einmal passiert. Das *Unternehmensziel* lautet: *Zufriedener Kunde*. Es ist *nicht erreicht*. Das Eisberg-Modell (vgl. Kapitel 1 „Verkaufs-Kommunikation", s.S. 41ff.) hilft auch in dieser Situation, ein angemessenes Verhalten zu finden.

Wenn Sie, nach Meinung des Kunden, auf der Sachebene nicht überzeugt haben, dann stehen Sie nur noch vor der Wahl, *wenigstens auf der Beziehungsebene* zu *gewinnen* (durch freundliche Reklamationsbehandlung) oder auf der emotionalen Ebene auch noch zu verlieren (durch Widerspruch, Rechtfertigung, Streit ...). Jetzt geht es darum, den

Kunden zu beruhigen und zufrieden zu stellen. Wie machen Sie das?

Lassen Sie Ihren Partner bei Reklamationen ausreden und äußern Sie als *allererstes* Ihr *Verständnis*. Je erregter ihr Partner ist, umso wichtiger ist Ihr erstes Teilziel: Ihr Gesprächspartner soll auf Ihre erste Aussage *mit „Ja" antworten* und tief aufatmen oder zumindest *wieder normal atmen* können. Sie erreichen das leicht, indem Sie *mitfühlend fragen*:

> *„Habe ich Sie richtig verstanden, Sie sagen, dass ...* (hier setzen Sie seine Worte ein)*?"*

Wenn Sie den „Kontrollierten Dialog" beherrschen (vgl. Kapitel 7 „Aktiv hinhören"), tun Sie sich hierbei leicht. Nach dem *„Ja"* und einem tiefen Atemzug Ihres Partners fahren Sie fort:

> *„Ich kann verstehen, dass Sie unzufrieden damit (verärgert darüber, enttäuscht davon, verstimmt dadurch ...) sind."*

Lassen Sie eine bewusste Pause, die Ihrem Partner Zeit gibt, zu erkennen, dass er nicht mit einem Gegner, sondern mit einem *Partner* Kontakt aufgenommen hat. Wenn er realisiert: *„Na endlich einer, der mich versteht!"*, beruhigt er sich meist schnell. Sie hören dies an der Veränderung seines Tonfalls und seinem tiefen Atmen.

Jetzt können Sie konkret nach den Beanstandungen fragen. Lassen Sie sich auch erläutern, welche Auswirkungen diese Beanstandungen für Ihren Partner haben. Sie zeigen Ihm damit, dass Sie ihn ernst und seine Reklamationen wichtig nehmen. Danach ist *Ihre kurze und höfliche Entschuldigung* – auch *stellvertretend für alle anderen* Stellen Ihrer Firma – angebracht.

„Es tut mir leid, dass Sie nicht zufrieden waren."

– Stellen Sie *positive* Aspekte der *bisherigen* Zusammenarbeit heraus.

– Gehen Sie zuerst auf die Reklamationen ein, die Sie *sofort* beheben können.

– Berücksichtigen Sie auch die speziellen Hinweise auf den folgenden Seiten. Da Reklamationen häufig vorkommen und Ihrem Verhalten dabei besondere Bedeutung zukommt, folgen noch zwei Extraabschnitte hierzu.

Sie werden in der Praxis feststellen, dass Sie alle Einwände auf die aufgeführten sechs Widerstände zurückführen und mit den erwähnten Hilfen erfolgreich beantworten können.

Wie behandeln Sie Reklamationen richtig?

Vielleicht haben Sie sich auch schon gefragt:

„Muss ich eigentlich einem Kunden immer Recht geben, auch wenn er gar nicht Recht hat?"

Nein. Sie müssen ihm nicht immer und unbedingt Recht geben. Sie brauchen ihm meist gar nicht Recht zu geben, wenn Sie ihm *Ihr aufrichtiges Verständnis spüren lassen.* Sie sollten ihm auch nicht direkt widersprechen. Es kommt immer auf den richtigen Ton an. Wenn ein Kunde Ihnen etwas sagt, wovon Sie ganz genau wissen, dass er nicht Recht hat, können Sie ihm höflich sagen, dass Sie *seine Lage verstehen*, und vorsichtig mitteilen, dass die Situation sich auch anders sehen lässt.

Vielleicht machen Sie den Kunden nachdenklich oder überzeugen ihn sogar von Ihrer Sichtweise. Doch denken Sie daran:

Erzwingen lässt sich Einsicht nicht – und Widerspruch erzeugt höchstens Aggression.

Ein ehernes Verkaufsgesetz gilt auch und vor allem bei Reklamationen:

> **Recht behalten = Kunden verloren!**

Wenn Sie Recht haben wollen, setzen Sie Ihren Kunden ins Unrecht! Und wer mag schon gerne Unrecht haben oder Verlierer sein? Noch nie hat eine Firma im Streit mit einem Kunden gewonnen!

Ist alles in Ordnung, so ist das völlig normal, und der Kunde bezahlt für die vereinbarte Leistung den Preis. Gibt es hingegen Schwierigkeiten, kommt die Stunde der Bewährung. Nur wer diese meistert, überzeugt wirklich und festigt das Vertrauen der Kunden in seine Leistungsfähigkeit. In diesen Fällen können Sie Ihre *Kundenorientierung* wirklich unter Beweis stellen.

Gibt es jedoch Ärger, ist der Kunde beispielsweise auch mit der Reklamationsbehandlung unzufrieden, kann dies fatale Folgen haben, von denen Sie nie zu erfahren brauchen (vgl. auch S. 407 „Der Kunde, der nie zurückkommt").

Bei jedem Gespräch über Ihre Leistung mit Geschäftspartnern oder Bekannten wird Ihr unzufriedener Ex-Kunde an seinen Ärger erinnert und *negativ über Sie oder Ihr Unternehmen reden – auch noch nach vielen Jahren.* Sie erfahren nie, wie viele potenzielle Interessenten Ihnen dadurch verloren gehen.

Eine zweite Frage wird auch häufig gestellt:

> *„Wie verhalte ich mich bei ungerechtfertigten Reklamationen?"*

Denken Sie bitte einmal über diese Frage nach. Erfahrene Verkaufstrainer antworten meist mit dieser Gegenfrage: *„Gibt es ungerechtfertigte Reklamationen überhaupt?"* Vielleicht sagen Sie jetzt: *„Natürlich!"* Doch halt! Aus wessen Sicht argumentieren Sie dabei? – Und aus wessen Sicht erfolgt die Reklamation?

Richtig, es ist der Kunde, der reklamiert, und er tut dies, weil *er* unzufrieden ist (unerheblich, aus welchen Gründen!). Wenn er unzufrieden ist, hat er Grund genug zu reklamieren, und zwar berechtigterweise, denn Sie wollen ihn doch *zufrieden stellen*.

Das ist Ihnen jedoch offensichtlich nicht gelungen (wiederum unerheblich, aus welchen Gründen oder gar wer dafür verantwortlich ist).

Die *unzufriedenen Gefühle* Ihres Partners sind zunächst einmal ein Faktum. Also kümmern Sie sich auch zunächst um seine *Gefühle* und frühestens, wenn auf der gefühlsmäßigen Beziehungsebene alles wieder stimmt, ist die Zeit gekommen, die Sachebene zu klären!

Wenn ein Kunde reklamiert, ist er mit irgendetwas nicht zufrieden oder er hat sich über etwas geärgert. Das ist bedauerlich, was immer es auch sein mag. Denn schließlich wollen Sie ja zufriedene Kunden (so lautet das oberste Unternehmensziel jeder wirtschaftlichen Organisation! s. Kapitel 1 „Verkaufskommunikation" S. 32ff.). Drücken Sie Ihr Bedauern aus, z.B. so:

> *„Entschuldigung!"*
>
> *„Es tut mir Leid, dass Sie nicht zufrieden waren."*
>
> *„Es tut mir Leid, dass Sie Ärger hatten. Wie kann ich das wieder gutmachen?"*

Hören Sie dem Kunden ruhig und konzentriert zu. Versuchen Sie *nicht*, ihn zu *beschwichtigen*, indem Sie ihm mitteilen, das Ganze wäre *„ja wohl nicht so schlimm"*. Das hieße, seine Gefühle nicht ernst zu nehmen. Sein Ärger ist schlimm!

Erzählen Sie ihm auch nicht, dass *„das normalerweise nicht vorkommt"*. (Das wäre ja auch noch „schöner"!) Erklären Sie ihm nicht, dass *„Sie* nichts dafür können". (Darum geht es hier nicht!) Verwenden Sie auf keinen Fall Ausreden! (Das stimmt ihn höchstens aggressiv.)

Der Kunde will Sie auch leiden sehen! *Persönliche Betroffenheit zeigen* ist viel wichtiger als eine eintrainierte Antwort mit aalglatter Rhetorik!

Schieben Sie nie die Schuld auf jemand anderen.

> *„Da kann ich nichts dafür. Das hat der ... so eingetragen"* oder *„Da ist ... für zuständig"* etc.

Sie können Ihr Unternehmen *nicht ent-schuldigen, wenn Sie* einen Mitarbeiter *be-schuldigen* (auch wenn dieser den Fehler tatsächlich begangen haben sollte).

Entschuldigen Sie sich stellvertretend für Ihr Unternehmen (und für Ihre Kollegen). Erklären Sie nicht, wer schuld ist! Das interessiert den Kunden (jetzt) nicht, und es hilft ihm (in diesem Moment) auch nicht. Es spielt prinzipiell keine Rolle, wer Schuld hat. Wichtig ist nur, dass Ihr Kunde unzufrieden ist. Sie sind für ihn im Moment der einzige *Ansprechpartner* und deshalb der Einzige, der sich jetzt bei ihm entschuldigen kann!

Sagen Sie nie:

> *„Sie müssen schon entschuldigen!"*

Der *Kunde muss* überhaupt nichts, schon gleich gar nicht, sich entschuldigen (schließlich hat *er* sich geärgert)! Und er lässt sich dieses auch nicht gern im Befehlston sagen.

Argumentieren Sie nicht mit einem Kunden, wenn er erregt ist. In diesem Fall klingen Argumente in seinen Ohren leicht wie *Ausreden*. Allzu schnell entsteht ein Streitgespräch daraus, und Sie wissen, wer langfristig in einem Streit immer der Verlierer ist: Ihr Unternehmen und Sie.

Denken Sie an das Eisberg-Modell: Wenn Sie bei einem Kunden im sachlichen Bereich „verloren" haben, geht es für Sie um die Entscheidung, auch noch auf der emotionalen Ebene zu verlieren oder wenigstens die gefühlsmäßige Beziehung zu retten.

> Kundengedanke: *„Sie liefern zwar nicht so schnell, wie ich mir das wünsche, aber Sie haben Verständnis für mich, und Sie behandeln mich wenigstens höflich."*

Die meisten Kunden *beruhigen sich schnell wieder, wenn sie* merken, dass sie *ernst genommen werden und ihre Anliegen weiterverfolgt werden.* Sorgen Sie deshalb dafür, dass der Kunde schnell wieder zufrieden wird.

In Reklamationen stecken Gefahren und *Chancen* für die weitere Zusammenarbeit. Denken Sie daran: *Jeder Kunde, der reklamiert, ist an einer besseren Zusammenarbeit in der Zukunft interessiert!* Kunden, die tief enttäuscht sind vom Unternehmen, machen sich nicht mehr die Mühe zu reklamieren. Sie arbeiten einfach nicht mehr mit Ihnen zusammen und *kaufen* auch *nichts mehr* von Ihnen.

Jeder Kunde, der sich beschwert, zeigt sein *Interesse* an Ihnen, *liefert Ihnen wertvolle Hinweise* auf Schwachstellen im Unternehmen und gibt Ihnen damit die *Chance, Ihre Leistungs-*

fähigkeit weiter *zu verbessern.* Reklamationen können daher grundsätzlich nie großzügig genug behandelt werden! *Großzügigkeit nutzt meist mehr, als sie kostet.*

Sparen ist lobenswert.
Sparen am freundlichen Wort ist verkehrt.

Nicht selten gewinnen Sie mit einer kurzen, überzeugenden Entschuldigung und einer umgehenden Reklamationsbehandlung einen besonders treuen Kunden.

Melden Sie Beschwerden auch an Ihre Führungskraft. Allein die Tatsache, dass sich auch Ihr Vorgesetzter persönlich um die Reklamation bei diesem Kunden annimmt, zeigt diesem, dass man ihn in Ihrem Unternehmen sehr ernst nimmt. Ist er prestigeorientiert, ist ihm die *persönliche Entschuldigung des „Chefs"* *oft* wichtiger und *mehr wert* als eine tatsächliche Wiedergutmachung in Form einer materiellen Entschädigung.

Leider gibt es auch ein paar chronische Nörgler und Besserwisser. Doch sicher finden Sie diese bald heraus. Bleiben Sie auch diesen Menschen gegenüber *immer sachlich* und *besonders höflich.* Fragen Sie sich, was diese Menschen *wirklich brauchen,* welche Art von *Zuwendung, Verständnis, Anerkennung* ... – und geben Sie ihnen diese.

Verbessern Sie Ihren Kontakt auf der persönlichen Ebene. Hören Sie interessiert hin. Nehmen Sie den schwierigen Kunden wichtig. Werten Sie ihn auf. Finden Sie ein Thema, über das er gern redet. So gewinnen Sie auch ihn.

Wenn Sie sich fragen, was dieser Mensch wohl alles Schlimmes in seinem Leben mitgemacht haben muss, dass er so geworden

ist, lehnen Sie ihn nicht mehr innerlich ab. Jetzt können Sie beginnen, *ihn zu verstehen* und eine *Brücke* zu ihm zu *bauen.* Wenn Sie erkannt haben, dass er sich mit einer harten Schale abweisenden Verhaltens umgibt, um sich und seinen *hochsensiblen, weichen, inneren Kern* vor Verletzungen (Ablehnung, Zurückweisung, abwertender Bewertung ...) zu *schützen*, können Sie verständnisvoll auf ihn eingehen und ihn so gewinnen.

Sollten Sie darüber hinaus der Einzige sein, der mit diesem allgemein als „sehr schwierig" geltenden Menschen gut zurechtkommt, wird er Ihnen vielleicht dauerhaft vertrauen – und sich zu Ihnen zukünftig auch anders verhalten.

Kurze *bildhafte Zusammenfassung* des Themas:

Wie gehen Sie richtig um mit Reklamationen?

1.   Schweigen

Es kommt nicht darauf an, wie etwas ist, sondern wie der Kunde es sieht, wie er es empfindet!

Geben Sie dem Kunden Gelegenheit, seinen aufgestauten Ärger loszuwerden!

Der Kunde beruhigt sich meist wieder rasch, wenn Sie ruhig und höflich bleiben.

Lassen Sie den Kunden ausreden!

Fallen Sie ihm nicht ins Wort!

Widersprechen Sie dem Kunden nicht!

Argumentieren Sie nicht mit ihm, da er im Moment ohnehin nicht bereit sein dürfte, Sie zu verstehen oder Ihnen zu glauben!

2.   Hinhören

3. Notieren

Zeigen Sie dem Kunden deutlich, dass Sie seine Einwände ernst nehmen!

Notieren Sie sich den Sachverhalt exakt, besonders bei Beschwerden über Fehlverhalten eines Mitarbeiters; denn:

– Wenn der Kunde erkennt, dass Sie seine Beschwerde notieren, wird er von sich aus von großen Übertreibungen absehen und sachlicher werden.

– Nur die schriftliche Notiz gibt Ihnen Gewähr für eine lückenlose Wiedergabe der Beschwerde in einem Klärungsgespräch mit dem betreffenden Mitarbeiter.

Zeigen Sie Verständnis für den Ärger des Kunden!

Entschuldigen Sie sich stellvertretend für Ihr Unternehmen und Ihre Kollegen!

Beschuldigen Sie niemals andere!

Geben Sie Ihrem Bedauern über den Fehler Ausdruck!

4. Verständnis äußern und sich entschuldigen

5.   Bedanken

Kritische Kunden zeigen ihr Interesse am Unternehmen. Sie zeigen Ihnen Möglichkeiten, wo und wie Sie noch besser werden können.

Bedanken Sie sich deshalb für jeden kritischen Hinweis.

Kümmern Sie sich dann um Schadensbegrenzung und Wiedergutmachung.

Sorgen Sie sofort dafür, dass alles schnell wieder in Ordnung kommt!

Zeigen Sie sich großzügig!
Verbessern Sie den Kundenkontakt.

In Reklamationen stecken Chancen.

Durch prompte Erledigung einer Reklamation können Sie oft neue und treue Stammkunden gewinnen!

6. Rasch erledigen

Abb. 9.1:   Die sechs Phasen richtiger Reklamationsbehandlung

Jetzt haben Sie Gelegenheit zu üben

Nach den vielen Hinweisen auf den letzten Seiten brennen Sie sicher bereits darauf, diese Methoden selbst auszuprobieren, denn *nur eigene Erfahrung macht kompetent*. Außerdem wissen Sie ja: Nur *Übung macht den Meister*!

Im Folgenden finden Sie eine Reihe von typischen Einwänden, für Sie bekannte und unbekannte. Auch wenn Sie in einer anderen Branche arbeiten und derzeit oder bisher nicht mit diesen Einwänden konfrontiert worden sind, können Sie die Aussagen als Übungsbeispiele benutzen, um die bisherigen Erkenntnisse und Methoden praktisch zu trainieren.

Einwände	Wie antworten Sie auf diese Aussagen?
Wir arbeiten nur mit dem Marktführer zusammen.	
Sie sind nicht aus unserer Branche.	
Sie besitzen zu wenig Facherfahrung.	
Sie sitzen nicht vor Ort. Ihre Firma ist zu weit weg von uns.	
Wir sind mit unseren momentanen Partnern sehr zufrieden.	
Eine Umstellung bringt mir nur Probleme, sonst nichts.	

Einwände	Wie antworten Sie auf diese Aussagen?
Wir sind noch in der Konzeptionsphase.	
Ich habe gehört, dass Sie Ihre Projekte nie termingerecht fertig stellen.	
Ich möchte das Projekt nicht bei Ihnen, sondern nur bei uns im Haus durchführen.	
Wir haben schon zu viele Produkte von Ihnen. Wir wollen nicht abhängig werden.	
Bei Euch muss man ja bei jeder Kleinigkeit zum Chef.	
Warum besuchen mich so viele verschiedene Mitarbeiter von verschiedenen Standorten?	

Der Kunde, der nie zurückkommt

*„Guten Tag! Ich bin der Kunde,
der nie zurückkommt.*

Ich bin ein netter Kunde. Ich bin der Kunde, der sich nie beklagt, ganz egal, wie ich auch bedient werde.

Wenn ich mit einem Verkäufer oder Kundenberater verhandle, um etwas zu testen oder zu kaufen, spiele ich mich nie auf.

Ich versuche, Rücksicht auf meinen Partner zu nehmen. Schließlich geht dieser genauso seinem Beruf nach wie ich.

Wenn ich an einen hochnäsigen Verkäufer gerate, der sich schnippisch benimmt, weil ich mehrere Referenzen hören oder Vorführungen erleben möchte, bevor ich mich entscheide, bleibe ich so höflich, wie es nur geht.

Ich glaube, Unhöflichkeit ist keine brauchbare Antwort auf solches Verkäuferbenehmen.

Ich begehre nie auf und werde nicht laut.

Ich meckere nicht herum und reklamiere so gut wie nie.

Im Grunde genommen kann ein netter Kunde wie ich zusammen mit anderen, die genauso sind, ein Unternehmen ruinieren.

Und es gibt viele nette Menschen wie mich.

Wenn man es bunt genug mit uns treibt, gehen wir zu einem anderen Unternehmen, wo man nette Kunden zu schätzen weiß.

‚Wer zuletzt lacht, lacht am besten‘, lautet ein altes Sprichwort.

Ich lache, wenn ich sehe, wie Sie sich später abmühen, um mich zurückzugewinnen, nachdem Ihr Umsatz zurückgegangen ist.

Wo Sie mich doch mit ein paar verständnisvollen Worten und mit einem freundlichen Lächeln gar nie verloren hätten.

Vielleicht haben Sie Ihre Firma in einer anderen Stadt und eventuell auch in einer anderen Situation, doch stehen Ihre Chancen gut, dass es sich auch herumspricht, wenn Sie Ihre Einstellung geändert haben.

Und dann wird aus mir, dem netten Kunden, der nie zurück-kommt, solange Sie mich nicht ernst nehmen, der nette Kunde, der immer gern zurückkommt, wenn Sie mich freundlich beraten und zuvorkommend bedienen.

Und obendrein bringe ich meine Freunde mit und empfehle Sie weiter – kostenlos und gewinnbringend für Sie.

Wie können Sie Einwände von Vorwänden[1] unterscheiden?

Wenn Ihr Gesprächspartner *„Nein“* sagt bzw. ablehnt, beginnt für Sie eine besonders interessante Phase. Dann stellt sich Ihnen sofort die Frage:

> *Kann* er wirklich nicht oder *will* er nicht?

Dies gilt es jetzt für Sie schnell herauszufinden, denn davon hängt Ihr weiteres Vorgehen ab (vgl. Abb. 9.2, S. 409).

---

[1] vgl. Vera F. Birkenbihl: Psycho-logisch richtig verhandeln

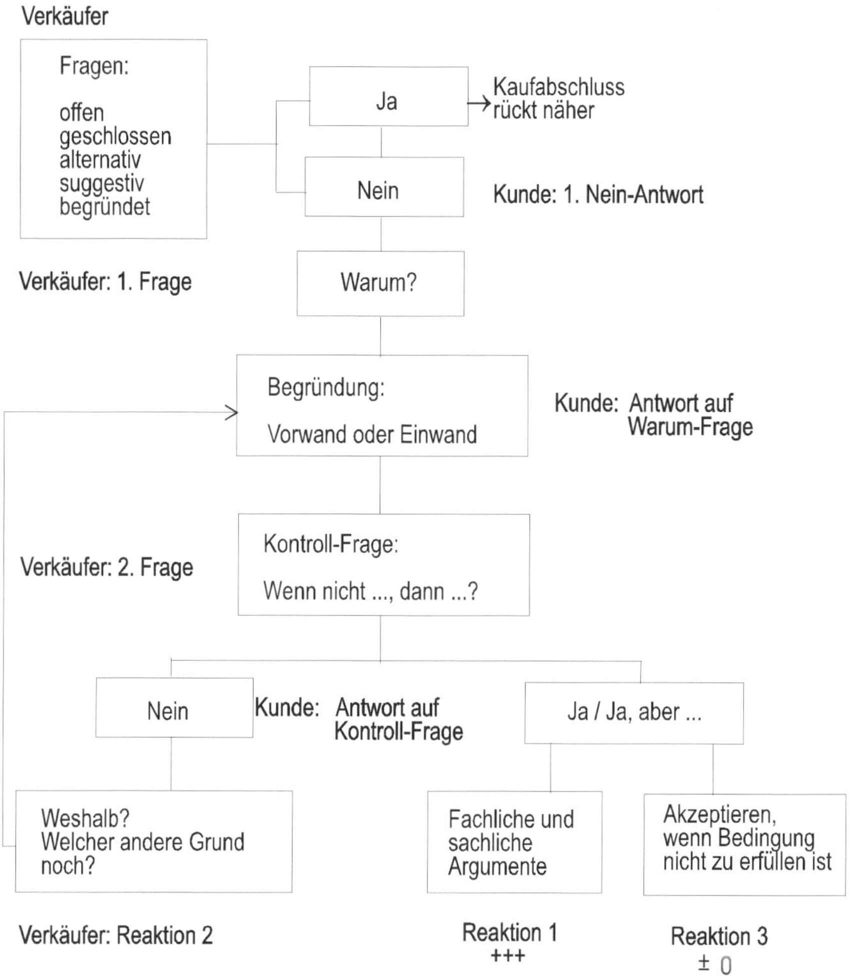

EINWÄNDE BEANTWORTEN

Verkäufer

```
┌─────────────────────┐
│ Fragen:             │
│                     │          ┌──────────┐    Kaufabschluss
│ offen               │          │   Ja     │──→ rückt näher
│ geschlossen         │          └──────────┘
│ alternativ          │
│ suggestiv           │          ┌──────────┐
│ begründet           │          │  Nein    │    Kunde: 1. Nein-Antwort
└─────────────────────┘          └──────────┘
```

Verkäufer: 1. Frage

```
              ┌──────────────┐
              │   Warum?     │
              └──────────────┘

      ┌──────────────────────────────┐
      │  Begründung:                 │      Kunde:  Antwort auf
  →   │                              │              Warum-Frage
      │  Vorwand oder Einwand        │
      └──────────────────────────────┘
```

Verkäufer: 2. Frage

```
      ┌──────────────────────────────┐
      │  Kontroll-Frage:             │
      │                              │
      │  Wenn nicht ..., dann ...?   │
      └──────────────────────────────┘
```

```
  ┌──────────────┐   Kunde:  Antwort auf        ┌──────────────────┐
  │    Nein      │           Kontroll-Frage     │  Ja / Ja, aber ..│
  └──────────────┘                              └──────────────────┘

┌──────────────────────┐      ┌──────────────────┐   ┌──────────────────────┐
│ Weshalb?             │      │ Fachliche und    │   │ Akzeptieren,         │
│ Welcher andere Grund │      │ sachliche        │   │ wenn Bedingung       │
│ noch?                │      │ Argumente        │   │ nicht zu erfüllen ist│
└──────────────────────┘      └──────────────────┘   └──────────────────────┘
```

Verkäufer: Reaktion 2   Reaktion 1   Reaktion 3
                                  +++   ± 0

**Abb. 9.2: Methode zur Unterscheidung von Einwän-
den und Vorwänden**

409

Ihre erste Frage sollte daher lauten:

> *„Warum ...?"*
>
> *„Wieso glauben Sie ...?"*
>
> *„Was veranlasst Sie zu dieser Ansicht?"*
> (vgl. Abb. 9.2, Verkäufer: 1. Frage)

Diese Frage wird Ihren Partner veranlassen, den Grund bzw. die Gründe seiner Weigerung zu nennen. Jetzt wäre es für Sie gut zu wissen: Sind das nun Ausreden (Vorwände) oder die wahren Gründe (Einwände)? Stellen Sie deshalb eine *Kontrollfrage*, die Ihnen hilft, Vorwände von Einwänden zu trennen.

Ein *Vorwand* ist eine Wand, die der andere vorschiebt (Vor-Wand), um sich dahinter zu verstecken. Er ist also nicht der wahre Grund, sondern eine *Schutz*-Behauptung.

Abb. 9.3:   **Ein Vorwand ist eine Schutz-Behauptung**

Die Kundenaussage in Abbildung 9.3, kann stehen für:

„ICH verstehe das nicht." oder
„MIR ist das zu kompliziert."

Der Kunde hat keinen Grund (vielleicht auch noch zu wenig Vertrauen), Ihnen diese wahre Antwort anzuvertrauen. Vielleicht ist diese ehrliche Aussage sogar ihm selbst weitgehend unbewusst, weil er auch vor sich selbst sein Gesicht wahren möchte. Hier ist also besonders viel *Feingefühl* notwendig. Deshalb gilt:

> **Vorwände nicht entkräften!**

Wenn Sie einen Vorwand sachlich/fachlich entkräften, verliert Ihr Partner sein Gesicht. Sie ziehen ihm seine Schutz-Wand weg und entblößen ihn. Damit verunsichern und verärgern Sie ihn. Er wird also:

1. widersprechen

2. sofort eine neue, stärkere, zumeist *noch emotionalere* Wand vorschieben

Abb. 9.4: **Versucht der Verkäufer, einen Vorwand zu entkräften, baut der Kunde eine noch stärkere, irrationalere Vor-Wand auf**

411

Ein Einwand ist ein *echtes* Problem, das Ihr Partner *aus dem Weg* geräumt haben möchte. Erst wenn Sie wirklich wissen, was Ihren Partner hindert, können Sie entscheiden, ob Sie gute Argumente haben oder nicht, um diesen Einwand auszuräumen.

Einwand

behindert das
Zusammenkommen
tatsächlich

Abb. 9.5: **Wirkliche Einwände gilt es aus dem Weg zu räumen**

Die *Kontrollfrage zur Unterscheidung* lautet:

„Wenn das nicht so wäre, täten Sie es dann?"
(vgl. Abb. 9.2, Verkäufer 2. Frage)

Antwortet der Kunde mit *JA*, so wissen Sie, was der wahre Grund ist, also können Sie jetzt zielgerichtet zu argumentieren beginnen (vgl. Abb. 9.2, Verkäufer Reaktion 1), um den Einwand zu entkräften und zu beseitigen.

Antwortet der Kunde mit *NEIN*, so haben Sie den wahren Grund noch nicht erfahren, also muss jetzt zwangsläufig wieder eine „W-Frage" kommen (vgl. Abb. 9.2, Verkäufer Reaktion 2).

> *„Was hält Sie derzeit sonst noch davon ab?"*

Vorteile dieser „niederlagenlosen Gesprächs-Methode"[2]: Sie trennen Vorwände von Einwänden, ehe Sie argumentieren. Sie reden weder an der Sache noch an Ihrem Ziel vorbei. Sie verhindern Kampfmaßnahmen des Partners, weil er das *Gesicht nicht verlieren kann*, da Sie keine Vorwände entkräften. Außerdem kann es sein, dass Sie seinen wahren Grund (Einwand) sogar akzeptieren, weil Sie miteinander auf partnerschaftliche Weise festgestellt haben, dass dies eine Minus-Situation ist, zu der es für Sie derzeit keine optimale Lösung gibt (vgl. Abb. 9.2, Verkäufer Reaktion 3). In diesem Fall ist es besser, Sie klären diese Situation rechtzeitig und ersparen sich und Ihrem Partner unnötige Argumentation und Zeitaufwand.

Statt der Kontrollfrage *„Wenn das nicht so wäre, täten Sie es dann?"* können Sie auch alternative Formulierungen verwenden wie z.B.:

> *„Nehmen wir mal an, das wäre lösbar, gäbe es dann noch einen weiteren Grund, der dagegen spräche?"*

> *„Gesetzt den Fall, das wäre nicht so, würden Sie dann ...?"*

> *„Wenn das Problem nicht bestünde ...?"* (Satz nicht beenden)

> *„Falls das leicht zu lösen wäre ...?"*

> *„Wenn keine ... (finanziellen, zeitlichen ...) Beschränkungen existierten, würden Sie dann ...?"*

---

2   vgl. Vera F. Birkenbihl: Psycho-logisch richtig verhandeln

„Wenn wir diesen Engpass zu Ihrer Zufriedenheit lösen können, kommen wir dann zusammen?"

Schauen Sie besonders genau hin, wenn Sie Ihre Kontrollfrage stellen! Ihr Gesprächspartner *beantwortet sie immer eindeutig, ehrlich und zuverlässig durch seine Körpersprache, bevor er das erste Wort sagt.* Achten Sie auf Blickrichtung, Haltung, Mimik, Gestik, Atmung, Hautfarbe usw.

Hören Sie auch besonders exakt hin. „Der Ton macht die Musik" und *der Ton verrät die Stimmung.* Wahre, von innen kommende Zustimmung löst eine andere Atmung und Muskelspannung aus und erlaubt eine andere Resonanz mit anderen Obertönen als ein vom Verstand kommendes, bedingtes Kompromiss-Ja. Als aufmerksamer Beobachter werden Sie die vielen kleinen Signale erkennen und als sensibler, sich in den Partner hineinfühlender Berater mit dem erforderlichen Fingerspitzengefühl flexibel darauf reagieren.

Wenn Sie in der Phase der Bedarfsanalyse und auch schon während der Gesprächseröffnung exakt beobachtet (in der Fachsprache „kalibriert") haben, dann dürften Sie inzwischen einige eindeutige Signale der Körpersprache Ihres Partners als *Ja-* und einige andere als *Nein-Signale* erkannt haben. Bei Ihren Rückfragen auf Einwände und Vorwände kommt Ihnen jetzt Ihre bewusste Wahrnehmung hilfreich zugute.

EINWÄNDE BEANTWORTEN

Achtung vor der „falschen Angenommen-Frage"!

Beispiel:

Kunde: *„Ich arbeite nicht mit Scans."*
Verkäufer: *„Angenommen, wir liefern Ihnen EPS-Files?"*

Hier wischt der Verkäufer Probleme des Kunden vom Tisch, ohne geprüft zu haben, ob er damit nicht einen möglichen Vorwand entkräftet. Er zieht dem Kunden damit möglicherweise seinen Schutzschild weg. Dies kann zu starkem emotionalen Widerstand führen. „Klären Sie erst, ob ein Einwand oder ein Vorwand vorliegt! Bringen Sie keine neuen Argumente, bevor Sie sicher sind, den wahren Widerstand entlarvt zu haben."
(Vera F. Birkenbihl)

Die Angenommen-Frage darf keinen Lösungsvorschlag enthalten. EPS-Files wäre ein Lösungsvorschlag. Doch erst gilt es, den Ablehnungsgrund zu erfahren. Die richtige Frage könnte z.B. lauten:

„Welche Erfahrungen halten Sie davon ab?"

Einwänden überzeugend zu begegnen und sie zur Zufriedenheit Ihres Gesprächspartners aus der Welt zu räumen gehört zu den großen Herausforderungen jedes Verkäufers und zur rhetorischen Brillanz jedes Beraters. Die meisten Einwände sind mit der Leberkäse-Methode und den bereits aufgezeigten Wegen, Kauf-Widerständen zu begegnen, erfolgreich zu beantworten. Für die verbleibenden Einwände sind eine Vielzahl von weiteren Methoden entwickelt worden, von denen im Folgenden einige wichtige an Beispielen erläutert und aufgeführt sind. Lassen Sie sich dadurch nicht festlegen, in einer bestimmten Situation immer eine bestimmte Methode zu praktizieren, sondern lassen Sie sich durch diese Beispiele Ihre Kreativität anregen, um flexibel

und vor allem partner- und situationsspezifisch angemessen zu reagieren.

Weitere Methoden zur Beantwortung von Einwänden

1. Die Bumerang- oder Umkehr-Methode

> *„Dieses Projekt erscheint mir zu risikoreich, und außerdem muss ich für die Dienstleistung zu viel bezahlen."*

Mögliche Antwort:

> *„Gerade weil die Dienstleistung von Spezialisten im Projekt mit enthalten ist, erwerben Sie unsere Erfahrung mit und vermeiden damit unnötige Projektrisiken."*

Viele Einwände enthalten direkte oder indirekte Vorteile Ihres Angebots. Greifen Sie diese heraus und nehmen Sie sie als Ausgangspunkt Ihrer Antwort. Durch die Umkehrung des Einwands in Frageform mildern Sie ihn ab und gewinnen außerdem Zeit, um sich weitere Entgegnungen zu überlegen.

2. Wiederholen und mildern (Umformulierungs-Methode)

> *„Vor zwei Jahren haben Sie mir meine jetzige Software empfohlen. Heute behaupten Sie, dass sie nicht mehr leistungsfähig sei."*

Mögliche Antwort:

> *„Ja, damals hatten wir uns dazu entschlossen. Und wenn Sie sich Ihre damaligen Vorstellungen und unseren gemeinsamen Wissensstand zu der Zeit vergegenwärtigen, war die Entscheidung dann nicht richtig?"*

Besonders bei unsachlichen oder übertriebenen Behauptungen Ihres Partners sollten Sie diese Umwandlung in eine abgemilderte Form wählen. Sie führen dadurch den Einwand wieder auf eine reale Ebene zurück. Sie gewinnen hierdurch eine bessere Ausgangsbasis für Ihre Antwort.

3.   Referenzen angeben

> *„Sie sagen mir, dass bei mir die Energiekosten um ca. 10% gesenkt werden können. Das wäre ja sehr schön, nur stimmt das auch?"*

Mögliche Antwort:

> *„Dieser Prozentsatz ist sehr hoch und ich verstehe, dass Sie Bedenken haben. Unserem Kunden XY in Ihrer Nähe ging es zunächst genauso. Heute setzt er mit viel Erfolg dieses neue Energieoptimierungsprogramm ein. Beim letzten Kontakt verriet er mir: ‚Ich war doch anfangs so skeptisch, doch stellen Sie sich vor, unsere Energiekosten sanken sogar um 15% seit Einsatz der neuen Software!'"*

Ihr Gesprächspartner hat berechtigte Zweifel, weil er noch keine Erfahrung besitzt. Seine Zweifel können Sie am ehesten beseitigen, wenn Sie auf bereits vorliegende Erfolge anderer verweisen können. Ihnen selbst wird er ohne

Angabe von Referenzen weniger glauben, da er in Ihnen den Verkäufer sieht.

Lassen Sie zufriedene Kunden für sich sprechen, möglichst *in wörtlicher Rede*. Das klingt viel *glaubwürdiger* und ist *kaum angreifbar* im Unterschied zu Ihrer eigenen Behauptung. Mit einem nicht anwesenden Menschen kann Ihr Kunde nicht streiten.

4. Zusammenfassen mehrerer Einwände

> *„Gegen Ihr Angebot sprechen eine ganze Reihe von Gründen. Sie räumen mir keinen Rabatt ein, für Unterstützung muss ich extra bezahlen und die errechneten Einsparungen erscheinen mir, zumindest auf dem Personalsektor, zu hoch."*

Mögliche Antwort:

> *„Können wir diese Punkte so zusammenfassen: Ist für Sie die Wirtschaftlichkeit des Angebots ausschlaggebend?"*

Natürlich können Sie alle diese Einwände einzeln behandeln. Wenn sie jedoch einen gemeinsamen Kern haben, führen Sie sie auf diesen gemeinsamen Kern zurück. Sie schwächen hierdurch die Wirkung der einzelnen Einwände ab und können sie so in einem „Schwung" behandeln. Zugleich zeigen Sie Ihrem Partner, dass Sie ihn verstanden haben.

5. Gewisse Voraussetzungen annehmen

> *„Beim Einsatz von Datenbanken können doch auch meine Datenbestände zerstört werden. Dann bricht meine ganze Organisation zusammen."*

Mögliche Antwort:

> *„Nehmen wir einmal an, dass Ihre Datenbestände aus irgendeinem Grund zerstört werden. Welche Möglichkeit steht Ihnen dann zur Verfügung? Die Datenbestände werden ja vorher auf einer zweiten Platte als Duplikat gesichert. Das bedeutet für Sie, dass Sie Ihre Datenbestände jederzeit rekonstruieren können."*

Wenn durch den Einwand die Vorteilhaftigkeit Ihres Angebots nicht ernstlich gefährdet ist, dann akzeptieren Sie den Einwand als richtig und zeigen Sie auf, dass es trotzdem eine Lösung gibt. Sie verzichten also auf eine Erwiderung und geben stattdessen eine Erklärung.

6. Zustimmen und ausgleichen

> *„Die Erstellung eines neuen Artikelnummernschlüssels ist doch mit einem beträchtlichen Arbeitsaufwand verbunden."*

Mögliche Antwort:

> *„Sie haben Recht; das Erstellen eines Artikelnummernschlüssels bedeutet einen beträchtlichen Arbeitsaufwand. Allerdings bringt Ihnen diese einmalige Arbeitsumstellung auch folgende Vorteile:*
> - *Verbindung von Artikeln mit dem jeweiligen Lagerplatz;*
> - *schnellerer Zugriff, weniger Suchzeit;*
> - *einheitliche Kennzeichnung in allen Lagerstandorten europaweit.*
> *Das bedeutet für Sie: Sie können Ihr Lager optimal reorganisieren und sind später ständig auskunftsbereit. Ferner können Sie auf Markterfordernisse*

schneller reagieren und zugleich Bestände abbauen.
Das erhöht Ihren Lagerumschlag."

Sachlich richtige Einwände können Sie nicht bestreiten. Akzeptieren Sie sie. Geben Sie also zunächst Ihrem Partner Recht. Stellen Sie gleich anschließend die Vorteile heraus. Besonders, indem Sie am Ende Ihrer Beantwortung ein *Fazit mit Kundennutzen* ziehen. Hierdurch schränken Sie die praktische Bedeutung des berechtigten Einwands ein.

7. Die Plus-Minus-Tabelle

Um sachliche Einwände zu überwinden, können Sie auch die Methode der Plus-Minus-Tabelle anwenden. Im Laufe einer Verhandlung schreiben Sie auf die Plus-Seite alle positiven Argumente, denen der Kunde zustimmt, und auf die Minus-Seite alle Einwände Ihres Partners. Die optische Klarlegung zeigt dann auch die Schlüsselpunkte zum Abschluss.

Das Ganze bietet die Basis für ein offenes Gespräch und für das Vertrauen, das Sie beim Kunden brauchen, bevor er unterschreibt (s. Tabelle S. 421).

+	-
– liefert Daten schnell	– dauert drei Monate
– erprobt und zuverlässig	– einmalige Umstellung – erforderlich
– Installation, Schulung, – Wartung, alles aus einer Hand	– ...
– einfach zu bedienen	
– bedarfsgerecht – erweiterbar	
– netzwerkfähig	
– Einarbeitung und – Schulung direkt am – Arbeitsplatz möglich	
– ...	

Wenn Sie möchten, zitieren Sie zum Abschluss:

> „Ein weiser Mensch hat einmal gesagt: ‚Prüfe kritisch – so wie Sie, Herr Kunde, das tun –, und wenn die Vorteile am Ende die Nachteile überwiegen, dann entscheide Dich entschlusskräftig dafür!'"

Jetzt haben Sie Gelegenheit zu üben

Damit Sie auch diese sieben Methoden praktisch anwenden können, hier noch eine Anzahl von Einwänden. Wie antworten Sie darauf? Setzen Sie jetzt Ihr gesamtes Repertoire flexibel und kreativ ein. Entwickeln Sie Ihre eigenen Beantwortungs-Methoden.

Einwände	Wie antworten Sie auf diese Aussagen?
Ihr Service ist zu teuer.	
Ihr Angebot passt nicht für unser Haus.	
Die von Ihnen vorgeschlagene Vorgehensweise ist bei uns nicht machbar.	
Unser Chef muss erst sein O.K. geben.	
Wir sind zu klein.	
Ich habe keine Zeit.	
Wer garantiert mir die richtige Lösung?	
Ich werde in drei Jahren pensioniert, und solange wünsche ich keine Neuerungen mehr.	
Ich kann das nicht entscheiden.	
Stellen Sie uns das System bis zur Fertigstellung der Anwendung kostenlos zur Verfügung.	

Einwände	Wie antworten Sie auf diese Aussagen?
Ihre Software passt für unsere speziellen Belange nicht.	
Ihre Anwendungsprogramme sind mir zu teuer.	
Das geht bei uns nicht.	
Ihre Preise sind zu hoch.	
Unsere Hauptverwaltung entscheidet.	
Ich bin nicht bereit, für die Ausbildung meiner Mitarbeiter Geld zu bezahlen.	
Ich habe gehört, Ihre Anwendungsprogramme seien zu kompliziert.	
Wir haben schlechte Erfahrungen mit Ihrer Firma gemacht.	
Wir sind mit einigen Vertragsbestimmungen nicht einverstanden.	

Einwände	Wie antworten Sie auf diese Aussagen?
Das machen andere billiger.	
Ihre Lieferzeit ist zu lang.	
Wenn sich z.B. die Steuersätze ändern, wer ändert dann meine Programme?	
Ich werde zu abhängig.	
Wir haben keinen Bedarf.	
Wie rechtfertigen Sie einen solchen Stundenpreis für Ihre Dienstleistungen?	
Ich habe gehört, Ihre Kundenbetreuung sei schlecht.	
Andere geben Rabatte.	
Was machen wir mit den freigestellten Mitarbeitern?	
Wer stellt unsere Programme von den Konkurrenzsystemen auf Ihres um?	

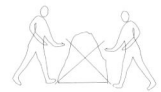

Das Wichtigste für Ihre Einwandbeantwortung

☞ Einwände sind keine Störfaktoren, sondern zeigen das grundsätzliche Interesse Ihres Partners. Sie signalisieren seine Zweifel, Bedenken und Befürchtungen. Sie zeigen Ihnen den Standort Ihrer Überzeugungsarbeit und die Lücken in Ihrer Argumentation. Damit dienen sie Ihnen als Wegweiser.

☞ Sie können alle Einwände auf sechs Widerstände zurückführen:
    –   Angst vor Veränderung,
    –   Widerstand gegen Kosten,
    –   Widerstand gegen vorgegebene Lösungen,
    –   Widerstand wegen Sättigung,
    –   emotionale Ressentiments,
    –   schlechte Erfahrungen.

☞ Ergründen Sie Einwände. Sammeln Sie vor Beantwortung des ersten Einwands alles, was Ihr Partner auf dem Herzen hat. Er kann so „Dampf ablassen", Sie erfahren viel und gewinnen wertvolle Zeit zum Nachdenken.

☞ Unterscheiden Sie Einwände von Vorwänden (Vor-Wand = Schutz-Behauptung). Argumentieren Sie nicht rational gegen Vorwände (emotional).

☞ Zeigen Sie zunächst immer Verständnis für die Sichtweise Ihres Partners.

☞ Widersprechen Sie Ihrem Partner nicht offen. Sorgen Sie für ein vertrauensvolles Gesprächsklima.

☞ Bauen Sie bei Reklamationen eine Brücke aus verständnisvollem Mitgefühl, entschuldigen Sie sich, bedanken Sie sich für den Hinweis und sparen Sie sich Erklärungen.

☞ Vermeiden Sie Perfektion, zeigen Sie lieber Ihre Betroffenheit.

☞ Holen Sie Ihren Kunden von der „Palme" herunter, indem Sie Verständnis zum Ausdruck bringen und (Problem-) Lösungen anbieten!

☞ In Reklamationen stecken Chancen! Verschaffen Sie sich selbst ein Erfolgserlebnis, indem Sie Reklamationen mit Bravour verkaufsfördernd meistern!

☞ Variieren Sie Ihre Einwandbeantwortung. Vermeiden Sie Reizwörter wie „aber", „trotzdem", „dennoch" ...

☞ Stellen Sie Gegenfragen, wiederholen Sie wortwörtlich oder legen Sie kleine Pausen ein, um Zeit fürs Nachdenken zu gewinnen.

☞ Kontrollieren Sie die Reaktionen Ihres Partners auf Ihre Einwandbeantwortung genau.

☞ Vertagen Sie Ihre Antwort, bevor Sie sich in Widersprüche verwickeln oder nicht abgesicherte Zusagen machen.

☞ Bereiten Sie sich auf zu erwartende Einwände gut vor, damit Sie gegen Überraschungen gefeit sind.

Wie gut ist Ihr verkäuferisches Wissen? Prüfen Sie sich selbst!

Fragen zu Kapitel 10: Preis verhandeln

– Wieso hängt die Preisverhandlung maßgeblich von der Bedarfsermittlung ab?

– In welchen Fällen akzeptiert der Kunde Ihren Preis ohne große Diskussion?

– Weshalb ist Feilschen um den Preis ein Zeichen für eine schwache oder fehlende Bedürfnisanalyse und eine danebengegangene Nutzenargumentation?

– Was tun Sie, wenn Ihr Interessent eine zermürbende Preisverhandlung beginnen will?

– Wovon hängt es ab, wie viel ein Kunde für eine Leistung zu zahlen bereit ist?

– Wann gilt ein Angebot als teuer und wann als billig?

– Weshalb sollten Sie einen einmal genannten Preis halten?

– Wie können Sie den Preis psychologisch verkleinern?

– Welche Zusatznutzen können Sie verkaufen?

– Wie können Sie Ihren Kunden Vorteile erleben lassen?

– Weshalb sollten Sie Ihren Kunden seinen Nutzen erst sehen, dann hören, dann spüren lassen, wenn Sie seinen bevorzugten Sinneskanal nicht kennen?

– Wie verhalten Sie sich bei vorzeitiger Preisfrage?

– Weshalb ist es wichtig, über den Preis so spät wie möglich zu reden?

– Wie begegnen Sie dem Kauf-Widerstand *„Zu teuer"*?

– Weshalb kommt der „Sandwich"-Methode so große Bedeutung zu in der Preisverhandlung?

– Wie können Sie den Nutzen Ihrer Leistung und damit deren Wert für Ihren Kunden vergrößern?

– Wie erleichtern Sie sich den Verkauf eines Gesamtpakets durch Nachteil-Argumentation?

– Wie begegnen Sie Rabatt-Forderungen?

– Warum sollten Sie ein (Preis-)Zugeständnis immer nur für eine Gegenleistung gewähren?

– Was können Sie statt eines Barnachlasses bieten?

– Weshalb sollten Sie Preise nicht verteidigen, sondern verkaufen?

– Was passiert, wenn Sie auf eine Preisfrage nur mit dem Preis antworten?

– Warum sollten Sie den Preis immer fest und sicher nennen?

Preis-Argumentation

Ob Sie eine langwierige und schwierige Preisverhandlungs-
phase in Ihrem Verkaufsgespräch erleben oder nicht, hängt
hauptsächlich von der Effektivität Ihrer *Nutzenargumentation*
ab. Der Erfolg Ihrer Nutzenargumentation wiederum hängt, wie
Sie bereits in den vorhergehenden Kapiteln erfahren haben, von
Ihrer Bedarfsermittlung und vor allem von Ihrer *Bedürfnisanalyse* ab.

Haben Sie herausgefunden, was Ihr Partner wirklich braucht und
will, was er sich davon verspricht und wie viel es ihm *wert* ist,
dann hat er sich vermutlich aufgrund Ihrer gezielten offenen
Fragen bereits weitgehend bewusst gemacht, was er dafür bereit
ist zu *investieren*.

Im Idealfall haben Sie Ihren Interessenten bereits in der Phase
der Bedürfnisanalyse so „heiß" gemacht auf den angestrebten
Zielzustand, dass er im übertragenen Sinne innerlich geneigt ist
zu denken: *„Genau das ist es! Das muss ich haben; koste es,
was es wolle!"* Von dieser extremen Pro-Haltung wird er zwar
wieder etwas wegrücken, wenn es um die Preisdiskussion geht.
Hatten Sie Ihren Partner jedoch schon so weit von seinem Nutzen überzeugt, sollte die Preisverhandlung fast nur noch eine
reine Routineangelegenheit sein. Es fällt Ihnen dann leicht, sicher und fest zu Ihrem Preis zu stehen, von dem beide Seiten
wissen, dass er es wert ist.

> *„Fünf Minuten tapfer sein ist wichtiger als alles andere.
> Denken Sie daran: Eine Bärenjagd ist gefährlicher! In der
> Preisverhandlung kann Ihnen nichts passieren. Deshalb
> standhaft sein, nicht beim ersten ‚Schuss' Ihres Verhand-
> lungspartners nachgeben."*
>
> Bernd Roloffs

In der Praxis sieht die Sache häufig so aus: Interessenten streiten oder feilschen heftig um jede Mark, jeden Nachlass oder Zehntel-Rabattpunkt. Warum ist das so?

Schauen Sie sich noch einmal das Bild „Stufen der Verkaufsmethodik" auf Seite 148 an (Kapitel 3 „Gespräch vorbereiten") und machen Sie sich die Reihenfolge der einzelnen Phasen des Verkaufsgesprächs bewusst. Der Kunde wird an *der* Stelle aktiv, an der er die erste Gelegenheit dazu erhält.

Wenn der Vertriebsmitarbeiter nicht gut vorbereitet ist, vermag seine Gesprächseröffnung kein großes Interesse zu wecken. Da er nicht die richtigen Fragen stellt, bekommt er die wahren Bedürfnisse seines Partners nicht heraus. Folglich kann er auch keinen Nutzen aufzeigen, sondern nur über sein Produkt reden. Das überzeugt keinen Kunden, noch weniger lässt es ihn den Wert dessen erkennen, was der Vertriebsmitarbeiter „vertreiben" will.

Preisfeilschen ist also *ein Signal für schwache* oder *fehlende Bedürfnisanalyse* und (als Folge davon) *danebengegangene Nutzenargumentation!* Solche „Vertriebsleute" vertreiben höchstens potenzielle Käufer. Daher bringt der Kunde viele Einwände und Zweifel zum Ausdruck und zeigt nur Interesse, wenn er einen deutlichen Preisvorteil erhält, das ist dann wenigstens *ein* Nutzen für ihn.

In der chronologischen Abfolge des Verkaufsgesprächs wird der Kunde an genau der Stelle aktiv, an der das Verkaufsgespräch für ihn eigentlich erst richtig beginnt. Der angestrebte Preisnachlass ist der Versuch des Kunden, überhaupt einen für ihn erkennbaren Nutzen zu erzielen, denn aufgrund fehlender, zu kurzer oder falscher Bedarfsanalyse konnte ihm der Vertriebsmitarbeiter ja keinen für seine persönlichen Bedürfnisse passenden Kundennutzen aufzeigen.

In nahezu zwei Jahrzehnten als Verkaufstrainer konnte ich diese einfachen Zusammenhänge immer wieder als die bestimmenden Gründe für harte Preisverhandlungen (vor allem im Konsumgüterverkauf) erkennen. *Wenn der Gesprächspartner in dieser Phase der Verhandlung (erstmals) ungewöhnlich aktiv wird, können Sie sicher sein, dass Sie in vorhergehenden Phasen nicht erfolgreich waren.*

Was können Sie tun in einem solchen Fall? (Wenn Ihr Kunde prinzipiell als Erstes nach dem Preis fragt und Nachlässe, Geschenke oder Listungsgebühren fordert – wie z.B. in einigen Sparten des *Handels* –, können Sie davon ausgehen, dass er in der Vergangenheit vermutlich nie von Verkäufern beraten worden ist, sondern immer nur Vertretern von Firmen gegenüberstand, mit denen sein Unternehmen einen Liefervertrag abgeschlossen hat, dessen Vorteile ihm völlig unklar sind.)

Wenn Ihre Bedürfnisanalyse nicht gut genug war, ist es am besten, mit einer Zusammenfassung des erfragten Bedarfs noch einmal – und diesmal gründlich – ins *Ermitteln* des *wahren Kundenbedürfnisses* einzusteigen. Fragen Sie diesmal sofort, *welche* Punkte noch *fehlen* und *weshalb* diese für Ihren Partner so *wichtig* sind.

Wenn Sie wirklich Rapport aufnehmen (vgl. Kapitel 1 „Verkaufskommunikation", Abschnitt „Wie stellen Sie Rapport her zu Ihrem Partner?", s.S. 67ff.) und aktiv hinhören (vgl. Kapitel 7 s.S, 262ff.), wissen Sie nach wenigen Sätzen, auf welches Bedürfnis Sie Ihre Nutzenargumente abzustimmen haben und auch mit welchen Worten Sie diese formulieren sollten, damit sie den momentan aktiven Sinneskanal Ihres Partners erreichen (Auge, Ohr oder Gefühl).

Es ist leichter, zeitsparender und ökonomischer, die Verhandlung noch einmal auf Bedarf und Bedürfnisse zu lenken, um das überzeugende Nutzenargument zu finden, als in langwierigen, zermürbenden Preisverhandlungen einen Kunden zu gewinnen.

Sollten Sie doch einmal den letzteren Weg gehen, werden Sie vermutlich später erkennen, dass dies *kein* gutes Geschäft gewesen ist – unter Rendite-Gesichtspunkten aus Sicht Ihrer Firma betrachtet.

Dennoch ist es für Sie wichtig und lohnend, verschiedene Methoden der Preis-Argumentation sicher zu beherrschen. Es gibt Ihnen die *Stärke, fest zu bleiben* und mit Selbstvertrauen daran zu glauben, dass Sie es schaffen, einen für beide Seiten ökonomisch *lohnenden* Abschluss zu erzielen.

Preis-Psychologie

Eine Ware bzw. Dienstleistung ist so billig oder so teuer, wie der Kunde sie einschätzt. Seine Einschätzung hängt ganz wesentlich von seinen Bedürfnissen und Motiven ab und davon, ob die Argumentation des Verkäufers den Nutzenerwartungen des Kunden entspricht.

Jeder Preis ist zu hoch, solange der Käufer nicht weiß,

– was er mit der Ware/Dienstleistung *Sinnvolles tun* kann;
– was sie ihm *bedeutet*;
– *wozu* er sie benötigt;
– welche *Vorteile* sie ihm bringt;
– welche *Bedürfnisse* sie ihm befriedigt;

- welche *Zielzustände* sie ihn erreichen und genießen lässt, d.h.,
- *welchen Nutzen* sie für ihn bringt.

Jedes Produkt ist immer nur so viel wert, wie der Nutzer damit anfangen kann. Umgekehrt gilt: *Es ist nichts wert für den Partner, wenn er es nicht braucht bzw. nicht als nützlich erachtet.*

Wenn jemand eine bestimmte Software nicht braucht, besitzt diese nicht einmal den Wert für das Material der CD-ROM. Wenn jemand mit der gleichen Software mehrere Millionen Euro erwirtschaften kann, ist sie für ihn mehrere Millionen Euro wert (sofern er sie nirgends günstiger erhält). Ähnliches gilt für Hardware und für jedes andere Produkt ebenfalls. Beachten Sie: Ein Computer z.B. *hat keinen Wert an sich.* Niemand braucht einen solchen „Haufen Plastik, Metall und Drähte“, sondern Hilfe beim Erreichen der eigenen Ziele.

Wenn vorhandene Aufgaben sich mithilfe von bestimmten Softwareprogrammen gut lösen lassen, dann ist der (Ver-)Kauf eines Computers nur eine logische, unvermeidliche Folge, eine Bedingung, ein Nebeneffekt oder „Abfallprodukt“ des Hauptgeschäfts, die *Bedürfnisse des Kunden zu befriedigen.*

Für jede angebotene Leistung gilt:

**Je höher der Nutzen,
desto höher der Wert.
Je wertvoller für den Kunden,
desto größer ist seine Bereitschaft,
einen hohen Preis dafür zu zahlen.**

Preis-Wert-Waage

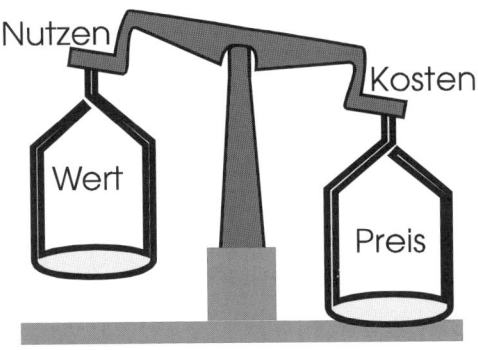

„Zu *teuer!*"

Wiegt der Preis schwerer als der Nutzen, so gilt das Angebot als „*teuer*".

Die Kosten stehen in keinem ausgewogenen Verhältnis zum Nutzen.

Der Kunde kauft nicht.

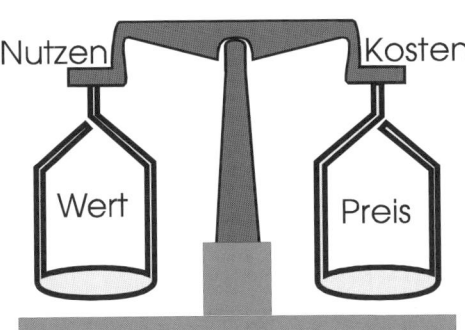

Sind Nutzen und Preis ausgewogen, dann ist das Angebot „*preiswert*", d.h., „es ist seinen Preis wert".

Der Verkäufer wirft Vorteilspunkte in die Wert-Waagschale:
Erfolg, Prestige, Ansehen, Sicherheit, Garantie, Bequemlichkeit, Energieeinsparung, Zeitersparnis, Selbstwertgefühl, Rentabilität, Schnelligkeit, Zufriedenheit usw.

Der Kunde ist interessiert. Er kauft zögerlich.

434

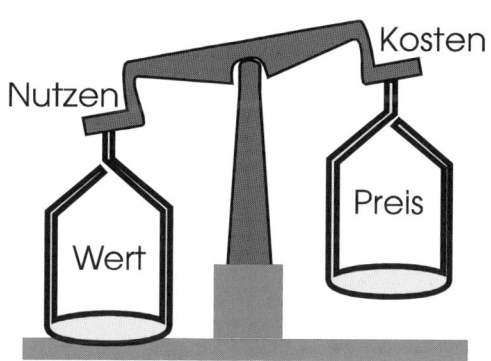

Kosten

Nutzen

Preis

Wert

Der Verkäufer kann noch mehr Nutzen aufzeigen:

Der Kunde ist überzeugt, sofort zu kaufen, und bereit, den geforderten Preis zu zahlen.

Und er empfiehlt das Angebot weiter.

Wiegt der Nutzen schwerer als der Preis, gilt das Angebot als *„günstig"*; bei großem Ungleichgewicht aber als *„billig"*!

Doch Vorsicht: Wenn der Verkäufer die Argumentation so überzieht, dass die Waage kippt, misstraut der Kunde der Qualität und befürchtet ein Sonderangebot, das *billig* verramscht werden soll.

Wie verhalten Sie sich im Preisgespräch?

1. Oberster Grundsatz:

> **Weg vom Preis, hin zum Nutzen!**

2. Verkaufen Sie den Wert Ihrer Dienstleistung/ Ware

Der Kunde will Qualität oder Sicherheit oder Bequemlichkeit oder Prestige oder ... *Nur seine erhoffte Bedürfnisbefriedigung (Nutzen) entscheidet* über den Kauf. Erinnern Sie sich: Kunden kaufen *Vorstellungen*, keine Produkte! Deshalb *zahlen* Kunden *für erwartete Nutzen* und nicht für

geleistete Arbeit oder reale Produkte. Oder zahlen Sie gern Rechnungen für Arbeitsstunden zur Fehlerbehebung, wenn der Fehler nicht gefunden und beseitigt werden konnte?

3.   Vermeiden Sie einen Preis-Schock

Zeigen Sie *immer zuerst den Wert* der Leistung/Ware für den Kunden so lebendig wie möglich auf, um die Leistung/Ware so für sein Bewusstsein „interessant" erscheinen zu lassen. Nennen Sie den Preis grundsätzlich erst, *nachdem* Sie einen *Kauf-Anreiz* ausgelöst haben.

4.   Halten Sie den Preis

Nachgeben im Preis verrät Schwäche und erzeugt mitunter sogar *Misstrauen*. Ihr Kunde könnte sich denken:

> *„Verhandeln lohnt sich! Wenn ich noch mehr fordere, erhalte ich vielleicht noch weitere Zugeständnisse."*

Sie erziehen sich Ihre Kunden zu Partnern, die

- *entweder* Ihre *Preise akzeptieren*, weil sie die dazugehörige Leistung schätzen,
- *oder* zu Verhandlungspartnern, die immer versuchen, das *Allerletzte* herauszuholen.

Bleiben Sie freundlich, doch *bestimmt* und fest im Preis. Sonst könnte Ihr Partner eventuell denken:

> *„Schau dieses Schlitzohr an! Zuerst wollte er noch X Euro, und jetzt kann er es also doch für Y Euro anbieten. Hat er zu Beginn unfair kalkuliert und mich übers Ohr hauen wollen? Mal sehen, was wirklich sein letzter Preis ist!"*

5. Verkleinern Sie den Preis psychologisch

Berechnen Sie den Preis für die kleinste Einheit.

> *„Der Beratungstag kostet 1.100 €. Das heißt, Sie erhalten die Stunde für nur 137,5 €. "*

Sagen Sie nicht nur:

> *„Dieses Programm kostet Sie inkl. Hardware 160.000 €",*

sondern besser:

> *„Dieses Programm kostet Sie inkl. Hardware 160.000 €, bei Ihren 32 Anwendern für jeden also nur 1.950 € plus 3.050 € für die Hardware. "*

Bei der Preisgestaltung von Produkten gilt außerdem:

> Bleiben Sie unter der Barriere einer runden Zahl.
>
> 1.995   statt   2.000
> 99.500   statt   100.000

Vergleichen Sie den günstigsten Preis mit dem höchsten Nutzen.

6. Verkaufen Sie Zusatznutzen

Erwähnen Sie nicht nur die direkten Produktnutzen, z.B.:

–   Funktionalität und Qualität,

sondern auch die *indirekten Nutzen* der Zusammenarbeit mit Ihrem Unternehmen, z.B.:

–   Branchen-Know-how
–   Standortnähe der nächsten Niederlassung
–   Erfahrung eines international erfahrenen Markt-
     führers

- weitergehende Beratung durch Spezialisten
- Hot-Line-Service
- Benutzertraining
- Erweiterungsmodule mit einheitlicher Systemplattform
- weitergehende Konzepte
- große Anzahl von Installationen
- positive Erfahrungen von Referenzkunden
- usw.

Alles das bekommt der Kunde zusätzlich zur Leistung und Ware für sein Geld.

7. Lassen Sie Vorteile erleben

Lassen Sie Ihren Kunden sich in seiner Fantasie nicht mit den Nachteilen beschäftigen, sondern lassen Sie ihn in seiner Vorstellung sich in eine Situation hineinversetzen, in der es ihm nach Gebrauch Ihres Produktes oder währenddessen rundherum gut geht und in der er sich *zufrieden fühlt*. Sie steigern durch das Erleben dieses angenehmen Zustands den Wert des Produkts bzw. der Leistung für Ihren Kunden erheblich.

Beginnen Sie mit den Worten: *„Stellen Sie sich vor, ...“*

Lassen Sie ihn den *idealen Zielzustand mit seinen fünf Sinnen erleben*. Jede gute Kommunikation basiert auf dem Anregen der inneren Wahrnehmung des Partners (Vorstellungen, Erinnerungen, Projektionen). Führen Sie Ihren Partner in seine eigene innere Erlebniswelt. Lassen Sie ihn sich den Nutzen *anschauen*, z.B.:

> *„Stellen Sie sich die zufriedenen Gesichter der Anwender vor, wenn die bislang umständliche Befehlseingabe einfach auf dem Touch-Screen erfolgt.“*

Lassen Sie ihn den Nutzen auch *anhören*, z.B.:

> *„Wie wird es wohl klingen, wenn Ihr Vorgesetzter Sie dafür lobt, dass Sie dieses Problem endlich endgültig gelöst haben?"*

> *„Was werden wohl die Verantwortlichen in Ihrer Zentrale anerkennend sagen, wenn sie vom Erfolg Ihres Projekts hören?"*

Lassen Sie Ihren Kunden dann auch Zeit, sich in diesen erfolgreichen Zustand hineinzu*spüren*, z.B.:

> *„Wie fühlen Sie sich, wenn Sie wissen, dass es reibungslos funktioniert, und Sie diesen Erfolg glücklich genießen?"*

Führen Sie Ihren Partner *immer zuerst in den Sinneskanal, den er am häufigsten benutzt oder gerade im Augenblick aktiviert hat* (vgl. Kapitel 1: „Verkaufs-Kommunikation", Abschnitt „Wie stellen Sie Rapport her zu Ihrem Partner?", s.S. 68ff.). Sie hören dies an den Worten, die er verwendet. Sind sie visueller, auditiver oder gefühlsmäßiger Natur? Sollten Sie einem der wenigen Menschen gegenüberstehen, die alle Sinneskanäle gleichmäßig benutzen, dann wählen Sie die in obigen Beispielen aufgezeigte Reihenfolge:

☞ *erst sehen,*
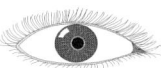
   weil Visualisieren nur Sekundenbruchteile dauert;

☞ *dann hören,*
  weil das innere Sprechen von Worten
  einen Moment dauert;

☞ *zuletzt spüren,*
  weil körperliche Reaktionen einige Sekunden brauchen.

8. Grundregeln

– Ermitteln Sie frühzeitig Bedarf, *Bedürfnis* und Inves-
  titionsbereitschaft des Kunden.

– Nennen Sie den Preis möglichst *spät.*

– Nennen Sie den *Preis nie alleine*, packen Sie ihn
  immer in Wert-Argumente ein. Enden Sie nie mit
  dem Betrag, sondern *nennen Sie immer den Nutzen
  für den Kunden unmittelbar dazu,* z.B.:
  „*... kostet Sie ..., dafür erhalten Sie ...* "
  „*... beträgt Euro ..., darin enthalten sind ...* "

– *Das zuletzt Gesagte bleibt meist am stärksten haften*
  und veranlasst zum Weiterdenken. Sorgen Sie deshalb dafür, dass der Partner nicht über den Preis,
  sondern *über den Nutzen nachdenkt.*

– *Vergleichen Sie eigene Preise immer nur mit eigener
  Leistung.* Vergleichen Sie nie eigene Preise mit denen von Mitbewerbern. (Besonders dann nicht, wenn
  der eigene Preis höher liegt, weil die eigene Leistung
  besser ist oder das eigene Firmenimage mehr wert
  ist.) Verkaufen Sie immer den Nutzen für den Kunden. Verstärken Sie den Nutzen suggestiv.

– Akzeptieren Sie den Preiswiderstand zunächst.

– Nennen Sie den Preis bestimmt und *sicher* (mit fester Stimme und Blickkontakt).

– Wenn möglich, bieten Sie degressiv gestaffelte Einkaufsbedingungen an. *Kein Zugeständnis ohne Gegenleistung* des Kunden!

9. Wie verhalten Sie sich bei vorzeitiger Preisfrage?

– *Verschieben* Sie die Beantwortung auf später (bis alle Nutzen dem Kunden klar sind).
– Nennen Sie einen *Ungefährpreis*, z.B.:
   „Bei Ihrem Bedarf wird der Preis ungefähr zwischen ... und ... liegen."
– Stellen Sie sofort *Gegenfragen* nach Lieferumfang, Auftragsgröße, Zeitplan, beabsichtigtem Ziel usw.
   „Wie viel ... werden Sie ...?"
   „Wie oft wollen Sie ...?"
   „Bis wann möchten Sie ...?"

Kaufwiderstand: „Zu teuer!"

Wie begegnen Sie der Kunden-Aussage *„Das ist zu teuer"*? Nachstehend drei bewährte Möglichkeiten:

1. Einwandbeantwortung nach der „Leberkäse"-Methode

„Verstehe ich Sie richtig, es kommt Ihnen vor allem auf die Wirtschaftlichkeit an? Sie wollen günstig einkaufen, um Ihre Fertigungskosten zu senken?"

oder

„... Ihre Fertigungszeiten zu verkürzen? ... Ihre mittlere Durchlaufzeit und die Materialbestände vor der einzelnen Maschine zu verringern? ..."

Lenken Sie das Gespräch auf vorhandene Interessen Ihres Partners und verwenden Sie dabei Begriffe, die für Sie konkret handhabbar sind, wie z.B. *Wirtschaftlichkeit, Rentabilität* usw. anstelle des abstrakten Wortes „teuer". Holen Sie dann die *Zustimmung* von Ihrem Gesprächspartner und fahren Sie fort:

> *„Genau das können Sie mit ... Es bietet Ihnen nach einer anfänglichen Erhöhung in der Umstellungsphase eine Verkürzung der durchschnittlichen Durchlaufzeit von ca. 5 Prozent und eine Verringerung der Materialbestände von 10 bis 30 Prozent. Sie erhöhen damit Ihre Wirtschaftlichkeit gegenüber bisher entscheidend und steigern damit Ihr Betriebsergebnis und Ihre langfristige Rentabilität."*

2. Gegenfrage stellen

Ihre Schlüsselfrage: *„Zu teuer, im Verhältnis wozu?"*

Zu den Vorteilen	*„Ihr reduziert dauernd die Leistung."*
Zu den finanziellen Möglichkeiten	*„Dafür habe ich zu wenig Geld."*
Zum früheren, alten Preis	*„Früher war es billiger."*
Zum vermuteten Nutzen	*„Es funktioniert ja doch nicht."*

Zur Machart   *„Das machen wir besser selber/manuell."*

Zum Preis der Wettbewerber   *„Bei ... ist es billiger."*

Alternative Frage: *„Womit vergleichen Sie diese Leistung/dieses Produkt?"*

Dadurch erfahren Sie leichter den eigentlichen Kaufwiderstand und können diesen dann gezielt angehen, z.B. durch diese oder ähnliche Argumente:

– Zeigen Sie den *hohen Nutzen* für Ihren Kunden auf.
– Beschreiben Sie die *Entwicklungsarbeit* und die *Branchenerfahrung*.
– Erläutern Sie den *hohen Qualitätsstandard* Ihrer Leistungen und den hohen *Ausbildungsstandard* Ihrer Mitarbeiter (Spezialisten).
– Erklären Sie die Kostenerhöhungen der Branche oder Ihre *Investitionen* in den *Umweltschutz* ...
– Weisen Sie auf das gestiegene Qualitätsbewusstsein Ihrer Kunden und das besonders hohe *Qualitätsbewusstsein* Ihres Partners hin.
– Bieten Sie eventuell – vorher mit Ihrem Vorgesetzten abgestimmte – Möglichkeiten der *Teilzahlung* an (allerdings erst nachdem Sie sichergestellt haben, dass es sich nicht um einen Vorwand handelt).
– Setzen Sie die *„E.F.A."-Methode* ein:
Erstaunen: *„So?"* Augenbrauen hochziehen.
Fragen: *„In welcher Hinsicht?"*
            „An was denken Sie dabei speziell?"
            „Auch in der neuesten Version?"
            „Selbst mit den brandneuen Treibern?"

Antwort: Jetzt muss Ihr Partner konkret werden,
damit er sich nicht lächerlich macht.

Was auch immer er sagt, Sie erhalten weitere Ansatzpunkte für eine gezielte Argumentation.

3.   Relativieren

„Im Verhältnis zur Gesamtinvestition in die neue Werkhalle (Fertigungsstraße) in Höhe von 58 Mio. € liegen da die Softwarekosten mit 500.000 € nicht enorm günstig? Sie betragen weit weniger als 1%."

„Natürlich erscheinen 95.000 € viel auf den ersten Blick, doch sind sie nicht wenig im Vergleich zum Werbeaufwand Ihres Unternehmens? Und von den Kosten der Werbung, sagt man, 50% seien hinausgeworfenes Geld, man wisse nur nicht, welche 50%. Im Gegensatz dazu ist jede Mark, die Sie in die neue Software investieren, eine 100% effektive und effiziente Investition."

Doch achten Sie darauf, dass Ihre Zahlenvergleiche wirklich aus dem Erlebnisbereich Ihres Partners stammen und stimmen, sonst reizen Sie ihn nur zu weiteren Einwänden.

Noch kritischer ist es, wenn Sie humorvolle oder gar scherzhaft gemeinte Vergleiche heranziehen. Manchmal können Sie damit eine verbissene Stimmung wieder auflockern. Dazu sollten Sie jedoch Ihren Partner (und seine augenblickliche Laune zu scherzen) sehr gut kennen.

„100.000 € sind viel, meinst Du. Verglichen damit, was die Entwicklung eines neuen Chips (Automodells, Flugzeugs ...) kostet oder was allein unser Landkreis für die Müllbeseitigung aufwendet, fällt das fast nicht ins Gewicht."

Jetzt haben Sie Gelegenheit zu üben

Ein kurzes Verhandlungstraining. Ihr Gesprächspartner äußert:

> *„Ihre Stundensätze (90,00 bis 120,00 €) sind zu hoch. Wir haben mit einem kleineren Softwarehaus verhandelt, das nur 80,00 € berechnet und auch nur 4.000 Stunden veranschlagt.“*

Wie antworten Sie?

Methoden der Preisargumentation

Ein Sprichwort sagt: *„Jammern ist des Kaufmanns Gruß. "* Und Preisverhandlungen sind das Spiel der Kaufleute! Daran sollten Sie denken. *„Fragen kostet nichts"*, lautet eine ebenso alte Weisheit. Daher probiert es jeder kaufmännisch eingestellte Partner, Preiszugeständnisse *auszuhandeln, auch wenn er sich* innerlich *längst* für den Kauf *entschieden hat* und bereit ist, den genannten Preis zu bezahlen. Manchmal gewinnen Sie sogar im Ansehen als Verkäufer, wenn Sie jetzt souverän und preisbewusst argumentieren. Sie wissen ja, „gute Qualität hat ihren Preis" und *„was nichts kostet, ist auch nichts wert"*.

Damit Sie diese Erkenntnis auch erfolgreich umsetzen, folgen *zwölf Methoden*, die Ihnen helfen sollen, den erforderlichen Ertrag zu erwirtschaften, den Ihr Unternehmen braucht, um diese Leistungen auch in Zukunft – und möglichst noch besser – auf dem Markt anbieten zu können (und um Ihren Arbeitsplatz finanzieren zu können).

1. Verzögerungs-Methode

Vermeiden Sie, schon frühzeitig vom Preis zu reden.

> *„Wenn wir genau festgelegt haben, wie viel ..., kann ich ungefähr abschätzen, wie viel das kosten wird. Was ... "* (Stellen Sie jetzt offene Fragen.)

Verzögern Sie auch bei Zusagen. Ein sofort gemachtes Zugeständnis erscheint nicht wertvoll und untergräbt Ihre Glaubwürdigkeit.

> *„Der Preis ist abhängig von der Leistung. Welche ... "* (Offene Fragen stellen.)

Verdeutlichen Sie erst den Produktnutzen und nennen Sie den Preis später.

> *„Das ist eine sehr wichtige Frage. Darauf kommen wir gleich noch zu sprechen."*

> *„Um Ihnen diese Frage zuverlässig beantworten zu können, brauche ich noch einige Informationen von Ihnen. Wie ..."*

Solange der Kunde die Vorteile Ihres Angebotes nicht akzeptiert hat, wird er jeden Preis als „zu teuer" empfinden.

2. Butterbrot-Methode

Zählen Sie die Kundenvorteile (nochmals) auf und „legen Sie dann den Preis darauf" oder noch besser umgekehrt: Nennen Sie den Preis und verdeutlichen Sie gleich anschließend (nochmals) die wichtigsten Nutzen.

> *„Das Produkt kostet ..., dafür haben Sie folgende Vorteile ..."*

> *„Das System kostet ..., damit erhalten Sie ..."*

> *„Der Tagessatz liegt bei ..., darin erhalten sind ..."*

So steht *am Ende* Ihrer Aussage *immer ein Kundennutzen* und nie ein nackter Betrag. Damit steuern Sie das Gespräch – weg vom Geld und hin zur Diskussion Ihrer Leistung und des Kundennutzens.

3. Sandwich-Methode

Packen Sie den Preis zwischen zwei Nutzenbündel. Garnieren und servieren Sie Ihr Angebot am Schluss immer mit einem besonders attraktiven Nutzenargument.

Leistung – Preis – Nutzen
Wert – Preis – Nutzen
Vorteil – Preis – Nutzen
Grund- – Preis – Zusatz-
nutzen   nutzen

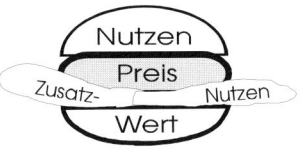

4. Relativierungs-Methode

Stellen Sie den Preis in Relation zum Nutzen, zur Nutzungsdauer, zu alternativen Kosten des Kunden ...

> „Wenn Sie bedenken, was/wie viel Ihnen ... bringt, dann ...“

> „Wenn Sie bedenken, dass Sie damit ... (Nutzen) können, ...“

> „Wenn Sie zehn Spezialwerkzeuge à 10.000 € weniger vorzuhalten brauchen, sparen Sie 100.000 € Liquidität. Verglichen damit sind die einmaligen Programmkosten von 70.000 € doch recht günstig oder?“

> „Der neue Typ X kostet zwar 300 € mehr als Typ Y, dafür hält er auch doppelt so lange, d.h., Sie können ihn drei Jahre länger nutzen und sich drei Jahre länger daran erfreuen.“

5. Divisions-Methode

Schlüsseln Sie den Preis auf. Zerlegen Sie das Angebot in kleinste Einheiten. Verteilen Sie die Anschaffungskosten auf die Nutzungsjahre. Stellen Sie die monatlichen Kosten dem Nutzen gegenüber. Verkleinern Sie den Preis bzw. die Preisdifferenz durch Division.

„450 € pro Jahr, das sind nicht mehr als 20 Tele-foneinheiten pro Arbeitstag."

„Das kostet Sie pro Tag weniger als jede Stand-leitung zu Ihren fünf Außenlägern."

„Bei 20.000 Belegen pro Tag, das sind rund 400.000 Buchungen pro Jahr, und einer Nutzungsdauer von mindestens fünf Jahren – gleich 2 Millionen Buchun-gen, kommt Sie das System auf nur 2 Cents pro Be-legbearbeitung."

„Bei Ihrem Absatz von ... tausend Litern, kostet Sie die Software für die schnelle Umstellung nur 0,0002 € pro Liter."

6.   Multiplikations-Methode

Verdeutlichen Sie den Vorteil/Nutzen des Kunden durch Multiplikation.

„Aus einem Mehrbetrag von ... ergibt sich für Sie bei einem Jahresumsatz von ... ein Plus von ..."

„Da Sie die Herstellung eines Werkzeugs beim Ein-satz dieser Anwendung 0,50 € preiswerter kommt, ergibt sich für Sie bei einer Jahresstückzahl von fünf Millionen eine jährliche Einsparung von 2,5 Mio. €, während der gesamten Investitionsdauer von sechs Jahren also 15 Mio. € Ersparnis."

„Wenn Sie durch die automatische Regelung in Zu-kunft 2 Kilowattstunden pro Raum am Tag ein-sparen, bedeutet das bei den 600 Büroräumen allein in Ihrer Hauptverwaltung bereits eine Strom-ersparnis von 438.000 Kilowattstunden im ersten Jahr."

7. Emotionaler Appell

Sprechen Sie die Gefühle des Kunden an. Besonders bei prestigeorientierten Partnern hilft es sehr, ihnen bewusst zu machen, dass sie es *wert sind*, sich *etwas Besonderes* zu leisten, und dass sie es auch zeigen dürfen, dass sie „es *sich leisten können*".

> „*Es ist stets besser, dem Guten den Vorzug zu geben.*"
>
> „*Es hat schon immer etwas mehr gekostet, einen besonderen Geschmack zu haben.*"
>
> „*Sie können es sich doch leisten, das Beste einzusetzen.*"

Zeigen Sie Ihrem Kunden auf, dass er sich Ihre Leistung und auch Ihre Beratungshonorare leisten kann, dass er sich sehr viel Nutzen für sein Geld kauft.

8. Bilanzierungs-Methode

Schreiben Sie auf die rechte Seite einer Bilanz alle Nachteile, die Ihr Partner nennt. Erarbeiten Sie dann mit ihm gemeinsam noch einmal alle Vorteile Ihres Angebots und notieren Sie diese auf der linken Seite der Bilanz.

Fragen Sie ihn, ob er *wegen der wenigen Nachteile auf die vielen Vorteile verzichten möchte.*

Kunden-Nutzen + + +	Nachteile - - -
– Schnittstelle zu überge- ordnetem PPS	– Benutzeroberfläche veral- tet
– bedienerfreundliche Funktionsanwahl über Menüführung mit Hilfe- funktion	– keine relationale Daten- bank
	– hoher Preis: 90.000 €
– modular aufgebaut	– man kann diese „Drops" nicht lutschen (lustige An- spielung auf den Pro- duktnamen)
– kurzfristige Änderung von Auftragsdaten durch Ferti- gungssteuerung	
– unmittelbare Reaktion auf aktuelle Fertigungs- störungen	
– manueller und automa- tischer Abgleich der Pla- nung mit aktueller Ferti- gungssituation	
– mehrere grafische Leit- stände können im Verbund arbeiten	
– Erfassen der Mitarbeiter- Anwesenheitszeiten mit Lohndatenrückmeldung	
– berücksichtigt variable Arbeitszeitmodelle	

9. Nachteil-Argumentation

Notieren Sie auf der Vorteil/Nachteil-Bilanz den Wunsch-preis Ihres Partners. Zeigen Sie dann auf, *welche Nachteile* für Ihren Partner *mit einem niedrigeren Preis verbunden wären,* indem Sie die entfallenden Nutzen laut aufzählen und dabei leuchtend rot durchstreichen und laut hinzufü-gen, z.B.:

– *weniger* Sicherheit
– *langsamerer* Zugriff
– *umständlicheres* Handling
– *zeitraubendere* Datensicherung
– *geringere* Akzeptanz
– weniger Selektionskriterien
– usw.

> *„Diese Anwendung ist natürlich auch ohne Bedie-nung über Internet-Browser lieferbar. Dafür müss-ten Sie verzichten auf:*

Streichen von Kunden-Nutzen	Günstiger Preis: 140.000 E
Minus ~~Zugriff über jedes Inter-net-Terminal~~ ~~PC an jeder Telefonlei-tung~~ ~~WAP Handy~~	ohne die gestrichenen Vor-teile minus 10.000 €

Achten Sie dabei besonders auf das vermutlich „lange Gesicht" Ihres Partners, wenn Sie gerade solche Eigenschaften streichen, auf die es ihm besonders ankommt. Fragen Sie ihn dann direkt:

> *„Sind Ihnen diese Vorteile 10.000 € wert?"* oder

> *„Sind Ihnen diese Vorteile nicht mehr als 10.000 € wert?"*

> *„Lohnt es sich für Sie wirklich, für 10.000 € auf diese wertvollen Vorteile zu verzichten?"*

Besonders nützlich ist die Nachteil-Argumentation, wenn Sie einen *Paketpreis* verkaufen wollen. Auch dazu ein Praxisbeispiel auf der nächsten Seite.

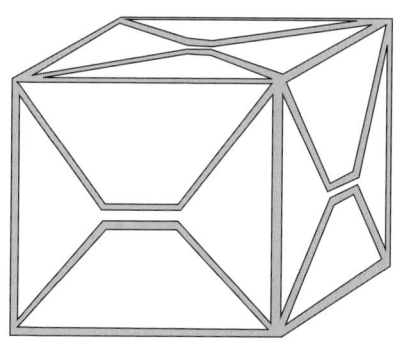

Leistungsmerkmale	Gesamtpreis 4.200 E
1. (Liste aller unbedingt	
2. notwendigen	
3. Eigenschaften)	
4.	
5.	
6. mit 1,5 GHz-Prozessor	
7. mit 70 Gigabyte-Platte	
8. mit 8fach CD-Brenner	
9. mit 18"-TFT-Monitor	
10. mit 4fach-DVD-Laufwerk	
usw.	

„Wenn Sie mit der 30-GB-Platte und dem 800-MHz-Prozessor auskommen und auf die Punkte 8 bis 10 verzichten, können Sie den Rechner zu dem von Ihnen gewünschten Preis von 3.400,00 € erwerben. (Pause) Natürlich können Sie diese drei Komponenten bei Bedarf auch später nachkaufen. Allerdings kostet Sie allein

der 8fach CD-RW-Brenner	*250,00 €*
der 18"-TFT-Monitor einen Aufpreis von	*950,00 €*
das DVD-Laufwerk in der von Ihnen gewünschten Ausstattung	*400,00 €*
Zusammen macht das	*1.600,00 €*
Berücksichtigen Sie die beim Kauf eingesparten	*-800,00 €*
dann bedeutet das: Beim Erwerb als Komplettpaket sparen Sie	*800,00 €*

Wäre es unter diesem Kostengesichtspunkt nicht sehr viel preisgünstiger für Sie, jetzt etwas mehr auszugeben, als später 800,00 € mehr dafür zu bezahlen und dennoch eine deutlich schlechtere Prozessorleistung und geringere Festplattenkapazität zu haben? (Pause) *Und Sie könnten beim Komplettkauf alle Geräte bereits ab sofort nutzen und sicher sein, dass alle Komponenten aufeinander abgestimmt und in ihrem Zusammenspiel getestet sind."*

Ähnlich können Sie auch mit allen im Paketpreis kalkulierten Software-Programmen und Peripheriegeräten verfahren, z.B. Drucker, Scanner, Bildschirme ...

10. Zusage-Methode

Bieten Sie statt eines Barnachlasses andere kostenfreie Zugeständnisse, z.B.:

– Einweisung, Schulung
– Handbücher
– Computer Based Trainings-CD's
– 6 Tage Hot-Line-Service
– usw.

Halten Sie Ihre Tages- und Stundensätze! Einigen Sie sich notfalls darauf, ausnahmsweise einmal einen Teil der Zeit nicht zu berechnen. Einmal reduzierte Tages- oder Stundensätze sind später nur sehr schwer und unter Inkaufnahme von Verärgerungen zu erhöhen!

11. Zugeständnis für Zugeständnis

Gewähren Sie eine Preisreduktion nur bei gleichzeitig größerem Zusatz- oder Folgeauftrag. Partnerschaft erfordert Kompromisse, die sich *für beide Seiten lohnen.* Bieten Sie *Leistung immer nur für Gegenleistung!* Verschenken Sie nicht Ihren Ertrag, Sie verschenken sonst Ihr Gehalt und Ihren Arbeitsplatz.

12. Differenz-Methode

Verkaufen Sie keine Preise! Verkaufen Sie Unterschiede, Leistungen, eigene Stärken, z.B.:

– Installationshäufigkeit
– Erfahrung
– Referenzen
– Beratung
– Systempflege
– Standortnähe
– Branchen-Know-how
– usw.

13. Rationaler Appell

Wie wäre es, wenn Sie einmal diesen Gedanken über einen günstigen Kauf zitierten?

Ein günstiger Kauf

Es ist nicht klug, zu viel zu bezahlen.
Es ist aber auch nicht klug, zu wenig zu bezahlen!
Wenn Sie zu viel bezahlen, ist alles, was Sie verlieren
können, ein wenig Geld, das ist alles!
Wenn Sie zu wenig bezahlen,
verlieren Sie aber vielleicht alles, weil das Ding,
das Sie kauften, unfähig war, das zu tun, wofür Sie es
kauften. Wenn Sie sich mit dem niedrigsten Anbieter ein-
lassen, so ist es gut, dem Angebot noch etwas Geld
hinzuzufügen, für das Risiko, das Sie eingehen.
Und wenn Sie das tun,
dann haben Sie auch genügend Geld,
gleich etwas Besseres zu kaufen."

John Ruskin, englischer Dichter, 1819-1900

Preisverhandlung – Fallstudie „LAGA"

	Verkäufer	Kunde
1.	Wenn ich Sie recht verstanden habe, sind wir uns einig, dass die Lagersoftware LAGA für Sie von großem Nutzen wäre.	Ja, LAGA wäre recht nützlich.
2.	Sie haben LAGA ja selbst im Einsatz erlebt und festgestellt, dass es sich von anderen Programmen unterscheidet.	Ja, das stimmt. Es ist gut. Mich interessiert nur noch, was es kostet.
3.	Der Preis ist: 32.000 €	Oh! 32.000 €!
4.	Ja, 32.000 €	Das ist aber sehr teuer!
5.	Nun, das würde ich nicht sagen. Berücksichtigen Sie die Möglichkeiten. Das Produkt ist seinen Preis wert.	Also, ich bin der Meinung, dass 32.000 € schon viel Geld sind.
6.	Zugegeben, es gibt billigere Lagerprogramme. Aber würden Sie ein Standardprogramm nehmen, wäre die Folge, dass Ihre Anwender nicht zufrieden wären.	Ja, das mag schon sein. Aber es gibt ähnliche Programme, die nur ein paar tausend Euro kosten.

	Verkäufer	Kunde
7.	Ich kann mir schon denken, welche Sie meinen. Aber ich kann Ihnen versichern, dass diese Programme nicht diese Möglichkeiten bieten.	Das mag schon sein, aber bei dem Preis muss ich mir die Sache gut überlegen.
8.	Nehmen wir einmal an, dass Sie mit diesem Programm Ihre Lagerumschlagshäufigkeit wesentlich steigern können.	Ich hoffe sehr, dass das so ist.
9.	Bei anderen Kunden, bei denen wir das Programm eingeführt haben, ist die Lagerumschlagshäufigkeit deutlich gestiegen. Nach Aussagen der Benutzer haben sie außerdem die durchschnittlichen Durchlaufzeiten um 5% und die Vorhaltekosten um bis zu 12% verringern können.	Das mag ja alles stimmen, aber der Preis spielt für mich die größte Rolle.
10.	Lassen Sie mich noch einmal zusammenfassen, was Sie für den Preis von 32.000 € alles bekommen:	

	Verkäufer	Kunde
	1. Verringerung Ihres Lagerbestands, 2. Verkürzung Ihrer Durchlaufzeiten und damit 3. Erhöhung Ihrer Liquidität. Ich meine, das wären Gründe genug für Sie, unser Programm einzuführen.	Ja, wenn es etwas weniger kosten würde.
11.	Nun, einen Preisnachlass können wir normalerweise nicht geben.	Sie sagen „normalerweise", das heißt doch wohl, dass Sie auch Ausnahmen machen und ein Preisnachlass drin ist.
12.	Nein, wir haben nur feste Preise.	Wenn ich woanders einkaufe, erhalte ich immer Rabatt.
13.	Ich glaube, dass es richtiger ist, unseren Kunden gegenüber fair zu sein und von vornherein einen richtig kalkulierten Preis zu nennen und nicht Rabatte draufzuschlagen und dann wieder abzuziehen.	Na ja, da haben Sie Recht, aber es sollte doch möglich sein, einen kleinen Preisnachlass zu bekommen.

	Verkäufer	Kunde
14.	Das müsste ich mit meinem Vorgesetzten besprechen. Kann ich davon ausgehen, dass Sie ansonsten das Programm einsetzen wollen?	Nun, das muss ich mir noch mal überlegen.
15.	Gibt es noch irgendwelche Unklarheiten, die ich beseitigen könnte, damit Sie Ihre definitive Entscheidung treffen können?	Im Moment nicht. Danke für Ihren Besuch. Auf Wiedersehen!

Raum für Ihre Notizen

Kritik und Verbesserungsvorschläge zu den 15 Aussagen des Verkäufers:

Preise verteidigen?

> ## Verteidigen Sie Preise nicht!
> ## Erklären Sie sie und verkaufen Sie Nutzen!

Der Preis ist

- so wie er ist!
- eine Selbstverständlichkeit!
- ein Indiz für hohe Qualität!
- die Gegenleistung für gute Produkte und gute Dienstleistungen!
- dazu da, ihn durchzusetzen!
- erforderlich, um die Lieferfähigkeit zu erhalten!
- zur Sicherung dauerhafter Kundenbetreuung notwendig!
- Voraussetzung für die langfristige Existenzsicherung Ihres Unternehmens!
- notwendig, um so viel Ertrag zu erwirtschaften, dass Ihre Firma auch wirklich die Leistungsfähigkeit für Ihre Kunden erhalten und auch weiterhin noch verbessern kann!

Erläuterungen zur Fallstudie „LAGA"

Was macht der Verkäufer nicht richtig und was sollte er besser machen?

1. Der Verkäufer sollte eine Kontrollfrage stellen und gezielt Zustimmung einholen.

2. Hier wäre wichtig, dass er konkret anspricht: Welche Unterschiede? Welche Vorteile?

3. Das Schweigen nach der Zahl ist der *Kardinalfehler* in dieser Fallstudie. Ein Verkäufer sollte nie nur den Preis allein nennen, sondern immer den Preis verpacken in Nutzenargumente: Nutzen – Preis – Nutzen!

4. Der Verkäufer wiederholt den Fehler von 3.! Er unterlässt es leider erneut, an den Preis einen Nutzen anzuhängen.

5. a) Der Verkäufer widerspricht dem Kunden und beginnt ein Streitgespräch. Besser wäre, er würde offen fragen: *„Wie kommen Sie zu diesem Eindruck? Womit vergleichen Sie?"*

   b) Welche Möglichkeiten/Vorteile? Er nennt erneut keinen Nutzen.

   c) Er stellt eine Behauptung auf, statt ein Argument zu nennen.

6. a) *„Viel Geld im Vergleich womit?"*

   b) Der Verkäufer bringt selbst billigere Wettbewerbsprodukte ins Gespräch und macht sie dann pauschal schlecht.

   c) Er droht dem Kunden mit einer Behauptung.

7. a) Der Verkäufer argumentiert aufgrund einer unausgesprochenen Vermutung statt offen zu fragen: *„An welche denken Sie?"*

   b) Er macht Wettbewerbsprodukte schlecht, bringt einen negativen Vergleich.

c)   Er nennt erneut keine konkreten Nutzen des eigenen Produkts.

8.   Der Verkäufer bringt ein neues Argument „Umschlags-häufigkeit". Interessiert das den Kunden? Passt es zum Motiv des Kunden?

9.   Im Prinzip gut, zu prüfen bleibt nur, ob die neuen Argu-mente: „Durchlaufzeit und Vorhaltekosten" mit dem Mo-tiv des Kunden übereinstimmen.

10.   a)   Die Zusammenfassung ist sehr gut, kommt aber zu spät. Sie hätte spätestens bei 3. kommen sollen. Jetzt sollte der Verkäufer fragen: *„Aus welchem Grund spielt er die größte Rolle?"*

        b)   Der dritte Satz beginnt mit: *„Ich meine ..."* Besser wäre: *„Meinen Sie ...?" „Sind das nicht Gründe ge-nug für Sie?"*

11.   „Normalerweise" öffnet zwangsläufig und unwiderruflich die Tür zur Ausnahme.

12.   a)   „Nein" = Reizwort. Der Verkäufer widerspricht dem Kunden direkt.

        b)   Die Aussage *„Wir haben feste Preise"* wäre o.k., ist aber problematisch wegen 11. Sie widerspricht dem „normalerweise".

13.   Diese Antwort ist in Ordnung, nützt nur leider nicht mehr viel, da sie viel zu spät kommt.

14.   Der Verkäufer unterhöhlt seine eigene Kompetenz nach-haltig. Er verschiebt damit das Problem auf später.

15.   a)   Hier fehlt die Frage: *„Was müssen Sie noch überle-gen? Wo hängt Ihre Entscheidung noch?" „Wovon hängt Ihre Entscheidung noch ab?"* Der Verkäufer hat zu wenig Informationen über Motive des Kunden. Mit einer geschlossenen Frage lädt er den Partner dazu ein, das Gespräch tatsächlich mit *„Nein, danke"* abzuschließen.

b)   Das Wort „Unklarheiten" ist eine negative Denkvorgabe und erzeugt Bilder im Gehirn des Hörers,
die mit unangenehmen Gefühlen verbunden sind.

Fazit: Das Verkaufsgespräch wurde zu einem Preis-
Streitgespräch, vor allem aufgrund eines Fehlers
– des weggelassenen Kundennutzens – am Anfang.

Wer nichts weiß, redet über'n Preis.

Das Wichtigste für Ihre Preisverhandlung

☞ Der Kunde will weder billig noch teuer, sondern preiswert kaufen. Welcher Preis ihm angemessen erscheint, hängt nur von seinen Bedürfnissen ab.

☞ Die Nutzen-Erwartung des Kunden entscheidet über den Kauf. Je höher der Kunde seinen Nutzen einschätzt, desto weniger lässt er sich vom Preis beeinflussen.

☞ Versetzen Sie Ihren Partner in seiner Vorstellung in eine für ihn angenehme Situation während oder nach dem Gebrauch Ihres Produkts oder Ihrer Dienstleistung. Steigern Sie durch das Erleben dieses guten Zustands den Wert Ihres Angebots.

☞ Berechnen Sie den Preis immer für die kleinste Einheit, den Nutzen immer für die größte Einheit oder die gesamte Nutzungszeit.

☞ Verkaufen Sie Zusatznutzen.

☞ Nennen Sie den Preis erst, wenn Sie das Bedürfnis Ihres Partners genau kennen, und wenn Sie ihm seine Nutzen aufgezeigt haben. Erst wenn Ihr Partner einen deutlichen Kaufanreiz verspürt, ist die Zeit günstig für die Preisverhandlung.

☞ Nennen Sie den Preis bestimmt und sicher. Sie verkaufen Qualität – und keine Rabatte.

☞ Nachgeben im Preis ohne Gegenleistung verrät Schwäche und erzeugt oft Misstrauen.

☞ Stellen Sie Gegenfragen bei vorzeitigen Preisfragen Ihres Partners, damit Sie erst über Nutzen, dann über Preise reden können.

☞ Nennen Sie den Preis nie allein. Packen Sie ihn immer in Wertargumente ein. Nach dem Preis kommt immer direkt mindestens ein Nutzen für Ihren Partner!

☞ Zeigen Sie Ihrem Partner auch mögliche Folgen und Risiken eines „Billigkaufs" auf.

☞ Auch Ihre Kunden brauchen einen langfristig leistungsfähigen Vertragspartner (Lieferanten). Der im Preis einkalkulierte Ertrag ist die notwendige Basis für die erforderlichen Investitionen in die zukünftige Leistungsfähigkeit Ihres Unternehmens – zum Nutzen der Kunden und zum Erhalt der Arbeitsplätze.

Wie gut ist Ihr verkäuferisches Wissen?
Prüfen Sie sich selbst!

Fragen zu Kapitel 11: Entscheidung herbeiführen

- Weshalb bedarf es am Ende einer überzeugenden Argumentation oft noch einer speziellen Aktionsauslösung?
- Wieso sollten Sie Überverkauf vermeiden?
- Woran erkennen Sie Interesse und Entscheidungsbereitschaft?
- Wie reagieren Sie auf Fragen des Kunden, die Kaufsignale enthalten?
- Wann fordern Sie Ihren Partner direkt zur Entscheidung auf?
- Wodurch erleichtern Sie Ihrem Kunden ein großes „JA"?
- Wie führen Sie Ihren Kunden am Entscheidungshindernis vorbei?
- Was stellen Sie in Frage bei Alternativfragen und wovon gehen Sie dabei immer aus?
- Wie können Sie ein „Nein" wenigstens teilweise in einen positiven Gesprächsabschluss umwandeln?
- In welche Gefahren begäben Sie sich, würden Sie die Entscheidung für Ihren Kunden treffen?
- Was kann passieren, wenn der Kunde innerlich nicht voll von der Richtigkeit der Entscheidung überzeugt ist?
- Welchem Denkfehler erliegen sicherheitsorientierte und entscheidungsschwache Kunden, die glauben, dass sie noch weitere Informationen brauchen?
- Wie überbrücken Sie den Entscheidungsabgrund Ihrer Kunden? Was dient Ihnen dabei als Geländerstütze?
- Was kann passieren, wenn sich Ihr Kunde unter Druck gesetzt fühlt?
- Was bleibt zu tun, nachdem der Abschluss zustande gekommen ist?

– Was stellt der Kaufabschluss aus Sicht des Kunden dar?

– Weshalb ist es so wichtig, Ihrem Kunden seine Entscheidung als richtig zu bestätigen?

– Wie beugen Sie der späteren Kaufreue und Anfälligkeit gegen „Verzweiflungsattacken und Kampfangebote" der Wettbewerber vor?

– Welche Anschlussaktivitäten beider Seiten sind am Schluss zu vereinbaren?

– Wie wichtig ist Ihre Beziehungspflege beim Verabschieden? Worauf sollten Sie am Schluss besonders achten?

– Was tun Sie, wenn diesmal noch keine Entscheidung zustande gekommen ist?

– Wie kommen Sie mit der „Colombo"-Methode manchmal doch wieder ins Geschäft?

Welche Bedeutung hat der Gesprächsabschluss?

Bedarf es am Ende einer guten Verhandlung noch einer speziellen Aktionsauslösung? Sie können davon ausgehen, dass Ihr Partner sich nicht automatisch entscheidet. Besonders, wenn es sich um große Projekte handelt, ist die Entscheidung oft unbequem oder erweckt *Unsicherheits-* und *Angstgefühle*.

Bis zur Phase des Gesprächsabschlusses fühlt sich Ihr Partner zu nichts verpflichtet. Jetzt steht er vor einer verbindlichen *Entscheidung*. Das ist, rein gefühlsmäßig, oft ein unangenehmer, mit Unsicherheit verbundener Zustand, auch dann, wenn alles klar zu sein scheint. Oft würde Ihr Partner die Entscheidung am liebsten noch *aufschieben* oder mit anderen darüber reden. Nur, weder für ihn noch für Sie wäre das eine gute Lösung.

Denken Sie daran, wie viel *Zeit und Energie* Sie Ihrem Partner *ersparen*, wenn Sie ihm jetzt zu einer für ihn günstigen Entscheidung verhelfen.

Völlig falsch wäre es, den Partner unter „Hochdruck" zu einer Entscheidung zu nötigen. Vielmehr besteht Ihre Aufgabe nun darin, die Initiative in die Hand zu nehmen und ihm als *Entscheidungshelfer* zur Seite zu stehen.

Lassen Sie sich nicht im letzten Moment „die Butter vom Brot nehmen". Wer geackert, gesät, gejätet und gegossen hat, sollte auch noch *ernten*. Die Früchte fallen nicht von selbst in Ihren Schoß! Auch das Einverständnis mit einer *Besichtigung* bei einem Referenzkunden, die Zustimmung zu einer *Präsentation* oder einem *Seminar*, das Festlegen einer *Unternehmensanalyse* und das Vereinbaren weiterer *Gesprächstermine* können Entscheidungen am Ende Ihrer Verhandlung sein.

Bitte *beachten* Sie: *Fast an jedem* beliebigen *Punkt der Verkaufsverhandlung kann die (Kauf-) Entscheidung fallen.* Wenn Sie diesen Punkt erkennen, sparen Sie kostbare Beratungs- und Verkaufszeit.

Mehr noch: Sie vermeiden den so genannten „Überverkauf", der möglicherweise Ihre bisherige Überzeugungsarbeit verwässert. *Überverkauf* heißt: Sie liefern *mehr* Kaufargumente, als der Kunde im Moment für eine fundierte Entscheidung braucht – eine Entscheidung, die er gedanklich oder gefühlsmäßig (fast) schon getroffen hatte.

Weiteres Argumentieren liefert ihm ab diesem Moment nur *Stoff für Einwände* und Fragen oder *langweilt* ihn und lässt ihn sich in Gedanken mit anderen Alternativen beschäftigen.

Woran erkennen Sie Interesse und Entscheidungs-Bereitschaft?

Fast niemand ändert seine innere Einstellung, ohne dies nach außen in seinem Verhalten zu signalisieren (in Worten oder körpersprachlich). Die häufigsten Kaufsignale:

1. Der Kunde nennt seine *Bestellung*. Er fragt nach dem *Kaufvertrag*. Er sagt, dass er jetzt kaufen möchte.

2. Er stellt *Fragen* zu Bereichen, die erst *nach der Kaufentscheidung* wichtig sein werden: Lieferzeit, Service, Ausbildung, Zahlungsbedingungen usw.

3. Er fragt nach *Einzelheiten*: Leistungsmerkmale, Schnittstellen, Montage, Zubehör, Platzbedarf, Zusatzeinrichtungen, Farben, Abmessungen usw.

4. Er äußert sein Einverständnis zu Ihren Ausführungen durch zustimmendes „*hm, hm*". Er *stimmt* öfter von sich

aus *zu "Ja, gut." "Diese Form der Finanzbuchhaltung entspricht genau meinen Vorstellungen ...".*

5. Er *zeigt* seine *Zustimmung* durch *Kopfnicken* und freundlichen Gesichtsausdruck. Er verrät stark steigendes *Interesse* durch plötzliche positive Veränderungen seiner *Gestik und Mimik* (z.B.: öffnet seine verschlossene Haltung, beugt sich vor und zieht interessiert die Augenbrauen hoch). Er blickt Sie erwartungsvoll an.

6. Er *fragt nach Erfahrungen anderer* und sucht damit nach Absicherung seiner schon weitgehend getroffenen Entscheidung.

7. Er stellt *keine Fragen mehr* und formuliert keine Einwände mehr. Das Gespräch geht an Sie über.

8. Er bittet um eine *Vorführung* oder *Besichtigung* des Systems in einem Unternehmen.

9. Er bietet von sich aus einen *weiteren Gesprächstermin* an (eventuell mit weiteren Entscheidern).

10. Er bittet um eine Probe-Installation (sofern dies möglich ist, oder um eine Demo-CD).

11. Er fragt von sich aus: *"Gibt es noch etwas zu klären? Haben wir alles besprochen?"*

Wenn Sie jetzt nicht zum Vertragsabschluss kommen, "fährt der Zug ohne Sie ab"!

Viele Verkäufer fahren gut vorbereitet zum Kunden, erzeugen eine angenehme Gesprächsatmosphäre, stellen offene Fragen, hören genau hin, argumentieren gekonnt und bedürfnisorientiert, klären alle Kundenfragen und -einwände überzeugend und *trauen* sich dann nicht, das fällige Geschäft zu machen. Hier hilft nur eines: in Verkaufstrainings *üben*, üben, üben.

Was tun Sie, wenn Ihr Partner Kaufsignale sendet?

Immer wenn Sie „Kaufsignale" in den Fragen und Bemerkungen Ihres Partners erkennen, sollten Sie:

1. Das *Interesse* des Partners verbal *bestätigen* (ihm bewusst machen),

2. dann erst seine Frage *beantworten* – und unbedingt

3. *abschließend immer* selbst *eine eigene Frage stellen*, um eine Chance für einen Teilbeschluss und damit für ein kleines „Ja" zu nutzen.

Beispiele:

Kunde: „*Wie lange dauert denn die Einarbeitung der Berater?*"

Verkäufer: „*Ich entnehme Ihrer Frage, dass Sie sich schon mit dieser Software angefreundet haben/anzufreunden beginnen.* (Denkpause, Partner dabei genau beobachten.) *In der Regel dauert die Einarbeitung etwa zwei Wochen; wenn die Benutzer schon so erfahren sind wie bei Ihnen, entsprechend kürzer. Möchten Sie die Mitarbeiterschulung in Ihrem Hause oder lieber im Trainingscenter der XY AG* (eigener Firmenname) *durchführen?*"

Kunde: „*Welche Zahlungsbedingungen räumen Sie uns denn ein?*"

Verkäufer: „*Ich freue mich, dass Sie diese Lösung ernsthaft in Betracht ziehen. Sie können überweisen, per Scheck bezahlen oder eine Abbuchungserlaubnis (Lastschrift) erteilen. Wollen Sie direkt nach der*

Installation die Rechnung begleichen und dabei 2 Prozent Skonto einbehalten oder lieber nach 30 Tagen ohne Abzug?"

Kunde: *„Was haben Sie denn für Geschäftsbedingungen?"*

Verkäufer: *„Ich entnehme Ihrer Frage, dass Sie die Zusammenarbeit mit AB GmbH und mir ernsthaft ins Auge gefasst haben und nun die Vertragsbedingungen durchsprechen möchten. Sollen wir das jetzt hier gemeinsam machen oder möchten Sie dazu Ihren kaufmännischen Leiter lieber gleich hinzuziehen?"*

Kunde: *„Wann könnte das Projekt-Kick-off-Meeting stattfinden?"*

Verkäufer: *„Ich folgere aus Ihrer Frage, dass Sie sich für die Realisierung dieses Projekts und die Zusammenarbeit mit ... (eigener Firmenname) entschieden haben. Herzlichen Glückwunsch zu dieser Entscheidung! Für die erforderlichen Vorbereitungen dürfen Sie vier Wochen ansetzen, die Freistellung der benötigten Spezialisten ist zum nächsten Quartalsbeginn möglich, wenn wir uns heute verbindlich einigen. Möchten Sie Ihre zukünftigen externen Mitarbeiter in der nächsten Woche persönlich kennen lernen oder reicht Ihnen ein Lebenslauf mit ausführlichen Leistungsnachweisen?"*

oder

„ ... Möchten Sie das Kick-Off-Meeting gleich am ersten Oktober durchführen oder sollen sich die neuen Mitarbeiter erst ein paar Tage mit Ihrem Unternehmen und den internen Teamkollegen bekannt machen?"

Kunde: *„Gibt es für heute noch etwas zu besprechen?"*

(Sagen Sie jetzt auf keinen Fall „*Nein*" oder „*Ich glaube nicht*", sonst werden Sie verabschiedet – erst vom Kunden und dann von Ihrer Führungskraft !)

Verkäufer: „*Ich entnehme Ihrer Frage, dass Sie jetzt alle Informationen besitzen, um eine kompetente zukunftsweisende Entscheidung für diese Investition treffen zu können. Jetzt brauchen wir nur noch den Starttermin festzulegen. Ab wann wollen Sie mit dem neuen System arbeiten? Möchten Sie das neue Jahr mit den neuen Rechnern beginnen oder wollen Sie diese bereits für die rechenintensiven Arbeiten im Weihnachtsgeschäft nutzen?*"

Hinweis: Diese möglichen Antwortbeispiele sollen nur Anregungen für Sie darstellen. Sie dienen hier dem Erlernen der Methode und sind nicht gedacht zum wörtlichen Übertragen in eine bestimmte Kundensituation.

In Ihrer Praxis ist es immer erforderlich, dass Sie Ihre *Antwort an Ihren Partner und die Situation individuell anpassen.* Je öfter Sie dies vorher trainiert haben, umso leichter tun Sie sich dann im „Ernstfall".

Jetzt haben Sie Gelegenheit zu üben

Üben Sie anhand der folgenden Kundenfragen so lange, bis Sie ohne großes Nachdenken auf jede Frage *mit einer Bestätigung des (Kauf-)Interesses beginnen* und nach Ihrer Antwort genauso automatisch *mit einer eigenen Frage zur Klärung eines Teilbeschlusses enden.*

Kundenaussage mit Kaufsignal	Antworten mit Bestätigung und Gegenfrage
Was kostet denn die Anbindung einer weiteren Abteilung an das geplante lokale Netzwerk?	
Wie wollen Sie den Widerstand und die Ängste der Anwender abbauen?	
Wie teuer ist denn die Papierzuführung mit vier Schächten?	
Wann kann Ihr Projektleiter zum Interview kommen?	
Wieso gibt es denn für jedes einzelne Gerät einen eigenen Wartungsvertrag?	
Wann können Sie mit Ihrer Analyse beginnen?	

Kundenaussage mit Kaufsignal	Antworten mit Bestätigung und Gegenfrage
Übernehmen Sie die Installation?	
Sollen wir im Meisterbüro und in der Werkstatt auch Flachbildschirme einsetzen oder können wir dort eine preiswertere Lösung einführen?	
Wer passt mir die Software an bei Änderungen im Betriebsablauf?	
Lohnt sich denn so ein PC-Netzwerk für so ein Unternehmen wie unseres?	
Müssen wir denn die ganze Summe auf einmal zahlen?	
Werden Sie das Projekt selbst leiten?	
Gibt es für heute noch etwas zu besprechen?	
Hat denn schon ein vergleichbares Unternehmen in unserer Gegend dieses System?	

Kundenaussage mit Kaufsignal	Antworten mit Bestätigung und Gegenfrage
Erhalten wir sechs Wochen Zahlungsziel?	
Sollen wir im Textverarbeitungs-Sekretariat auch 21"-Monitore installieren oder können wir dort 17"-Bildschirme einsetzen?	
Wie lange dauert denn die Datensicherung?	
Wie lange brauchen Ihrer Meinung nach die Anwender, bis sie sicher mit dem Programm umgehen können?	
Wie viele Ihrer Mitarbeiter brauchen wir, um die Software zu entwickeln?	
Wo können wir uns die Anwendung im Einsatz ansehen?	
Ja, das wäre das Richtige für uns.	
Hm, das klingt ja ganz interessant.	

Wie erreichen Sie den Kaufabschluss?

1. Kaufsignale wahrnehmen

Signale werden meist unbewusst ausgesendet und müssen natürlich auch empfangen werden. Genau wie bei der „Bedarfsanalyse" gilt auch hier:

- aktiv *hinhören;*
- aufmerksam auf den Partner und seine *Körpersignale achten;*
- ruhig, *freundlich* und konzentriert bleiben.

2. Offene Fragen klären

Klären Sie diesen Punkt auf jeden Fall *vor* Ihrer Zusammenfassung, sonst platzt Ihr Partner im letzten Moment mit einer Frage dazwischen und zerstört Ihre Gesprächsdramaturgie an der ungünstigsten Stelle. Fragen Sie Ihren Gesprächspartner:

> *„Welche Fragen sind noch offen?"*

Wenn er Fragen äußert, antworten Sie nutzen- und partnerorientiert:

> *„(Eigenschaft) ..., das bedeutet für Sie ... (Nutzen auf sein Bedürfnis abgestimmt)"*

Wenn er keine weiteren Fragen mehr äußert, übernehmen Sie die Initiative und fassen Sie zusammen (oder fragen Sie direkt nach dem Auftrag).

3. Zusammenfassen der Hauptnutzen mit **Fazit**

Wiederholen Sie die *wichtigsten, von Ihrem Partner* bereits während der Verhandlung *akzeptierten* Nutzen-

argumente noch einmal kurz. Ziehen Sie ein positives *Fazit für ihn* daraus.

4.   Zustimmung holen

Fragen Sie Ihren Partner, ob er seine eigene Überzeugung in Ihrer Zusammenfassung richtig wiedergegeben findet. (Wenn Sie sich seiner nonverbal bereits gezeigten Zustimmung 100%ig sicher sind, dürfen Sie hier auch eine geschlossene oder suggestive Frage stellen).

5.   Zum Handeln auffordern

Nachdem er zugestimmt hat, fordern Sie ihn zum Handeln auf. Sprechen Sie Ihre *Empfehlung* aus.

Der direkte und der sanfte Weg zur Kaufentscheidung

Ihr Partner entscheidet sich nicht automatisch. Fordern Sie ihn deshalb dazu auf. Zwei unterschiedliche Vorgehensweisen können Sie einsetzen:

1.   Ihren Partner direkt zur Entscheidung auffordern

> *„Wenn ich Sie recht verstehe, haben Sie sich für dieses Programm entschieden. Bitte unterschreiben Sie hier das Bestellformular.“*

> *„Wir haben jetzt alles genau besprochen; jetzt ist es an Ihnen, sich zu entscheiden.“*

> *„Gut, dann sind wir uns einig. Wohin darf ich den Vertrag schicken?“*

> *„Wann darf ich Sie bei Firma Show-View zur Vorführung anmelden?“*

Die direkte Aufforderung stellt den kürzesten Weg zur Entscheidung dar. Dieses Vorgehen ist praktikabel, wenn der Kunde *eindeutige Kaufbereitschaft geäußert* hat.

2.   Ihren Partner **indirekt** zur Entscheidung **auffordern**

Hierbei nähern Sie sich der eigentlichen „Gretchenfrage" schrittweise. Sie haben dabei den Vorteil, dass Sie bereits sehr früh auf Ihr Ziel hinführen können. Das Risiko einer Ablehnung durch den Kunden verringern Sie dadurch, dass sich ein „NEIN" des Kunden nicht auf die gesamte Entscheidung, sondern nur auf Teile davon beziehen kann:

Teilbeschlüsse sichern

Klären Sie mit Ihrem Partner vorsorglich schon einmal vorab alle *Bedingungen* für eine mögliche Zusammenarbeit bzw. einen potenziellen Kaufvertrag.

Sprechen Sie dabei mit Ihrem Partner so, *als sei die Gesamtentscheidung schon gefallen.* Greifen Sie ihr also vor. Hierdurch erzeugen Sie eine starke Suggestiv-Wirkung, denn Sie legen Einzelheiten fest, bevor Sie das endgültige „JA" haben.

> *„Nehmen wir an, Sie würden sich für das System entscheiden, wann könnten wir dann das Ausbildungsprogramm für Ihre Mitarbeiter besprechen?"*

Versuchen Sie, mit Ihrem Partner viele kleine *Vorab*-Entscheidungen zu vereinbaren, z.B.:

– Speicherkapazitäten	– Ausbildung
– Schnittstellen	– Standorte
– Grafikkarten	– DFÜ

- Bildschirme
- Drucker
- Netzwerkprotokolle
- usw.

- Finanzierung
- Datensicherung
- Firewall

Sie führen Ihren Partner so über viele kleine, leicht zu bewältigende Hürden. *Viele kleine „Jas"* erleichtern ihm *ein großes „JA"* und erschweren ihm gleichzeitig ein „NEIN" zur Gesamtentscheidung!

Halten Sie alle Teilbeschlüsse *schriftlich* fest. Sie gestalten damit Ihr Gespräch wesentlich *verbindlicher* und Ihre Kundendatei aktueller. Außerdem können Sie dadurch im Bedarfsfall schnell und einfach ein *Kurzprotokoll* Ihres Gesprächs als Bestätigung an Ihren (zukünftigen) Kunden schicken. Vermeiden Sie, (Zeit-)Druck auszuüben. Entscheidungs*zwang* können die wenigsten Menschen vertragen.

Nicht so:

> *„Damit wir fristgerecht liefern können, müssen Sie sich bis zum 30. dieses Monats entschieden haben."*

> *„Wenn Sie heute noch zusagen, ist eine termingerechte Programmerstellung möglich."*

Ihr Partner muss das Gefühl haben, dass er *aus eigener Überzeugung entscheidet.* Er darf nicht das Gefühl bekommen, dass Sie ihm die Entscheidung aufzwingen. Ein *nächster Besuchstermin* ist allemal besser als eine Verstimmung des Kunden. Ein gutes Rückzugsziel ist eine wertvolle Eintrittskarte für Ihr nächstes Verkaufsgespräch mit ihm.

Wie Sie Ihrem Kunden die Entscheidung erleichtern

Die zwei wichtigsten Abschluss-Methoden

1. Die „Nehmen-wir-einmal-an-"Methode

Entscheidungs-Hindernis

"Nehmen wir einmal an, Sie hätten ..."

Abb. 11.1: **Am Entscheidungshindernis vorbei-führen**

Mit dieser Gesprächstechnik führen Sie Ihren Partner an dem für ihn scheinbar unüberwindlichen Entscheidungs-hindernis einfach vorbei. Sie sprechen in der Möglich-keitsform (*„Vorausgesetzt ..."*, *„Sofern ..."*, *„Sollte ..."*), stellen Ihren Partner damit vor keinen Entscheidungs-zwang und nehmen ihm die Angst vor der Entscheidung[1], z.B.:

> *„Nehmen wir einmal an, Sie hätten sich für die Zu-sammenarbeit mit ...* (eigener Firmenname) *ent-schieden, möchten Sie ...?"*
>
> *„Wenn Sie sich für die Netzwerk-Lösung entschieden hätten, würden Sie dann ...?"*

---

[1] vgl. Vera F. Birkenbihl: Psycho-logisch richtig verhandeln

482

„Falls Sie sich für diese Anwendung entscheiden, wollen Sie dann ...?"

„Unterstellen wir einmal, Ihr Vorstand entscheidet sich für Lösung A, wie werden Sie in diesem Fall Ihre ...?"

„Vorausgesetzt, Sie kommen zum Seminar, sollten wir dann nicht Herrn X auch mit einladen?"

Danach stellen Sie Ihren Partner jeweils vor eine *kleine* Entscheidung, die ihm keine Entscheidungsschwierigkeiten bereitet. Auf diese Weise sammeln Sie jedes Mal ein kleines „Ja" und sichern sich einen *Teilbeschluss*. Haben Sie mehrere positive Entscheidungen, können Sie alle Teilbeschlüsse zusammenfassen und das Fazit für Ihren Partner daraus ableiten.

Bitte denken Sie daran, sich dafür nochmals die *Zustimmung* Ihres Partners einzuholen, bevor Sie ihm dann die Abschlussfrage stellen.

2. Die „Alternativ"-Methode

Mit dieser Gesprächstechnik führen Sie Ihren Partner von der für ihn großen Kaufentscheidung weg und stellen ihn statt dessen vor *kleine „Entweder-oder-Entscheidungen"*, die er leicht treffen kann.

Sie verlagern damit seine Aufmerksamkeit auf *Details*. Sie bieten Ihrem Partner zwar eine Alternative, jedoch gehen beide Wahlmöglichkeiten immer von einem „JA" Ihres Partners aus. Sie stellen niemals das „OB" zur Entscheidung, sondern *immer nur das „WIE"* (nach der grundsätzlichen Ja-Entscheidung dafür), z.B.:

„Wollen Sie autonome Terminals oder *bevorzugen Sie* lieber *die vielseitigen Masterterminals?"*

„Wollen Sie die Schulungen Ihrer Mitarbeiter lieber *von Montag bis Mittwoch* oder *von Mittwoch bis Freitag durchführen?"*

„Möchten Sie den Betrag lieber *überweisen* oder *per Scheck zahlen?"*

„Wollen wir nach Projektphasen abrechnen **oder** *wollen wir* lieber *eine 30 : 40 : 30-Aufteilung vornehmen?"*

„Kommen Sie allein zur Vorführung oder *bringen Sie Ihre Mitarbeiter* lieber *gleich mit?"*

Ihr Partner beschäftigt sich mit der leicht zu beantwortenden Entscheidung und akzeptiert mit hoher Wahrscheinlichkeit das von Ihnen in der Alternative unterstellte „JA". Auch mit der Alternativ-Methode können Sie *viele Teilbeschlüsse sichern* (viele kleine „Jas" sammeln) und sich dem entscheidenden „JA" nähern.

Ideal ist die Kombination beider Abschluss-Methoden.

„Nehmen wir einmal an, Sie hätten sich für XY entschieden, möchten Sie das System lieber auf einer RS 6000 oder auf einer HP 9000 installieren?"

„Unterstellen wir einmal, Sie stellen auf Online-Verarbeitung um, wollen Sie dann das Weihnachtsgeschäft schon online fahren oder möchten Sie erst Anfang Januar umstellen?"

„Vorausgesetzt, Sie können an der Vorführung bei Firma X teilnehmen, möchten Sie dann lieber Anwendung A oder Anwendung B erleben?"

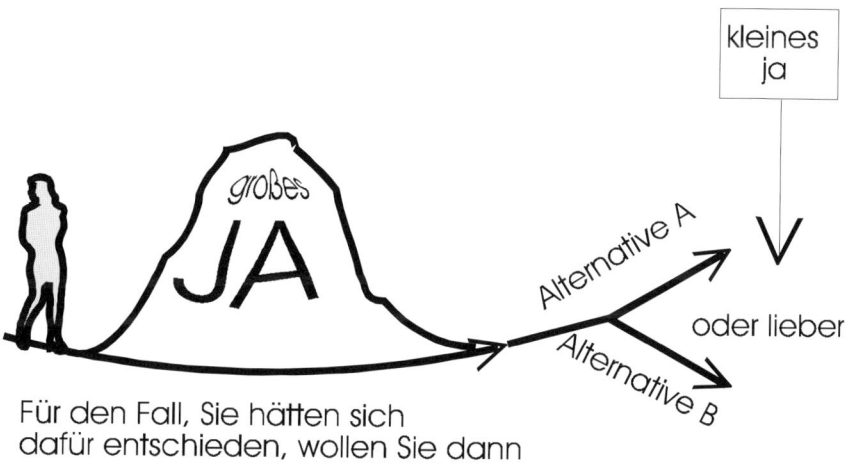

Für den Fall, Sie hätten sich
dafür entschieden, wollen Sie dann

Abb. 11.2: **Um die große Entscheidung herumführen
und vor kleine Entscheidung stellen**

Trainieren Sie diese einfachen Gesprächs-Methoden. Sie werden
erkennen, dass sie Ihnen leicht fallen und schneller zum erfolgreichen Gesprächsabschluss verhelfen.

Was tun Sie, wenn Ihr Partner Nein sagt?

Trotz professioneller Gesprächsführung sollten Sie damit rechnen, dass Ihr Partner auch einmal „Nein" zu Ihrem Vorschlag sagt. Brechen Sie das Gespräch nie mit diesem Nein ab. Wandeln Sie es wenigstens teilweise in ein „Ja" und in einen *positiven Gesprächsabschluss* um. Wie erreichen Sie das?

Greifen Sie auf die letzte Teilentscheidung zurück, zu der Ihr Partner noch „Ja" gesagt hat (Rückzugsziel). Holen Sie sich noch einmal die Zustimmung Ihres Partners dazu und fassen Sie nach diesem Punkt zusammen. Stellen Sie fest, *welche Punkte noch offen sind*, und schlagen Sie *Termine* vor zur weiteren Klärung.

> *„Gut, zum jetzigen Zeitpunkt brauchen Sie noch keine Datenbank. Sie sagten vorhin, Texte mit Grafiken und Tabellen einfach ins html-Format umwandeln zu können sei für Sie wichtig?"*
>
> *„Ja, stimmt!"*
>
> *„Gut, dann fasse ich zusammen, Sie sind an den neuen Web-Design-Programmen interessiert, um damit in Zukunft Ihre Homepage-Gestaltung selbst durchführen zu können, und Sie möchten sich vom Zusammenspiel der Programme mit Ihren vorhandenen gern selbst überzeugen. Wann möchten Sie zu einem Vorführungstermin kommen? Passt es Ihnen am kommenden Dienstag oder lieber in der darauf folgenden Woche?"*

Trotz des „Nein" haben Sie jetzt einen positiven Gesprächsabschluss gefunden und damit eine *gute Ausgangsbasis* für Ihre *nächste Verhandlung*. Teilbeschlüsse sichern hilft Ihnen und Ihrem Kunden.

Was tun Sie mit Partnern, die sich nicht entscheiden können?

Es gibt Menschen, die sich nur schwer oder gar *nicht entscheiden können.* Diese Menschen brauchen aktive Unterstützung beim Entscheiden. Passen Sie jedoch besonders bei diesen Personen auf, dass *niemals Sie* die *Entscheidung für diese Menschen treffen.* Damit würden Sie ihnen eine willkommene Möglichkeit einräumen, später die *Verantwortung* für diese Entscheidung auch auf Sie *abzuwälzen.*

Sonst müssen Sie sich eventuell bald darauf von ihnen anhören:

„Sie haben mir dazu geraten, ..., jetzt schauen Sie, wie Sie mit dem Problem fertig werden!"

„Sie haben gesagt, es sei am besten, ..., jetzt haften Sie auch für die Folgen und nehmen Sie mir den Ärger ab!"

„Sie haben mir ... empfohlen, holen Sie bloß Ihr ganzes Zeug wieder ab und erstatten Sie uns unser Geld zurück!"

Wer nicht selbst die Entscheidung trifft, ist innerlich nicht fest von der Richtigkeit der Lösung überzeugt und identifiziert sich nicht damit. Unbewusst müsste der Beratene im Falle des Erfolgs sonst sich selbst gegenüber eingestehen, dass Sie (der Verkäufer) klüger waren als er. Das verträgt nicht jedermanns Selbstwertgefühl. Um sich dagegen zu schützen, verfolgt der Betreffende die vereinbarte Lösung unbewusst mit so wenig Engagement und Begeisterung, dass diese scheitert.

Jetzt hat er einen Ausweg aus dem Dilemma „Ich bin nicht o.k. – Du (Verkäufer/Berater) bist o.k." gefunden. Leider den für beide Seiten schlechten Ausweg: „Ich bin nicht o.k. – Du bist auch nicht o.k." *„Deine Idee ist auch nicht besser als meine"* oder treffender *„Du bist auch nicht gescheiter als ich – ätsch!"*

(vgl. auch Kapitel 4 „Nutzen aufzeigen", Abschnitt „Regeln zur Argumentation", „Drama-Dreieck", S. 355 ff.).

Zurück zu Ihrem Verhalten gegenüber Menschen, die sich nicht entscheiden können. Diese Menschen sind oft sehr intelligent, brillante Analytiker und sachlich-logische Denker. Sie verlassen sich oft allzu sehr auf ihren rationalen Verstand – das ist ihr Schwachpunkt. Sie glauben, dass sie noch *zu wenig Informationen* besäßen, um sich richtig, d.h., bestmöglich zu entscheiden – das ist ihr *Denkfehler*.

Dieser Glaube setzt voraus, dass mehr Information die Entscheidung erleichtern würde – das ist der große Irrtum! Gegen gute Information ist prinzipiell zwar nichts einzuwenden, aber *entscheidungsschwachen Menschen bringen zusätzliche Informationsmengen* keine Klarheit und Erleichterung ihrer Entscheidung, sondern nur einen noch unübersichtlicheren Faktenberg zum Analysieren, noch mehr Fragen, *noch größere Verwirrung* und noch mehr Entscheidungs-*Unsicherheit*.

Achten Sie daher sorgfältig darauf, ob Ihr Partner Ihnen in dieser Phase des Verkaufsgesprächs *zum wiederholten Mal Fragen stellt zu Themen, die Sie längst gemeinsam befriedigend geklärt haben*. Vermutlich haben Sie es mit Entscheidungsangst bei Ihrem Partner zu tun. Er steht – bildlich gesprochen – vor einem *Entscheidungsabgrund*. Ihre Aufgabe ist es:

1. Eine *Brücke* über den Entscheidungsabgrund zu bauen.

2. Ein *Geländer* anzubieten, damit sich Ihr Partner von Stütze zu Stütze hinüberwagt.

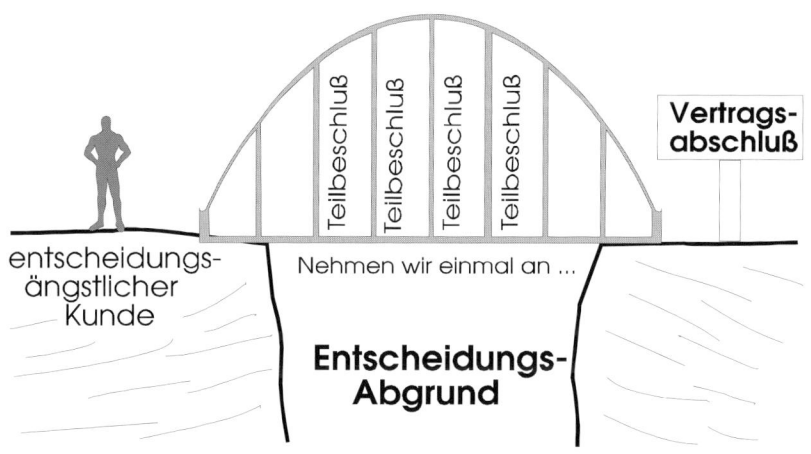

Abb. 11.3: **Die Brücke, die zum Vertragsabschluss führt**

Die *„Nehmen-wir-einmal-an"-Methode* ist die *Brücke*, die über den Entscheidungsabgrund gelegt wird. Die *Teilbeschlüsse* stellen die *Pfosten des Geländers* dar. *Je mehr* „Pfosten", d.h. *kleine* „Jas", umso leichter fällt das große „JA". Es braucht sogar manchmal gar nicht mehr ausgesprochen zu werden. Trainieren Sie daher, aus jeder möglichen Eigenschaft oder Anforderung der Lösung eine Frage nach einem Teilbeschluss zu machen.

Beispiele:

Eigenschaft/ Anforderung	Teilbeschluss
Arbeitsspeicherkapazität	Nehmen wir einmal an, Herr Müller, Sie entscheiden sich für die PC-Lösung, wollen Sie dann, 128, 256 oder lieber gleich 512 MB Arbeitsspeicher?

Installation	Unterstellen wir einmal, Frau Schmid, die Fachabteilung spricht sich für den Einsatz dieses Systems aus, möchten Sie die Installation von Ihrem Mitarbeiter durchführen lassen oder soll lieber gleich alles von unserem Spezialisten angeschlossen werden?
Bildschirme, Anzahl	Für den Fall, dass Sie auch die Anwender von den Vorteilen dieser Bildschirme überzeugen, wie viele möchten Sie bei der Erstlieferung gleich angeschlossen haben, alle Anwender oder von jeder Arbeitsgruppe erst einmal einen?
Bildschirme, Bauart	Angenommen, Ihre Entscheidung über die Grafikkarten wäre gefallen, wollen Sie dann herkömmliche Bildschirme mit mind. 70 kHz Zeilenfrequenz oder lieber die Augen schonenden Flachbildschirme einsetzen, Frau Huber?
Bildschirme, Auflösung	Gesetzt den Fall, Sie hätten sich für diesen Hersteller entschieden, möchten Sie lieber die Bildschirme mit max. 1024 x 768 Bildpunkten Auflösung oder doch gleich die mit 1280 x 1024 Pixel, Herr Maier?

Jetzt haben Sie Gelegenheit zu üben

Sie werden gleich feststellen, wie einfach das geht. Üben Sie anhand der folgenden Begriffe so oft, bis Sie es „fast im Schlaf" beherrschen:

1. Nehmen wir einmal an ...
2. Alternativfrage stellen, um einen Teilbeschluss zu klären

Eigenschaft/ Anforderung	Teilbeschluss
Software	
Vorführung	
Speicher- kapazität	
Ausbildung, Einweisung	
Zubehör	
Anschlüsse, Steckdosen	

ENTSCHEIDUNG HERBEIFÜHREN

Eigenschaft/ Anforderung	Teilbeschluss
Verbrauchs- material	
Anzahl Drucker	
Standort für Drucker	
Art der Dru- cker: – Laserdrucker – Tintenstrahl- drucker	
Referenz- kundenbesuch	
Standort Einga- begeräte	
Finanzierung	

ENTSCHEIDUNG HERBEIFÜHREN

Eigenschaft/ Anforderung	Teilbeschluss
Datenfern- übertragung	
Arbeitsbeginn	
Vorarbeiten	
Versicherung z.B. Transport	
Netzwerk	
Lieferzeit	
Leasing – Miete – Kauf?	

493

Eigenschaft/ Anforderung	Teilbeschluss
Verkabelung, Leitungen	
Einarbeitung	

Was ist zu tun, nachdem die Entscheidung gefallen ist?

☞ Argumentieren Sie auf keinen Fall weiter. Vermeiden Sie Überverkauf! Wer entscheidungsbereit ist, braucht *keine weiteren Argumente* mehr. Langweilen Sie Ihre Partner nicht. Rauben Sie ihnen nicht ihre wertvolle Zeit!

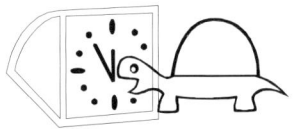

Beachten Sie außerdem: Jedes neue Argument könnte auch Anlass zu neuen Einwänden bringen.

☞ Sparen Sie sich ein „Sieger"-Lächeln. Das passt nämlich nicht zu einer Partnerschaft, bei der *beide gewonnen* haben.

☞ Bedanken Sie sich nicht überschwänglich für den Auftrag, weil der Kunde sonst auf die Idee kommen könnte, er hätte

nur Ihnen zuliebe entschieden. Er könnte seine Nutzenvorstellungen anzweifeln.

☞ *Bestätigen* Sie Ihrem Kunden, dass er eine *richtige Entscheidung getroffen* hat. Im Augenblick nach der Unterschrift ist Ihr Partner meistens *am unsichersten*. Zweifel plagen ihn, ob seine Entscheidung wohl wirklich richtig war. Er braucht deshalb Bestätigung. Vermitteln Sie ihm das gute Gefühl, sich richtig entschieden zu haben.

☞ Ihr Partner hat vielleicht schon Monate über diese Investition nachgedacht, geplant und kalkuliert. Jetzt endlich hat er unterschrieben. Ihre Lieferung erfolgt jedoch manchmal erst einige *Wochen später*, vereinbarte Projekte werden gar erst Monate später fertig. Spätestens nach ein, zwei oder drei Tagen kommen Ihrem Kunden jedoch oft *Zweifel* an seiner Entscheidung. Aus einem unsicheren Gefühl in der Magengegend heraus fragt er sich: *„War es nicht zu voreilig? Habe ich wirklich den kompetentesten Partner gefunden? Ist der Preis nicht doch zu hoch? Hätte ich nicht doch noch ein Konkurrenz-Angebot einholen sollen?"* Gedanklich formuliert Ihr Kunde Gründe, die seinen *Rücktritt* vom Kauf rechtfertigen.

Kaufreue ist ein Phänomen, das wohl fast jeder Verkäufer kennt. Immer wieder geschieht es, dass ein Käufer anruft und alles „ungeschehen" machen will. Was wollen Sie dann tun? Wenn diese Situation bereits eingetreten ist – nicht mehr viel! Zuvor jedoch haben Sie alle Möglichkeiten, der *Kaufreue vorzubeugen*. Hören Sie deshalb beim Vertragsabschluss nicht auf, sondern leisten Sie gründliche Arbeit, bis der Vertrag vollständig erfüllt ist; dann gibt es keinen Rückzieher.

Machen Sie Ihren Kunden *sicher* für die Zeit nach dem Abschluss und *für seine firmeninterne Argumentation* gegenüber seinen Vorgesetzten, Kollegen und Mitarbeitern. Schildern Sie ihm, wie zufrieden andere Kunden mit einer ähnlichen Entscheidung geworden sind. Zeigen Sie ihm anschaulich auf, wie zufrieden er sein wird, wenn er Ihre Leistung erhalten haben wird. Sprechen Sie mit ihm darüber, wie Sie und Ihr Unternehmen ihn *weiterbetreuen* werden.

Denken Sie daran, ein unterschriebener Kaufvertrag bedeutet noch lange nicht, dass „alles gelaufen" ist. Erledigen Sie daher alles Erforderliche so schnell wie möglich und bestätigen Sie alle getroffenen Vereinbarungen.

☞ Stellen Sie heraus, dass die getroffene Entscheidung der *Anfang einer dauerhaften* geschäftlichen *Partnerschaft* ist.

☞ *Bieten Sie* Ihrem Kunden (im Rahmen Ihrer Möglichkeiten) Rat und *Hilfe an*. Denken Sie daran: Auch und gerade nach dem Vertragsabschluss stehen Sie weiter im Vergleich mit Ihren Mitbewerbern! Wie viele Projekte sind schon nach Vertragsabschluss wieder storniert, wie viele Kaufverträge rückgängig gemacht worden?

In der Regel sind Sie nicht der einzige Anbieter, mit dem Ihr Kunde verhandelt hat. Daher wissen auch die Verkäufer Ihrer Wettbewerber, dass dieser Kunde entscheidungsreif ist. Wenn sie ihn anrufen und von seiner Entscheidung hören, versuchen sie oft noch, an ihrem Angebot etwas zu „drehen", ein „Zuckerl" dazuzugeben.

Dies ist eine sehr kritische Phase für Ihren Vertrag, wenn Sie dem nicht *sofort vorbeugen*, z.B. durch Bestätigen der Hauptnutzen. Außerdem sollten Sie gerade in den Tagen

unmittelbar nach dem Abschluss dranbleiben und *Kontakt halten.*

☞ Vereinbaren Sie mit Ihrem Partner, wie es jetzt weitergeht: *Was Sie* zu tun gedenken. *Was er* veranlassen wird. *Wann Sie* sich wieder sprechen.

> *„Wir sehen uns also am Mittwoch in zwei Wochen um 9.00 Uhr in Ihrem Büro. Ich werde einen Spezialisten für XY-Fragen mitbringen. Sie benennen bis dahin die drei Anwender Ihres Hauses, die mit uns die Vorführung gemeinsam durchführen. Ist das für Sie in Ordnung?"*

☞ Überprüfen Sie nochmals, ob Sie alle wichtigen *Daten* notiert haben. Falls dies der erste Kontakt war, gehören dazu auf jeden Fall Namen, Vornamen, Funktionen, Adressen (inklusive E-Mail- und Internet-Adressen), Telefon- und Faxnummern aller Ihrer Ansprechpartner und (ihrer Sekretärinnen) und natürlich der *vereinbarte nächste Termin* sowie vereinbarte *Aktivitäten* beider Seiten.

☞ *Bedanken* Sie sich *für* das *Vertrauen* Ihres Partners in Ihr Unternehmen (nicht für den Auftrag, von dessen Leistung er ja profitiert). Sichern Sie ihm sorgfältigste Wahrnehmung seiner Interessen zu. Sprechen Sie ihn beim *Verabschieden mit seinem Namen* an, schauen Sie ihm dabei freundlich *lächelnd* in die Augen und drücken Sie ihm fest und sicher die Hand.

☞ Verabschieden Sie sich auch immer freundlich von der *Sekretärin* oder *Assistentin.* Sie entscheidet oft, ob Ihr nächstes Telefongespräch durchgestellt wird und ob Sie beim nächsten Besuch gleich vorgelassen werden.

Was geschieht, wenn heute noch keine Entscheidung gefallen ist?

Auf Ihre zum Abschluss überleitende Frage „*Welche Fragen sind noch offen?*" könnte der Kunde so antworten:

> „*Momentan kommt das nicht infrage.*"

> „*Interessant, doch unsere Budgets sind für dieses Jahr bereits verplant, vielleicht nächstes Jahr.*"

> „*Ich muss mir das noch überlegen.*"

Der Kaufwunsch ist also offenbar noch nicht stark genug. Daher sollten Sie sich jetzt nochmals mit seinen Unsicherheiten und Zweifeln auseinander setzen. Sie kehren *zurück zur Einwandbeantwortung:*

> „*Ich habe Verständnis für Ihre Bedenken. Lassen Sie uns gemeinsam nochmals die Für und Wider in aller Ruhe abwägen.*"

Es gehört *Fingerspitzengefühl* dazu, einerseits mit Festigkeit den Kunden nochmals zu dieser Überlegung zu führen, ihn andererseits aber nicht unter Druck zu setzen.

Bitte bedenken Sie: Auch der *Kunde hat keine überflüssige Zeit.* Wenn Sie ihm helfen können, die Entscheidung jetzt zu treffen, dann *ersparen Sie ihm nochmaliges Aufrollen* der gesamten Problematik bei ..., ja, bei einem Mitbewerber. Über den Vorteil für Sie brauchen wir da wohl nicht mehr zu reden ...

Wenn Sie keine positive Reaktion erzeugen konnten, bleibt Ihnen immer noch, Ihr „Mindest-Rückzugsziel" anzusteuern, z.B. einen nochmaligen Anruf zu einem späteren Zeitpunkt. Bleiben Sie auf jeden Fall freundlich und zeigen Sie Verständnis für Ihren Partner.

Informieren Sie sich über sein Unternehmen. Werden Sie zum *Kundenberater* und *gewinnen Sie* so allmählich das *Vertrauen* Ihres Gesprächspartners. (Prüfen Sie allerdings, ob sich dieser Aufwand zum jetzigen Zeitpunkt lohnt.) Gute Verkäufer lassen sich nicht entmutigen und auch nicht so leicht abwimmeln. Sie versuchen mit viel Kreativität, immer noch einmal „den Fuß in die Tür zu bekommen".

Wenn sonst nichts hilft, vielleicht probieren Sie es einmal mit der „*Colombo*"-*Methode*[2]:

> Packen Sie Ihre Unterlagen ein, verabschieden Sie sich und gehen Sie. Drehen Sie sich in der Tür noch einmal um und fragen Sie mit deutlich anderem, weicheren Tonfall:
>
>> *„Unsere Verhandlung ist ja jetzt zu Ende, und ich will für die Zukunft daraus lernen. Was war denn der Punkt, an dem ich Sie nicht überzeugen konnte? Was habe ich denn falsch gemacht?"*
>
> Gehen Sie dabei langsam zurück bis zum Schreibtisch Ihres Gesprächspartners. Wenn er antwortet, sind Sie wieder im Geschäft. Nutzen Sie Ihre zweite Chance jetzt besser[3].

---

[2] Benannt nach dem Hauptdarsteller der Fernsehserie „Inspektor Colombo"

[3] vgl. „Chancen wahrnehmen – Jeder Moment ist eine Gelegenheit, die sich nie mehr bietet, deshalb NUTZE ich ihn", Aufsteller von Rudolf A. Schnappauf, Hünfelden, 1998

Das Wichtigste für Ihren Verkaufsabschluss

☞ Abschlusssignale können während des gesamten Gesprächs auftauchen: Hören Sie immer genau hin, beachten und bestätigen Sie Kaufsignale sofort.

☞ Vermeiden Sie „Überverkauf", argumentieren Sie nicht weiter bei Kaufinteresse.

☞ Erleichtern Sie Ihrem Kunden die Entscheidung. Viele kleine Jas führen zum großen JA.

☞ Sichern Sie sich möglichst viele Teilbeschlüsse, indem Sie Alternativfragen über das „Wie" stellen, während Sie das „Ob" gedanklich vorwegnehmen und eine positive Entscheidung unterstellen.

☞ Sie sind Entscheidungshelfer Ihres Kunden. Ergreifen Sie die Initiative, ohne zu drängen. Wählen Sie die direkte Aufforderung, wenn Ihr Partner körpersprachlich gezeigt hat, dass er zur positiven Entscheidung bereit ist.

☞ Mindern Sie Ihr Risiko, ein *„Nein"* für die gesamte Entscheidung zu bekommen. Nutzen Sie die Möglichkeitsform *„Nehmen wir einmal an ..."*, um an dem Entscheidungshindernis vorbeizuführen oder den Entscheidungsabgrund zu überbrücken.

☞ Fassen Sie mit Fingerspitzengefühl und Selbstvertrauen nach, wenn der Kunde die Entscheidung aufschieben will.

☞ Manchmal ist es besser, Sie erreichen eine Teilentscheidung als gar keine Entscheidung. Sichern Sie sich in diesem Fall Ihr Rückzugsziel.

☞ Ihr Erfolg wird durch das gesamte Gespräch vorbereitet. Was Sie in allen Gesprächsphasen davor versäumt haben, können Sie in letzter Minute kaum mehr gutmachen.

☞ Verbleiben Sie konkret. Halten Sie alle erforderlichen Anschlussaktivitäten beider Seiten schriftlich fest.

☞ Vereinbaren Sie den nächsten Gesprächstermin. Schlagen Sie von sich aus Terminalternativen vor.

☞ Pflegen Sie auch zu den Mitarbeitern im Büro Ihres Gesprächspartners gute Kontakte, damit Sie am Telefon Auskünfte erhalten und durchgestellt werden.

☞ Vereinbaren Sie weitere Maßnahmen, die Sie und Ihren Partner verpflichten, insbesondere, wenn noch kein Abschluss getätigt wurde.

☞ Machen Sie sich einen Mitarbeiter des Kunden zu Ihrem Coach (persönlichen Berater) und Informanten.

☞ Stellen Sie den ersten Auftrag als den Anfang einer langfristigen, tragfähigen Geschäftsbeziehung heraus.

☞ Bestätigen Sie die Entscheidungen Ihres Partners als richtig und zukunftsweisend für seinen Erfolg.

TEIL 4   DEN VERKAUFSKONTAKT NACHBEREITEN

Kapitel 12   Gespräch nachbereiten

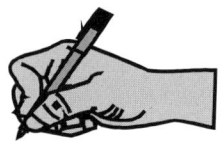

Kapitel 13   Verkaufserfolg langfristig sichern

Wie gut ist Ihr verkäuferisches Wissen? Prüfen Sie sich selbst!

Fragen zu Kapitel 12: Gespräch nachbereiten

– Was ist für Sie zu tun unmittelbar nach der Verabschiedung beim Kunden?

– Welche schriftlichen Arbeiten sind zu erledigen, nachdem Sie wieder im Büro sind?

– Wer ist wovon zu informieren?

– Wie können Sie den Kontakt zu Ihrem Kunden noch verbessern?

– Was sollten Sie sich selbstkritisch überlegen?

– Welche Informationen brauchen Sie jetzt über Ihre Mitbewerber?

– Welche Wettbewerber Ihres Kunden sollten Sie eventuell von dessen Entscheidung informieren und warum?

– Auf welche Punkte hin sollten Sie Ihren Gesprächspartner rückblickend noch einmal analysieren?

– Woraufhin sollten Sie Ihr eigenes Verhalten überdenken?

– Weshalb lohnt sich ein Protokoll des Verkaufsgesprächs?

– Welchen Nutzen bietet Ihnen eine eigene Checkliste zur kritischen Selbstkontrolle Ihrer Verkaufsgespräche?

– Wieso erspart Ihnen eine gute Gesprächs-Nachbereitung viel Zeit bei der nächsten Gesprächs-Vorbereitung?

Was geschieht nach der Verabschiedung vom Kunden?

1. Legen Sie eine „Prospect"-Mappe, Interessentendatei oder *Kundenakte* an (sofern noch nicht vorhanden).

2. Schreiben Sie sich alle wichtigen *Details* unmittelbar nach dem Besuch auf (Vertriebsreport, Besuchsbericht). Vielleicht nützt Ihnen dabei ein *Diktiergerät*? Schon wenig später, mit Sicherheit aber nach dem nächsten Kundenbesuch, haben Sie vieles wieder vergessen (bevorzugter Sinneskanal, Kaufmotiv, Hoffnungen, Ängste, Hobbys ...).

3. Geben Sie alle neuen Daten in die *Datenbank*/Kundendatei ein. Vervollständigen Sie Ihre Informationen über das Kunden-Unternehmen und über Ihren Gesprächspartner. Aktualisieren Sie die Vertriebsübersicht.

4. Lassen Sie sich z.B. eine *Projekt*-Nummer, einen Projekt-Stammsatz oder Projekt-Ordner geben. Buchen Sie den Auftrag.

5. *Bestätigen* Sie Ihrem Kunden den Auftrag schriftlich.

6. Lassen Sie sich den *Auftragseingang* gutschreiben (für Ihre Umsatzstatistik und eventuelle Provision).

7. *Informieren* Sie *alle* erforderlichen Stellen im eigenen Unternehmen, organisieren Sie z.B. das Projekt-Kick-off-Meeting. Informieren Sie auch andere Geschäftsstellen und -bereiche, denen Ihr Abschluss/Kontakt ebenfalls nützen könnte.

8. Kontrollieren Sie, ob auch alles richtig ausgeführt wird, bis es erledigt ist. *Haken Sie*, wenn es sein muss, bei Ihren Kollegen in der Technik, Logistik, Buchhaltung etc. sowie im Marketing mehrfach *nach*. Sorgen Sie für die Zufriedenheit Ihres Kunden.

9. Machen Sie sich über das Unternehmen des Kunden *kundig*, z.B.:
   - Leistungsspektrum
   - betriebliche Kennzahlen
   - Liquidität
   - Ziele und Pläne
   - Kooperationen
   - Wettbewerber
   - Kunden
   - Mitarbeiter
   - Marktstellung, Image-Abstrahlung
   - Aktionen, Werbeaktivitäten
   - DV-Anwendungen
   - Entscheider, Konflikte und Machtkämpfe
   - Interessen des Inhabers ...

   Besorgen Sie sich Internet-News, Geschäftsberichte, Kunden- und Mitarbeiter- oder Hauszeitschriften, Bankauskünfte, Kammer-Informationen ...

10. Werden Sie zum Kundenberater. Dringen Sie in weitere Bereiche des Kunden-Unternehmens ein, um ähnliche oder zusätzliche Geschäfte anzustoßen bzw. abzuschließen. Stellen Sie enge *Beziehungen zu weiteren Entscheidern* her. Vermeiden Sie einseitige Abhängigkeit von einer Person, sichern Sie sich Ihre zukünftigen Geschäfte.

11. Schicken Sie Ihren Partnern Kopien von *Artikeln*, Aufsätzen usw., die diese interessieren (nicht nur geschäftlich relevante Themen).

12. Machen Sie sich ein paar Gedanken über den Verlauf des Gesprächs. Fragen Sie sich selbstkritisch:
    - Was habe ich erreicht?
    - Wie/wodurch habe ich es erreicht?
    - Was habe ich nicht erreicht?
    - Warum ist das Gespräch so verlaufen?
    - Was freute mich?

– Was ärgerte mich?
– Was fiel mir auf?
– Was kann ich daraus lernen?

Die „Checkliste: Gesprächs-Nachbereitung" und die „Fragen zur kritischen Selbstkontrolle Ihres Verkaufsgesprächs" auf den nächsten Seiten helfen Ihnen dabei bestimmt viel.

13. Überlegen Sie, was Sie beim nächsten Gespräch *anders* oder besser machen möchten. (Damit leisten Sie bereits wertvolle Vorarbeit für Ihre nächste Gesprächs-Vorbereitung.)

14. Erkundigen Sie sich, wie die *Wettbewerber Ihres Kunden* auf dessen Entscheidung reagieren, damit Sie ihn auch weiterhin gut unterstützen können.

15. Erkundigen Sie sich, wie *Ihre Mitbewerber* reagieren, vor allem, welche Angebote sie diesem Kunden jetzt machen. Bleiben Sie gerade jetzt am Ball. Halten Sie engen Kontakt zu Ihren Partnern.

16. Überlegen Sie, ob Sie eventuell bestimmte *Wettbewerber* dieses Kunden informieren sollten:

    a) Solche, die Sie auch beraten und die sich dafür interessieren (bevor sie es aus anderer Quelle erfahren).

    b) Solche, die Sie bis jetzt noch immer nicht beraten und bei denen jetzt Ihre Chance größer geworden ist (Zugzwang).

17. *Betreuen* Sie Ihren Partner und seine Mitarbeiter. *Laden Sie ihn* z.B. unter anderem zu wichtigen Veranstaltungen Ihres Unternehmens und zu Messen *ein*.

Checkliste: Gesprächs-Nachbereitung

Ziel

Was habe ich erreicht? Was nicht?

- Welches Gesprächsziel/Teilziel?
- Neue Informationen über Gesprächspartner (Ansichten, Wünsche, Bedürfnisse, Überzeugungen, Ängste ...)?
- Neue Fakten über Kunden-Unternehmen (Ziele, Probleme, Aufgaben, Projekte, mögliche Lösungswege, Entscheider ...)?
- Wie lauten meine nächsten Verhandlungsziele?

Gesprächs-partner

Wie war mein Partner?

- Wie war sein persönliches *Verhalten*?

aktiv steuernd	◆ passiv treiben lassend
offen	◆ verschlossen
interessiert	◆ kritisch, ablehnend
vorbereitet	◆ unvorbereitet
konkret	◆ unverbindlich
zielbewusst	◆ unkonzentriert

- Welche *Kaufmotive* hat er?
  Bequemlichkeit
  Prestige
  Sicherheit
  Gewinnstreben/Kostenorientierung
- Welche Ziele, Erwartungen und Befürchtungen hat er?

507

- Wie *reagiert* er?

sachlich	♦ emotional
kämpferisch	♦ starr, unbeugsam
pragmatisch	♦ idealistisch
risikobereit	♦ sicherheitsbewusst

- Welche körperlichen Signale zeigt er für Zustimmung und Ablehnung?
- Welche Hobbys und Interessen hat er?
- Was versetzt ihn in einen guten Zustand?
- Welche *Rolle* spielt er?
- Hält er sich an Absprachen?
- Wie wird er anerkannt (von Vorgesetzten, Mitarbeitern, Kollegen, Anwendern)?
- Wie kompetent ist er?
- Wie konflikttolerant ist er?
- Was hat er alles nicht gesagt?
- Worüber spricht er gern?
- Welche Hilfe braucht er?
- Wie kann er sie annehmen?
- An welchen Kriterien misst er seinen Erfolg?
- An welchen wird er gemessen?

Eigenes Verhalten

Wie war ich selbst?

- Wie oft habe ich meinen Gesprächspartner unterbrochen?
- Wie sehr habe ich mich für seine Äußerungen interessiert?
- Habe ich aktiv hingehört?
- Habe ich genügend nachgefragt?

508

    – Weiß ich wirklich, was er will und was er sich davon verspricht?
    – Waren meine Sachkenntnisse ausreichend?

Gesprächs-
verlauf

Wodurch habe ich mein Ziel erreicht bzw. warum nicht?

– Welche Faktoren haben mich gehindert?
– Was hat mir geholfen?
– Hatte ich genügend Kontakt/positive Atmosphäre?
– Wie habe ich Rapport hergestellt und gehalten?
– Wodurch habe ich Interesse ausgelöst?
– Wo gab es Übereinstimmung?
– Welche Einwände kamen?
– Welche Widerstände steckten dahinter?
– Welche Missverständnisse entstanden?
– Habe ich die Kernprobleme erreicht und ausdiskutiert?
– Was habe ich noch nicht erfahren? Woher bekomme ich diese Informationen?

Aktivitäten

Was habe ich jetzt zu tun?

– Welche Aktionen habe ich fixiert?
– Wer macht was wofür?
– Welche Termine sind einzuhalten?
– Wer ist wovon zu informieren?

Was muss ich tun, wenn ich mein Ziel diesmal noch nicht erreicht habe?

- In welche Partnersituation besser hinein-
  versetzen?
- Welche Informationen beschaffen?
- Welche Argumente ändern?
- Wie Strategie und Planung ändern?
- Von wem Unterstützung holen?
- Welche Alternativen vorbereiten?

Protokoll

Wozu sollte ich ein Protokoll schreiben?

- Zur Gedächtnisentlastung
- Zur Information für alle Beteiligten
- Zur eigenen Absicherung und Fortschritts-
  kontrolle

Eine gute Nachbereitung ist die halbe Vorbereitung für mein nächstes Gespräch (vgl. auch Abschnitt „Phasen des Verkaufs-gesprächs", Abb. 12.1, S. 515). Und eine gute Gesprächs – Vor-bereitung ist die *Basis für meinen Verkaufserfolg*.

Fragen zur kritischen Selbstkontrolle Ihres Verkaufsgesprächs

1. Gespräch vorbereiten

- War ich umfassend über das Kunden-Unternehmen informiert?
- Wusste ich genügend über meine Gesprächspartner?
- Wie habe ich mich auf die Erwartungen meiner Partner eingestellt?
- Welche konkreten Ziele habe ich mir gesetzt?
- Welche Gesprächsstrategie habe ich mir zurechtgelegt?
- Wie habe ich mich auf mögliche Fragen und Einwände vorbereitet?
- Womit habe ich mich positiv eingestimmt?

2. Gespräch eröffnen

- Wie habe ich auf einen guten ersten Eindruck geachtet?
- Wie habe ich mich und mein Unternehmen vorgestellt?
- Wie habe ich eine positive Gesprächsatmosphäre hergestellt?
- Wie habe ich das Interesse meines Partners geweckt?
- Welchen Besuchsgrund habe ich genannt? Wie habe ich ihn nutzenorientiert formuliert?
- Wie oft habe ich meinen Partner mit seinem Namen angesprochen?
- Habe ich einen Gesprächsablauf vereinbart?
- Habe ich „Sie", „Ihr", „Ihnen"... verwendet statt „ich", „wir", „unser" ...?

511

– Habe ich Sackgassen-Eröffnungen (Abwertungen und negative Formulierungen/Vorstellungen) vermieden?
– Habe ich meinem Partner freundlich in die Augen geschaut?
– Wie bin ich auf die Interessen meines Partners eingegangen?
– Wie habe ich ihn in einen guten Zustand versetzt?

3. Bedarf ermitteln

– Habe ich Behauptungen vermieden und stattdessen Fragen gestellt?
– Wie habe ich meine Fragen begründet?
– Habe ich darauf geachtet, dass vor allem mein Partner spricht und mich auf gezielte Fragen beschränkt?
– Welche offenen Fragen habe ich gestellt?
– Wie habe ich den objektiven Bedarf ermittelt?
– Wie bin ich an die subjektiven Bedürfnisse (Kauf- bzw. Entscheidungsmotive) meines Partners herangekommen?
– Wie oft habe ich den „Kontrollierten Dialog" eingesetzt (leise oder laut wörtlich wiederholt)?
– Welche Informationen habe ich nicht erhalten?
– Wie hätte ich sie bekommen können?
– Wie habe ich bei meinem Partner ein Mangelbewusstsein erzeugt?
– Was habe ich an meinem Partner beobachtet?
– Wie habe ich mir Klarheit über meine Vermutungen verschafft?
– Wie stark ist mein Bild vom Partner durch eigene Vorurteile und subjektive Bewertungen verzerrt?

4. Kunden-Nutzen aufzeigen

- Wie bin ich auf die Bedürfnisse (Kaufmotive) meines Partners eingegangen?
- Habe ich mich mit meinen Argumenten identifiziert?
- Wie habe ich Produkteigenschaften und Dienstleistungsmerkmale als Kunden-Nutzen dargestellt?
- Habe ich mir zu jedem Argument die Zustimmung meines Partners geholt?
- Welche visuellen Verkaufshilfen (Skizzen, Charts, Bilder, Prospekte ...) habe ich eingesetzt?
- Welche Beispiele, Vergleiche, Metaphern habe ich verwendet?
- Wie kann ich mich noch einfacher, kürzer, anschaulicher, bildhafter ausdrücken?
- Welche Handzeichnungen habe ich angefertigt?
- Habe ich realistisch argumentiert (auch offensichtliche Nachteile besprochen)?
- Wann und wie habe ich die positiven Erfahrungen anderer Kunden erwähnt?
- Habe ich alle wichtigen Argumente am Schluss noch einmal zusammengefasst und Zustimmung eingeholt?
- Wie habe ich meinen Partner beteiligt und zu vielen eigenen Ideen angeregt?
- Habe ich ihn seine Entscheidung selbst treffen lassen?
- Wie habe ich ihn in seinen idealen Zielzustand versetzt?
- Wodurch habe ich ihn bestärkt und in seiner Meinung bekräftigt?

5. Einwände beantworten

- Wie habe ich auf Fragen reagiert?
- Habe ich ruhig, zustimmend, ausgleichend und verständnisvoll reagiert – und vermieden, meinem Partner zu widersprechen?
- Auf welche Widerstände konnte ich die Kundeneinwände zurückführen?
- Wie habe ich auf diese Widerstände reagiert?
- Wie habe ich Vorwände von Einwänden unterschieden?
- Welche Methoden zur Einwandbeantwortung habe ich angewandt?
- Habe ich die Einwände meines Partners als wertvolle Orientierungshilfen angesehen?
- Habe ich meinen Partner gefragt, ob er mit meinen Antworten zufrieden war?
- Habe ich schwierige Fragen und Einwände notiert, um sie mit Kollegen und Führungskräften zu besprechen?

6. Entscheidung herbeiführen

- Welche Kaufsignale habe ich erkannt?
- Wie habe ich meinem Partner die Entscheidung erleichtert?
- Welche Teilbeschlüsse habe ich erzielt?
- Welche Alternativfragen habe ich gestellt?
- Wie habe ich mich überzeugt, dass mein Partner keine offenen Fragen mehr hat?
- Habe ich „Überverkauf" vermieden?
- Wie habe ich die Entscheidung meines Partners bestätigt?
- Habe ich den Abschluss als Beginn einer dauerhaften geschäftlichen Zusammenarbeit herausgestellt?

– Wie oft habe ich gelächelt?
– Welche Anschluss-Aktivitäten habe ich vereinbart?
– Was ist von mir bis wann zu tun?
– Habe ich alle wichtigen Daten notiert?
– Habe ich alle erforderlichen Stellen informiert?

Phasen des Verkaufsgesprächs

Sie können die einzelnen Abschnitte des Verkaufsgesprächs auch als kybernetischen *Regelkreis* betrachten, denn die Gesprächs-Nachbearbeitung liefert bereits wieder die neuen veränderten Ausgangsdaten für die nächste Gesprächs-Vorbereitung. Eine *gute Nachbereitung erspart* damit oftmals die *halbe Vorbereitung für das nächste Verkaufsgespräch.*

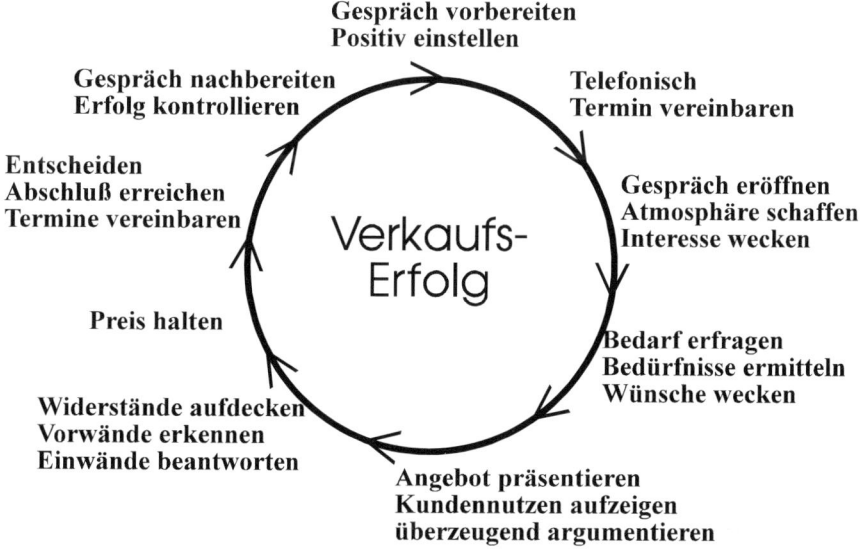

Abb. 12.1: **Die Phasen des Verkaufsgesprächs als systemischer Kreislauf**

Mein Kunde

Mein Kunde ist keine Unterbrechung meiner Arbeit.
Er ist deren Zweck.

Mein Kunde ist keine Störung, sondern mein Ziel.
Er ist kein Hindernis für mich,
sondern er bringt mich vorwärts.

Er bezahlt meinen Lohn, er ist mein Versorger.
Er ist nicht von mir abhängig, meine Existenz aber von ihm.

Nicht ich erweise ihm einen Dienst, mich um ihn zu kümmern,
sondern er mir.

Er gibt mir die Chance zu beweisen,
dass ich die richtige Person auf dem richtigen Platz bin.

Mein Kunde ist nicht jemand, mit dem ich diskutieren soll,
dem ich imponieren oder zeigen soll, dass ich alles besser weiß.

Mein Kunde ist auch keine Nummer in der Kundenkartei.
Er ist ein Mensch aus Fleisch und Blut wie ich.

Er hat seine Freuden und Leiden – wie ich.
Er kann Launen haben – wie ich.

Er kann rechthaberisch und eigenwillig sein – wie ich.
Er kann Vorurteile und verschrobene Ansichten haben –
wie ich.

Aber wenn ich ihn berate, dann ist er mein Gast.

Deshalb behandle ich ihn so,
wie ich als Gast behandelt werden will.

Verfasser unbekannt

Das Wichtigste für Ihre Gesprächs-Nachbereitung

☞ Notieren Sie sich alle wichtigen Details über jeden Ihrer Verhandlungspartner unmittelbar nach dem Besuch, z.B.:
   – Kaufmotive
   – Ziele
   – Erwartungen und Befürchtungen
   – Bevorzugte Sinneskanäle
   – Verhalten, Reaktionen
   – körpersprachliche Signale für Zustimmung und Ablehnung
   – Hobbys und Interessen
   – Erinnerungen, die Ihren Partner in einen guten Zustand versetzen
   – Themen, über die Ihr Partner gerne spricht
   – Rollen, Einfluss, Befugnisse, Fachkompetenz
   – Kriterien, an denen sein Erfolg gemessen wird
   – ...

☞ Legen Sie eine Kunden-Mappe an und geben Sie alle neuen Daten ein.

☞ Bestätigen Sie Ihrem Kunden den Auftrag schriftlich. Bestätigen Sie ihm dabei auch seine Entscheidung als eine gute und richtige Entscheidung.

☞ Informieren Sie alle erforderlichen Stellen – auch andere Geschäftsbereiche, denen Ihr Abschluss ebenfalls nützen könnte.

☞ Überzeugen Sie sich, dass alles richtig ausgeführt wird, bis Ihr Kunde zufrieden ist. Haken Sie, wenn es sein muss, intern mehrfach nach. Sie sind es Ihrem Kunden schuldig.

☞ Machen Sie sich über das Unternehmen Ihres Kunden kundig.

☞ Vervollständigen Sie Ihre Informationen über Ihre Gesprächspartner.

☞ Werden Sie zum Kundenberater. Schicken Sie Ihren Partnern Informationen, die diese interessieren (auch privat). Betreuen Sie Ihre Partner und deren Mitarbeiter.

☞ Erkundigen Sie sich, wie die Wettbewerber des Kunden auf dessen Entscheidung reagieren. Überlegen Sie, welche Wettbewerber dieses Kunden Sie eventuell von der neuen Zusammenarbeit mit Ihnen informieren sollten.

☞ Erkundigen Sie sich, wie Ihre Mitbewerber reagieren. Bleiben Sie am Ball. Halten Sie engen Kontakt zu den Entscheidern im Unternehmen Ihres Kunden. Beugen Sie Kaufreue und Auftragsstornierung vor.

☞ Machen Sie sich Gedanken über den Verlauf des Gesprächs. Erstellen Sie sich Ihre persönliche „Checkliste Gesprächs-Nachbereitung" und benutzen Sie diese regelmäßig nach Kundenkontakten.

☞ Überlegen Sie, wie Sie Ihr nächstes Verkaufsgespräch noch erfolgreicher gestalten können.

☞ Dringen Sie in weitere Bereiche des Kunden-Unternehmens ein, um ähnliche oder zusätzliche Geschäfte anzustoßen bzw. abzuschließen. Stellen Sie enge Beziehungen zu weiteren Entscheidern her.

Wie gut ist Ihr verkäuferisches Wissen? Prüfen Sie sich selbst!

Fragen zu Kapitel 13: Verkaufserfolg langfristig sichern

- Welche Vorteile bringen Ihnen langfristig zufriedene Kunden?
- Wie erreichen Sie, dass Ihre Kunden wirklich zufrieden sind?
- Wann und wie können Sie einen Kunden darum bitten, Sie weiterzuempfehlen?
- Weshalb ist es gar nicht so schwierig, die Erlaubnis für eine Referenzvorführung eines beim Kunden installierten Programms oder erstellten Projekts zu erhalten?
- Was ist die Absicht von Beraten und Verkaufen sowie das Ziel jeder guten Verhandlung und Zusammenarbeit?
- Wie vermitteln Sie Partnerschaft in schwierigen Verhandlungen? Wie überzeugen Sie Ihre Kunden von Ihrer Gewinner-Gewinner-Einstellung?
- Wodurch unterscheiden sich erfolgreiche Verkäufer von Hausierern?
- Wie werden Sie Ihr eigenes Markenzeichen? Wie heben Sie sich positiv aus der Vielzahl Ihrer Kollegen und Kolleginnen heraus?
- Weshalb ist das Beherrschen einer systematischen Verkaufsmethodik wichtig – und was ist noch wichtiger?
- Worauf sollten Sie sich konzentrieren, wenn Sie in ein Verkaufsgespräch gehen?
- Weshalb sollten Sie während der Verhandlung in *dem* Zustand sein, den Ihr Kunde braucht?
- Warum sollten Sie nur einen kleinen Teil Ihrer Energie für Ihr Angebot und Ihre Gesprächsstrategie brauchen?

- Welche Botschaften sollten Sie Ihrem Kunden im Gespräch nonverbal vermitteln?
- Warum ist es unsinnig und aussichtslos, Ihrem Gegenüber etwas vorspielen zu wollen?
- Wann wirken Sie stimmig und kongruent?
- Wie erhöhen Sie Ihre persönliche Integrität?
- Auf welchen Gebieten des Verkaufens sollten Sie sich gut aus- und weiterbilden? Weshalb sind Üben und Trainieren des erlernten Wissens über richtiges Verkaufsverhalten so immens wichtig?
- Wie lauten die vier Stufen der Kompetenz? Wie erreichen Sie die höchste Stufe der Kompetenz als Verkäufer? Weshalb ist es entscheidend, dass Sie nicht auf der Stufe der bewussten Kompetenz stehenbleiben?
- Welchen Nutzen bieten Ihnen Trainings anhand Ihrer eigenen aktuellen Praxisfälle in kleinen Gruppen gemeinsam mit anderen Verkäufern?
- Was können Sie aus dem positiven und konstruktiven Feedback anderer Verkäufer profitieren?
- Was können Sie aus der Selbstanalyse eines eigenen Trainings-Kundengesprächs auf Video lernen?
- Welchen Nutzen bieten Ihnen ein guter Trainer und ein persönlicher Coach?

Kunden als aktive Vollreferenz gewinnen

Ihre Verkaufsbemühungen sind nicht erfolgreich abgeschlossen, wenn Sie den Abschluss erreicht haben. Das wissen Sie bereits aus den beiden vorangegangenen Kapiteln. Nach der Unterschrift unter den Kaufvertrag bleibt noch viel zu tun für Sie. Richten Sie Ihr Augenmerk dabei nicht nur auf das momentane Ergebnis, sondern auf Ihren *langfristigen Erfolg*. Das Ziel Ihres gesamten Strebens als Verkäufer und Berater besteht in langfristig zufriedenen Kunden. *Zufriedene Kunden* sind kein Selbstzweck, sie nützen Ihnen und Ihrem Unternehmen in mehrfacher Hinsicht:

–   Erstens *kaufen* sie *wieder* und bleiben Ihnen treu als Stammkunden – und *an Stammkunden zu verkaufen ist* bekanntlich fünf- bis *siebenmal leichter*, als Neukunden zu akquirieren.

–   Zweitens äußern sich zufriedene Kunden positiv über Sie und *empfehlen Sie*, Ihre Produkte und Dienstleistungen und Ihr Unternehmen *weiter*. Sie machen also Werbung und Public Relations für Sie. Diese Öffentlichkeitsarbeit hat mehrere Vorteile für Sie:

   •   Sie erfolgt *gezielt* und *unterliegt keinen Streuverlusten*.

   •   Sie ist persönlich und damit sehr viel *glaubhafter* und vertrauenswürdiger als jede schriftliche Werbung.

   •   Sie *kostet* Sie *keinen Cent*!

Sorgen Sie daher dafür, dass Ihre Kunden wirklich restlos zufrieden sind mit Ihrer Leistung. Tun Sie das kleine bisschen Mehr als üblich und erforderlich, um sie zu auch zu *begeistern*.

521

> **Wenn Sie niemals mehr leisten, als Sie bezahlt bekommen, werden Sie auch niemals mehr verdienen, als Sie leisten!**

Sagen Sie Ihren Kunden zu Beginn, dass es Ihr Ziel ist, alles zu tun, damit sie zufrieden sein werden. Fragen Sie sie am Ende, ob sie zufrieden sind. Wenn Sie ein *„Ja"* bekommen, bitten Sie Ihre zufriedenen Kunden, Sie und Ihr Unternehmen *weiterzuempfehlen*.

Trauen Sie sich auch zu fragen, ob sie Ihnen jemanden (Firma oder Person) nennen können, der in einer ähnlichen Situation, vor einer ähnlichen Aufgabe oder Entscheidung steht und ebenfalls eine zufrieden stellende Lösung sucht. Bedanken Sie sich für jeden Hinweis. Fragen Sie auch bei späteren telefonischen Kontakten nach, *wen Sie* nach Auffassung Ihrer Kunden mit Ihrem Service *noch zufrieden stellen können*.

Sagen Sie Ihren zufriedenen Kunden auch, dass Sie sich über einen kleinen Gefallen ihrerseits freuen würden. Dazu kann eine Empfehlung, Weitergabe von Adressen oder das Herstellen eines Kontakts genauso gehören wie die Erlaubnis, einen Ihrer Interessenten zu einer Referenzvorführung mitbringen zu dürfen. Seien Sie mutig in diesem Punkt. Menschen, die in Ihrem Unternehmen *mit Erfolg etwas Neues eingeführt* haben und damit zufrieden sind, *zeigen gern ihre Erfolge* und berichten auch gern darüber. Und wer außergewöhnlich gut bedient worden ist, möchte sich meist auch dankbar erweisen.

Die Bitte, Ihren zufriedenen Kunden als *Referenzkunden* nennen zu dürfen, wird Ihnen vermutlich nur sehr selten verweigert werden. Also holen Sie sich die *Erlaubnis* so *frühzeitig* wie möglich. Sie zeigen damit auch Ihr *Vertrauen* in Ihre eigene

Leistung und in die *Leistungsfähigkeit* Ihres Kunden – und sie *werten ihn auf* damit.

Beraten und Verkaufen besteht aus Geben und Nehmen in der Absicht, dass beide Seiten bzw. alle Beteiligten und möglichst alle Betroffenen davon profitieren. *Das Ziel jeder guten Verhandlung und Zusammenarbeit ist, dass alle dabei gewinnen.*

Abb. 13.1: **Ein Vertragsabschluss lohnt sich auf Dauer nur, wenn beide Seiten dabei gewinnen**

Wenn Sie Ihren Partner auf das Siegerpodest gehievt haben, wird er seinen Förderer und Nutzenbringer nicht vergessen.

Gute Geschäfte beruhen auf Gegenseitigkeit und kommen nur aufgrund *guter Beziehungen* zustande. Weshalb sollten Sie Ihre *Kontakte* zu Ihren Geschäftspartnern nicht genauso gut *pflegen* wie zu Ihren *Freunden*?

Sollte einer Ihrer Kunden doch einmal von der Gewinner-Gewinner-Einstellung nicht überzeugt sein, weil er glaubt, das Spiel „Ich werde Sieger – du Verlierer" spielen zu können, dann versetzen Sie sich in seine Lage und finden Sie heraus, wie Sie ihm in seinen Worten vermitteln können, was Partnerschaft und Freundschaft entstehen lässt.[1]

Langfristig dauerhafte Verkaufserfolge haben Sie nur mit der Gewinner-Gewinner-Einstellung. Wer hingegen kurzfristig einseitiger Sieger werden will, der muss sich oft nach neuen Märkten und neuen Kunden umsehen. Aus meiner Sicht ist ein solcher Mensch kein Verkäufer, sondern ein Hausierer. Für erfolgreiche Verkäufer gilt: Betteln und Hausieren verboten!

Sie und Ihr Unternehmen leben von Ihren Kunden. Ihr zukünftiger Erfolg als Verkäufer und Berater hängt von der Zufriedenheit Ihrer Kunden heute ab. *Machen Sie Ihre Kunden* deshalb *zu Gewinnern, und Sie werden selbst dadurch zum Gewinner.*

---

[1] Literaturempfehlung hierfür: William L. Ury: Schwierige Verhandlungen – Wie Sie sich mit unangenehmen Kontrahenten vorteilhaft einigen

Werden Sie Ihr eigenes Markenzeichen

Wenn Sie immer alles so machen, wie es Ihnen Ihre Führungskräfte, Ihre Trainer oder Ihre Lehrbücher vorschreiben, werden Sie sicher überdurchschnittlich gut, aber nicht einmalig erfolgreich. Dazu gehört etwas mehr: Ihr besonderer individueller Stil. *Werden Sie eine unverwechselbare Verkäufer-Persönlichkeit!*

Das geht nicht, indem Sie sich nach Lehrbuch verhalten. Wenn sich alle Showmaster nach den Regeln der guten Rhetoriktrainer verhielten, würden sie sich und ihrem Publikum manchen verbalen Ausrutscher ersparen, aber sie wären auch alle sehr ähnlich und damit nichts Besonderes. Gerade aber weil z.B. ein Thomas Gottschalk oder ein Günther Jauch sich nicht immer an die Regeln halten, sondern ihren eigenen persönlichen Stil entwickelt haben, unterscheiden sie sich von den anderen, heben sie sich aus der Masse ihrer Kollegen heraus.

Sie sollten wissen, was in Ihren Verkaufsbüchern steht. Sie sollten die systematische *Verkaufsmethodik kennen* und *alle Phasen einer Verhandlung mit Kunden beherrschen.* Sie sollten alle brauchbaren Anregungen aus diesem Buch übernehmen und trainieren, bis Sie sie mit „unbewusster Kompetenz", instinktiv richtig beherrschen (vgl. S. 533), doch Sie sollten niemals einem fixen Schema folgen. Erfolgreicher Umgang mit Menschen erfordert enorm *viel Flexibilität.*

Sie wissen selbst, kein Verkaufsgespräch läuft genau nach Lehrbuch ab. Manchmal sind Kunden viel früher kaufbereit, als Sie vorher zu glauben wagten. Es läuft auch kein Verkaufsgespräch ganz nach Ihrem Plan ab. Doch das heißt nicht, dass Sie Ihre Gespräche nicht *vorher gründlichst vorbereiten* und durchdenken sollten.

Wenn Sie jedoch ins Gespräch gehen, dann konzentrieren Sie sich nicht mehr auf das, was Sie sagen, zeigen oder tun werden, sondern auf *den Zustand, in dem Sie und Ihr(e) Gesprächspartner am Ende des Gesprächs idealerweise sein sollen.* Fragen Sie sich, was Ihr Partner braucht, um sich so zu fühlen, wie es dem idealen Zielzustand entspricht (Sicherheit, Interesse, Klarheit, Vertrauen, Zufriedenheit ...), und versetzen Sie sich in genau diesen Zustand. *Braucht Ihr Gegenüber Sicherheit, treten Sie sicher auf,* braucht Ihr Kunde Risikobereitschaft, treten Sie mutig und risikobereit auf, braucht Ihr Interessent Vertrauen, zeigen Sie Selbstvertrauen und Vertrauen in ihn usw.

Wenn Sie in diesem Zustand sind, strahlen Sie diese Eigenschaft (Qualität) aus durch alles, was Sie tun oder sagen. Sie brauchen nicht mehr über jedes Wort oder jede Geste nachzudenken. Sie können jetzt ganz Sie selbst sein. Sie bringen Ihre Mitmenschen ganz automatisch *in Resonanz zu dem Zustand, in dem Sie selbst sind* und aus dem heraus Sie agieren.

Da Sie sich in iesem Fall nicht mehr auf sich selbst, nicht mehr auf Ihren geplanten Gesprächsablauf und auch nicht mehr auf Ihre Worte und Produkte zu konzentrieren brauchen, sind Sie frei, sich *auf das einzig Wichtige zu konzentrieren,* was zählt in diesem Moment: *auf Ihren Kunden.* Nicht was *Sie* sagen, ist wichtig oder richtig, sondern allein, was *Ihr Kunde versteht* und was *er* für richtig hält.

Je besser Sie vorbereitet sind auf genau diesen Moment und diesen Menschen, je besser Sie Ihre Dienstleistung und Ihr Produkt beherrschen, desto mehr können Sie *Ihre Aufmerksamkeit auf Ihren Partner richten.* Je mehr Sie auf ihn achten, desto mehr Energie erhält Ihr Kontakt, desto fester wird Ihre *Beziehung.*

Wenn Sie 50% Ihrer Gedanken für sich und Ihre eigenen Argumente und Unterlagen brauchen, haben Sie nur noch *50%* für Ihren Partner. Das ist *zu wenig*! Wenn Sie jedoch so fit sind auf Ihrem Gebiet, dass Sie nur noch 10% Ihrer Aufmerksamkeit für Ihre Gesprächsstrategie brauchen, dann haben Sie *90% Ihrer Energie* frei zur Verfügung, um Ihrem Partner zu signalisieren:

> *„Du bist wichtig für mich."*
>
> *„Ich bin für Dich da."*
>
> *„Ich will Dir helfen."*
>
> *„Ich mag Dich."* ...

Diese überwältigend positive innere Einstellung (gewinnende Grundhaltung) wird Ihr Gesprächspartner auf vielfältige Art wahrnehmen. Menschen haben unzählige „Antennen" für Schwingungen und Überzeugungen ihrer Mitmenschen und nehmen *unterbewusst Hunderte von Reizen gleichzeitig* wahr. Versuchen Sie deshalb nicht, Ihrem Gegenüber etwas vorzuspielen! Sie können vom Verstand her nicht Tausende von körpersprachlichen Signalen kontrollieren!

Der Verstand kann nur *einen* Gedanken *nach dem anderen* denken, *eine* Handlung nach der anderen bewusst steuern. Ihr *Unterbewusstsein* sowie Ihr *vegetatives und autonomes Nervensystem* hingegen *können Millionen Vorgänge im Körper gleichzeitig steuern*. Zum Glück brauchen Sie sich um die Vorgänge in Ihrem Körper nicht bewusst zu kümmern, sonst würden Sie vielleicht noch nach Monaten damit beschäftigt sein, alle Anweisungen an Billionen Körperzellen zu geben, um auch nur die Hand zum Begrüßen richtig zu bewegen. Dazu sind Millionen physikalische, chemische, elektrische und mechanische Prozesse zu veranlassen und zu regeln. Allein die umfangreichen mechanischen Befehle zur Steuerung eines Robotergreifarms mögen

Ihnen einen Eindruck geben von der unglaublichen Komplexität des Geschehens in Ihrem Körper.

Vergessen Sie es, etwas vorspielen zu wollen, was nicht Ihrer inneren Einstellung entspricht! Der Versuch muss scheitern. Sie können vielleicht auf freundliche Worte und offene Handbewegungen achten, aber der Rest Ihrer *Körpersprache* – gesteuert von Ihrem Unterbewusstsein – spricht eine andere, *ehrlichere Sprache*. Sie können nicht Ihre Hauttemperatur und -farbe, Ihre Pupillenbewegungen und Ihr feinmotorisches Minenspiel sowie Ihre Atem- und Herzschlagfrequenz, Ihren Blutdruck und Ihren Stimmklang gleichzeitig bewusst steuern.

Glaubwürdig und überzeugend wirken Sie aber nur, wenn Sie sich stimmig verhalten. *Nur wenn Ihr Verhalten Ihrer wahren inneren Einstellung entspricht, wenn Denken, Fühlen und Handeln im Einklang sind, wirken Sie kongruent* (authentisch, echt). Wir Menschen bekommen erstaunlich schnell mit, wenn jemand nicht kongruent ist, wenn er uns nur etwas vorspielt oder vortäuscht. *Arbeiten Sie daher* nicht an Ihren schauspielerischen Fertigkeiten, sondern *an Ihrer inneren Einstellung, Ihrem Respekt vor und Ihrer Liebe zu Ihren Mitmenschen.*

Zeichnen Sie sich aus durch Integrität. Es gibt nichts, was Sie vertrauensvoller und glaubwürdiger macht als Integrität. *Seien Sie in jeder Beziehung ein Vorbild* und verhalten Sie sich Ihren Mitmenschen gegenüber immer so, wie Sie es sich auch von ihnen wünschen. Als integere Persönlichkeit folgen Sie höchsten moralisch-ethischen und zeitlos gültigen spirituellen Normen.

Als integerer Person verbietet es sich für Sie ganz von selbst, jemals etwas Negatives über einen anderen Menschen zu sagen, wenn dieser nicht vor Ihnen steht. Sie reden weder schlecht über Wettbewerber oder deren Leistung noch über andere Kunden

oder deren Situation. Würden Sie es tun, vermittelten Sie Ihrem Partner nur das Gefühl, dass er bei Ihnen auf der Hut sein muss, da Sie seine Situation ja auch woanders erzählen könnten. Wahren Sie daher *Diskretion* und behalten Sie Persönliches absolut *vertraulich*.

Es ist sicher nicht immer leicht, höchste Ansprüche an sich selbst zu stellen, doch es lohnt sich. Und an wen sonst, außer an Sie selbst, könnten Sie Ansprüche stellen? Allen Ihren Kunden Vertrauen zu vermitteln dauert seine Zeit. Doch es *lohnt sich*, dass Sie sich auf *Ihren* Weg zu Ihrem Verkaufserfolg machen.

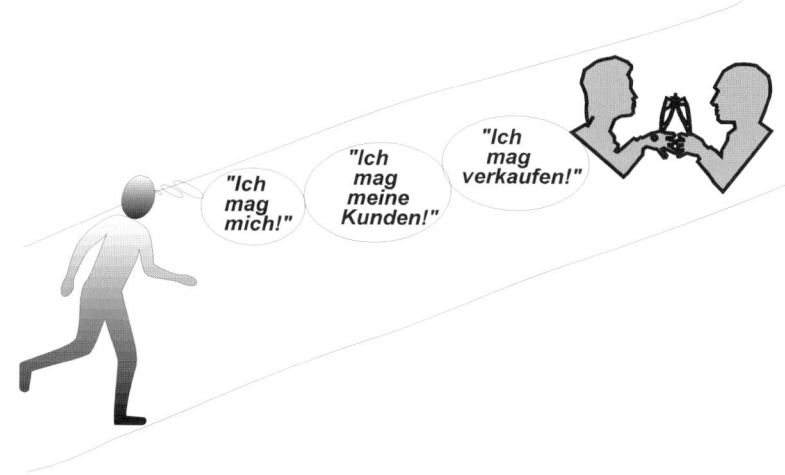

Abb. 13.2: **Ihr Weg zum Verkaufserfolg – selbstdiszipliniert, integer, vertrauensvoll, vorbildlich**

Haben Sie sich jedoch einmal den Ruf der Integrität erworben, erleichtert dies Ihre Arbeit fortan immens. Wenn Sie aus einer *liebevollen, partnerorientierten Grundeinstellung* heraus handeln, werden Ihnen Ihre Kunden schnell wieder verzeihen, selbst wenn Ihnen einmal ein Argument misslingen sollte oder Sie versehentlich aus Unwissenheit oder Ungeschick in ein „Fettnäpfchen" getreten sein sollten.

Es kommt immer auf Ihre positive Absicht an. Erinnern Sie sich an das Eisberg-Modell vom Anfang dieses Buches: Sie werden vorrangig nach Ihrer herzlichen *Menschlichkeit* beurteilt und erst nachgeordnet nach Ihrem brillanten Fachwissen. Haben Sie Mut und *zeigen Sie Herz*!

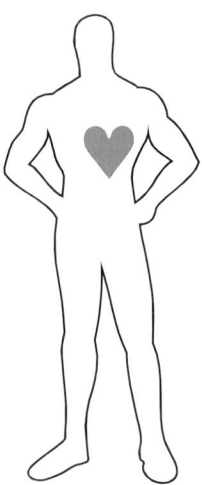

Abb. 13.3: **Partnerorientierung bedeutet: Mensch bleiben und Herz zeigen**

Wie trainieren Sie Ihre Verkaufs-Kompetenz?

Zu einem erfolgreichen Verkäufer oder Berater gehört, dass er auf verschiedenen Gebieten des Verkaufens und Verhandelns gut ausgebildet ist und sich darin auch *regelmäßig weiterbildet.* Dazu gehören u.a.:

- Kunden-Orientierung und Verkaufs-Kommunikation
- Verhandlungs-Psychologie
- Verkaufs-Methodik
- Beratungs- und Verkaufs-Gespräche führen
- Telefon-Verkauf
- Verkaufs-Präsentation (Produkt-Vorführung)
- Schriftlicher Verkauf (Mass Mailing, Direkt-Marketing)
- Gebietsentwicklung (Marketing, Neugeschäfts-akquisition, Vertriebsorganisation)
- Selbstmanagement, Ziel-, Zeitplanung, und Arbeits-methodik ...

Wenn Sie das vorliegende Fachbuch bis hierher gründlich durchgearbeitet haben oder Seminare wie „Kunden und Gesprächspartner gewinnen und überzeugen", „Verständnisvoll umgehen mit Kunden", „Mich und meine Kunden noch besser verstehen" und „Erfolgreich verkaufen mit systematischer Verkaufsmethodik" absolviert haben, besitzen Sie die notwendige *innere Einstellung* und das erforderliche *Verkaufswissen* zur aktiven Kundenberatung und -betreuung (entspricht in obiger Liste den Punkten 1.-3.).

Doch *Wissen* über richtige Verkaufsmethodik allein bewirkt noch nicht viel. Optimaler Lernerfolg, d.h., *Verhaltenserweiterung*, lässt sich nur durch *Anwenden* des Gelernten in (Trainings-)Verkaufsgesprächen erreichen.

In dieser Phase der Weiterbildung geht es für Sie nicht mehr darum, sich neuen Lehrstoff anzueignen. Nun geht es für Sie darum, durch Trainieren, Üben und bewusstes Anwenden des Gelernten die höchste Stufe der Kompetenz zu erklimmen: die Stufe Ihrer *unbewussten Kompetenz*. Zum besseren Verständnis ein kurzer Exkurs:

Die vier Stufen der Kompetenz

1. Unbewusste Inkompetenz

Auf dieser Stufe *wissen* Sie *nicht*, dass Sie etwas nicht wissen oder können, daher *stört* es Sie auch *nicht*.
(Beispiel: Solange Sie nichts über Verkaufsmethodik wussten, hat es Sie nicht gestört, dass Sie nicht konnten, was erfolgreiche Verkäufer beherrschten. Sie lebten in diesem Punkt zufrieden wie ein Kind oder gelassen wie ein Tier.)

2. Bewusste Inkompetenz

Auf der zweiten Stufe wissen Sie, dass es viele Methoden gibt, die Ihnen die Arbeit erleichtern. Sie haben jetzt Wünsche, *Ziele* und Vorbilder. Sie sind jedoch noch nicht so, wie Sie sein wollen. Die *Abweichung* von IST und SOLL ist Ihnen *bewusst*, daher sind Sie unzufrieden und gleichzeitig motiviert, neue nützliche Verkaufsmethoden dazu zu lernen, um Ihren Erfolg zu vergrößern.

3. Bewusste Kompetenz

Jetzt lernen und üben Sie, um bestimmte Situationen auf eine bestimmte Weise zu bewältigen. Auf dieser dritten Stufe *handeln* Sie *bewusst* in einer ganz bestimmten Art, nach hilfreichen Regeln (wie z.B. in diesem Buch beschrieben). Doch durch Ihr beabsichtigtes und *geplantes*

Verhalten erscheint dieses als *kopfgesteuert* und kann von Ihren Kunden als Manipulationsversuch (als Mittel zum Zweck) empfunden und deshalb abgelehnt werden, auch wenn Ihre Absicht noch so gut sein mag. (Ihre Gesprächspartner denken: *„Das tut er nur, um etwas Bestimmtes bei mir zu bewirken." „Das macht sie nur, um eine gute Gesprächsatmosphäre herzustellen, damit ich mehr kaufe.")*

Hier hilft nur Weiterüben, bis Sie es so gut können, dass Sie sich unbewusst richtig (= angemessen) verhalten. Deshalb ist *Trainieren von Verkaufsgesprächen in* der schützenden Atmosphäre von *Seminaren so wichtig.*

4. Unbewusste Kompetenz

Jetzt haben Sie die Stufe des *Meisters* erreicht. Sie tun „automatisch", d.h., intuitiv oder instinktiv, also unbewusst, jederzeit genau das „Richtige", d.h. *das den Menschen, der Situation und dem Ziel Angemessene.* Sie handeln nicht nach einer rein rationalen Logik (Menschen sind nicht logisch), sondern verhalten sich stimmig, authentisch. Sie sind eine gereifte und ausgeglichene Persönlichkeit.

Kopf, Herz und Bauch = Ratio, Emotion und Intuition sind im Einklang. Ihre Worte und Ihre Körpersprache drücken jetzt das Gleiche aus. Sie handeln in Übereinstimmung mit Ihren Gefühlen und Gedanken, also kongruent. Großhirn, Zwischenhirn und Stammhirn arbeiten synchron. Sie sind Sie selbst, spielen keine Rolle mehr, um andere zu beeindrucken. lles, was Sie brauchen, ist in Ihnen. Sie wissen *selbstbewusst*, dass Sie das können, was Sie können wollen. Sie genießen es, jederzeit genug Alternativen zu besitzen, um *angemessen* agieren, reagieren und interagieren zu können.

Wie könnte ein *geeignetes Training für Sie* aussehen, nachdem Sie sich das Wissen und die Methoden dieses Buches einverleibt haben? Am besten so:

Sie trainieren ausschließlich *an aktuellen eigenen Praxisfällen aus Ihrem Verkaufsalltag.* Es wird keine Theorie mehr vermittelt, und es werden auch keine Lehrvorträge gehalten. Das erforderliche Wissen für die Trainings ist Ihnen ja bereits bekannt (von diesem Buch und/oder von Basisseminaren). Deshalb sollte Ihnen in der nun folgenden Phase fast die *gesamte Trainingszeit zum Üben* der einzelnen Gesprächsabschnitte zur Verfügung stehen.

Wenn die *effektivste* verkäuferische Arbeitszeit, nämlich die im *aktiven Verkaufsgespräch beim Kunden* im Jahresdurchschnitt nur ca. 2,5 Stunden pro Tag beträgt, dann ist es besonders wichtig, dass Sie *diese wertvolle Zeit* auch *bestmöglich nutzen* und sich *darauf* auch *am meisten im Training vorbereiten.* Deshalb empfiehlt es sich für Sie, intensiv in *Kleingruppen à vier Personen* zu trainieren und zunächst *gezielt Einzelgespräche* zu *üben.* Das heißt, ein Verkäufer berät jeweils einen (potenziellen) Kunden, die beiden anderen Teilnehmer und der Trainer fungieren dabei als Beobachter.

Wie läuft eine Gesprächssequenz im Verkaufstraining idealerweise ab?

1. Vor jedem Trainings-Verkaufsgespräch informiert der Verkäufer jeweils seinen Partner und die Beobachter ausführlich über die Ausgangssituation (das von ihm vorbereitete Szenario, d.h. sein eigener Kundenfall). Der Partner bereitet sich auf die Kundenrolle vor.

2. Nach seinem Gespräch darf der Verkäufer zuerst Selbstkritik üben (Was waren meine Ziele? Was ist mir gut gelungen? Womit bin ich noch nicht zufrieden? ...).

3. Danach erhält er von allen Kleingruppen-Mitgliedern positive und konstruktive Rückmeldung (aufbauendes und korrigierendes Feedback) darüber, wie sein Gesprächsverhalten im Hinblick auf seine Ziele und die Bedingungen der geschilderten Situation auf die anderen gewirkt hat. (Also: Was hat wem wie gut gefallen, und was kann eventuell noch wie verbessert werden?)

4. Wer möchte, kann sein Gespräch auf Video aufzeichnen und am Abend in Ruhe selbstkritisch analysieren – allein, mit dem Trainer oder mit seiner Kleingruppe.

Dabei lernen Sie durch *praktisches Tun*. Sie erhalten Gelegenheit, etwas über Ihre Wirkung auf andere Menschen zu erfahren, wenn Sie sich wie immer verhalten. Oder: Sie haben die Chance, neue Lernerfahrungen und Erfolgserlebnisse zu sammeln, wenn Sie den Mut finden, in der vertrauensvollen Atmosphäre schützender Kleingruppen neue Verhaltensalternativen auszuprobieren und zu erlernen.

Sie (und alle anderen Trainingsteilnehmer auch) sollten auf jeden Fall die Gelegenheit erhalten, Ihr Verkaufsgespräch (bzw. den zu trainierenden Abschnitt davon) unbedingt *zwei Mal üben* zu dürfen! Das ist besonders wichtig, damit Sie Ihr Gespräch erfolgreich wiederholen können, denn erfahrungsgemäß klappt beim ersten Mal in den seltensten Fällen alles zur eigenen Zufriedenheit.

Nach dem ersten Feedback wissen Sie, wie Ihr Gesprächsverhalten auf andere Menschen wirkt, welche persönlichen Schwierigkeiten Sie in dieser Situationen noch haben und was Sie alles besser machen könnten. Damit niemand ernüchtert oder enttäuscht bleibt, sollte jeder sein Gesprächsverhalten am Abend überdenken und das gleiche Trainingsgespräch am nächsten Tag noch einmal führen dürfen.

VERKAUFSERFOLG LANGFRISTIG SICHERN

Bei der *Wiederholung* können Sie die Konsequenzen aus Ihren Erkenntnissen vom Vortag ziehen und Ihr *neues, verbessertes Gesprächsverhalten* in die Tat umsetzen. Meist klappt es dann schon viel besser, zumindest bei den Punkten, auf die Sie sich *gezielt konzentrieren.*

Es ist dabei wichtig und hilfreich, von den gleichen Kleingruppen-Mitgliedern zu erfahren, wie viel anders und *besser* Ihr Verkaufsgespräch beim zweiten Mal angekommen ist. Damit wird Ihnen *Ihr Lernfortschritt* bewusst, und Sie erfahren ein *wichtiges Erfolgserlebnis.* Und Erfolg ist nun mal der größte *Motivationsfaktor* jedes Verkäufers – wahrscheinlich jedes Menschen überhaupt. Das Erleben dieses *positiven Lernprozesses* liefert Ihnen die Grundlage für das erfolgreiche Umsetzen des Gelernten in Ihre tägliche Verkaufspraxis und gibt Ihnen die *Kraft* und den Mut *zum ständigen Weiterlernen* – bis Sie Ihr Ziel erreicht haben: zufriedene, begeisterte Kunden.

Da Sie beim Klavierspielen auch nicht gleich mit Stücken von Chopin beginnen, sondern mit Fingerübungen, macht es Sinn, auch das Verkaufsgespräch im Training in mehrere Abschnitte zu unterteilen und diese nacheinander zu üben, z.B. hat sich diese Aufteilung bei RAS-Training und -Beratung bestens bewährt:

1. Verkaufsgespräch gewinnend eröffnen,
   Bedarf erfragen und Bedürfnisse ermitteln
2. Angebot unterbreiten, Nutzen aufzeigen,
   Einwände beantworten
3. Preisverhandlung sicher führen,
   Entscheidung herbeiführen

VERKAUFSERFOLG LANGFRISTIG SICHERN

Wenn Sie sich genug Zeit nehmen, die Erkenntnisse nach jedem Trainingsabschnitt bei Ihren Kunden in die Tat umzusetzen, sollte das zum Nutzen und Wohle aller Beteiligten sein. Dabei wünsche ich Ihnen (und natürlich auch Ihrem Unternehmen) *viel Erfolg!*

Wenn Sie Fragen haben, rufen Sie mich in Hünfelden an oder schicken Sie mir eine E-Mail. Sie können Ihr Feedback auch im Internet direkt in meiner Homepage www.RAS-Training.de eintragen. Ich freue mich auch über jeden Erfahrungsaustausch und über Anregungen zu allen Inhalten dieses Buches. Wenn Sie eine gute Idee haben, wird sie die nächste Auflage verbessern helfen. Bitte schreiben Sie mir. Meine Anschrift erhalten Sie gern vom verlag moderne industrie.

Herzlichen Dank. ♥

Das Wichtigste für Ihren langfristigen Verkaufserfolg

☞ Nach der Unterschrift unter den Kaufvertrag bleibt noch viel Wichtiges zu tun für Ihren langfristigen Erfolg.

☞ Zufriedene Kunden kaufen wieder bei Ihnen und empfehlen Sie, Ihre Produkte und Dienstleistungen und Ihr Unternehmen weiter.

☞ Die Mund-zu-Mund-Werbung Ihrer Referenzkunden hat keine Streuverluste, kostet nichts und ist hoch wirksam, weil sehr überzeugend.

☞ Fragen Sie Ihre Kunden am Ende, ob sie zufrieden sind. Wenn ja, bitten Sie Ihre Gesprächspartner, Sie und Ihr Unternehmen weiterzuempfehlen.

☞ Fragen Sie Ihre Kunden, ob sie Ihnen jemanden nennen können, der ebenfalls eine zufrieden stellende Lösung sucht oder eine gute persönliche Beratung braucht.

☞ Bitten Sie um die Erlaubnis, einen Interessenten zu einer Referenzvorführung mitbringen zu dürfen. Wenn Ihre Partner mit Erfolg etwas Neues eingeführt haben und damit zufrieden sind, zeigen sie meist gern ihre Erfolge.

☞ Gute Geschäfte kommen nur aufgrund guter Beziehungen zustande. Pflegen Sie daher Ihre Kontakte zu Ihren Geschäftspartnern genauso gut wie zu Ihren Freunden.

☞ Das Ziel jeder guten Verhandlung und Zusammenarbeit ist, dass alle dabei gewinnen: Ihr Gesprächspartner, dessen Unternehmen, Ihr Unternehmen und Sie selbst.

☞ Verfolgen Sie immer die Gewinner-Gewinner-Einstellung und vermitteln Sie das Gefühl wahrer Partnerschaft.

☞ Wenn Sie Ihre Kunden zu Gewinnern machen, werden Sie selbst dadurch zum Gewinner.

☞ Leben Sie Ihren individuellen Stil mit Ihren persönlichen Stärken und werden Sie eine unverwechselbare Verkäuferpersönlichkeit.

☞ Übernehmen und trainieren Sie alle für Sie brauchbaren Anregungen aus diesem Buch, bis Sie diese „im Schlaf" beherrschen, aber folgen Sie niemals einem fixen Schema.

☞ Erfolgreicher Umgang mit Menschen erfordert sehr viel Flexibilität und Anpassungsfähigkeit von Ihnen.

☞ Bereiten Sie sich gründlich vor, doch konzentrieren Sie sich im Gespräch nicht mehr auf das, was Sie sagen, zeigen oder tun wollten, sondern auf Ihren Gesprächspartner und den Zustand, in dem Sie und er am Ende des Gesprächs sein sollen.

☞ Fragen Sie sich, was Ihr Partner braucht, um sich so zu fühlen, wie es dem idealen Zielzustand entspricht (sicher, überzeugt, zufrieden, begeistert ...), und versetzen Sie sich in genau diesen Zustand.

☞ Sie bringen Ihre Mitmenschen ganz automatisch in Resonanz zu dem Zustand, in dem Sie selbst sind und aus dem heraus Sie agieren.

☞ Nicht was *Sie* sagen, ist wichtig oder richtig, sondern allein, was Ihr Kunde versteht und was *er* für richtig hält.

☞ Signalisieren Sie Ihrem Partner: *„Du bist wichtig für mich. Ich mag Dich und bin für Dich da ..."*

☞ Ihre innere Einstellung oder Grundhaltung werden Ihre Gesprächspartner auf vielfältige Art wahrnehmen.

☞ Glaubwürdig, überzeugend und stimmig wirken Sie nur, wenn Ihr Verhalten Ihrer wahren inneren Einstellung entspricht, wenn Denken, Fühlen und Handeln im Einklang sind.

☞ Es gibt nichts, was Sie vertrauensvoller und glaubwürdiger macht als Integrität. Seien Sie in jeder Beziehung ein Vorbild. Sagen Sie nichts Negatives über andere Menschen.

☞ Handeln Sie aus einer liebevollen, partnerorientierten Grundeinstellung heraus. Es kommt immer auf Ihre positive Absicht an.

☞ Sie werden vorrangig nach Ihrer herzlichen Menschlichkeit beurteilt.

☞ Bilden Sie sich regelmäßig weiter und trainieren Sie neue Ideen so lange, bis Sie Ihnen in Fleisch und Blut übergegangen sind, d.h., bis Sie die Stufe der unbewussten Kompetenz erreicht haben.

☞ Holen Sie sich bei Bedarf die Unterstützung eines erfahrenen Trainers, Beraters und Coachs.

Literaturverzeichnis

Altmann, Hans Christian: Erfolgreicher verkaufen durch Positives Denken. So erreichen Sie Ihre persönliche Spitzenleistung, verlag moderne industrie, Landsberg am Lech, 1999

Altmann, Hans Christian: Motivieren und gewinnen, 20 Power-Strategien zur Verkäufermotivation, verlag moderne industrie, Landsberg am Lech, 1997

Altmann, Hans Christian: Jeder kann Sieger werden, verlag moderne industrie, Landsberg am Lech, 2000

Altmann, Hans Christian: Kunden kaufen nur von Siegern, verlag moderne industrie, Landsberg am Lech, 4. Aufl. 2000

Bachmann, Winfried; Priester, Armin: WIN-WIN, Die Handschrift des erfolgreichen Verkäufers, Junfermann Verlag, Paderborn, 1992

Berne, Eric: Spiele der Erwachsenen, Psychologie der menschlichen Beziehungen, Rowohlt Taschenbuch Verlag, Reinbek bei Hamburg, 1970

Bierach, Alfred J.: NLP – die letzten Geheimnisse der Starverkäufer, verlag moderne industrie, Landsberg am Lech, 4. Aufl. 1993

Birkenbihl, Vera F.: Psycho-logisch richtig verhandeln, Professionelle Verhandlungstechniken mit Experimenten und Übungen, mvg-verlag, Landsberg am Lech, 12. Aufl. 1999

Birkenbihl, Vera F.: Kommunikationstraining, Zwischenmenschliche Beziehungen erfolgreich gestalten, mvg-verlag, Landsberg am Lech, 21. Aufl. 1998

Birkenbihl, Vera F.: Fragetechnik schnell trainiert, Das Trainingspro-
gramm für Ihre erfolgreiche Gesprächsführung - Weiterbil-
dungsseminar, mvg-verlag, Landsberg am Lech, 10. Aufl. 1998

Birkenbihl, Vera F.: Stroh im Kopf? Gebrauchsanleitung fürs Gehirn,
mvg-verlag, Landsberg am Lech, 36. Aufl. 2000

Buzan, Tony/Israel, Richard: Der Weg zum Verkaufsgenie, verlag
moderne industrie, Landsberg am Lech, 2000

Covey, Stephen R.: Die sieben Wege zur Effektivität, Ein Konzept zur
Meisterung Ihres beruflichen und privaten Lebens, Campus
Verlag, Frankfurt/Main, New York, 2000

Detroy Erich-N.: Das Powerbuch der Neukundengewinnung, verlag
moderne industrie, Landsberg am Lech, 2000

Detroy Erich-N.: Sich durchsetzen in Preisgesprächen und -verhand-
lungen, verlag moderne industrie, Landsberg am Lech,
11. Aufl. 1999

Diamond, John: Der Körper lügt nicht, Verlag für Angewandte Kine-
siologie, Freiburg, 1995

Festinger, Leonhard: Conflict, Decision and Dissonance, Stanford
University, USA, 1964

Harris, Thomas A.: Ich bin o.k. – Du bist o.k., Wie wir uns selbst
besser verstehen und unsere Einstellung zu anderen verändern
können – Eine Einführung in die Transaktionsanalyse, Rowohlt
Taschenbuch Verlag, Reinbek bei Hamburg, 1975

Jessen, Peter: Die neuen Verkaufstechniken, Ein Arbeitshandbuch für
Technik, Taktik und Systematik des Verkaufens, verlag moderne industrie, Landsberg am Lech, 8. Aufl. 1990

Ruhleder, Rolf H.: Einfach besser verkaufen, verlag moderne industrie, Landsberg am Lech, 2000

Scheelen, Frank M.: So gewinnen Sie jeden Kunden, verlag moderne industrie, Landsberg am Lech, 2. Aufl. 2000

Schnappauf, Iris und Rudolf: Platz der Ruhe – In Kontakt mit der Quelle, Audio-CD in Studioqualität (auch als Kassette erhältlich), Eigenverlag, Hünfelden, 2000

Schnappauf, Iris und Rudolf: KörperBewusstsein – Energie auftanken, Audio-Kassette in Studioqualität, Sechs Atem-Übungen zum Erholen, Entspannen, Stress abbauen, Konzentrieren und Regenerieren, Eigenverlag, Hünfelden, 1996

Schnappauf, Rudolf A.: Mein Leben bewusst gestalten – Praxisbuch zum Thema Leben oder gelebt werden, Verlag CSA Rosemarie Schneider, Friedrichsdorf (jetzt Oberreifenberg), 1995

Schnappauf, Rudolf A.: Bewusstseins-Entwicklung – Herausforderung für uns alle –, GABAL Verlag, Speyer (jetzt Offenbach), 2., völlig überarbeitete und erweiterte Aufl. 1992

Schnappauf, Rudolf A.: Chancen wahrnehmen, 117 Erfolgstips zu 12 Selbstmanagement-Themen, im praktischen Tischaufsteller, DIN A 5, Eigenverlag, Hünfelden, 1998

Schnappauf, Rudolf A.: Die sieben goldenen Regeln des Erfolgs, Illustrierte Anleitung, Broschüre DIN A 5, Eigenverlag, Hünfelden, 1998

Schnappauf, Rudolf A.: Saatgedanken des Erfolgs, lebensbejahende, formelhafte Vorsätze zur täglichen Eigenmotivation, DIN A 6 mit Wire-0-Drahtbindung zum Aufstellen auf dem Schreibtisch, Eigenverlag, Hünfelden, Dez. 1999

Schnappauf, Rudolf A.: Motivations-Karten, 64 stabile Karten in 8 leuchtenden Farben in Postkartengröße zum Aufhängen, Ankleben, Verschicken, Eigenverlag, Hünfelden, 2000

Schnappauf, Rudolf A.: Verkaufen läßt sich trainieren – Verstand und Gefühl beeinflussen das Verhalten, in: Konditorei und Café Heft 13, März 83, S. 529-531

Schnappauf, Rudolf A.: Zauberwort NLP, Training ohne Grenzen?, in: ManagerSeminare Heft 3, April 91, S. 36-44

Schnappauf, Rudolf A.: Mit Kanonen auf Spatzen ...? Konflikte bewältigen II, Richtig kritisieren in Führungsgesprächen dank NLP, – Kritik auf den verschiedenen neuro-logischen Ebenen – in: ManagerSeminare Heft 12, Juli 93, S. 62-66

Schnappauf, Rudolf A.: Was hat NLP mit Spiritualität zu tun?, in: MultiMind NLP-*aktuell,* Ausgabe 2, April 94, S. 11-14

Vester, Frederic: Denken, Lernen, Vergessen – Was geht in unserem Kopf vor, wie lernt das Gehirn, und wann läßt es uns im Stich? Deutscher Taschenbuch Verlag, München, 1998

Walther, George: Sag, was du meinst, und du bekommst, was du willst – Mit Power Talking zum Erfolg, ECON, München, 1997

Ury, William L.: Schwierige Verhandlungen, Wie Sie sich mit unangenehmen Kontrahenten vorteilhaft einigen, Heyne, Frankfurt/Main, New York, 1995

Stichwortverzeichnis

•••••••• Trends Informationen Erfolgsgeheimnisse •••••••••

Der „Meister des Werbebriefs" endlich in deutscher Sprache

Sie erhalten Hunderte erfolgreicher Tips, die Sie sofort einsetzen können, sowie unzählige Beispiele von Tops und Flops. Lewis liefert Ihnen alle Tricks für professionelle Werbebriefe.

„Lewis ist einfach der beste Texter unserer Zeit und in diesem Buch öffnet er wirklich seine Trickkiste." Schmid-Brief, Schweiz

„Dies ist das beste Ideenbuch für Direct-Mail-Texter, das ich je gesehen habe."
Jim Kobs, Vorsitzender von Kobs Grogory Passavant, USA

Herschell Gordon Lewis
Werbebriefe mit Power
100 Tips, Regeln und Erfolgsbeispiele
3. Auflage,
321 Seiten
DM 98,–
ISBN 3-478-23833-1

Evert Gummesson
Relationship-Marketing:
Von 4P zu 30R
Wie Sie von den 4 Marketingprinzipien zu den 30 Erfolgsbeziehungen gelangen
373 Seiten
DM 98,–
ISBN 3-478-24010-7

Das Buch zum Trend-Thema Beziehungsmarketing – ausgezeichnet als „Bestes Marketingbuch"

Sie erhalten konkrete Anleitungen für ein professionelles Beziehungsmarketing: Wie Sie die Beziehungen in Ihrem Unternehmensfeld so gestalten, daß Sie Ihre Kunden zufriedenstellen. Wie Sie Ihre Marketingkosten senken und die Preisakzeptanz im Markt steigern.

„In seinem anschaulichen und vorausschauenden Buch zeigt Evert Gumesson auf, welche Beziehungen das Unternehmen pflegen sollte, um langfristig am Markt agieren zu können. Dieses Buch ist ein absolutes Muß für jeden Manager, der es nicht versäumen will, sich proaktiv mit Fragestellungen des Beziehungs-, Interaktions- und Netzwerkmanagements zu beschäftigen."
Professor Dr. A. Meyer, Ludwig-Maximilians-Universität München

---

Modernes Marketing auf den Punkt gebracht!

Das Autorenteam des IFAM-Instituts für angewandte Marketing-Wissenschaften BDU liefert Ihnen zum ersten Mal einen kompletten Leitfaden für alle Bereiche des modernen Marketing:

✔ Marketing-Informationen: Konkurrenzanalyse, Marktforschung, Informationsquellen
✔ Produktpolitik: Innovationen, Programmgestaltung, Positionierung
✔ Sales Promotion: Merchandising, Event-Marketing, Product Placement
✔ Strategie und Planung: Budgetierung, Positionierung, Ideenfindungsmethoden
✔ Werbepolitik: Psychologie, Käuferverhalten, Erfolgskontrollen

IFAM Institut für angewandte Marketing-Wissenschaften (Hrsg.)
Die 199 besten Checklisten für Ihr Marketing
650 Seiten
Subskriptionspreis bis zum 31.08.1998:
DM 198,-,
danach: DM 249,-,
ISBN 3-478-24060-3

• Ihr Buchhändler berät Sie gerne.

verlag moderne industrie

STMARK 135 x 205